St Cannat le 17 janvier 1990

J. R.

Linguistique juridique

AF870128

DOMAT DROIT PRIVÉ

Gérard Cornu

Professeur à l'Université de Droit, d'Économie
et de Sciences Sociales de Paris (Paris II),
Doyen honoraire de la Faculté de Droit de Poitiers

Linguistique juridique

MONTCHRESTIEN

26, rue Vercingétorix, 75014 Paris

1990

Du même auteur :

Droit civil, T. 1. Introduction, les personnes, les biens, Montchrestien.

Droit civil, T. II. La Famille, Montchrestien.

Procédure civile, coll. Thémis, P.U.F. (en collaboration avec Jean Foyer).

Régimes matrimoniaux, Coll. Thémis, P.U.F., 5e éd. 1989.

Vocabulaire Juridique, P.U.F. 1987, sous l'égide de l'Association H. Capitant (et coll.) ; 2e éd. 1990.

© by Éditions Montchrestien, E.J.A., 1990
Tous droits réservés pour tous pays I.S.B.N. : 2-7076-0333-3

PRÉCIS DOMAT

CONSEIL ÉDITORIAL :
Christian de Boissieu, François Burdeau,
Jean Combacau, Pierre Mayer, Serge Sur.

Ouvrages parus

DROIT DE L'URBANISME ET DE LA CONSTRUCTION
(2e éd.). — J.-B. AUBY et H. PERINET-MARQUET.

DROIT PARLEMENTAIRE
Pierre AVRIL et Jean GICQUEL.

MÉDIAS ET SOCIÉTÉ
(4e éd.) — Francis BALLE.

DROIT INSTITUTIONNEL DES COMMUNAUTÉS EUROPÉENNES
(2e éd.). — Jean BOULOUIS.

ÉLÉMENTS DE MATHÉMATIQUES
(2e éd.). — Jean-Louis BOURSIN.

HISTOIRE DES IDÉES POLITIQUES DEPUIS LA RÉVOLUTION
Philippe BRAUD et François BURDEAU.

HISTOIRE DE L'ADMINISTRATION FRANÇAISE — 18e-20e SIÈCLES
François BURDEAU.

DROIT ADMINISTRATIF GÉNÉRAL
René CHAPUS
T.I. (5e éd.). Service public — police — responsabilité — actes — organisation administrative.
T. II (4e éd.). Fonction publique — Domaine public — Travaux publics Expropriation.

DROIT CIVIL
(2e éd. (Les obligations) — Alain BÉNABENT.

DROIT CIVIL
(Introduction — Personnes — Biens) (4e éd.) — Gérard CORNU.

DROIT CIVIL
(La Famille). — Gérard CORNU.

LINGUISTIQUE JURIDIQUE
Gérard CORNU.

INITIATION A LA GESTION
Alain COURET et Gérard HIRIGOYEN.

DROIT COMMERCIAL
Actes de commerce — fonds de commerce — bail — concurrence — effets de commerce. — Françoise DEKEUWER-DÉFOSSEZ.

DYNAMIQUE ÉCONOMIQUE DE L'HISTOIRE
(2e éd.). — Maurice FLAMANT.

HISTOIRE DU DROIT ET DES INSTITUTIONS
T. II (La société des Temps féodaux à la Révolution). — Francis GARRISSON.

LES INSTITUTIONS DE L'ANTIQUITÉ
(2e éd.). — Jean GAUDEMET.

FINANCES PUBLIQUES
T. I (5e éd.) (Politique financière — Budget et Trésor). — Paul-Marie GAUDEMET et Joël MOLINIER.

FINANCES PUBLIQUES
T. II (4e éd.) (Emprunt et Impôt). — Paul-Marie GAUDEMET et Joël MOLINIER.

DROIT CONSTITUTIONNEL ET INSTITUTIONS POLITIQUES
(10e éd.). — Jean GICQUEL et Patrice GÉLARD.

RELATIONS INTERNATIONALES
(3e éd.). — P.-F. GONIDEC et R. CHARVIN.

INTRODUCTION AU DROIT PUBLIC
(2e éd.). — Max GOUNELLE.

COMMERCE INTERNATIONAL
H.-F. HENNER.

PROCÉDURE CIVILE
Jacques HÉRON.

DROIT PÉNAL GÉNÉRAL
Wilfrid JEANDIDIER.

DROIT DES SOCIÉTÉS
Michel JEANTIN.

ÉLÉMENTS D'ANALYSE MACROÉCONOMIQUE
Cl. JESSUA.

LE TRÉSOR ET LA POLITIQUE FINANCIÈRE
Ph. JURGENSEN et D. LEBÈGUE.

STRATÉGIES D'ENTREPRISE : UNE ANALYSE MICROÉCONOMIQUE
A. LABOURDETTE.

ÉLÉMENTS D'ÉCONOMIE INDUSTRIELLE
Jacques LEGAILLON.

ÉCONOMIE MANAGÉRIALE
Jacques LECAILLON, Brigitte GOSSE, L. de MESNARD, J.-M. LE MONNIER.

HISTOIRE DES INSTITUTIONS ET DES RÉGIMES POLITIQUES DE LA RÉVOLUTION A LA IVe RÉPUBLIQUE
Jehan de MALAFOSSE.

DROIT INTERNATIONAL PRIVÉ
(3e éd.). — Pierre MAYER.

POLITIQUE COMPARÉE
(2e éd.). Y. MÉNY.
INSTITUTIONS JUDICIAIRES
(4e éd.). — Roger PERROT.
ÉLÉMENTS DE MICROÉCONOMIE
(2e éd.). — Pierre PICARD.
LIBERTÉS PUBLIQUES
(4e éd.). — Jacques ROBERT et J. DUFFAR.
CONTENTIEUX CONSTITUTIONNEL
Dominique ROUSSEAU.
SOCIOLOGIE POLITIQUE
(4e éd.). — Roger-Gérard SCHWARTZENBERG.
DROIT FISCAL DE L'ENTREPRISE
Patrick SERLOOTEN.
LA VIE POLITIQUE EN FRANCE SOUS LA Ve RÉPUBLIQUE
(2e éd.). — Serge SUR.
HISTOIRE DU DROIT DES AFFAIRES
Romuald SZRAMKIEWICZ.
DROIT INTERNATIONAL PUBLIC
(5e éd.). — Hubert THIERRY, Jean COMBACAU, Serge SUR, Charles VALLÉE.
LES PARTIS POLIQUES SOUS LA Ve RÉPUBLIQUE
Colette YSMAL.

PRÉFACE

J'adresse ce livre aux étudiants de première année (et à ceux qui le furent), au rêve qu'il les aide à franchir la barre des mots et des textes, et afin, qu'à leur tour, ils deviennent les orateurs du droit.

J'ai cherché à être clair. Il m'a semblé qu'un discours sur les discours du droit risquerait de trahir son dessein s'il aggravait de ses obscurités l'opacité de la matière. C'est pourquoi j'appelle un mot un mot. Les linguistes savent combien ce langage est réducteur. Mais nous avons tous lu trop de déménagements terminologiques pour que la probité de la transparence ne demande à reprendre ses droits.

Cet ouvrage est né des travaux auxquels, pour l'honneur et le bonheur dont j'étais indigne, j'ai donné une forte part des heures de réflexion de ma vie : l'élaboration du vocabulaire juridique, et la rédaction du code de procédure civile. D'un côté des mots, de l'autre des énoncés. D'où, par coïncidence, le plan de l'ouvrage.

Cet autre regard sur le droit à travers son langage m'a persuadé que la justice du droit pouvait gagner quelque chose à la justesse des mots, et que la langue est vivante dans la création du droit, jusqu'à le faire aimer, l'avouerais-je ?

Ces rudiments linguistiques ne sont qu'une ébauche. Si j'avais osé, je les aurais nommés poétique juridique.

SOMMAIRE

INTRODUCTION

1. — Le langage du droit suscite en profondeur, depuis longtemps, un vif intérêt. Mais la linguistique juridique ne figure pas à la nomenclature des branches du savoir. On pourrait admettre que l'étude du droit du langage mérite d'être approfondie sous le nom de linguistique juridique.

Le nom indique le double caractère de l'étude.

L'étude est linguistique en ce qu'elle a pour objet tous les moyens linguistiques qu'utilise le droit, et pour projet de les considérer sous tous leurs rapports linguistiques. Pour aller à l'essentiel, la linguistique juridique examine les signes linguistiques que le droit emploie (disons, pour simplifier, les mots, sous le rapport de leur sens et de leur forme) et les énoncés que le droit produit (disons, par exemple, les phrases et les textes, sous le rapport de leur fonction, de leur structure, de leur style, de leur présentation, etc.).

De là vient que si une telle étude à la vocation naturelle (ambition trop présomptueuse on le verra) d'être pleinement linguistique, elle est purement linguistique. Dans de plus vastes perspectives, on aurait à se demander si le droit même n'est pas, en soi, un langage. On pourrait aussi porter attention aux signes non linguistiques dont le droit fait usage (signalisation routière, signes vestimentaires, bornes, etc.). La première orientation ouvrirait la voie à une réflexion philosophique sur la nature du droit. La seconde relève de la sémiologie, science des signes en général, dont la linguistique n'est qu'une partie. Il s'agit ici, spécifiquement, d'envisager les signes phoniques (et leur représentation graphique) de la langue naturelle (paroles et écrits) dans l'usage que le droit en fait, pour sa communication, lors de sa création (par la loi, la coutume ou la volonté privée) ou lors de sa réalisation (notamment par le juge ou l'administration).

Cependant, *l'étude est aussi juridique*. Et elle ne l'est pas seulement, à l'évidence, parce que le langage qu'elle observe est celui du droit (c'est-à-dire de la norme, de la décision, de la convention, des déclarations, des négociations, des avis, des rapports, de l'enseignement). Elle l'est aussi parce que, juridique ou commun, le langage est parfois l'objet d'une règle de droit (ainsi lorsque la loi exige l'enseignement d'une langue, ou exclut l'usage d'une langue, ou exige, dans l'usage d'une langue, l'emploi de certains mots, etc.). Elle l'est enfin plus généralement par toutes les actions juridiques qui s'exercent sur la langue. La loi nomme (elle nomme les contrats et les délits). La loi consacre, dans un emploi nouveau (avec un sens particulier), un terme de la langue usuelle. La jurisprudence et la doctrine y concourent. La pratique notariale élabore ses formules. La linguistique est ici juridique à cause de l'imprégnation du langage par le droit. Elle a dans son objet les interactions du langage et du droit, c'est-à-dire aussi bien l'action du droit sur le langage que l'action du langage dans le droit. Il est essentiel de comprendre, à ce point, que l'étude linguistique du langage du droit conduit nécessairement à celle du droit du langage. Quand on commence à saisir le langage (notamment celui du droit) pour ce qu'il est toujours, à savoir un fait linguistique, on en arrive à le saisir également pour ce qu'il est aussi très souvent (et cumulativement) sous la toise du droit, à savoir l'objet d'une norme, ou au moins, d'une normalisation juridique. Le fait de langage marqué par le droit est un peu alors comme une monnaie frappée à l'effigie de celui qui l'émet. C'est pourquoi, dans son plein déploiement, le linguistique juridique comprend à la fois l'étude du langage du droit (tome premier) et celle du droit du langage (tome deuxième).

Ces propositions liminaires reposent cependant sur deux hypothèses. Elles supposent, d'une part, qu'il existe un langage du droit, d'autre part, que l'étude de celui-ci mérite d'être élaborée, sous l'étiquette proposée, comme une application de la linguistique au droit.

Ce sont deux hypothèses à vérifier.

2. — QUESTIONS.

I. — DROIT ET SÉMIOLOGIE ET/OU SÉMIOTIQUE

Si l'on admet avec beaucoup d'auteurs, et dans la définition qu'en donne Josette Rey-Debove (Lexique Sémiotique, P.U.F. 1979, V[is] Sémiologie et Sémiotique) que la sémiologie (sens 2 références à de Saussure) est la « science qui étudie la vie des signes au sein de la vie sociale », et la sémiotique (référence à Morris, angl. *semiotic*) « la théorie générale des signes dans toutes leurs formes et leurs manifestations, chez les animaux ou chez les hommes, qu'ils soient normaux ou pathologiques, linguistiques ou non linguistiques, individuels ou sociaux », la linguistique, science des signes linguistiques, n'est qu'une partie de l'une et de l'autre. Les rapports de ces deux sciences et du droit ne relèvent de la linguistique juridique que pour l'étude des signes linguistiques.

Ici, nous ne ferons donc que signaler les autres rapports qui unissent le droit à la sémiologie ou à la sémiotique.

a) *Le droit et les signes non linguistiques*

Sur l'ensemble de cette question, v. la thèse originale et fondamentale de J.-P. Gridel, Le signe et le droit, Paris, L.G.D.J. 1979. *Adde.* M. Solet, Essais de sémiologie du droit, Th. Paris, 1971. V. aussi, pour une ouverture, en forme de question, Laurent L'Huillier, « Des signes conventionnels à l'usage du droit ? Essai de symbolique juridique », Mélanges offerts à Claudius P. Terrier, Faculté des sciences économiques et sociales de l'Université de Genève, vol. XIX, 1968, p. 159-182.

b) *Le droit comme système de signes*

C'est ici la définition même du droit qui est en question. Si l'on part de l'idée que tous les phénomènes de culture (le droit en est un) sont des systèmes de signes, le droit apparaît, en lui-même comme un système de communication. V. Rev. *Droits* 1989 (10). Définir le droit.

II. — DROIT ET LANGUE

Dans l'immense carrière des rapports du droit et de la langue, beaucoup de questions ne relèvent pas d'une étude proprement linguistique. Voisines et parfois confondues, elles sont, toutes, fascinantes, et chacune appelerait une monographie.

a) *Ontologie du droit*

On peut se demander (on s'est demandé) si le droit n'est pas, en lui-même un langage. On retrouve la question de la nature du droit, mais sous l'angle précis de savoir si le droit ne serait pas déterminé par la langue. Ce serait la langue qui, en tant qu'elle « possède une énergie propre », imposerait « sa propre nature au droit », de telle sorte que le juriste, loin de maîtriser la langue, serait « plutôt dominé par elle ». Ce thème a été creusé dans la littérature germanique. V. l'étude remarquable de Enrique P. Haba, *in* Arch. phil., t. 19, p. 257 s. (spéc. p. 263 s.) « Études en allemand sur les rapports entre droit et langue ».

b) *Langue, valeurs et droit*

En prolongement de la question précédente, vient celle de savoir si le droit ne tiendrait pas son système de valeurs de la langue dans laquelle il puise son expression (vision du monde, conceptions morales, etc.). Ce serait la langue qui, porteuse des valeurs de civilisation, les infuserait dans le droit, de telle sorte qu'un peuple ne serait assuré de jouir du droit qui lui convient que si le droit était, à la source, créé dans la langue de ses sujets. Le seul droit idoine serait idiomatique. C'est cependant ici, au titre des correctifs, que resurgissent les questions typiquement linguistiques de la traduction et de la rédaction simultanée en plusieurs langues, comme moyen de restituer ou de respecter le génie de chaque langue, et donc l'identité de chaque peuple. Gardiens vigilants de la conscience linguistique et de la conscience juridique du Québec, juristes et linguistes canadiens ont, mieux que quiconque, approfondi la réflexion à ce sujet. V. Codification : Valeurs et langage, Colloque international de droit civil comparé, Montréal, 1981. Comme on l'a dit de la foi au pays basque, faudrait-il admettre que le droit est « cousu à la langue » ?

c) *Parallèle entre droit et langue*

Il existe entre eux des rapports profonds : « Ce sont tous deux des phénomènes sociaux, de formation largement coutumière, et empreints d'un certain caractère contraignant, normatif » (Carbonnier, Introduction, 21). Ces deux traits sont cohérents. C'est dans la coutume que la langue et le droit, à des degrés divers, puisent leur origine et leur force. L'usage est tout pour la langue, beaucoup pour le droit. Le parallèle dégénère en opposition si l'on insiste, dans le droit moderne, sur l'importance du droit étatique : « Le processus de création linguistique est fondamentalement en opposition avec celui du droit... Dans [le] système [linguistique] formidablement décentralisé, chacun est compétent. Au contraire, la norme juridique est l'expression d'une volonté collective canalisée par une institution placée en situation de domination hiérarchique » (Emmanuel Didier, Droit des langues et langues du droit au Canada, Thèse Droit, Paris-I, 1984).

Mais cette variation aussi est cohérente. Relativement a la langue rivée à la coutume, c'est l'appréciation (et l'évolution) de l'importance respective de la loi et de la coutume dans les sources du droit qui varie. L'École historique allemande en apporte une consécration lumineuse. C'est dans leur opposition vibrante, véhémente et passionnée au courant codificateur (et rationaliste) que Savigny, Grimm et d'autres ont affirmé le commun génie et le commun destin du droit et de la langue (et même, unissant le tout, de la poésie), comme nés de la conscience populaire et vivant en elle, soumis au même renouveau dans leur développement organique, sans halte, foncièrement populaires, quant à leur sève (mais sans exclure, avec la civilisation, le passage du droit populaire au droit savant). V. le bel article d'Alfred Dufour, *in* Arch. phil. 19, p. 151 et s.

Rabelais aurait-il le mot (de synthèse) de la fin (« Les langages sont par institutions arbitraires et convenances des peuples ») ?

d) *De l'aptitude particulière d'une langue à exprimer le droit ?*

Faut-il admettre qu'il est tout particulièrement dans le génie d'une langue d'exprimer le droit ? D'exprimer son droit, ou même celui des autres, au moins le droit conventionnel des accords entre États ?

Aujourd'hui encore on le dit parfois de la langue française, au souvenir du temps où le français était la langue diplomatique. V. le beau discours de Maurice Druon au congrès international de Liège le 2 mai 1980. Ce n'est évidemment pas une prétention juridique que le principe international de l'égalité des langues nationales mettrait à néant. Ce serait une vocation linguistique inhérente au génie de la langue : Ayant le « culte du mot propre » (Druon), la langue française serait incomparable par « la probité attachée à son génie » (Rivarol). Voilà pourquoi le français « d'abord langue de la morale » serait « par voie de conséquence, la langue du droit, des institutions et des traités » (Druon). Elle serait au moins *a posteriori,* par son don de clarté, le lieu des interprétations fidèles. C'est le contre-thème universaliste du précédent, ou, au moins, le thème francophone : Le français « patrimoine commun » de la francophonie, « patrie mentale des peuples francophones ». Le repli est honnête. Dans la même ferveur, on passe de la nostalgie à la réalité linguistique.

V. J. Brow Scott, le français, langue diplomatique moderne, Paris 1924.

III. — TERMINOLOGIE

a) *Linguistique juridique*

Cette appellation s'autorise de François Geny dans ses « observations générales tendant à préparer l'élaboration de la linguistique juridique », c'est le n° 256 du chapitre huitième du T. 3, Élaboration technique du droit positif, p. 448 s. (Science et technique en droit positif). *Adde,* Carbonnier, Introduction, 21 ; Droit civil, Montchrestien, T. I, Introduction, n° 232. S'il n'y avait qu'une seule linguistique pure et dure (un seul objet, une seule école), si, par exemple, il n'y avait de linguistique que dans la linguistique structurale fondée sur la phonologie, il faudrait renoncer à nommer linguistique juridique une étude qui ne serait pas l'application complète, et pure et simple, au langage du droit, de ce bloc. Mais la linguistique n'est une, ni dans sa conception, ni dans ses classifications. Elle ne répond, ni en compréhension, ni en extension, à une définition unique. Et si l'on admet qu'à côté de la phonologie, de la syntaxe et de la morphologie, la sémantique, la terminologie et la stylistique entrent aussi dans la linguistique *lato sensu,* si l'on admet que la diachronie et l'étymologie y ont une place, la linguistique juridique peut exister. Dans la vaste demeure de la linguistique, le droit peut avoir sa maison.

Au Québec, le terme « jurilinguistique » est souvent employé pour désigner, comme étant l'objet principal de la discipline, « l'étude linguistique du langage du droit sous ses divers aspects et dans ses diverses manifestations » (J.-Cl. Geimar, *in* Langage du droit et traduction, Essais de jurilinguistique, p. 135). L'avantage de ce choix est de donner un nom de métier (jurilinguiste) à ceux qui s'y adonnent. Mais les rapports de la jurilinguistique et du droit linguistique ne sont pas toujours évidents. Avec une préférence de goût pour « linguistique juridique », l'essentiel est de comprendre que celle-ci englobe non seulement l'étude linguistique du langage du droit, mais celle du droit du langage.

b) *Langage du droit*

— *Langage :* on verra pourquoi (n° 5), il faut parler de langage (langage spécial, langage de spécialité) et non de langue (langue naturelle).

— Langage *du droit :* le terme est générique. Il englobe toutes les manifestations du langage, quels que soient l'émetteur du message, son destinataire et son objet, etc. Faudrait-il distinguer le langage du droit (dans lequel sont formulées les lois) et le langage juridique (dans lequel les juristes parlent du droit) ? La suggestion est intéressante (V. Z. Ziembinski, le langage du droit et le langage juridique, les critères de leur discernement, *in* Arch. phil. 19, p. 25). Mais il est très commode de disposer d'une appellation globale, en sachant et en posant, par convention de langage, qu'elle est schématique. Surtout, quand on analyse les éléments qui la composent, la division majeure ne passe pas entre le langage de la loi et tous les autres. L'analyse met en relief les quatre grands langages qui sont au sein du langage du droit : langage législatif, langage juridictionnel, langage conventionnel, langage coutumier (quatre ou cinq, si l'on y ajoute le langage administratif) et, gravitant autour, tous les discours auxiliaires qui contribuent à la réalisation du droit (plaidoiries, réquisitoires, rapports, notifications, etc.). Dans cette diversité, la typologie des discours fait voir tous les recoupements que l'on peut faire pour mettre en valeur les similitudes et les oppositions (V. *infra* n° 48). Ce qui, pour finir, paraît décisif c'est que cette diversité même confirme la nécessité de conserver un nom de rassemblement, un nom commun, en raison de tous les traits communs à ces diverses manifestations, éléments constants qui, dans le vocabulaire juridique et même dans le discours juridique, constituent, précisément, *le fonds commun* du langage du droit (V. *infra,* n° 6).

SECTION I

LE LANGAGE DU DROIT

3. — Le langage juridique existe-t-il comme un fait de langage assez typique pour constituer un terrain d'étude ? La preuve de son existence ne se sépare pas de la recherche de sa spécificité. On peut cependant se demander sur quoi repose la perception globale d'un langage du droit comme fait linguistique brut, test élémentaire d'existence, avant de chercher par quels traits il se caractérise de prime abord, première ébauche d'analyse.

§ 1. — PERCEPTION ÉLÉMENTAIRE DU LANGAGE DU DROIT COMME FAIT LINGUISTIQUE

Il est banal d'opposer le langage courant au langage juridique, parfois plus spécialement au langage judiciaire. Cette façon habituelle de parler est une invitation à déceler ce que recouvre cette convention commode de langage. La perception du langage du droit repose sur des éléments d'observation plus objectifs : des indices donnent l'éveil ; les données de base se font reconnaître.

A. — SIGNES AVERTISSEURS

L'existence du langage juridique (ici recherché dans la langue française pour une communauté francophone) est spontanément attestée par une réaction sociale. Cette donnée immédiate d'ordre socio-linguistique est aussitôt confirmée par une observation linguistique précise.

a) *L'écran linguistique (1)*

Le fait est que le langage juridique n'est pas immédiatement compris par un non-juriste. Il n'entre pas d'emblée dans l'entendement de celui qui ne possède

---

(1) L'écran devient repoussoir lorsqu'il s'aggrave de tous les travers que Montaigne dénonce vertement dans les lois (« Il n'est rien si lourdement et largement fautier que les lois, ny si ordinairement », Essais, Livre III, chapitre XIII), à savoir : d'une part « leur des-reiglement et déformité », « leur désordre et corruption » et la tare d'un commandement « si trouble et inconstant ». D'autre part l'obscurité qui par malice, ignorance ou prétention « enfrasque et embrouille » le discours (« Pourquoi est-ce que nostre langage commun, si aisé à tout autre usage, devient obscur et non intelligible en contrat et testament, et que celui qui s'exprime si clairement, quoy qu'il die et escrive, ne trouve en cela aucune manière de se déclarer qui ne tombe en doubte et contradiction ? Si ce n'est que les princes de cet art, s'appliquans d'une péculière attention à trier des mots solemnes et former des clauses artistes ont tant poisé chaque syllabe, espluché si primement chaque espèce de couture, que les voila enfrasquez et embrouillez en l'infinité des figures et si menuës partitions, qu'elles ne peuvent plus tomber soubs aucun réglement et prescription ny aucune certaine intelligence. »)

Mais il faut bien voir que, s'il concourt à l'effet repoussoir, le premier grief tiré de la surabondance, du désordre et de l'instabilité des lois n'est pas linguistique, ce qu'est au contraire l'obscurité routinière ou cauteleuse (et intéressée). Cependant, ce vice n'est lui-même (on veut l'espérer qu'un défaut accidentel du style juridique, lequel peut ne tomber que le langage commun. La communication du droit se heurte à un écran linguistique. Le profane en retire un « sentiment d'étrangeté » (Sourioux et Lerat). Le langage du droit existe parce qu'il n'est pas compris. Il est en dehors du circuit naturel d'intercompréhension qui caractérise les échanges linguistiques ordinaires entre membres d'une même communauté linguistique.

Ce phénomène d'opacité est un fait d'expérience. L'enseignement du droit, au seuil de son étude, rencontre cet obstacle, et les définitions élémentaires qu'il faut donner pour le tourner doivent souvent sacrifier leur précision technique à la recherche d'équivalents populaires. Que chacun fasse l'essai de lire à un public non initié certains articles de loi (2) ou les motifs d'une décision de justice, sans aller jusqu'à l'exemple d'un acte d'huissier. Le message risque, par dérision, d'être reçu comme un jargon. Cette impression , qui n'est pas le propre d'un public non instruit, est aussi bien celle d'un auditoire cultivé. Elle tient, en partie, à l'interposition de certains mots.

b) *L'appartenance juridique exclusive*

Certains mots n'ont de sens, dans une langue, qu'au regard du droit. Certains termes de la langue française n'ont, en français, d'autre sens que leur sens juridique. Le droit peut leur en donner un ou plusieurs, mais c'est du droit seul qu'ils tiennent leur sens unique ou multiple. Ils n'ont aucun sens en dehors du droit. Ils n'ont aucune autre fonction que celle d'exprimer, dans la langue, des notions juridiques. On pourrait proposer de les nommer *termes d'appartenance juridique exclusive.*

Au sein de la langue française, ces termes constituent un lot défini qui sera l'objet d'une étude plus approfondie (*infra,* n° 16). En voici, par échantillon, un aperçu : antichrèse, nantissement, synallagmatique, irréfragable, cambiaire.

Ces termes sont les premiers témoins du langage du droit. Non pas tant parce qu'ils concourent, assez souvent, à créer l'écran linguistique (celui-ci peut aussi résulter de tournures de style, et certains termes d'appartenance juridique exclusive sont clairs : vente, achat ; les deux phénomènes ne sont pas indivisiblement liés). Plus radicalement, la réunion de ces termes exclusivement juridiques constitue le noyau dur d'un vocabulaire spécial, propre au droit. Et c'est en révélant l'existence, au sein de la langue française, d'un vocabulaire juridique, qu'il révèle celle d'un

---

ni dans le galimatias ni dans l'archaïsme. On voudrait montrer au texte que, même alors (même sans charabia), l'écran linguistique existe.

(2) Pour cette épreuve, on peut choisir l'exemple raisonnable d'une disposition de technique successorale non encombrée d'archaïsmes, l'article 924, alinéa premier, du Code civil : « L'héritier réservataire gratifié par préciput au-delà de la quotité disponible et qui accepte la succession supporte la réduction en valeur, comme il est dit à l'article 866 ; à concurrence de ses droits dans la réserve, cette réduction se fera en moins prenant. »

langage du droit dont le vocabulaire est, parmi d'autres, un élément de base. Mais ce lot voyant n'est que la moindre part du vocabulaire du droit.

B. — DONNÉES DE BASE

4. — A considérer la question plus globalement, l'existence du langage du droit ressort, en plénitude, de la mise en évidence des deux éléments qui le constituent.

Il y a un langage du droit parce que le droit donne un sens particulier à certains termes. L'ensemble de ces termes forment le vocabulaire juridique.

Il y a un langage du droit parce que le droit énonce d'une manière particulière ses propositions. Les énoncés du droit donnent corps à un discours juridique.

a) *Le vocabulaire juridique*

Le vocabulaire juridique est, au sein d'une langue, l'ensemble des termes qui ont, dans cette langue, un ou plusieurs sens juridiques. Le vocabulaire juridique français est l'ensemble des termes de la langue française qui reçoivent du droit un ou plusieurs sens.

Il apparaît d'emblée que le vocabulaire juridique ne se limite pas aux seuls termes d'appartenance juridique exclusive. Il s'étend à tous les mots que le droit emploie dans une acception qui lui est propre. Il englobe tous les termes qui, ayant au moins un sens dans l'usage ordinaire et au moins un sens différent au regard du droit, sont marqués par la polysémie, plus précisément par cette polysémie que l'on pourrait nommer externe (en raison du chevauchement des sens d'un même mot dans le droit et en dehors du droit, par opposition à la polynésie interne). Ces termes de double appartenance sont beaucoup plus nombreux que les termes d'appartenance juridique exclusive.

La somme de tous ces éléments constitue un sous-ensemble de la langue française, une entité distincte caractérisée, au sein du lexique général, par la juridicité (3) du sens des unités qui la composent. Le vocabulaire juridique français regroupe toutes les unités lexicales de la langue française qui ont un sens juridique.

Ces unités sont répertoriées. Chacune est définie dans des dictionnaires spécialisés (4). Leur ensemble mérite bien le nom de vocabulaire, si l'on accepte de considérer comme tel toute subdivision spécifique du lexique général. Si l'on admet, plus précisément, que l'ensemble des termes employés dans un domaine de la connaissance pour en exprimer la marche constitue le vocabulaire de ce domaine, le droit a, en ce sens, son vocabulaire.

---

(3) Sur cette notion-clé v. *infra,* n° 15 et Vocabulaire juridique, préface, p. IX.

(4) Notamment le Vocabulaire juridique publié sous l'égide de l'Association Capitant en 1987 (2e éd. 1990), suite au Vocabulaire juridique publié en 1936 sous la direction d'Henri Capitant.

b) *Le discours juridique*

Son existence n'est pas aussi évidente que celle du vocabulaire juridique. Mais son importance est au moins aussi considérable, comme donnée de base du langage du droit.

En partant de l'une de ses manifestations visibles, on pourrait d'abord observer que le langage du droit n'est pas seulement dans les termes qu'il emploie, mais aussi dans les textes qu'il produit. La première réalité lisible de ce langage est dans les textes du droit : texte de loi, de jugement, de contrat, etc. Or, bien entendu, ces textes ne sont pas ici considérés sous le rapport des documents qui les supportent, comme actes instrumentaires. Ils sont considérés comme des enchaînements de phrases. La loi expose ses motifs et énonce ses dispositions, article par article, le jugement énonce ses motifs et son dispositif, le contrat ses stipulations, clause par clause, etc. Ce sont des énoncés de droit. On propose de nommer discours juridique l'ensemble des énoncés de droit (5).

Cependant, l'énoncé écrit n'est qu'un exemple de départ. L'expression orale aussi produit des discours juridiques. La plaidoirie en est un. L'art oratoire vient même, chronologiquement, en premier. Écrit ou oral, tout énoncé de droit est un discours juridique.

Il reste à comprendre l'essentiel : En quoi l'énoncé de droit est linguistiquement spécifique. De toute évidence, cette spécificité ne tient pas aux termes de l'énoncé, car elle se ramènerait à celle du vocabulaire. La juridicité du discours tient à sa finalité. Est juridique tout discours qui a pour objet la création ou la réalisation du droit. Ce critère finaliste est intellectuel. Il commande tout à la fois la *logique* et le *ton* du discours. Mais cette double détermination laisse dans l'énoncé, à chacun de ces plans, des marques linguistiquement repérables. *La logique du discours laisse des marques de structure. Le ton du discours laisse des marques de style. Le discours juridique se reconnaît à sa structure et à son style.*

§ 2. — PREMIÈRE ANALYSE DU LANGAGE JURIDIQUE COMME TYPE DE LANGAGE

5. — Dans son sens premier, *le langage* est la faculté naturelle de parler, l'usage de la parole (au sens où l'on dit que le langage est le propre de l'homme, ou que l'enfant acquiert le langage). *Une langue* est la façon particulière dont cette faculté est mise en œuvre dans une communauté linguistique, un idiôme, notamment un

(5) Le terme est pris ici dans un sens générique où il comprend non seulement les énoncés de droit *stricto sensu,* mais même les énoncés de fait ou autres types d'énoncés que peut contenir un discours juridique (par exemple, un jugement, énoncé de droit au sens large, contient des motifs de droit et des motifs de fait ; il contient aussi l'objet de la demande). V. *infra,* n° 97.

idiôme national (en ce sens, le français, l'allemand, l'italien, l'espagnol sont des langues). Si l'on admet ces définitions courantes, le langage du droit n'est ni le langage au sens premier, ni une langue (6).

Mais on donne aussi le nom de *langage,* au sein d'une langue, à la façon particulière dont celle-ci est parlée dans un groupe ou dans un secteur d'activité, si du moins cette façon présente assez de propriétés linguistiques pour être isolée comme un parler particulier. On dit volontiers qu'il s'agit d'un *langage spécial,* ou spécialisé. C'est en ce sens, que le droit a son langage, de même que l'économie, la médecine ou la sociologie.

Cependant, le droit auquel on prête un langage comme s'il était locuteur, n'est qu'une désignation globale commode. Le droit correspond à un système juridique complexe : ce système parle par mille bouches. Le langage juridique est aussi un *langage plural.*

A. — LE LANGAGE JURIDIQUE, LANGAGE SPÉCIAL

En chaque pays, le langage juridique est un usage particulier de la langue nationale (si l'on raisonne sur l'exemple simple d'un pays unilingue). Le langage juridique français n'est qu'un usage de la langue française. Un langage de spécialité (7).

D'où une évidence à proclamer hors d'œuvre : que les juristes français parlent français. En France, la langue juridique est la langue française. En Espagne, l'espagnol, ainsi de suite. Le vœu primordial est que le langage du droit soit dans le génie de sa langue : Qu'il en ait la correction, la pureté, l'élégance.

Mais, au sein de la langue nationale, le langage juridique se singularise par quelques traits qui le constituent comme langage spécialisé. La spécificité de ce langage tient d'abord, on l'a vu, à l'existence d'un vocabulaire juridique et aux particularités du discours juridique. On la retrouve sous un autre angle si l'on introduit d'autres considérations d'ordre linguistique ou extralinguistique, celle des personnes, de la matière, ou de l'histoire. Le langage du droit est, sous la réserve

---

(6) Il n'est cependant pas exclu de parler de langue juridique, mais dans un sens très particulier que le contexte éclaire, lorsqu'il s'agit de caractériser la manière dont le langage du droit est mis en œuvre dans un texte, surtout d'en apprécier les qualités littéraires. C'est un jugement stylistique. Aussi relèvera-t-on, chez un auteur, la pureté de la langue juridique ou sa richesse.

(7) G. MOUNIN retient cette analyse (Arch. phil. 19, p. 10) en se reférant à l'autorité de MEILLET pour le concept de « langue d'un groupe particulier » dans la société, « langue spéciale » (linguistique historique et linguistique générale, Paris, Champion, 1926). Nous préférons, pour les raisons données, les termes « langage spécial ». *Adde,* dans le même sens, SOURIOUX et LERAT, p. 9 ; J. Cl. GÉMAR, la langue juridique, langue de spécialité au Québec : éléments de méthodologie, 53 *Frech Review,* 1980, p. 880-893.

d'une ambiguïté qui pèse sur tous ces caractères (8), un langage de groupe, un langage technique, un langage traditionnel.

a) *Un langage de groupe*

Le langage du droit est principalement (9) marqué par ceux qui « parlent » le droit : par ceux qui l'édictent (législateur) ou qui le disent (juges), plus largement par tous ceux qui concourent à la création et à la réalisation du droit.

Ceux qui, aujourd'hui, remplissent ce rôle ne font, pour une forte part, que transmettre le langage, mais ils le tiennent de leurs devanciers dans le rôle, et il leur arrive de le refaçonner.

L'essentiel est de préciser, avec les nuances qui s'y attachent, ce qu'il faut entendre par langage de groupe.

1. A certains égards, le langage juridique est un langage *professionnel.* C'est le langage dans lequel les membres des professions judiciaires et juridiques exercent leurs fonctions ; celui qu'emploient, dans l'accomplissement de leurs tâches, les magistrats, les avocats, les notaires, etc. Ce n'est donc pas le langage d'une seule profession, mais celui d'une branche d'activités. Ce caractère professionnel s'atténue cependant pour les parlementaires et les membres des administrations qui ont aussi la parole sans être tous des professionnels du droit.

2. Sous la même réserve, et de façon un peu décalée, le langage du droit est, plus largement, celui de la *communauté des juristes.* La famille des juristes est plus vaste que le cercle des professions juridiques. Le langage du droit est le trésor commun de ceux qui ont une formation juridique (qui la reçoivent... ou la dispensent).

En ce sens, le langage du droit est un *langage culturel* (un lien, un bien, un bienfait de la culture juridique).

3. Le langage du droit n'est cependant pas, pour le groupe, un moyen de communication à usage interne. « Nul n'est censé ignorer la loi. » Le langage du droit a vocation à régner non seulement sur les échanges entre initiés, mais dans la communication du droit à tous ceux qui en sont les sujets. En ce sens, on peut dire que le langage du droit est un langage *public, social,* un *langage civique.* Cette destination générale conduit à une distinction essentielle.

---

(8) C'est l'ambiguïté (ou le défi) d'être à la fois savant (dans son origine) et populaire (par destination), technique de facture et civique de vocation. Sa juridicité le spécialise, quand sa finalité le destine à tous (on retrouvera souvent : « Nul n'est censé, etc. »).

(9) Il faudrait dire exclusivement. La nuance entend seulement réserver l'influence que la considération du destinataire du discours exerce sur l'auteur et/ou l'émetteur de celui-ci. Pour une part, le destinataire induit le discours qui lui est adressé.

La maîtrise, par un groupe, du langage du droit, est un *fait de possession.* Le fait linguistique et sociolinguistique est que la communication est sous l'influence quasi exclusive de l'émetteur, non seulement parce qu'il est, linguistiquement, l'agent de l'expression et, fondamentalement (en général) l'auteur du message, mais parce qu'il maîtrise, par métier, aussi bien l'expression que le code (au sens linguistique, v. n°s 8, 46), et le référent (dont le code... au sens juridique du terme).

Mais la considération du destinataire du message juridique introduit dans l'analyse des contrepoids de caractère normatif. Elle fait d'abord reconnaître — c'est une évidence — que la maîtrise du groupe ne fonde en sa faveur aucun monopole de droit. Tous les citoyens ont voix au chapitre. Surtout, elle rappelle aux juristes la fonction sociale du langage juridique. La maxime « Nul n'est censé ignorer la loi » implique que le langage du droit est, sinon le langage du peuple, du moins un *langage pour le peuple.* Le pouvoir du langage crée donc, pour ses détenteurs, un *devoir de langage,* envers ses destinataires. Mais le changement de plan est radical. Le devoir est juridique, politique. On est passé du fait au droit, de la réalité linguistique à la norme linguistique, au moins à la recommandation (comp. *infra,* n° 5).

b) *Un langage technique*

La spécialité du langage du droit tient aussi à sa technicité. Celle-ci est la technicité même du droit. La spécialité du langage vient ici de la matière. Dans la communication linguistique, elle est inhérente au référent (ce à quoi renvoie le signe), non plus à l'émetteur (non sans lien, car l'émetteur, homme de l'art, connaît le référent).

L'important est de repérer les points d'application de la technicité dans le langage du droit. Le langage juridique est technique, principalement, par ce qu'il nomme (10), secondairement par la façon dont il énonce (c'est-à-dire surtout par son vocabulaire, parfois dans son discours).

Il nomme les réalités juridiques, c'est-à-dire, pour l'essentiel, les institutions et les opérations juridiques, entités que le droit crée, consacre ou modèle. Ainsi nomme-t-il tous les rouages des pouvoirs publics, toutes les formes de l'activité économique, les bases de la vie familiale, les contrats, les conventions.

Le droit nomme également les réalités naturelles et sociales qu'il appréhende et dont il fait des « faits juridiques » en leur attachant des effets de droit. Ainsi nomme-t-il les délits et les situations juridiques.

Plus généralement le droit nomme tous les éléments que la pensée juridique découpe dans la réalité, pour en faire des notions juridiques, des catégories (c'est ce découpage original qui engendre le vocabulaire technique).

---

(10) C'est-à-dire par le *référent.* V. *infra,* n° 8.

Enfin, les énoncés même du droit sont aussi, souvent, techniques, parce qu'ils suivent la pensée juridique dans ses opérations les plus ardues : interprétation, appréciation, présomption, qualification, raisonnement, etc.

Sur tous ces points, le langage juridique est technique parce qu'il est *savant,* on pourrait encore dire qu'il est *scientifique.* Plus simplement, il est précis. La technicité du langage du droit tient à l'existence d'un sens ou d'une démarche de précision.

Une telle technicité contribue à exclure le langage juridique de la communication naturelle. Mais il importe de comprendre : 1° que, dans les limites ci-dessus tracées, la technicité du langage du droit est une exigence irréductible de la fonction sociale du droit ; 2° que la querelle du langage technique, opposé au langage courant, est un *problème mal posé.* D'abord parce que le langage ordinaire n'est pas une alternative du langage juridique. Ce sont deux éléments complémentaires. Le langage du droit baigne dans la langue qui le porte. Les marques techniques ne sont que des points en relief sur le fond clair de la langue commune. Ensuite parce que le procès du langage technique est pour l'essentiel étranger au langage technique : il est surtout celui de l'archaïsme auquel la technicité n'est pas nécessairement liée (V. *infra,* n° 83 le détail de la controverse et ci-dessous).

c) *Un langage traditionnel*

Le langage du droit est, en majeure part, un legs de la tradition. Pour les maximes du droit cette tradition est immémoriale (11). Pour le langage législatif et le langage judiciaire, la référence est plus récente. Les juristes d'aujourd'hui ne sont pas dépaysés lorsqu'ils se réfèrent aux codifications napoléoniennes ou à la primeur de la jurisprudence qui les a interprétées. On pourrait dire que le langage juridique du XXe siècle ne diffère pas foncièrement de celui du XIXe siècle (12). La spécialité du langage du droit est, en cela, inscrite dans l'histoire. La pérennité relative de ce langage corse et couronne son originalité.

Cette observation appelle cependant plus que des nuances, afin d'éviter de graves malentendus.

1. Faudrait-il en déduire que le langage du droit est *archaïque ?* Dans la définition de l'archaïsme, l'ancienneté est un élément nécessaire mais non suffisant. Tout ce qui est archaïque est ancien, mais tout ce qui est ancien n'est pas archaïque. La présence d'un terme ancien ou même antique dans un texte de loi en vigueur ou dans un arrêt récent ne suffit pas à le taxer d'archaïsme. L'archaïsme n'apparaît qu'à partir du moment où un fait de langage (terme ou tournure) qu'il

---

(11) V. plus loin, n° 103.

(12) L'observation ne vaudrait évidemment ni pour le langage politique, ni pour le langage économique. Pour le langage juridique même, elle n'est fondée que si l'on ne comptabilise pas ici les apports du langage de la sociologie juridique au droit.

faut supposer antérieur à une mutation juridique ou/et linguistique (13), perd du fait de ce changement la force qu'il tenait auparavant de l'usage, pour tomber plus ou moins rapidement en désuétude.

Le critère de la perte d'usage recèle cependant une ambiguïté. Car tout dépend de l'usage auquel on se réfère. Si l'on s'en rapporte à l'usage courant, on recensera beaucoup d'archaïsmes (surtout d'archaïsmes d'expression), car un décalage s'est souvent produit entre l'expression courante et l'énoncé juridique. Il y en aura beaucoup moins si l'on se fonde sur l'usage juridique, car il est rare qu'un terme tombe en désuétude dans la communauté des juristes qui est conservatrice.

Faut-il donc privilégier l'appréciation externe ou l'appréciation interne de l'usage ? Une distinction se laisse apercevoir. L'impression d'archaïsme qu'éprouve le profane est bien fondée lorsque la langage juridique, pour désigner des choses courantes, continue d'employer des termes ou des tournures qui ne le sont plus dans l'usage ordinaire actuel (ex. : le sieur, la dame, il appert, au pied d'icelle). L'impression d'archaïsme n'est pas fondée lorsque le langage juridique emploie, pour désigner des choses juridiques, des termes juridiques de précision qui n'ont aucun équivalent dans le lexique général. Emphytéose, antichrèse, anatocisme, hoirie ne sont pas des archaïsmes. La rareté de leur emploi, même dans l'usage des juristes, n'est pas l'indice de leur désuétude, mais seulement l'effet de la rareté de leurs applications.

Le soupçon d'archaïsme n'autorise aucun jugement global sur le langage du droit. Une appréciation mot à mot est seule convaincante.

2. L'autre erreur serait de croire que le langage du droit est figé. *Il évolue.* Il a évolué — pour ne prendre qu'un recul qui nous est familier — depuis 1804. L'importance de la *néologie* dans le vocabulaire juridique est la manifestation principale de cette évolution. Mais la mesure de ce phénomène incontestable exigera une étude diachronique scientifique. On aperçoit seulement, aujourd'hui, quelques directions de recherche :

— Le renouvellement du langage du droit n'est pas uniforme. Son intensité varie en fonction du domaine. La mesure de l'évolution doit se faire par secteur, *ratione materiae.*

— Le renouveau linguistique est manifeste dans les matières qui ont fait l'objet de réformes fondamentales. A institution nouvelle ou renovée, noms nouveaux. L'essentiel de la refonte des rapports entre parents et enfants est dans le passage de « puissance paternelle » à « autorité parentale », c'est-à-dire dans la double mutation de puissance à autorité et de paternel à parental. La prestation compensatoire se démarque par un nom de la pension alimentaire. L'action à fins de subsides

(13) Dans la notion d'archaïsme entre l'idée d'antériorité relativement à un événement marquant (codification, législation, révolution, etc.). Archaïsme vient du verbe grec αρχειν qui signifie : venir avant (d'où d'ailleurs archétype, type primitif).

et la légitimation par autorité de justice se résument en se nommant. La création langagière est à la fois la traduction, la proclamation, le symbole et l'auxiliaire de la nouveauté de fond. Le néologisme affirme et confirme l'innovation.

— Le renouvellement du langage est surtout un acte de législation. Non seulement parce que la jurisprudence pourrait être plus conservatrice, mais parce que le pouvoir de nommer, surtout lorsqu'il accompagne la réforme du droit, est une prérogative de souveraineté. Le nominalisme est principalement législatif.

— La doctrine et la pratique sont actives dans la création du langage. Il est dans leur vocation de proposer un usage, de faire des trouvailles langagières que la loi consacre, à l'occasion, ou/et que la coutume linguistique avalise (promotion immobilière).

— Le renouvellement est moins sensible dans les domaines qui relèvent du raisonnement (la logique a depuis longtemps forgé la terminologie de l'argumentation) (14), et de la constatation du fait (si l'on réserve, toutefois, les preuves liées aux technologies nouvelles).

— L'évolution et la fixation du langage sont parfois liées, même en des matières éprouvées par la tradition, au phénomène de la codification (ainsi le langage de la procédure civile au nouveau Code de procédure civile).

— Le langage de la loi et celui de la doctrine, le langage de la justice et celui du palais n'évoluent pas de la même manière. Ces distinctions demandent à être approfondies.

B. — LE LANGAGE JURIDIQUE, LANGAGE PLURAL

6. — Il est commode de parler de « langage du droit ». Mais l'expression est trompeuse, si elle fait naître l'idée qu'un tel langage correspond à une réalité homogène. Il n'en est rien. Le langage du droit est plural à un double titre : il est plurifonctionnel et pluridimensionnel.

a) *Langage plurifonctionnel*

Dans son ensemble, le langage juridique est un langage pratique. Il est au service du droit. Il est ordonné à la création et à la réalisation du droit. François Gény l'a bien saisi dans cette finalité générale. Il le présente comme un instrument de la technique juridique et le classe, à côté des procédés intellectuels, au rang des moyens de l'élaboration technique du droit positif.

Mais cette destination globale n'empêche pas que le langage juridique assume une pluralité de fonctions. Elle y conduit au contraire. Uni au droit dont il est l'expression, le langage en épouse les diverses fonctions.

---

(14) Si l'on réserve ici — énorme exception — la terminologie de la logique déontique.

Ainsi apparaît-il d'emblée que le langage juridique instrument d'élaboration de la loi (au sens générique du terme), du jugement, des conventions et même de la littérature juridique, participe à la fonction législative (ou réglementaire), à la fonction juridictionnelle, à l'activité contractuelle, à la création doctrinale, à l'action administrative. Le langage accompagne toutes les sources et voies du droit. Il circule dans tous les canaux de la création et de la réalisation du droit (15). La portée de cette observation de base est considérable. En l'éprouvant, on découvre, par révélations successives, ce qui la confirme, ce qui la tempère et ce qui, par ailleurs, l'accentue.

1° *Les niveaux de langage*

Le langage du droit comprend plusieurs niveaux. A la supposition globale d'une réalité unique, se substitue l'observation de plusieurs « couches » linguistiques. Il n'existe pas un langage juridique, mais un langage législatif, un langage judiciaire, un langage conventionnel, un langage administratif, un langage doctrinal.

La diversification est patente dans l'ordre des énoncés. L'étude du discours juridique ne peut se faire que par niveau de langage (v. les développements qui lui sont consacrés, titre II).

2° *Le fonds commun*

La perception de ces distinctions ne doit cependant pas conduire à en exagérer la portée. Le rejet de la vision réductrice d'un langage juridique monolithique ne débouche pas sur l'analyse extrême d'une superposition de couches étanches étrangères. Il y a trop d'interférences et de points communs entre les veines législative, juridictionnelle, conventionnelle, et autres pour verser dans cet excès contraire. Dans chacune de ces veines, la véritable redistribution consiste à discerner ce qui lui est propre et ce qu'elle a de commun avec les autres : le vocabulaire juridique pour beaucoup, et, dans la structure même des énoncés, certains points similaires. Dans le langage du droit, le clivage le plus profond passe sans doute entre le fonds commun à toutes ses manifestations et les particularités de chacune. Nous admettrons, comme hypothèse de travail, l'existence de ce noyau à mettre en valeur par opposition aux éléments spécifiques que les niveaux de langage diversifient.

3° *Typologie des discours juridiques*

D'autres distinctions aggravant la diversité du langage apparaîtront dans l'étude des différents types de discours juridiques, en approfondissant l'analyse de l'objet

---

(15) Cette pluralité a été bien aperçue par G. KALINOWSKI, dans le dialogue à trois voix, « Sur les langages respectifs du législateur, du juge et de la loi », *in* Arch. phil., 19, p. 63. *Adde*, Th. IVAINER, Introduction à un discours sur le langage du droit, J.C.P. 1983.I.3097.

du discours : énoncé de droit (proprement dit), constatation de fait, exposé des motifs, etc. Il deviendra tout à fait clair que les divers discours juridiques sont eux-mêmes composites (ce qui est particulièrement net pour le discours juridictionnel, *v. infra,* n° 90). La pluralité est partout présente.

b) *Langage pluridimensionnel*

Les distinctions que met en évidence l'analyse fonctionnelle du langage du droit sont fondées sur l'émetteur du message juridique. Leur importance primordiale montre bien l'influence prépondérante de celui qui parle. Cependant, l'émetteur n'est pas tout dans la communication. Le destinataire compte aussi. La prise en considération du destinataire introduit à d'autres distinctions, sous le bénéfice d'une observation qui ne les contredit pas, puisqu'elle est d'ordre juridique, mais qui pèse sur elles.

1° *Nul n'est censé ignorer la loi*

Cette maxime qui énonce une règle de droit, au moins une directive (16), donne au langage du droit sa dimension naturelle. Si le droit est fait pour tous, le langage du droit aussi. Le véhicule conduit le droit partout où il va. Mais la décomposition du raisonnement fait ressortir les points d'étranglement. Si nul ne peut se soustraire à la loi en prétendant qu'il l'ignore, l'exception d'incompréhension est aussi inopérante que l'exception d'ignorance. La présomption que chacun connaît la loi se double de la présomption que chacun la comprend. Et comme la présomption est quasiment irréfragable, on peut craindre que la fiction juridique ne s'aggrave d'une fiction linguistique.

Que tirer de là ? Simplement, mais fermement, une *directive* renvoyée à celui qui parle. La maxime se retourne contre l'auteur du message. Elle requiert de lui la clarté. Elle exige qu'il se fasse comprendre. La maxime juridique a un corollaire linguistique : le devoir d'être clair (17). Si nul n'est censé ignorer la loi, celui qui fait la loi est sous la loi de savoir de faire entendre. Édiction ou juridiction oblige (v. déjà plus haut, n° 4). Mais ce *devoir de clarté* est d'ordre prescriptif. C'est une recommandation linguistique qui relève *lato sensu* du droit linguistique, non de l'observation linguistique.

2° *Les relations de langage*

La prise en considération du destinataire fait voir que les rapports qui s'établissent entre l'émetteur et lui ne se développent pas, en fait, dans la même dimension. Il existe deux principaux types de relations (v. *infra,* n° 51).

---

(16) Droit civil, T. I., Introduction, n° 110, 352, 355, 4e éd. 1990, Montchrestien.
(17) Devoir ? En celui qui l'accueille il devient passion de clarté.

Dans la communication la plus ouverte, le message va d'un juriste à un profane (ou au moins à un destinataire qui n'est pas censé avoir une formation juridique). C'est le cas non seulement du texte de la loi, mais aussi de tous les actes individuels qui sont portés à la connaissance de ceux qu'ils concernent par une notification (assignation, jugement). La communication s'opère d'inité à non initié (18).

La communication est plus fermée lorsqu'elle fonctionne entre initiés, tous dotés d'une formation juridique. La relation de langage s'établit entre interlocuteurs de métier : d'avocat à avocat, d'avocat à magistrat. Le message d'initié à initié circule en vase clos.

La distinction de ces diverses relations n'évacue nullement la considération de la maxime évoquée plus haut. Elle s'affirme sur un autre plan. Celui des faits. C'est une observation linguistique qui engendre dans son ordre des conséquences, on le verra (*infra,* n° 54). Sous ce rapport aussi, la pluralité règne sur le langage du droit.

Le langage du droit n'est pas une langue, et n'est pas un. Mais ce langage existe, sous la forme des deux éléments qui le constituent, *in intellectu,* dans son vocabulaire, *in actu*, dans son discours, à divers niveaux et en diverses relations qui, sur un fonds commun, en font vivre les multiples manifestations.

SECTION II

LA LINGUISTIQUE JURIDIQUE

7. — Comme le langage du droit, la linguistique juridique est une expression commode : une hypothèse de recherche plus qu'une science élaborée. La question est de savoir si l'étude de ce langage mérite d'être systématisée sous le nom de linguistique juridique (question de contenu, pas seulement étiquette).

La réponse est dans ce que l'étude du langage du droit emprunte à la linguistique, et dans ce qu'elle apporte au droit. La linguistique juridique tient sa place du jeu des rapports qui la déterminent. Son objet se dessine quand se précisent les rapports qu'elle entretient, d'une part, avec la linguistique générale, d'autre part avec le droit.

§ 1. — LA LINGUISTIQUE JURIDIQUE ET LA LINGUISTIQUE GÉNÉRALE

La linguistique juridique n'est pas une branche, parmi d'autres, de la linguistique générale. Ce par quoi elle s'oppose le plus à la linguistique générale n'est pas la

(18) Difficulté que repèrent MM. Sourioux et Lerat, *op. cit.*, p. 12.

spécialité, pourtant indéniable, de son objet (le langage spécial du droit), relativement à l'objet universel de la linguistique générale (l'étude de toute langue et de tout langage). C'est le caractère fondamental de celle-ci, reconnue comme source des concepts et des méthodes, qui ordonne les rapports. La linguistique juridique est l'application particulière au langage du droit de la science fondamentale de la linguistique générale. Elle n'en est sans doute ni l'application complète, ni une application pure et simple, car, on le verra chemin faisant et plus loin (2 §), l'articulation de la linguistique au droit décale son objet. Mais la linguistique ne peut prétendre qu'au titre de *science appliquée* de la linguistique générale. L'espoir lui est au moins ouvert d'être reconnue comme *linguistique pratique,* au même titre que la linguistique appliquée à la poésie (19). Ce qui est vrai pour le discours poétique devrait l'être aussi pour le discours juridique. Si, au sentiment de Roman Jakobson, un linguiste ne peut être « sourd à la fonction poétique » (20), pourquoi fermerait-il l'oreille à la fonction juridique (qui est, d'ailleurs, pour une part, poétique) ? Georges Mounin autorise l'entreprise : « Si la linguistique a pour champ d'investigation les langues dites naturelles, rien ne s'oppose à ce qu'on applique cette linguistique à un sous-ensemble des langues naturelles qu'on appellera « poésie » (21), ou langage du droit, pourrait-on ajouter.

Sur la foi de cette ouverture, l'essentiel reste à faire. La linguistique juridique se découvre tout à fait dans la version réductrice qu'elle retient de la linguistique générale. Mais comment en serait-il autrement ? Quand on demande à la linguistique de se définir, elle ne nous livre pas, d'elle-même, une définition unique. Il en existe plusieurs conceptions, et, non sans lien, il existe, en elle, plusieurs branches. Il faut donc que le juriste opère un choix dans le trésor de la linguistique, un peu comme l'agriculteur, chez un grand fournisseur, choisit ses outils en fonction de son terrain. Il faut qu'il choisisse modestement, utilement, pertinemment, d'une part les notions-clés qui sont opérationnelles dans l'étude du langage du droit, d'autre part les branches de la linguistique qui sont juridiquement les plus fertiles (ou même les seules pertinentes).

A. — LE CHOIX ÉLÉMENTAIRE DE CERTAINES NOTIONS-CLÉ

C'est un choix d'auteurs, mais d'auteurs qui ont fait souche, et dont l'œuvre, dans toutes les ramifications que leurs successeurs ont fait croître, est aujourd'hui comme un grand chêne plein d'oiseaux, dans le domaine public de la linguistique.

---

(19) « La linguistique dont nous nous réclamons est celle que l'on pourrait appeler “ pratique ”, en ce qu'elle emprunte à la linguistique théorique (dont l'objet d'investigation est le langage) ses présupposés pour les appliquer à l'étude d'un langage spécifique, celui du discours poétique » (Colette GUEDJ, Éluard 1975, p. 42).

(20) Essais de linguistique générale, 1. Les fondations du langage, Les éd. de Minuit, 1978, p. 248.

(21) Clefs pour la linguistique, Seghers, 1968. *Adde.* A. J. GREIMAS, Du sens, Essais sémiotiques, Paris, Seuil, 1970, p. 271 (La linguistique structurale et la poétique).

a) *Le couple du signifiant et du signifié*

La linguistique juridique telle qu'elle est ici envisagée se réfère à l'œuvre de Ferdinand de Saussure, précisément à son cours publié à Genève après sa mort, en juillet 1915 (Cours de linguistique générale). Elle lui emprunte, pour en faire un outil essentiel de ses analyses (non seulement dans le vocabulaire juridique, mais dans le discours juridique), sa conception du signe linguistique (22). Avec et après tant d'autres, nous admettons qu'un signe linguistique est une entité à deux faces, la face signifiante, ou signifiant du signe (plus brièvement nommée signifiant), et la face signifiée, ou signifié du signe (nommé signifié).

On pourrait dire que le signifiant relève de la *forme,* mais en précisant aussitôt, comme on le fait en général, que le signifiant est la *forme phonique* par laquelle se manifeste le signe : c'est donc à la base un son ou une suite de sons (23). Quand le mot est parlé (à haute voix) le signifiant correspond donc à la forme vocale (à ce qui est entendu). Cependant, le signe écrit ou récité mentalement a aussi un signifiant. Pour le signe écrit, on admet que la forme graphique du signifiant est la représentation et le substitut de la forme phonique de base. Pour couvrir toutes les hypothèses, sans doute faut-il admettre avec de Saussure que le signifiant n'est pas un son matériel, purement physique, mais l'empreinte psychique de ce son, nommée image acoutisque. Le signifiant ne va pas seulement à l'oreille ; par l'audition ou la lecture, il va à l'esprit où il rencontre le signifié auquel il est associé (dans le code).

On pourrait dire semblablement que le signifié appartient au fond. C'est la partie non sensible, l'élément purement intellectuel du signe. *Le signifié est un sens.* C'est la représentation intellectuelle, l'idée de ce que désigne le nom dans la réalité non linguistique (à savoir le référent) (24). Le signifié est dans l'esprit de celui qui émet le message et dans celui qui le reçoit, quand la communication réussit (25).

---

(22) Cours, p. 97 (Édition préparée par Tullio de Mauro, PAYOT, 1986).

(23) A l'état brut, ce son s'écoute en phonétique. Mais la phonologie n'est pas la phonétique, parce que chaque langue découpe, dans les sons, des unités qui ne correspondent pas nécessairement au découpage des autres langues. Ces sons distinctifs, constitués par chaque langue en unités phoniques successives, sont nommés, phonèmes. Leur étude est l'objet de la phonologie, ainsi que celle, bien entendu, du système phonologique que l'ensemble de ces unités forme dans chaque langue.

(24) Le signifié du signe n'est donc pas le référent, mais l'image mentale du référent (sa représentation intellectuelle). Le référent est la *chose nommée.* Le terme « chose » a ici un sens générique qui englobe non seulement les choses matérielles, mais les concepts, notamment les notions juridiques. Le référent est ce dont il s'agit dans le discours : toute *res.* Dans le langage du droit cette référence générique à *toute chose juridique* s'autorise du *De verborum significatione* (au Digeste, définition 26) : *« Rei appellatione et causae et jura continentur »* (Ulpien, *ad edictum*).

(25) C'est-à-dire quand ils se comprennent, ce qui suppose, en chacun la connaissance du code (de la langue) et du référent (la *res*).

Cependant, les deux faces indissolublement liées constituent une entité indivisible. L'unité, le signe linguistique en son entier, est constitué d'une image mentale associée à une image acoustique (d'autres diront à une forme phonique ou à son substitut). Le mot (pour raisonner sur l'unité significative ordinaire) véhicule un concept. Toute unité significative unit un *support* et sa *charge,* on pourrait dire encore une *expression* (le signifiant) et son *contenu sémantique* (le signifié). L'articulation d'un mot délivre simultanément un son (ou son substitut) et un sens, un sens lié au son (produisant ainsi, en même temps, l'actualisation acoustique et conceptuelle du signe linguistique).

Cette analyse est fondamentale parce qu'elle ordonne les branches principales de la linguistique. D'un côté, elle fait voir le groupe de celles qui s'attachent au signifiant, en décomposant l'étude de celui-ci sous tous les rapports (et que l'on nomme parfois « parties formelles » de l'analyse linguistique), à savoir :

— *La phonologie,* qui étudie les unités phoniques de la langue (phonèmes).

— *La morphologie,* qui étudie les morphèmes, nom donné aux unités signifiantes indivisibles (minimales) de la langue (celles qui, isolément ou liées, constituent les mots. Ex : paix, apaiser).

— *La syntaxe* (au sens strict de la grammaire traditionnelle), qui étudie la combinaison des mots dans une phrase (ordre, accord, etc.).

De l'autre, la distinction met en valeur les branches de la linguistique qui concernent le signifié (et que l'on nomme, par opposition, « parties substantielles » de la langue). La principale est la *sémantique.* C'est l'étude du sens des mots, de la « signification dans le langage naturel » (Josette Rey-Debove), l'étude des significations linguistiques, précise-t-on parfois (26).

b) *Le schéma de la communication linguistique*

Il est emprunté à Jakobson (Essais de linguistique générale, 1. Les fondations du langage, Les éditions de Minuit, 1963, p. 214). Voici la figure par laquelle il représente schématiquement la « communication verbale » ou « procès linguistique ».

(26) Nous emploierons indifféremment les termes « sens » et « signification » pour désigner le signifié du signe, et il s'agit du sens dénotatif (sens codé qui correspond à la dénomination du référent, c'est-à-dire à la compréhension du terme, à sa définition en compréhension). On précise parfois que la signification, toujours liée à la phrase, est « le sens pris par un signe en discours et en situation » (v. Josette REY-DEBOVE, Lexique sémiotique, v° Signification). Il faudra cependant revenir à l'idée que le sens tel que l'enregistre la définition des termes d'un vocabulaire est saisi *in intellectu,* et non *in actu,* dans ses potentialités (v. *infra,* n° 27).

CONTEXTE

DESTINATEUR ... MESSAGE ... DESTINATAIRE

CONTACT

CODE

Ce schéma a fleuri, depuis lors, sous diverses variantes (27). Nous en proposons la version suivante :

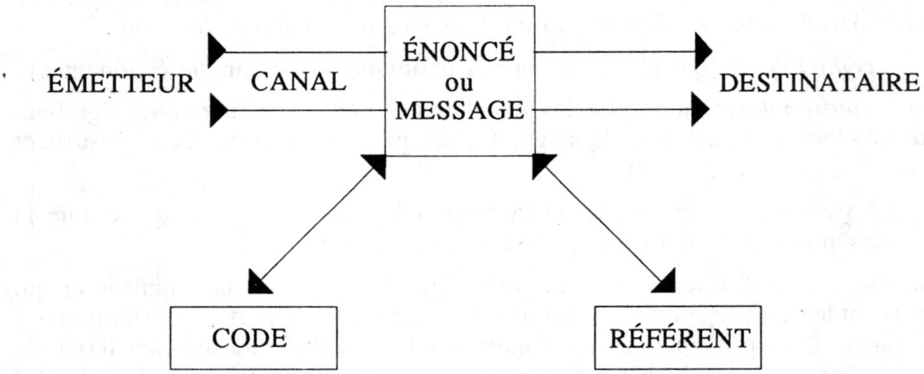

Le passage (28) s'opère ici du signe au discours. Le discours est une suite organisée de signes. Celui qui parle met en œuvre la langue en s'exprimant par le message qu'il adresse au destinataire. Le discours est la mise en œuvre de la langue naturelle par l'expression et pour la communication. C'est un acte d'exécution. Un acte individuel.

La communication, on le voit, s'opère de celui qui émet le message à celui auquel il est destiné (si du moins celui-ci le reçoit).

L'émetteur du message est souvent l'auteur intellectuel du contenu du message (mais il peut en être autrement). Son rôle est toujours actif sous tous les autres rapports :

— C'est lui qui *énonce* (qui produit les signes et les organise en *énoncé,* c'est-à-dire en *message*).

---

(27) V. not. SOURIOUX et LERAT, n° 39.

(28) Il y a continuité de Ferdinand de SAUSSURE à Roman JAKOBSON, car le premier distinguait déjà la langue et la parole (p. 30, n° 63 s.).

— C'est lui qui *s'exprime* (c'est-à-dire qui choisit le mode écrit ou oral d'expression, autrement dit le *canal* de la parole ou de l'écriture).

— C'est lui qui *encode* le message (c'est-à-dire qui met en œuvre la langue, l'idiome, dans laquelle il exprime le message).

La communication réussit si le destinataire du message reçoit celui-ci, le décode (par la connaissance qu'il a du code) et le comprend (par la connaissance qu'il a du référent).

En tant qu'il énonce (en tant qu'il est l'auteur de l'*énonciation*), l'émetteur actualise le langage dans une situation déterminée (par son acte à un moment donné, en un lieu donné). Par l'énonciation qui est un acte, la communication conduit à la *pragmatique* (nom donné à l'étude des relations entre les signes et leurs usagers).

En tant qu'elle porte sur un *énoncé,* la communication renvoie cependant aussi à la *sémantique,* à *la morphologie* et à *la syntaxe,* en tant que l'énoncé est une suite de signes dont chacun présente la double face qui le constitue. Au niveau de l'énoncé aussi, l'étude complémentaire du signifiant et du signifié est encore pertinente.

Le schéma de la communication fait ainsi voir que le discours est à étudier sous le double rapport de l'énonciation et de l'énoncé. Que peut en retenir l'étude du langage du droit ?

B. — LE DISCERNEMENT DES APPLICATIONS PERTINENTES, AU LANGAGE DU DROIT, DES DIVERSES BRANCHES DE LA LINGUISTIQUE GÉNÉRALE

a) *Intérêt variable des branches formelles*

Dans l'étude du langage du droit, les parties formelles de la langue offrent un intérêt non négligeable mais inégal.

1° *Grammaire traditionnelle et syntaxe* (Stricto sensu)

Ces parties qui ont un contenu normatif s'imposent aux juristes comme à tous les usagers de la langue. Comme ce serait le cas pour l'orthographe, il en va ainsi pour les règles de la grammaire classique et de la syntaxe au sens strict. Ces normes de langage sont telles : 1° qu'il y a lieu de les connaître et de les respecter dans l'emploi juridique de la langue (sur la supposition que les discours du droit se veulent corrects) ; 2° qu'elles ne sont juridiques ni en elles-mêmes ni dans leur étude (en sorte que cette étude n'a pas sa place dans la linguistique juridique). L'étude grammaticale d'un énoncé de droit est un exercice utile ; une grammaire juridique une absurdité.

2° *Phonologie*

Si la linguistique qui a pour base la phonologie se constitue comme une science de la communication par les sons de la langue naturelle, elle est, plus encore, étrangère à la linguistique juridique. La juridicité du langage n'est pas une donnée phonologique. Les particularités du langage du droit n'entrent ni dans l'objet ni dans les procédés d'analyse de cette science. Réciproquement, il n'est pas évident qu'une étude phonologique du terme et des énoncés juridiques présente, pour le juriste, quelque utilité.

Son pour son, on pourrait seulement se demander, en s'abandonnant à une dérive de la question, si, d'un point de vue que l'on pourrait dire oratoire, stylistique ou poétique, l'harmonie des sons a sa marque dans les vocables du droit, et un rôle à jouer dans le discours juridique (question d'art, non de science).

3° *Morphologie*

L'étude morphologique du langage du droit offre, au contraire, un grand intérêt. Elle a vocation à s'appliquer non seulement aux unités signifiantes prises isolément, mais aux rapports entre les mots. Les phénomènes de préfixation, de suffixation, de dérivation, de composition, etc., qui affectent les termes juridiques ou les vocables du lexique général dans l'emploi que le droit en fait mettent en lumière des tendances qui sont des particularités du langage du droit (ainsi la fréquence des mots en « oire » ou de la substantivation du participe présent). L'étymologie des termes juridiques est (même dans sa partie morphologique), une carrière d'une grande richesse (v. *infra,* n° 29). Sur cette donnée étymologique et d'autres critères morphologiques, s'opèrent enfin des regroupements de mots par famille, parfois nommés champs morphologiques. C'est une méthode éclairante (v. *infra,* n° 39).

b) — *Intérêt capital de la sémantique juridique*

Dans l'application au langage du droit de l'analyse linguistique, c'est l'approche sémantique qui se charge du plus haut intérêt. La sémantique est la partie essentielle de la linguistique juridique (29) ; cette proposition repose sur deux observations complémentaires.

(29) Si la sémantique est parfois considérée comme « une parente pauvre » de la linguistique — remarque qui, chez ceux qui la font, notamment GREIMAS, est loin de correspondre à un verdict — c'est en raison du « retard historique des études sémantiques », et aussi de la plus grande difficulté à y appliquer l'analyse structurale, laquelle s'est d'abord fondée sur la phonologie. Mais les choses évoluent (et d'ailleurs reviennent). Trois choses nous paraissent aujourd'hui certaines : 1° la sémantique structurale prend à son tour son essor, avec Algirdas Julien GREIMAS entre beaucoup d'autres ; 2° la sémantique classique conserve tout son intérêt ; 3° il n'est pas exclu de demander des lumières à l'une et à l'autre, même pour qui ne fait à la première que de modestes emprunts.

1. La recherche du sens est le service essentiel que la linguistique juridique, science auxiliaire du droit, peut rendre au droit. Car l'existence et l'importance des significations juridiques sont des données incontestables de l'observation linguistique. La juridicité du sens et l'importance de cette spécificité, sont, pour la création et la réalisation du droit, des faits linguistiques essentiels. L'étude des significations juridiques est donc la partie la plus féconde de la linguistique juridique, au moins dans sa considération du vocabulaire juridique. Elle est à la base de plusieurs des développements contenus dans cet ouvrage : le repérage des termes d'appartenance juridique exclusive, l'analyse de la polysémie interne (pluralité des sens juridiques), la formation des familles de mots par affinité ou opposition(les champs sémantiques). Est-il besoin d'ajouter que la recherche du sens est l'objet même de la définition des termes du vocabulaire juridique et l'instrument de leur traduction ?

2. La sémantique est peut-être la seule des branches de la linguistique qui mérite à plusieurs titres le qualificatif de juridique. La sémantique appliquée au langage du droit est en effet juridique non seulement par son objet, champ de son étude (le langage juridique ; ce que l'on pourrait dire aussi de la morphologie et de l'étymologie) mais, en partie, par ses méthodes. Ne nous hâtons pas de proclamer imprudemment qu'elle pourrait enrichir la linguistique générale. C'est pour elle — mais c'est d'elle-même — qu'elle a systématisé ses analyses. On peut citer au moins trois fruits de cet effort méthodologique :

— La lexicographie juridique a, dans une certaine mesure, développé une lexicologie juridique. Si l'on admet que la lexicologie est « la description de la signification des mots comme on l'enregistre dans les dictionnaires » et la lexicologie « la science des principes et des méthodes de la lexicographie » (J. Dubois), on peut considérer que le travail accompli sur le vocabulaire juridique a développé des réflexions d'ordre méthodologique (notamment sur la définition de la définition, ou sur la part de ce qui est normatif dans la définition).

— L'importance capitale de la polysémie interne est à l'origine de considérations du même ordre dans les rapports entre les sens d'un même mot et leur classification (v. *infra*, n° 21).

— Pour surmonter les difficultés spécifiques auxquelles elle se heurte, la traduction juridique s'est érigée en discipline. On en vient naturellement à l'influence du droit.

§ 2. — LA LINGUISTIQUE JURIDIQUE ET LE DROIT

10. — Si la linguistique juridique n'est pas une application complète de la linguistique générale, elle n'en est pas davantage une application pure et simple. Elle est déterminée dans son objet par tout ce que le droit attend d'elle, c'est-à-dire, à la racine, par tout ce que le droit demande au langage (tout à la fois comme

« consommateur » de langue naturelle, et « producteur » de langage spécial). La linguistique juridique épouse toute la demande linguistique qui est dans le droit. Elle étudie toutes les questions de langage juridiquement pertinentes, d'où un infléchissement, et même un élargissement de son objet, dans diverses directions. La linguistique juridique est héritière de la tradition juridique ; elle est l'auxiliaire du droit ; elle est porteuse du droit du langage.

A. — LA LINGUISTIQUE JURIDIQUE HÉRITIÈRE DE LA TRADITION JURIDIQUE

Qu'il s'agisse de l'interprétation des textes ou de l'art de la parole, le souci du langage est, chez les juristes, millénaire. Le sens des mots et l'ordre du discours sont des questions antiques. Parce qu'elles sont toujours ouvertes, leur pérennité influe en un double sens sur l'objet de la linguistique juridique.

a) *Importance du point de vue diachronique*

À première vue, l'étude du vocabulaire juridique et du discours juridique se développe en synchronie. La linguistique juridique décrit le fonctionnement du langage du droit en se référant à l'usage actuel qui en est fait. Mais le droit a une dimension historique qu'il communique à l'étude de son langage. C'est le droit qui le demande. On entend bien, d'abord, que tout interprète d'un terme ou d'un texte de droit cherche dans l'histoire la référence juridique. Nous remontons toujours à la source de droit. Nous voulons retrouver la règle, à son origine, dans la jurisprudence du XIXe siècle, dans le Code civil, dans une ordonnance royale, une coutume de l'Ancien Droit, le droit romain, etc. Il devient évident que ce parcours juridique est inséparablement linguistique. Dans un texte de source ou de relais, nous cherchons un sens de source ou de relais. S'est-il perdu ? Infléchi, est-il encore compris, dénaturé ? Cela fait beaucoup de questions, et ce ne sont que des exemples. Ce genre de préoccupations a pour effet de privilégier, en linguistique juridique, certains types de recherche : recherche étymologique, étude des variations de sens, repérage des archaïsmes, enregistrement des néologismes, d'un mot regard sur l'évolution du langage du droit.

La diachronie n'est pas seulement un regard sur le passé lointain. C'est un point de vue évolutif qui suit les mouvements même récents.

b) *Influence de l'art oratoire*

Ce serait un bonheur si la linguistique juridique pouvait aider à bien dire. Mais il n'y a pas en elle un traité de l'éloquence, parce qu'elle ne nourrit pas l'ambition d'édicter les règles d'un art oratoire, ou plus amplement d'un art poétique du droit. Elle n'est pas prescriptive.

Cependant, dans son simple propos de décrire, elle bute sur la science du discours et l'art de la parole tels qu'ils ont été cultivés, et dans lesquels baigne la tradition juridique. Laissons les effets de l'éloquence. Il en reste l'essentiel, les ressorts et les ressources du discours. La linguistique juridique a dans son héritage l'art oratoire, parce qu'elle étudie l'acte d'écrire et de parler. Il en résulte pour elle deux ouvertures :

1. Dans l'étude du discours juridique, la linguistique demande beaucoup à la *rhétorique.* C'est grâce à elle, notamment, qu'elle repère dans les discours du droit l'intention de persuader. Celle-ci ne laisse pas seulement, dans ces discours, des marques formelles, elle en gouverne souvent la structure même (conclusions des parties, motifs des jugements, exposé des motifs de la loi). Elle fait voir que des actes de demande, de décision ou d'édiction sont d'abord des actes de persuasion.

2. Plus largement, la linguistique juridique est fondée à annexer, pour l'appliquer au langage du droit, les ressources de la critique littéraire. Il y a place, en elle, pour une étude du style des textes du droit. On peut même affirmer que la *stytislique juridique* est l'une des parties non négligeables de la linguistique juridique. Le style des lois, le style des jugements, le style des actes entrent dans le champ de ses investigations et même, on y arrive, de ses recommandations.

B. — LA LINGUISTIQUE JURIDIQUE, SCIENCE AUXILIAIRE DU DROIT (30)

11. — Comme étude du langage du droit, la linguistique juridique constitue ce qu'il est convenu d'appeler une « science auxiliaire du droit » (Carbonnier). Cette fonction recouvre de multiples utilités. La linguistique juridique seconde de ses œuvres chacune des sciences juridiques, les arts appliqués, la science fondamentale et même les autres sciences auxiliaires du droit.

a) *La linguistique juridique au service des arts appliqués du droit*

On pourrait ici montrer en quoi la linguistique juridique est associée d'une part à l'élaboration, d'autre part à la réalisation du droit. Les services spécifiques qu'elle rend apparaissent mieux en déplaçant à peine ces références.

1° *Linguistique juridique et expression juridique*

La linguistique juridique est d'abord au service direct de l'expression du droit. Elle est présente à tous les stades et sous tous les modes de cette expression, lors

(30) V. Georges MOUNIN « La linguistique comme science auxiliaire dans les disciples juridiques », *in* Arch. phil. 19, p. 7. C'est un encouragement, mais aussi une invitation à la prudence et à la modestie.

de la création et de l'application du droit, et aussi bien dans l'expression orale que dans l'expression écrite. Elle a son mot à dire dans la rédaction des lois et dans celle des jugements, des contrats, de tous actes, ainsi que dans toutes les interventions qui accompagnent l'élaboration et la mise en œuvre du droit : rapport, avis, plaidoirie, réquisitoire, etc.

A ce titre, la linguistique juridique mérite d'être reconnue principalement comme l'auxiliaire d'une branche de la science de la législation : *la technique législative.* Dans une autre terminologie, on y reconnaîtra une partie de la légistique, nom donné à la science de la composition des lois (31). Elle participe à l'art législatif.

Cependant, elle est, au même titre, l'auxiliaire de la pratique rédactionnelle de décisions de justice, de la pratique notariale ou conventionnelle, de l'art oratoire. Dans cette fonction, elle intervient, avec un rôle actif, dans la création littéraire du droit. Elle n'est plus étude, mais application. Elle agit pour la *maîtrise de l'expression juridique.*

Ici s'ouvre l'éventail de ses apports formels. En tout acte, la linguistique juridique cultive :

— Le choix des termes ;

— Les qualités de l'énoncé (clarté, précision) ;

— La composition d'ensemble du texte ;

— Le choix des divisions, des intitulés, de la ponctuation ;

— La présentation formelle du texte sur le document qui le supporte ;

— La présentation d'un sommaire ou d'un résumé ;

— La confection d'un index.

2° *Linguistique juridique et interprétation juridique (32)*

La linguistique juridique n'intervient pas seulement sur un acte à faire, mais sur un acte fait à interpréter. L'acte existe. L'analyse linguistique aide à le comprendre. *A posteriori,* elle prend à rebours la création du discours juridique. Dans ce parcours à l'envers, elle rend des services à tous les niveaux du texte législatif, juridictionnel ou conventionnel : termes, énoncé, composition, etc.

Comme elle était une aide à l'écriture, elle devient une aide à la lecture. Elle œuvre à l'intelligence de l'acte. Elle est la servante de l'interprétation, car toute interprétation commence par être littérale. « Par le texte ». « D'abord le texte » : Avant de se séparer, toutes les écoles d'interprétation font ensemble ce bout de chemin, le parcours textuel, et c'est ce regard linguistique sur les mots et les

---

(31) Cependant, on pourrait aussi bien ressusciter ici un nom ancien. La linguistique juridique est l'auxiliaire de la *nomographie,* science de l'écriture des lois.

(32) V. Y. Paclot, Recherche sur l'interprétation juridique, thèse Paris II, 1988.

phrases qui restitue un sens ou en libère un autre, décèle une intention ou repère un intérêt, retrace le cheminement d'une pensée, démasque une erreur ou un faux sens, fait la part du doute, comprend l'essentiel. La science du vocabulaire et du discours est la première clé de l'interprétation juridique. Elle développe en ce sens tous les moyens et procédés de l'analyse de texte : repérage des mots-clé, dégagement des thèmes, recherche des structures, etc.

b) *La linguistique juridique auxiliaire de la science fondamentale du droit*

Comme elle est la compagne de l'expression et de l'interprétation du droit, la linguistique juridique est la compagne invisible et secourable de la pensée juridique dans toutes les voies de sa réflexion fondamentale. Elle s'offre à l'affermir dans ses assises et sa démarche. Le renfort qui en vient tient aux lumières que l'attention aux signes linguistiques projette sur les notions fondamentales du droit et les opérations fondamentales de la pensée juridique.

Dans cette fonction, l'analyse linguistique n'est qu'une approche parmi d'autres : c'est l'approche formelle de la science juridique fondamentale. Elle suggère tout ce que la forme apporte au fond.

1° *Linguistique juridique et catégories juridiques*

Le travail sur les catégories juridiques en donne deux témoignages, tous deux puisés dans l'élaboration du Vocabulaire juridique.

La connaissance de chaque catégorie juridique (qu'il s'agisse d'une institution, d'un droit, d'un acte, etc.) gagne à passer par l'épreuve de la définition. La définition « réelle » des notions juridiques est l'un des exercices rigoureux et féconds de la linguistique juridique. Le travail définitoire (Serge Balian) concourt à la maîtrise des concepts fondamentaux.

La recherche des relations qui unissent les catégories juridiques se déploie mieux lorsqu'elle s'appuie sur des études lexicales. Le regroupement des termes du droit par famille est un moyen de mettre en lumière le réseau des concepts (v. la préface du Vocabulaire juridique).

2° *Linguistique juridique et raisonnement juridique*

L'étude du raisonnement juridique, ici pris dans sa plus large acception (connaissance du droit, connaissance du fait, articulation du fait au droit) en apporte une autre preuve.

L'analyse linguistique cherche dans les mots et les énoncés toutes les traces que laisse la démarche de la pensée juridique. Elle aide à reconstituer le processus de la pensée par le repérage, dans le discours, des marques qui le jalonne. *L'analyse linguistique est un auxiliaire de l'analyse logique.*

En ce sens, elle est structurale. Elle décompose le discours. Elle suit, dans l'énoncé, le passage du fait au droit, de la condition à la conséquence, et parfois dans tous ses méandres. Ainsi retrouvera-t-elle, dans la décision de justice, la référence à la demande, le récit de la procédure, la constatation ou l'interprétation des faits, l'appréciation des faits, l'énoncé du droit et souvent son interprétation, la qualification des faits, la discussion des points litigieux, la référence à des opinions ou à des avis, les parties déductives et, « par ces motifs », la décision et les parties impératives du discours. L'application au jugement du schéma de la communication linguistique fera voir les agents, les fonctions, les actions, etc.

c) *LA LINGUISTIQUE JURIDIQUE AUXILIAIRE DES SCIENCES AUXILIAIRES DU DROIT.*

1° *Histoire du droit, droit comparé*

De ce qui précède il résulte, par une conséquence nécessaire, que la linguistique juridique est l'auxiliaire de l'histoire du droit et de la législation comparée. Si la linguistique juridique aide à connaître notre système juridique, sous les rapports qui ont été distingués, elle a semblablement vocation à rendre les mêmes services dans la connaissance de l'état ancien d'un droit ou d'un système juridique étranger. Toutes les analyses morphologique, sémantique, logique y trouvent les mêmes emplois, au prix d'un surcroît d'érudition.

Couronnant le tout, les ressources qu'un système juridique en vigueur (comme le droit positif français) cherche à puiser dans la connaissance d'un système révolu ou étranger posent des questions linguistiques spécifiques, notamment celui du choix (ou du partage à faire) entre l'emprunt des termes de la langue dans laquelle s'exprime le système de référence et la traduction de ces termes.

2° *Sociologie juridique*

La linguistique juridique est étroitement liée à la sociologie juridique. La démarche de la linguistique juridique est, de sa nature, sociologique, dans deux voies au moins : 1. lorsqu'elle étudie le langage du droit dans l'usage qu'en fait un groupe socio-professionnel donné (par exemple le langage du palais) ; 2. plus généralement, quand elle étudie la communication du discours juridique en situation, en prenant en considération la personnalité de l'émetteur et celle du destinataire.

Par où il apparaît que la linguistique juridique et la sociologie juridique ont, en partie, le même objet : les usages du palais, et plus généralement les niveaux de langage et les relations de langage (tels qu'ils sont analysés dans la typologie du discours juridique, *infra,* n° 48) sont, tout à la fois, des faits linguistiques et des comportements sociaux. Ce sont des faits sociolinguistiques qui relèvent et de l'étude du langage juridique et de la sociologie du droit. L'approche linguistique et l'approche sociologique du même phénomène se complètent.

3° *Linguistique juridique et informatique juridique (33)*

Dans le vaste ensemble des rapports du langage et de l'informatique, la question particulière des rapports du langage du droit et de l'informatique juridique est un chantier actif. Parce qu'elle traite des mots et des textes, l'informatique juridique prend le langage du droit non seulement comme un matériau, mais comme un champ d'études (34). L'informatique juridique est linguistique parce qu'elle développe et approfondit des opérations linguistiques et des recherches linguistiques. Dans son traitement des mots et des textes de droit, elle s'intéresse aussi bien au vocabulaire juridique qu'au discours juridique : à la polysémie, à la synonymie, à la recherche des mots-clé, à l'analyse de contenu (35), aux champs sémantiques et ensembles lexicaux, etc.

On peut dire, en ce sens, que la linguistique juridique est l'auxiliaire de l'informatique juridique. Mais il serait tout aussi vrai de dire que celle-ci façonne la linguistique juridique à ses besoins : la linguistique et, sans doute aussi, le langage du droit. Car son souci majeur est la rationalité (et à partir d'elle l'utilité), son maître-mot le traitement. La pensée normalisatrice qui la meut fera que sur les questions de langage, la polysémie par exemple, le point de vue de l'informaticien et celui du lexicographe, ou encore du législateur ne seront pas nécessairement les mêmes.

C. — LA LINGUISTIQUE JURIDIQUE PORTEUSE DU DROIT DU LANGAGE

12. — Si la linguistique juridique a principalement pour objet l'étude du langage du droit, elle est fondée à appréhender celle du droit du langage.

En tout système juridique, notamment en droit français, affleurent les éléments dispersés d'un droit linguistique. Ces fragments méritent d'être regroupés pour être l'objet d'une étude cohérente dont le contenu est ici sommairement dessiné.

Non sans interférences, ce droit saisit le langage à deux niveaux.

1° *Les effets juridiques de l'acte de langage*

Le droit attache au langage certains effets de droit. Plus précisément, il dote les actes de langage de conséquences juridiques. Le prononcé d'une parole devient,

---

(33) V., en dernier « Apports de l'informatique à la connaissance du droit », Actes du Colloque de Montpellier (mars 1989), spécialement les rapports de MM. FROSSARD et MAZET et le rapport de synthèse de M. P. CATALA.

(34) V. Pierre CATALA, L'informatique et la rationalité du droit, Arch. phil. du droit, T. 23, 1977, p. 295 et s.

(35) Sur cette importante question, V. J.-P. BUFFELAN, Introduction à l'informatique juridique, Paris, Librairie du Journal des Notaires et des Avocats, 1975.

en vertu du droit, générateur de droit. Dans les actes consensuels (36), l'expression verbale du consentement suffit, par elle-même et à elle seule, à lier juridiquement son auteur (37), qu'il s'agisse, dans les actes juridiques plurilatéraux, de l'échange des consentements (les paroles d'accord) ou de la manifestation unilatérale de volonté, dans les systèmes qui admettent l'engagement unilatéral (« je promets », « j'offre », « j'autorise », « je reconnais »). Cet effet du principe de l'autonomie de la volonté, du respect de la parole donnée (C. civ. a. 1134), est attaché à l'émission sonore de la parole. Mais l'expression écrite du consentement a autant (et plus) d'effet que l'expression orale. Dans les actes consensuels et dans les actes solennels (38), la signature est l'acte graphique qui engage. La force du serment s'attache au prononcé même des paroles sous lesquelles il est prêté (« je jure »). La décision de justice existe du seul fait de son prononcé (« ordonnons », « condamnons »). Ce qui est dit est fait. Le contrat est parfait, le jugement tombe de la bouche du juge, etc. Le verbe qui exprime l'action (« je m'engage », « condamnons ») consomme l'action dès qu'il est dit. Le langage accomplit l'acte (39). La parole est le verbe du droit. Depuis toujours, le droit admet que parler c'est agir. La théorie linguistique des actes de langage a, pour cette raison, connu d'emblée chez les juristes, un immense succès. L'effet performatif du langage a de nombreuses applications en matière juridique. Il y présente d'ailleurs la particularité d'être doublement encadré par le droit. C'est le droit positif qui pose ses marques et dans la cause et dans l'effet de l'acte de langage ; c'est lui qui détermine les conditions juridiques auxquelles est subordonné l'effet performatif, et les conséquences juridiques en lesquelles il consiste.

Le droit attache d'ailleurs des conséquences juridiques non seulement aux actes de langage dans lesquels l'analyse juridique reconnaît des actes juridiques (au sens précis du terme : contrat, jugement) ou des modes de preuve (aveu, serment), mais aussi à des actes de langage qui sont, au regard du droit, de simples faits juridiques (par exemple des injures).

D'où il ressort, tout à la fois, que les effets de droit attachés à un acte de langage ne sont pas l'apanage du langage du droit (mais peuvent résulter d'un emploi quelconque de la langue naturelle) et que l'acte de langage doté d'un effet de droit peut n'être pas juridique en soi, mais l'être seulement dans sa conséquence. Le fait linguistique n'est juridique que par son effet.

---

(36) Actes dont la formation n'est pas subordonnée, à peine de nullité, à l'expression de la volonté sous une forme particulière spécifiée et exigée par la loi, mais seulement à l'expression, *sous une forme quelconque,* de la volonté créatrice.

(37) ... « On lie les hommes par leurs paroles... » (LOYSEL).

(38) Actes dont la formation est subordonnée, à peine de nullité, à l'accomplissement d'une formalité spécifiée et exigée par la loi, *ad solennitatem* (en supposant ici que la rédaction d'un écrit figure dans la formalité requise).

(39) Dans les exemples choisis, l'acte linguistique accomplit l'acte juridique (ou l'acte probatoire).

2° *Les règles juridiques relatives à l'emploi de la langue*

Le droit, dans chaque pays, régit, à sa manière, l'usage même de la langue. L'emploi de la langue y devient l'objet même de la règle de droit. Ainsi pourra-t-il consacrer des libertés linguistiques (droit de parler la langue de son choix). Ainsi pourra-t-il édicter des impératifs linguistiques (l'obligation d'enseigner ou d'apprendre une langue), des interdits linguistiques (l'interdiction d'employer une langue dans un usage déterminé ou d'employer certains termes). Ainsi pourra-t-il se borner à émettre des directives linguistiques (recommandations pour l'emploi de certains termes).

Cette partie importante du droit du langage réunit l'ensemble des règles qui gouvernent non seulement l'usage du langage du droit, mais aussi l'emploi de la langue naturelle. Elle est linguistique par son point d'application, mais son contenu est juridique. Elle est normative de nature.

Ces questions seront l'objet, dans un tome à venir, de la deuxième partie de notre étude.

La première partie est consacrée au langage du droit. Deux titres la divisent :

Titre premier : Le vocabulaire juridique.

Titre deuxième : Le discours juridique.

13. — INDICATIONS BIBLIOGRAPHIQUES GÉNÉRALES

I
LE LANGAGE DU DROIT

A) *GÉNÉRALITÉS — ÉTUDES DIVERSES*

a) *Références de base*

• *Le langage du droit,* Archives de philosophie du droit, T. 19, 1974, rendez-vous, sur ce thème, de la philosophie, de l'histoire, de la linguistique et de la logique, préf. Michel VILLEY, cité Arch. phil. 19.

• *Le langage du droit,* Jean-Louis SOURIOUX et Pierre LERAT, P.U.F., coll. SUP, 1re éd. 1975, cité SOURIOUX et LERAT.

• *Vocabulaire juridique,* sur l'égide de l'Association Henri CAPITANT et sous la direction de Gérard CORNU, avec la collaboration de professeurs, magistrats et jurisconsultes, 1re éd. 1987, 2e éd. 1990 ; cité Vocabulaire Juridique.

b) *Études historiques*

Émile BENVENISTE : *Le vocabulaire des institutions indo-européennes,* Les éditions de minuit, 1969. Ce maître-livre est un trésor d'érudition, d'intelligence et de clarté (coll. Le sens commun). Dans le Tome 1 (Économie, parenté, société), il est beaucoup question de droit : don, échange, achat, prêt, créance, fidélité personnelle *[fides]*, etc.). Dans le Tome 2, le droit vient entre le pouvoir et le sacré (*Thémis, dike, jus, med*-mesure, etc.).

• Georges VLACHOS : *Thémis et Nomos, de Mycènes à Homère,* Arch. phil. 19, p. 317-338.

• Michel VILLEY : *Une controverse sur le sens du mot « jus », in,* Leçons d'Histoire de la philosophie du droit, Dalloz, 1957, p. 249 s. Questions sur l'ontologie d'Aristote et le langage du droit romain, contribution aux Mélanges Besnier, p. 299-306.

• Ph. I. ANDRÉ-VINCENT : *Le langage du droit dans la Bible, in* Arch. phil. 19, p. 89-102.

• Yan THOMAS : *La langue du droit romain, in* Arch. phil. 19, 103-125.

• T. PEACH : *Le droit romain en français au XVIe siècle :* deux oraisons de François de Némorel (1555), Rev. hist. de droit français et étranger, 1982, p. 5-44.

c) *Études diverses*

1) *Sur le langage du droit en général :*

François GÉNY : *Science et technique en droit privé positif,* III, Élaboration technique du droit positif, SIREY, 1921, chap. 8, Le langage (mots et phrases) instrument de la technique juridique, n° 254-260, p. 448-492, cité GÉNY, chap. 8.

• Théodore IVAINER : *Introduction à un discours sur le langage du droit,* J.C.P. 1983.I.3097.

2) *Sur le vocabulaire juridique :*

Henri CAPITANT, Préface au Vocabulaire juridique publié en 1936 sous sa direction, P.U.F.

Henri BATIFFOL : *Observations sur la spécificité du vocabulaire juridique,* Mélanges Gabriel MARTY, 1978, p. 35-44.

• Roger NERSON : *Exercices de vocabulaire,* Mélanges VOIRIN, 1967, p. 603-617.

• Joseph BECQUART : *Les mots à sens multiples en droit civil français, contribution au perfectionnement du vocabulaire juridique,* Thèse Droit, Lille, P.U.F. 1928, 336 p.

• P. REUTER : *Quelques réflexions sur le vocabulaire du droit international, in* Mélanges TROTABAS, L.G.D.J. 1970, p. 423 s.

3) *Sur les définitions dans la loi :*

G. CORNU : *Les définitions dans la loi,* Mélanges VINCENT, Dalloz, 1981, p. 77-92.

• S. BALIAN : *Essai sur la définition dans la loi,* Thèse droit, Paris-II, 1986.

• *Les définitions dans la loi et les textes réglementaires,* Travaux de l'Atelier de méthodologie juridique de la Faculté de droit et de science politique d'Aix-Marseille, sous la direction de M. J.-L. BERGEL, Cahiers de Méthodologie juridique, 1986-4 et 1987-4 avec les communications de MM. BERGEL, LECERCQ, PUTMAN, CHEROT, BELTRAME, FLORY, GASSIN, BALDOUS, NEGRIN, COUPET, ATIAS, SOURIOUX, LERAT, HÉRON, CORNU et de Mlle GRIVART DE KERSTRAT.

4) *Logique des normes, sémiotique nouvelle :*

Georges KALINOWSKI : *Introduction à la logique juridique.* Éléments de sémiotique juridique, logique des normes et logique juridique, Paris L.G.D.J. 1965.

• François PAYCHÈRE : *Théorie du discours juridique,* Essais sur les apports des sciences du langage à la théorie générale du droit, Th. Droit, Paris-II, 1990, dact. 515 p.

5) *Langage contractuel, formule notariale :*

Jean-Louis SOURIOUX : *Recherches sur le rôle de la formule notariale dans le droit positif,* Librairie du journal des notaires et des avocats, 1967.

• René SAVATIER : *Le bon et le mauvais usage des formulaires notariaux,* Rev. du notariat, 1976, p. 57-74.

• Th. IVAINER : *La lettre et l'esprit de la loi des parties,* J.C.P. 1981.I.3023.

B) *LANGAGE DU LÉGISLATEUR, STYLE LÉGISLATIF*

• Jérémie BENTHAM : *Traités de législation civile et pénale ;* (ouvrage extrait des manuscrits du jurisconsulte anglais par Et. DUMONT, Seconde édition revue corrigée et augmentée, T. 1, 2 et 3, Bossange, père et fils, 1820), spécialement les chap. XXXII et XXXIII, du T. 3, p. 388 s., « De la pureté dans la composition d'un corps de droit », « Du style des lois ».

• Jérémie BENTHAM : *Tactique des Assemblées législatives suivie d'un traité des sophismes politiques* (ouvrages extraits des manuscrits du jurisconsulte anglais par Et. DUMONT, T. I et II, seconde édition revue et augmentée, Paris, Bossange Frères, 1822. Attaché à tout ce qui se fait oralement ou par écrit au sein d'une assemblée, l'ouvrage contient aussi bien des règles de rédaction (brièveté, simplicité, etc., T. I, p. 102 s.) ou le procès des termes ambigus (T. II, 163), que des directives sur l'ordre des débats et du vote (ou même la faculté de s'absenter...).

• Jean RAY : *Essai sur la structure logique du Code civil français,* Paris, Félix Alcan, 1926, thèse Lettres, Paris 1926, 296 p.. Dans cette étude du Code « comme un fait » (un document, un *corpus*), l'analyse logique s'appuie souvent sur l'analyse linguistique. L'ouvrage fourmille d'observations pénétrantes sur le vocabulaire et le style du Code, le temps des verbes, le sens des mots, les définitions, etc.

• Jean RAY : *Index du Code civil* (contenant tous les mots qui figurent dans le texte du Code accompagnés des références à tous les articles où ils se trouvent et illustrés de citations qui peuvent en éclairer le sens ou l'emploi), Félix ALCAN, 1926, 117 p., thèse complémentaire de Lettres (recensement qui par ses indications de fréquence donne une idée de l'importance respective des termes techniques et des mots neutres).

• André-Jean ARNAUD, *Essai d'analyse structurale du Code civil français,* La règle du jeu dans la paix bourgeoise, Préface de Michel VILLEY, postface de Georges MOUNIN, L.G.D.J. 1973, 182 p.

• Alain VIANDIER : *Recherche de légistique comparée,* Fondation européenne de la science, Springer-Verlag, Berlin, 1988, 175 p.

• Denis TALLON : *Questions de langage,* à propos des textes d'unification de la vente mobilière, *Prace z Prawa cywilnego,* Mélanges PIATOWSKI, 1985, p. 395 s.

• G. KALINOWSKI : *Sur les langages respectifs du législateur, du juge et de la loi, in* Arch. phil. 19, p. 63.

• Ch. GRZEGORCZYK et Th. STUDNICKI : *Les rapports entre la norme et la disposition légale, in* Arch. phil. 19, p. 243-256.

• J.-L. SOURIOUX et LERAT : *L'euphémisme dans la législation récente,* D. 1983. chron., p. 221.

• G. CORNU : *La lettre du Code à l'épreuve du temps,* contribution aux Mélanges René SAVATIER, 1965, p. 157-181 ; *Le langage du législateur,* Université de Neuchâtel, Annales 1977-1978 ; *La codification de la procédure civile en France,* communication au colloque de l'I.D.E.F. 1985, *in* Rev. jur. et pol. 1986, p. 689 s., n°s 3 et 4.

• Michel SPARER et Wallace SWAB : *Rédaction des lois, rendez-vous du droit et de la culture* (Dossiers du Conseil de la langue français), 1980.

• Pierre ISSALYS : *Langage et système des lois* (analyse du cadre législatif d'une institution administrative québécoise). Dossiers du Conseil de la langue française, 1980.

• J.-C. BONENFANT : *Perspective historique de la rédaction des lois au Québec, in* Propos sur la rédaction des lois, Québec, Conseil de la langue française, 1979.

• *La rédaction française des lois,* document d'études, Commission de réforme du Droit du Canada, Marie LAJOIE, Wallace SCHWAB, Michel SPARER, 1980.

• *La rédaction des lois, Les Cahiers de Droit* (vol. 21, n°s 3 et 4), 1980, divers articles, spéc. A. F. BISSON, L'interaction des techniques de rédaction et des techniques d'interprétation des lois, p. 511-522. Québec.

• *Guide de rédaction législative,* Richard TREMBLAY, Rachel JOURNEAULT-TURGEON, Jacques LAGACÉ, Sté québécoise d'information juridique, 1984.

• P. A. CÔTÉ : *Interprétation des lois,* Cowansville, Éd. Yvon BLAIS, 1982, 695 p.

C) *LANGAGE JUDICIAIRE, STYLE DES JUGEMENTS*

• Pierre MIMIN : *Le style des jugements* (vocabulaire — construction — dialectique — formes juridiques), Paris, Librairies techniques, 1re éd. 1927 (nombreuses rééditions), 392 p. L'ouvrage contient une partie sémantique, une partie stylistique, une partie logique, une partie formelle. Écrit pour proposer les modèles du bon langage (contre la prolixité, la confusion, les archaïsmes, etc.), il était encore, naguère, la « bible » des rédacteurs d'arrêts. Toujours précieux, il a servi de modèle.

• François-Michel SCHROEDER : *Le nouveau style judiciaire,* Méthodes du droit, Dalloz, 1978, 165 p. Plus ramassé, il doit beaucoup au précédent (on y retrouve les trois lignes de force), mais avec, dans chaque ordre, rajeunissement et adaptations (ex. la présentation moderne du jugement).

• Louis-Marie RAYMONDIS et Michel le GUERN : *Le langage de la justice pénale,* Éditions du CNRS, 1976, 201 p. Ouvrage d'une grande richesse sur le lexique et l'énonciation.

• Roger MENDEGRIS : *Le commentaire d'arrêt en droit privé, Méthodes du droit,* Dalloz, 1975. Illustrée d'exemples, la méthode s'attache notamment à la structure grammaticale et aux structures logiques des décisions de justice. 82 p.

• Ch. PERELMAN : *Logique juridique, nouvelle rhétorique, Méthodes du droit,* Dalloz, 2e éd. 1979, 193 p. (développements sur le raisonnement judiciaire, la nouvelle rhétorique et l'argumentation).

• G. KALINOWSKI : *Sur les langages respectifs du législateur, du juge et de la loi, in* Arch. phil., 19, p. 63.

• A.-J. ARNAUD : *Autopsie d'un juge, étude sémiologique de la jurisprudence aixoise en matière de divorce, in* Arch. phil. 19, p. 197.

• A. TOUFFAIT et A. TUNC : « Pour une motivation plus explicite des décisions de justice, notamment de celles de la cour de cassation. » Rev. trim. dr. civ. 1974, p. 487-508.

• XIVe Colloque des Instituts d'études judiciaires. Reims, juin 1982 : *La parole et l'écrit en droit judiciaire,* Presses universitaires de Reims, 1985, 170 p.

• Jean-Marc VARAUT : *Lieu, moment et langage de la justice pénale,* Esquisse d'une phénoménologie de l'audience, Gaz. Pal. 1989. II. Chron. 19-21 nov.

• ALTAVILLA : *Psychologie judiciaire,* trad. franc., Paris, Cujas, 1959.

• Fr. GORPHE : *Les décisions de justice, étude psychologique et judiciaire,* Paris P.U.F. 1952.

• R. LINDON : *Le style et l'éloquence judiciaire,* Paris, Albin-Michel, 1968.

• Wallace SCHWAB et Roch PAGÉ : *Les locutions latines et le droit positif québécois,* nomenclature des usages de la jurisprudence, publications du Conseil de la langue française.

• J. PICOTTE : *Présentation matérielle de la décision judiciaire,* Le mot, nº 1, nov. 1981.

• Georges ALMAIRAC : *A temps nouveaux, formes nouvelles,* J.C.P. 1975.I.2689.

• Louis LEROUX : *Remarques sur le langage judiciaire,* Discours prononcé à l'audience solennelle de rentrée de la Cour d'appel d'Orléans, le 17 septembre 1962, Loddé, Orléans.

D. *LANGAGE ADMINISTRATIF — STYLE ADMINISTRATIF*

• Robert CATHERINE : *Le style administratif,* Albin Michel, 1re éd. 1947, 16e éd., 1988. Manuel pratique à visée professionnelle destiné à « améliorer la qualité et l'audience » de l'écriture de l'Administration. (Étude du vocabulaire et de la phrase ; documents).

• LATOURNERIE, FOUGÈRE, DUCAMIN : *La langue française et le droit, in* Études et documents, Conseil d'État, 1986.

II

DROIT DU LANGAGE - DROIT LINGUISTIQUE. POLITIQUE DE LA LANGUE - TRADUCTION. ACTES DE LANGAGE.

a) *Études générales et questions diverses.*

• La loi relative à l'emploi de la langue française, *la documentation française,* 1975 (loi no 75-1349 du 31 déc. 1975).

• Richard GRAU : *Le statut juridique de la langue française en France,* Québec, publication du Conseil de la langue française, 1981.

• DELAPORTE : *La loi relative à l'emploi de la langue française,* Revue critique de droit international privé, 1976.

• Michel de CERTEAU, Dominique JULIA, Jacques REVEL : *Une politique de la langue,* La révolution française et les patois, L'enquête de Grégoire. Gallimard, 1975.

• G. HÉRAUD : *Pour un droit linguistique comparé,* R.I.D.C. 1971, p. 309-330.

• François DESSEMONTET : *Droit et langage, in* La parole, Payot, Lausanne 1981, Librairie de l'Université, p. 47-61.

• B. DUTOIT : *Droit et plurilinguisme en Suisse, in* Travaux du sixième colloque de droit comparé, Ottawa, 1969.

• E. THILO : Note sur l'égalité et l'usage des langues nationales en Suisse, *Journal des tribunaux,* 1941.1.263 s.

• Ch. MARTI-ROLLI : *La liberté de la langue en droit Suisse,* thèse Lausanne 1978.

• L. RAUCENT : *Droit et linguistique, une approche du formalisme juridique,* Cahiers du droit, 1978, no 19, p. 575-594.

• W. SCHWAB et al. : *Recueil des textes législatifs sur l'emploi des langues,* Québec, éditeur officiel du Québec, 1979.

• Réjean M. PATRY : *La législation linguistique fédérale,* publication du Conseil de la langue française no 6, Éditeur officiel du Québec, 1981.

• Emmanuel DIDIER : *Droit des langues et langues du droit au Canada,* Étude comparée du droit linguistique et de la jurilinguistique des Provinces et de l'État fédéral en Common Law et en droit civil, Thèse Droit Paris-I, 1984.

• Michel AMYOT (Textes colligés par) : *La situation démolinguistique et la charte de la langue française, Conseil de la langue française.*

• *La norme linguistique,* Québec, Conseil de la langue française (études diverses de la normalisation, la régulation, la planification linguistique).

• *La normalisation linguistique,* actes du Colloque international de terminologie. Québec, 1973, office de la langue française.

• Les implications linguistiques de l'intervention juridique de l'État dans le domaine de la langue, *Actes du Colloque international de sociolinguistique,* Québec, 1976, office de la langue française.

• Le droit face au bilinguisme (not. au Canada, en Suisse, en Belgique), travaux du 6e Colloque de droit comparé, Ottawa, Université d'Ottawa, 1968.

• G. BEAUDOIN : *Le bilinguisme et la constitution,* Rev. gén. droit, 1973, no 4, p. 321-328.

• A. COVACS : *La réalisation de la version française des lois fédérales du Canada,* Ottawa, 1980.

• Gérard I. SNOW : *Les droits linguistiques des Acadiens du nouveau Brunswick,* Publication du Conseil de la langue française, Canada.

• Actes du Colloque : *La qualité de la langue après la loi 101* (colligés par Édith BÉDARD), 1979, publication du Conseil de la langue française. Québec.

• *Langue et droit,* Actes du Premier Congrès de l'Institut international de droit linguistique comparé, Montréal, Wilson et Lafleur 1989, 642 p.

• État de la francophonie dans le monde, (Haut Conseil de la francophonie), *Données nouvelles* 1989, La Documentation française, 236 p.

c) *Actes de langage*

John Langshaw AUSTIN : Quand dire, c'est faire, trad. et intr. Gilles LANE, Seuil 1970 (titre original : *How to do things with words,* édition originale *Oxford University Press* 1962).

• John r. SEARLE : Sens et expression, études de théorie des actes du langage, trad. et pref. Joëlle PROUST, Éd. de Minuit, 1982 (titre de l'édition originale, *Expression and Meaning, Cambridge University Press,* 1979).

• Théorie des actes de langage, éthique et droit, sous la direction de Paul AMSELEK, avec la collaboration de Zénon BANKOWSKI, Jacques BOUVERESSE, Christophe GRZEGORCZYK, Francis JACQUES, Jacques JAYEZ, D. NEIL, Mac

CORMICK, François RECANATI, Paul RICŒUR, Michel VAN DE KERCHOVE, Gérard CORNU, P.U.F. 1986.

• François RECANATI : *Les énoncés performatifs, contribution à la pragmatique*, Éd. de Minuit, 1981.

• Christophe GRZEGORCZYK : *Le rôle du performatif dans le langage du droit*, Arch. phil. 19, p. 229-241 (dans l'ouvrage ci-dessus cité, Théorie des actes de langage, etc., le même auteur a traité de « l'impact de la théorie des actes de langage dans le monde juridique, essai de bilan », p. 165-194).

b) *Traduction*

Langage du droit et traduction, collectif réalisé sous la direction de Jean-Claude GÉMAR, Essais de jurilinguistique, *Conseil de la langue française,* 1982, Éditeur officiel du Québec, 320 p.

• J.-Cl. GÉMAR : *Bibliographie sélective du traducteur droit et justice,* Montréal, Linguatech, 1978.

• Emmanuel DIDIER : *Droit des langues et langues du droit au Canada,* Thèse Droit Paris-I, 1984, p. 656 s.

• Édith BÉDARD : *La qualité de la langue : survol des préoccupations récentes* (doc. Colloque de Québec 1979 sur la qualité de la langue), publication du Conseil de la langue française.

III
TERMINOLOGIE — NÉOLOGIE

• *Les données terminologiques,* Actes du colloque international de terminologie, 1972, Québec 1975, publication de la régie de la langue française (RLF).

• *La normalisation linguistique,* Actes du colloque international de terminologie, 1973, Québec 1974 (RLF).

• *L'aménagement de la néologie,* Actes du colloque international de terminologie, 1974, Québec 1975 (RLF).

• *Essai de définition de la terminologie,* Actes du colloque international de terminologie, 1975, Québec, 1975 (RLF).

• Alain REY, *La terminologie, noms et notions,* Que-sais-je ? P.U.F. 1979.

• SCHWAB et AUGER : Le rôle de la néologie dans l'application des lois à caractère linguistique, Québec, *Office de la langue française,* 1976.

• M.-J. JASTRAB : *La langue des Nations-Unies,* étude de création lexicale au sein de l'organisation internationale, Th. doct. Université de Paris-IV, 1981.

IV
RUDIMENTS DE LINGUISTIQUE GÉNÉRALE

a) *Références usuelles* (ouvrages cités par nom d'auteur)

• Ferdinand de SAUSSURE : *Cours de linguistique générale,* édition préparée par TULLIO DE MAURO, Payot, 1986.

• Roman JAKOBSON : *Essais de linguistique générale,* T. 1, 1963, T. 2, 1973, Éditions de Minuit.

• André MARTINET : *La linguistique synchronique,* P.U.F., 4e éd., 1974.
Éléments de linguistique générale, Armand COLIN, 1967.

• Georges MOUNIN ; *Clefs pour la sémantique,* Seghers, 1975.

• John LYONS : *Linguistique générale,* introduction à la linguistique théorique (trad. F. DUBOIS-CHARLIER, D. ROBINSON), Larousse, 1970.

• Josette REY-DEBOVE : *Lexique sémiotique,* P.U.F., 1979.

• Pierre GUIRAUD : *La stylistique, la grammaire, La syntaxe du français, L'étymologie, La sémiologie* (tous dans la collection « Que sais-je ? ») Ces études pleines de science et de clarté vont très au-delà de la vulgarisation.

b) *Lectures diverses*

Georges MOUNIN : *Histoire de la linguistique des origines au XXe siècle,* 4e éd., P.U.F., coll. « Le linguiste ».

• Jean DUBOIS (sous la dir. de) : *Dictionnaire de linguistique,* Paris, Larousse, 1974.

• A. J. GREIMAS : *Du Sens,* Essais sémiotiques, T. 1, 1970, T. 2, 1983 Seuil. *Sémiotique et sciences sociales,* Paris, Seuil, 1976 (analyse sémiotique d'un discours juridique). *Sémantique structurale,* Formes sémiotiques, P.U.F., 1986.

• A. J. GREIMAS et E. LANDOWSKI : *Introduction à l'analyse du discours en sciences sociales,* Hachette, 1979.

• N. CHOMSKY : *Le langage et la pensée,* Paris, Payot, 1968.
Réflexions sur le langage, Paris, Maspéro, 1977.

• Georges MOLINIE : *Éléments de stylistique française,* P.U.F., linguistique nouvelle, 1986.

• Alain LEMARECHAL : *Les parties du discours, sémantique et syntaxe,* P.U.F., Linguistique nouvelle, 1989.

• Oswald DUCROT et al. : *Les mots du discours,* Éditions de Minuit (Le sens commun), 1980.

• Pierre JEOFFROY-PAGGIANELLI : *Méthodologie de l'expression,* « Que sais-je ? », P.U.F.

• Lionel BELLENGER : *L'expression orale,* « Que sais-je ? » P.U.F.

— *L'expression écrite,* « Que sais-je ? », P.U.F.

• Jean PERROT : *La linguistique,* « Que sais-je ? » P.U.F.

• Juliette GARMADI : *La sociolinguistique,* Coll. « Le linguiste », P.U.F.

• Michel FOUCAULT : *Les mots et les choses,* une archéologie des sciences humaines, Gallimard, 1966.

— *L'archéologie du savoir,* Gallimard, 1969.

• Pierre BOURDIEU : *Ce que parler veut dire,* L'économie des échanges linguistiques, Paris, Fayard, 1982.

• Claude HAGÈGE : *L'homme de paroles,* contribution linguistique aux sciences humaines, Fayard, 1985.

• *Linguistique fonctionnelle,* « Débats et perspectives » dédiés à André MARTINET, texte présenté par Mortéza MAHMOUDIAN, P.U.F.

• *Échanges sur la conversation,* sous la direction de Jacques COSNIER, Nadine GELAS, Catherine KERBRAT-ORECCHIONI, Éd. du CNRS, 1988.

V

OUVRAGES DIVERS

(pour entrer dans l'amour du langage)

• Claude VAUGELAS : *Remarques sur la langue française,* 1647.

• Rémy de GOURMONT, Esthétique de la langue française, Mercure de France, 1955.

• Gustav SIEWERTH, Ontologie du langage, Préf. Brice PARAIN, Desclée de Brouwer, 1958.

• Ferdinand BRUNOT : Histoire de la langue française des origines à nos jours, Paris, Colin, 1927. La pensée et la langue, Masson, 1922.

• Renée BALIBAR : L'institution du français, Essai sur le colinguisme des Carolingiens à la République, P.U.F., 421 p.

• Roland BARTHES, L'aventure sémiologique, Seuil.

• M. GREVISSE, Le bon usage, Ex. J. DUDLOT, Belgique, 8 éd., 1964.

TITRE PREMIER

LE VOCABULAIRE JURIDIQUE

14. — Le vocabulaire juridique est l'ensemble des mots qui ont, au moins, un sens juridique. Le vocabulaire juridique français est l'ensemble des mots qui ont, dans la langue française, un ou plusieurs sens juridiques (1). En prenant pour base les 9200 termes (2) que regroupe et définit le nouveau Vocabulaire juridique (3), on pourrait aventurer que ce sous-ensemble de la langue française comprend approximativement 10 000 mots.

Cette référence donne une première idée du domaine et de l'angle de l'étude.

Les termes à retenir ne sont pas seulement les mots simples, d'un seul tenant (don, gage, combat, hypothèque), mais tous les mots composés qui constituent des entités significatives distinctes, quels que soient, au sein de ce groupe diversifié (4), le mode et le degré de liaison des éléments qui composent le tout (sous-location, bénéfice d'inventaire, ayant-droit, etc.).

Les termes sont retenus en raison de la signification que leur donne le droit, plus précisément le système juridique français. Les mots sont étudiés pour leur sens. C'est dire que, primordialement, l'étude du vocabulaire juridique a une finalité sémantique : la recherche et l'analyse du sens des mots.

Cependant, le signifié entretient trop de rapports avec le signifiant, et plus généralement, la charge intellectuelle dont le signifié n'est qu'un élément (5) est trop liée à la forme qui la supporte, pour que l'étude formelle de ce support soit négligée. L'analyse morphologique est l'auxiliaire de l'étude sémantique. Morpho-

---

(1) Le phénomène de la pluralité de sens juridique ou polysémie interne sera étudié plus loin dans la section consacrée à la charge juridique (v. *infra*, n° 20).

(2) Dans son édition de 1990, le Vocabulaire juridique réunit 9 200 termes (mots et sous-mots). Il en comptait 9 078 dans l'édition de 1978. Les calculs opérés sur le compte de 9 078 conservent leur valeur représentative (et quant à la ventilation entre mots et sous-mots, et quant à la différence entre termes à définir et définitions d'un même terme. Sur ces 9 078 mots, 4 076 constituent des entrées principales et 5 002 des entrées secondaires (dites sous-mots) qui correspondent à des mots composés dépendant de l'entrée principale. Exemple V° *Donation* (entrée principale) sont définis la donation et les sous-mots : donation à cause de mort, donation avec charge, donation de biens à venir, etc. V. la préface du Vocabulaire juridique, p. 7. Dans ce compte de termes à définir, ne sont évidemment pas comptées les multiples définitions d'un même terme (mot ou sous-mot). D'où il ressort que le nombre des définitions excède considérablement celui des termes définis. C'est le domaine de la polysémie interne.

(3) Publié sous l'égide de l'Association CAPITANT (sous la direction de G. CORNU), P.U.F. 1987 ; 2e éd. 1990.

(4) V. plus loin (dans le chapitre consacré aux rapports entre les mots), n° 33.

(5) V. plus loin, n° 20.

logique en son objet premier, l'étymologie (6) illustre bien l'intérêt complémentaire d'une telle approche.

L'étude à conduire dans ces perspectives est celle d'un ensemble. Le vocabulaire juridique est pris dans son ensemble, comme un *ensemble de mots*.

Cependant, cette étude globale gagne à être décomposée, en allant du plus simple au plus compliqué. Les premières observations générales peuvent être recueillies au niveau élémentaire du mot considéré isolément. Les mots — simples ou composés — ont d'abord à être examinés *ut singuli*, en-dehors de tout contexte, et même de toute relation avec d'autres mots, pour la charge potentielle que chacun renferme. Ainsi saisis, les mots ont des indications à donner sur la substance, la composition et la richesse du vocabulaire juridique, notamment sur son articulation au langage courant et sa spécificité.

Mais le vocabulaire juridique ne prend véritablement corps que par l'étude des rapports qui existent entre les mots : non pas de ceux qui naissent du contexte dans lequel ils sont employés (d'où résulte normalement, pour un mot, l'actualisation de l'un de ses sens potentiels et, parfois, un effet de valeur), mais des rapports constants qui unissent, dans l'ensemble du vocabulaire, les éléments de celui-ci. Ces rapports d'analogie ou d'opposition, ces regroupements par famille font du vocabulaire non une somme de sédiments accumulés,non une masse inorganique, mais un réseau animé. Les *relations entre les mots* font du vocabulaire un lexique.

Le présent titre exposera donc en deux chapitres l'étude de ce vocabulaire :

Chapitre I. Les mots.

Chapitre II. Les rapports entre les mots.

*
**

---

(6) Son étude sera approfondie du sein de celle des rapports entre les mots (rapports de formation, de mot à mot), n° 29.

CHAPITRE I

LES MOTS

15. — Les mots à considérer ici, en eux-mêmes, sont les éléments du vocabulaire juridique, les termes juridiques. Deux critères associés les caractérisent comme entités de base du langage du droit :

— Ils sont porteurs d'un sens. Ce sont des unités significatives. Dans cette fonction, chacun constitue une entité linguistique distincte et autonome qui suffit par elle-même à produire un sens, à signifier.

— Ils sont porteurs d'un sens juridique. Ils ont un sens au regard du droit. Ceux que nous retenons reçoivent même plus spécifiquement leur sens du système juridique français (ce qui n'en fait cependant pas un patrimoine exclusivement national, dans la mesure où ce système intègre des données internationales, ou certains des éléments universels du raisonnement et de la pensée juridiques).

À la vérité, les mots ne sont pas les seules ni même les plus petites unités significatives. Certaines de ces unités s'obtiennent par décomposition du mot : racines, préfixes, suffixes. Mais ces démembrements, en général, n'ont pas en droit d'autre valeur que leur valeur ordinaire. Quant à la juridicité du sens, elle a grand besoin d'affiner et d'éprouver ses critères, quand il s'agit notamment de dresser la liste des mots à définir qui ont à figurer dans un dictionnaire (1). Mais elle est, le plus souvent, évidente et pas seulement pour les institutions et actes juridiques qui tiennent leur existence du droit. Il suffit qu'un usage établi parmi les protagonistes du droit prête à un terme, dans le système juridique, un sens différent de celui que lui donne le langage courant, pour accréditer ce terme comme élément du vocabulaire juridique.

Fil d'ariane, le repérage du sens juridique conduit dans deux directions.

Par rattachement, il permet d'abord d'affirmer qu'un terme appartient au vocabulaire juridique.

Par approfondissement, il permet ensuite d'inventorier tout le contenu sémantique *lato sensu* dont se charge ce terme au regard du droit.

---

(1) V. Vocubulaire juridique, préface, p. IX.

Primordiale, la première démarche tend à situer le vocabulaire juridique relativement au vocabulaire courant, en isolant les termes qui n'ont de sens qu'au regard du droit et en faisant masse de tout ceux qui ont un sens dans l'un et l'autre vocabulaire.

Complémentaire, la seconde démarche tend à faire apparaître, au sein du vocabulaire juridique, toute la richesse des termes qui le composent.

La détermination de *l'appartenance* des mots et l'analyse de leur *charge juridique* sont les deux questions à reprendre.

SECTION I

L'APPARTENANCE

16. — Étudier les mots sous le rapport de leur appartenance (juridique), c'est se demander si, par leur sens, ils appartiennent au seul vocabulaire juridique, ou s'ils appartiennent aussi au vocabulaire courant. On proposera de parler, dans le premier cas, d'appartenance juridique exclusive ou, *brevitatis causa, d'appartenance exclusive*, (§ 1) dans le second, *de double appartenance* (§ 2).

§ 1. — L'APPARTENANCE EXCLUSIVE

Certains termes n'ont, en français, qu'un — ou plusieurs (2) — sens juridiques. Ils n'ont de sens qu'au regard du droit. Ils n'ont aucun emploi, même dérivé, en dehors du vocabulaire juridique. Ce sont des mots de la langue française, mais, par leur sens, ils appartiennent exclusivement au langage du droit. Ils n'ont aucun sens extrajuridique, même métaphorique (3).

Du seul fait qu'ils existent, ces termes d'appartenance exclusive pourraient constituer l'un des signes de la spécificité du langage du droit. Si celui-ci a vocation à constituer un langage spécialisé ne serait-ce pas au moins en raison de cette marque linguistique, du sceau sémantique réservé que portent certains mots ?

---

(2) On fera ici abstraction de la pluralité des sens juridiques qu'un même terme peut revêtir. Cette polysémie interne sera étudiée avec la charge des mots.

(3) Pour le langage judiciaire, Pierre MIMIN avait déjà fait l'observation qu'il existe des termes « confinés dans la langue du Palais » et dressé une liste de ces termes, *op. cit.*, n° 11. Ils forment un noyau important des termes d'appartenance exclusive ici recensés. Mais ceux-ci regroupent l'ensemble des termes qui appartiennent exclusivement au langage du droit, et pas seulement ceux qui ne se rattachent qu'au langage du Palais. Les termes d'appartenance exclusive, au sens où nous les entendons, paraissent correspondre aux termes techniques que certains auteurs appellent *nomina juris* et qui sont repérables dans la langue du droit romain. V. Yan THOMAS, *in* Arch. phil. 19, p. 109.

Avant de répondre, il convient d'en examiner le lot. Les termes exclusivement juridiques constituent un ensemble défini dont les éléments pourraient être exactement dénombrés à partir de la liste des mots du Vocabulaire juridique. Par un échantillonnage — qui n'est pas un recensement exhaustif — nous en avons repéré environ 250. On pourrait avancer l'hypothèse qu'au total, il n'en existe pas plus de 400 (4).

La présentation de la collection par matière conduit à l'analyse de ses caractères.

A. — CLASSEMENT PAR MATIÈRE

a) Beaucoup de termes exclusivement juridiques appartiennent *au langage de la procédure* (au langage judiciaire) (62)

Ampliatif
Assertoire
Audiencer
Audiencier
Attraire
Cassation (5)
Colitigant
Comparant
Compéter
Compromissoire
Conciliatoire
Condamnatoire
Décisoire
Déclinatoire
Déclaratif
Déport
Émender
Ester
Estoppel
Exciper
Exécutoire
Exequatur
Expertal
Extradition
Greffier
Inquisitoire
Inquisitorial
Interjeter
Interlocutoire
Intimation
Intimé
Irrépétible
Judicatoire
Judiciaire
Juratoire
Licitation
Liciter
Litispendance
Monumenter
Pétitoire
Placet
Possessoire
Procureur
Postulation
Pourvoi
Processualiste
Processuel
Promissoire
Prud'homal
Prud'homie
Prud'hommes
Réassignation
Réceptice
Recréance
Reconventionnel
Récursoire
Réintégrande
Rescindant
Rescisoire
Supplétoire
Surarbitre
Suspensif

(4) On en dénombrerait davantage si l'on comptait les véritables séquences figées (dénonciation de nouvel œuvre, enrichissement sans cause, avant dire droit, etc. Le volume du lot grossirait surtout si l'on y incorporait les autres mots composés qui tendent sans doute à se souder mais qui sont très clairement des constructions en série à partir d'éléments de base repérables (sous affrètement, sous location, avant contrat).

(5) La cassation qui désigne une pièce musicale (un divertissement) paraît constituer un mot distinct (de l'italien, *cassazione*, départ).

b) *La théorie générale* (des biens et des obligations) en regroupe de nombreux autres (69).

Acquéreur
Acquisitif
Adminicule
Adultérin
Aliénabilité
Aliénable
Aliénateur
Arrérages
Captatoire
Cédant
Cessibilité
Cessible
Cessionnaire
Codébiteur
Coéchangiste
Collusoire
Commandant
Commettant
Dation
Dation en paiement
Consomptible
Contreprestation
Contreseing
Coobligé
Courtage
Créancier
Débiteur
Délictuel
Délictueux
Dirimant
Dirimer
Distrat
Dol
Dolosif
Extracontractuel
Fongible
Illégal
Illégalité
Illicéité
Illicite
Impenses
Inaliénabilité
Inaliénable
Incessibilité
Incessible
Instrumentaire
Irréfragable
Licéité
Licite
Nue-propriété
Oyant compte
Pollicitation
Préemption
Procuration
Quasi-contrat
Quasi-délit
Quasi-usufruit
Reddition
Rédhibition
Réfragable
Réméré
Rendant compte
Répétition de l'indu
Rescinder
Rescision
Réservant
Retrocession
Stipulation
Subrogation
Synallagmatique
Usucapion

c) *Le droit successoral* (plus généralement celui des libéralités) en compte plusieurs (31).

Ab Intestat
Adition d'hérédité
Avancement d'hoirie
Cancellation
Codicille
Coïndivisaire
Colicitant
Comourant
Délibation
Deshérence
Dévolutif
Donataire
Donateur
Dotal
Dotalibé
Exhérédation
Fideicommis
Hoirie
Indivisaire
Légataire
Nuncupatif
Olographe
Paraphernal
Pétition d'hérédité
Préciput
Préciputaire
Quotité disponible
Réservataire
Saisine
Successible
Testateur

d) *Le droit du crédit et des sûretés* en dénombre certains (28).

Acquit	Crédit-bail	Hypothécaire
Anatocisme	Crédirentier	Moratoire
Antichrèse	Créditeur	Nantissement
Cambiaire	Débirentier	Pignoratif
Cautionnement	Délaissement	Prôtet
Cédule hypothécaire	Dettier	Sequestre
Chirographaire	Domiciliataire	Stellionat
Cofidejusseur	Fidejusseur	Stellionataire
Collocation	Fiduciant	Warrant
Contre-passation	Fiducie	

e) On en reconnaît certains dans le droit des contrats spéciaux (surtout les baux) (13).

Affermage	Colonat	Exponse
Amodiation	Emphytéose	Location
Bailleur	Emphytéote	Louage
Colon partiaire	Emphytéotique	Loyer
Colonage		

f) Les autres (6)sont répartis dans les diverses fraudes du Droit (48).

Angarie	Débudgétisation	Hétéronomie
Anomie	Décriminalisation	Légitimant
Anticonstitutionnel	Dénationalisation	Légitimation
Arretiste	Défends	Multipropriété
Cautèle	Dévolutaire	Obligatoriété
Constitutionnaliser	Dispache	Ombudsman
Constitutionalité	Drogman	Parère
Constitutionnellement	Ducroire	Plurilégislatif
Contrestarie	Expectant	Placier
Contresurestarie	Extranéité	Récriminatoire
Contumace	Extrapatrimonial	Salarial
Contumax	Filiériste	Surestaries
Correctionnalisation	Flagrance	Sursurestarie
Cotitularité	Franchissage	Staries

(6) Nous n'avons pas annexé les nombreux termes latins qu'utilise le langage juridique. Bien qu'ils soient presque tous d'appartenance exclusive, ils forment un groupe à part dont les marques distinctives doivent être approfondies séparément.

Criminalisation	Franchisseur	Titularité
Criminaliste	Garnissement	Tontine

B. — ANALYSE DU LOT

Pourquoi ces mots n'ont-ils pas rayonné ? Pourquoi se sont-ils chargés d'aucun autre emploi dans le langage courant et quelle est leur valeur, plus généralement leur place, au sein du vocabulaire juridique ? Présentent-ils des marques qui expliqueraient l'absence de dérivation ?

a) *Origine*

Rares sont, parmi ce lot, les mots nouveaux : anomie, hétéronomie, juridicité, constructible, salarial, expertal. Autant de néologismes de formation savante ou technocratique. La nouveauté et le sceau de leur origine expliqueraient qu'ils n'aient pu rayonner. Mais tous les autres — et ce sont de beaucoup les plus nombreux — auraient eu le temps de le faire, car ils sont très anciens.

b) *Usage*

Inconnus du monde profane, soit dans leur sens technique soit dans un sens dérivé, ces termes ne sont employés que par des initiés mais, parmi ceux-là mêmes, leur usage est très variable.

Certains sont très rarement utilisés parce que la chose qu'ils désignent est historique ou, positivement, en voie de disparition : Colonage, colonat, fidéicommis, nuncupatif, adition d'hérédité, dotal, dotalité, paraphernal.

D'autres sont très peu usités parce que la chose positive qu'ils désignent est, dans la pratique actuelle du droit, assez exceptionnelle : antichirèse, emphytéose, abandonnement, dettier (prisonnier pour dette).

D'autres encore sont d'usage restreint parce qu'au sein de la communauté des juristes, leur emploi n'est pas le fait de tous, mais d'un cercle professionnel plus limité (notariat, Palais, etc.) : hoirie, oyant compte, audiencer, irrépétible, sapiteur, sachant. D'autres enfin sont archaïques et désuets (7) : délibation, judicatoire, distrat, exponse.

Cependant, pour leur plus forte part, les termes d'appartenance exclusive ne relèvent d'aucune de ces catégories. Ils sont encore en usage et connus de tous les juristes : Ce sont eux que tout juriste emploie lorsqu'il faut nommer ce qu'ils désignent : préciput, saisine, séquestre, licitation, dation en paiement, olographe, cambiaire, etc. Pour eux, l'explication reste à découvrir.

---

(7) Même dans le langage du droit.

c) *Valeur*

La première raison de leur impuissance à engendrer une dérivation tient à la fermeture du signifiant. Beaucoup de ces mots n'ont, en eux-mêmes, aucun pouvoir d'évocation. Cette raison en recèle deux. Hermétiques, ces termes ne révélent pas leur sens (le signifiant ne rend pas clair le signifié). Dans cette obscurité, les singularités morphologiques de ces termes ne prennent aucun relais. Elles sont incapables de créer une autre image qui soit l'amorce d'un sens figuré. Vivent ainsi repliés sur leur sens caché : pollicitation, postulation, synallagmatique, reconventionnel, interlocutoire, anatocisme, angarie, antichrèse, stellionat, fongible, ester, exciper, rescindant, dirimant, prôtet (8). Ce n'est pourtant pas le cas de tous les termes d'appartenance exclusive dont certains sont clairs ou relativement accessibles : créancier, débiteur, délictuel, licite, illicite, légal, illégal, aliénable, inaliénable, cessible incessible, etc. Pour ceux-ci, mais aussi plus généralement pour tous les mots d'appartenance exclusive, celle-ci résulte d'une autre cause.

d) *Référent*

Tous les termes d'appartenance exclusive ont un sens technique de précision. Ils désignent de façon très pointue un élément spécifique du système juridique. Cette caractéristique contient deux traits : 1. Le lien est très serré entre le mot et le référent (9) ; 2. très juridique, le référent est sans équivalent dans la vie courante. La force de cette attache et la juridicité du référent s'unissent pour empêcher toute dérivation. Le signifiant reste rivé à l'unique représentation intellectuelle d'une chose juridique spécifique. La densité juridique du tout chasse tout autre emploi. Cette particularité se vérifie aussi bien pour des termes concrets (cédule, acquit, curateur, tontine, codicille) que pour des termes abstraits (incessibilité, synallagmatique, quasi-contrat, aliénabilité) et tout autant pour des termes difficiles d'accès (chirographaire, déclinatoire, adminicule, pétitoire, litispendance) que pour ceux qui sont plus ouverts (donateur, donataire, cédant, cession, cessionnaire). C'est le ciment le plus fort de l'appartenance exclusive.

e) *Effet de concurrence*

Les termes de cette appartenance ont des voisins, sinon des synonymes, qui les ont devancés et évincés dans la course au rayonnement. S'ils n'ont pas connu

---

(8) Certains, il est vrai, seraient aptes à susciter une représentation, mais souvent par un faux aiguillage : succombance, cancellation, irritant, monumenter. Hors série, émender, aurait pu entrer en confusion, pour un certain bonheur, avec émonder.

(9) Ce qui explique que ces termes n'aient pas pour seule propriété de n'avoir, en français, de sens qu'au regard du droit, mais aussi celle de n'avoir, en droit, qu'un seul sens. Au moins en général. On vérifiera plus loin que, pour la plupart, les termes d'appartenance juridique exclusive ne sont pas des polysèmes juridiques (V. *infra*, n° 20).

d'expansion, c'est que, dans leur voisinage, des mots plus ou moins équivalents, mais plus clairs et plus évocateurs, ont rempli cette fonction et pénétré dans le vocabulaire courant non seulement avec leur sens juridique mais en produisant des sens dérivés. Ainsi abandonnement a été supplanté par abandon, antichrèse et nantissement par gage, stipulation par clause, hoir par héritier, licitation, adjudication par vente, incessibilité par indisponibilité, pollicitation par offre, synallagmatique par réciproque ou mutuel, procuration par mandat, etc. Cette rivalité (moyennant des approximations dont la dérivation ne s'embarrasse aucunement) explique que les mots les moins évocateurs soient restés bloqués sur leur sens technique (lequel est d'ailleurs, assez souvent, plus spécial) (10).

Observation finale

Elle est en forme de paradoxe. Ce corpus très corsé de termes d'appartenance juridique exclusive ferait-il battre le cœur du droit ? Ce carré pur et concentré serait-il comme un symbole de la chose juridique ? Il n'en est nullement ainsi. Ce lot compte des termes utiles et intéressants. Mais il n'est pas représentatif du système juridique, car il ne regroupe pas les termes qui désignent les choses essentielles du droit. Dans une large mesure, il ne saisit même, dans le droit, que des éléments marginaux ou secondaires. Au sein du vocabulaire juridique, il constituerait plutôt un glossaire (11). Avec de tels mots, on n'apprendrait pas le droit. Il est à peine surprenant que les termes linguistiquement les plus juridiques ne soient pas globalement les plus juridiques.

§ 2. — LA DOUBLE APPARTENANCE

17. — Dans leur immense majorité les termes du vocabulaire juridique ont également un sens dans le langage commun. À la vérité, ce peut être le même (12). Mais, dans la plupart des cas, il s'agit d'un sens différent. Lorsque cela est, un même terme est, par la pluralité de ses sens, à cheval sur le langage du droit et sur le langage courant. Un tel chevauchement pourrait être nommé double appartenance. Les termes de double appartenance sont ceux qui ont au moins un sens dans chaque vocabulaire.

---

(10) C'est par leur précision technique que beaucoup de termes d'appartenance exclusive sont précieux et irremplaçables. Un successible n'est pas encore et ne sera peut-être jamais un successeur ; la licitation n'est qu'une espèce de vente. On pourrait multiplier les exemples.

(11) Si l'on donne à ce terme le sens de recueil des termes hermétiques d'une matière, ou, au moins, ensemble regroupant, dans une matière déterminée, les termes non immédiatement intelligibles de celle-ci.

(12) Nous examinerons plus loin la portée de cette coïncidence.

Il n'est pas exclu qu'un même terme possède d'ailleurs plusieurs sens dans l'un des vocabulaires ou même dans les deux, avec ou sans coïncidence partielle. Nous n'entrerons pas ici dans ces complications. La pluralité des sens juridiques que l'on pourrait nommer polysémie interne sera étudiée avec la charge juridique (13).- Nous ne retiendrons ici que ce que l'on pourrait nommer, par contraste, la *polysémie externe.* Elle existe pour peu qu'un terme, doté d'un sens juridique soit aussi pourvu d'un sens extrajuridique.

Ce phénomène est capital a saisir sur le seuil même de l'étude du vocabulaire juridique car il contribue à mettre en place, globalement, ce vocabulaire dans l'ensemble de la langue française et à préciser ses rapports avec le langage courant.

Au sein de la double appartenance, se dessinent aussitôt deux compartiments.

Il est commode d'isoler d'abord, dans une première catégorie, les termes dont il est certain qu'ils ont un sens juridique principal et un sens extrajuridique dérivé, termes d'appartenance juridique principale (A).

Ce premier tri permet ensuite de faire masse de tous les autres qui, en général, ont tout à l'inverse leur sens principal dans le langage commun (mais en reversant les cas douteux dans cette catégorie résiduelle) (B).

A. — L'APPARTENANCE JURIDIQUE PRINCIPALE

Certains termes polysémiques ont, dans le vocabulaire juridique, leur sens primordial. Ils sont passés dans le langage commun avec un sens secondaire. Ainsi présentée, l'appartenance juridique principale paraît répondre à deux critères associés. Principal, le sens juridique paraît l'être à double titre : comme sens premier et comme sens le plus important (14).

Au moins est-ce certain dans l'usage actuel de la langue française. Les termes qui ont été retenus comme étant d'appartenance juridique principale présentent, par référence à cet usage, le double caractère d'avoir, dans le vocabulaire juridique, leur sens fort, et d'avoir pris, dans le langage courant, un sens dérivé. La création de tels emplois dérivés constitue un apport spécifique du langage juridique à la langue commune. Ils représentent un enrichissement de la langue française à partir du vocabulaire du droit.

Cette contribution est difficile à chiffrer. L'échantillon de 150 mots sur lequel nous avons raisonné paraît approximatif.

L'essentiel est de discerner la valeur qualitative de cet enrichissement. On peut s'y essayer en considérant, suivant la double face de l'appartenance, ce que représentent ces termes dans le vocabulaire juridique, et ce qu'ils sont devenus dans le langage courant.

---

(13) V. *infra*, Section II.
(14) V. Vocabulaire juridique, V° *principal* (adj.), sens 5 et 2.

a) *Place de ces mots dans le vocabulaire juridique*

1° Premier ordre

Saisis dans leur sens fort qui est aussi leur sens propre, les termes d'appartenance juridique principale se prêtent à une première mise en ordre. Ils se distribuent naturellement dans les départements essentiels du système juridique et occupent, en chacun, le premier rang.

Ils représentent en effet :

— Les mots-clés du vocabulaire de base (15) :

Droit	Gouvernement	Prérogative
Justice	Équité	Dérogation
Loi	Autorisation	Valable
Autorité	Permission	Valide
Règle	Interdiction	Légitime
Règlement	Sanction	

— Les mots-clés du vocabulaire judiciaire :

Juge	Arbitrage	Procès
Juger	Audience	Procédure
Jugement	Magistrat	Débat
Juridiction	Magistrature	Sursis
Tribunal	Requête	Transaction
Compétence	Plaideur	Sentence
Contestation	Plaidoirie	Statuer
Contentieux	Témoin	Recevable
Avocat	Témoignage	Juste
Arbitre		

— Les mots-clés désignant les opérations juridiques principales, les actes juridiques courants :

Contrat	Rente	Garantie
Convention	Donation	Emprunt
Promesse	Don	Prêt
Clause	Testament	Caution
Dette	Legs	Révocation
Aliénation	Paiement	Rétractation
Acquisition	Gage	

(15) Autour de chacun de ces termes porteurs d'une notion fondamentale du droit, on pourrait reconstituer la famille de ses dérivés ou de ses auteurs : légitimité, validité, interdit, gouverner, autoriser, légiférer, régir, etc. (V. plus loin, l'étude des familles de mots).

— Un lot divers d'autres mots-clés.

Patrimoine	Divorce	Tutelle
Héritage	Héritier	Délit
Usufruit	Cohéritier	Préjudice
Privilège		

2° *Observation complémentaires*

Ce lot constitue un trésor.

— *Un trésor de mots-clés.* Porteurs des notions fondamentales du droit, ces termes sont au cœur du système juridique. Ils en expriment les catégories et les forces essentielles.

— *Un trésor de mots clairs.* Simples, ces mots sont directement intelligibles. Ils se font aisément comprendre dans leur sens propre. Ce n'est prétendre ni que ces mots soient dépourvus d'un sens technique précis (juge, compétence, témoin, sursis) ni qu'il existe en chaque homme une conscience juridique native (un sens inné du droit). Mais peut-être seulement que l'esprit juridique a su forger, pour ses notions essentielles, des mots parés d'évidence.

— *Une sélection de mots chargés d'expérience sociale.* Non pas seulement ni même principalement parce que les mots eux-mêmes sont très usités, mais parce que les choses qu'ils désignent ont, dans la masse des citoyens, beaucoup d'usagers. L'assise sociale de cet ensemble de mots vient de l'usage populaire de leurs référents liés à la vie juridique quotidienne élémentaire.

— L'idée vient pour finir que cet ensemble linguistique de base est tout à la fois porteur, dans la conscience sociale, d'un bagage rudimentaire et, dans l'ordre juridique, des clés du droit (16). Cette force puisée au fond des choses est encore exaltée par des marques linguistiques d'agrément. Souvent brefs, parfois monosyllabiques, ces mots ont des sonorités qui touchent et qui plaisent : don, droit, loi, legs, prêt, gage, règle, juge, témoin, arbitrage, sentence. Ce sont des tremplins de choix pour la dérivation.

b) *Valeur de ces termes dans le langage commun*

Que représentent ces mots dans leur sens dérivé ? Quel enrichissement apportent-ils au langage ordinaire par l'emploi extrajuridique qu'ils y ont pris ?

1° Beaucoup appartiennent au *langage figuré*. Ils sont devenus, dans le langage courant, des façons de parler. Ils se sont chargés d'une valeur métaphorique. Ces

---

(16) D'où le rêve a caresser d'enseigner le droit en 200 mots : Pour poser, sur cette initiation, au seuil des études, les rudiments de la connaissance du droit.

figures de langage ne véhiculent plus le sens technique originaire. Mais elles en demeurent très proches. Elles sont nées du pouvoir évocateur du terme juridique, ou plus précisément de celle de ses facettes qu'elles ont captée, et continuent d'agir sous le coup de ce pouvoir. Elles font toujours miroiter l'image qu'elles empruntent. Appliqué à des fractions d'un parti politique, « divorce » évoque rupture. Une situation financière ou politique sera dite « hypothéquée » quand s'accumulent sur elle des menaces comparables à celles que font craindre pour la propriété les charges qui la grèvent. Au patrimoine qui fait la richesse et la sécurité des familles, « patrimoine culturel » ou « moral » emprunte l'idée de valeurs à conserver et à faire fructifier. « Déguerpissement » (17) devient toute fuite, « juridiction » toute autorité, « tribunal » toute source de reproches, « plaidoirie » toute intervention favorable, « tutelle » toute autorité un peu étouffante, « legs », tout bienfait. Un « gage » d'amitié est une assurance. Il est symbolique qu'un « héritier » spirituel soit un continuateur (fidèle) de la pensée.

Ces emprunts sont sélectifs. Ce serait peu de relever que la dérivation s'opère par perte de sens. Elle se réduit à un prélèvement très fragmentaire. L'hypothèque est prise pour la *charge* qu'elle fait peser sur le débiteur, mais non pour la *garantie* qu'elle procure au créancier ; le divorce pour l'idée de *séparation,* non pour celle de *mécanisme judiciaire* ; le patrimoine comme *valeur* à conserver, non comme *richesse économique* ; le tribunal — de la conscience ou de la société — évoque un *jugement* porté, non *l'institution* officielle. La comparaison n'est prise que sous un rapport, mais sous ce rapport, elle fait valoir le pouvoir évocateur du mot. Elle est donc tout à la fois réductrice de sens relativement au terme juridique, et amplificatrice de l'une des facettes de celui-ci. L'analyse des raisons qui dictent ces choix contribuerait à faire comprendre, à travers les images que la mentalité sociale capte et privilégie dans un terme juridique, la façon dont le droit est perçu par elle.

2° D'autres termes d'appartenance juridique principale ont pris, dans le langage courant, *un sens neutre* qui s'est éloigné, parfois détaché, du sens juridique. Non seulement ils ont perdu le sens technique originaire, mais ils ne l'évoquent pas : Ils ne vivent pas de l'évocation de tel ou tel de ses traits. Ils ont revêtu un sens propre, dans la mesure où le sens qu'ils délivrent vient à l'esprit directement et non par l'intermédiaire d'une image juridique. Ainsi s'est estompée la juridicité des termes « juger » (apprécier, estimer), « arbitre », « arbitrer » (arbitre des élégances), « débat » (discussion), « novation », (renouvellement), « sursis » (rémission, gain de temps) « témoin » (comme on peut l'être de son temps), « valable » (à propos d'une peinture). Le même genre de dérivation pourrait s'observer pour les termes : autorité, aveu, prérogative, garantie, responsabilité, rédhibitoire, parfois jusqu'à une rupture de sens (compromis devient arrangement, transaction, sans nul lien avec convention d'arbitrage). À cette réserve près, il est

(17) Celui du locataire qui déménage « à la cloche de bois » pour ne pas payer son loyer.

cependant remarquable que, dans sa neutralité, le sens courant retrouve un sens générique que recèle en profondeur le sens juridique. De telle sorte, qu'en dépouillant le terme de sa juridicité, la dérivation a cependant abouti à dégager l'opération intellectuelle dont le droit ne faisait qu'une application. Ce remploi générique est typique dans l'application de termes juridique forts (gouverner, régir, règle, règles, loi) au monde physique ou à la grammaire. En les « déjuridisisant », le langage commun a repris en eux le concept plus général de norme qu'ils véhiculaient.

3° Certaines *expressions juridiques* sont devenues, dans le langage courant, *des locutions familières* :

Mettre en cause
S'inscrire en faux
À tour de rôle
Prendre fait et cause
Sous bénéfice d'inventaire
En connaissance de cause
En tout état de cause
Sans autre forme de procès
Séance tenante
Sur le champ
À bon droit
Être sur la sellette
Les tenants et aboutissants

Comme les termes du groupe précédent, ces expressions ont été vidées de leur sens juridique. Il semblerait même que, lors de leur emploi courant, la mémoire de leur origine se soit effacée. Le fait est que, dans leur quasi totalité, ces expressions viennent de la procédure. Mais l'on a oublié que la cause désigne ici l'instance, le procès ou le cas, l'affaire, l'espèce soumise au juge. On ne se souvient plus que « séance tenante », « sur le champ » (18) ont été d'abord dits pour le juge qui statue sur le siège (sans renvoyer le jugement), ou sur les lieux même où il s'est transporté, ou encore que la sellette était le petit parquet (le perchoir) sur lesquels le témoin était invité à monter pour déposer à l'audience ; que le rôle était le registre (autrefois le rouleau, *rotulus*) qui permettait d'appeler les affaires pour être instruites et jugées, chacune à son tour, (à son rang), en suivant l'ordre chronologique de leur inscription, formalité initiale de saisine de la juridiction (19).

Il est cependant notable qu'à une déviation près (20), le sens courant soit la transposition assez fidèle, aux choses de la vie, du comportement fondamental qui

---

(18) Même en procédure, « sur le champ » n'est pas toujours pris dans un sens concret (géographique : sur le terrain. V. N.C.P.C., art. 168) mais, le plus souvent, dans un sens générique (chronologique) : aussitôt, sans différer la décision. V. N.C.P.C, art. 450.

(19) Si « l'affaire est dans le sac » a d'abord seulement signifié, dans le jargon du Palais, « l'affaire est prête à être jugée », c'est parce que les dossiers dont le juge avait achevé l'examen (souvent chez lui) étaient placés dans un sac pour être ramenés au Palais et portés à l'audience.

(20) « En tout état de cause » est souvent employé pour « en tout cas », « quoiqu'il en soit ». Les sens techniques sont autrement riches et précis. Au sein d'une même instance, « en tout état de cause » signifie, par opposition à *in limine litis* (au seuil de l'instance), « à tout moment de cet instance », c'est-à-dire au cours de l'instruction et même lors de la discussion finale devant le tribunal. Projeté sur l'ensemble d'un procès (y compris les

sous-tend l'acte procédural. Dans l'emploi courant de « mettre en cause » on retrouve (comme en procédure) « impliquer » ; dans « sous bénéfice d'inventaire » « moyennant exament préalable » ; dans « tour de rôle », « chacun son tour » ; dans « prendre fait et cause », « prendre parti en faveur de quelqu'un » etc. Le parallélisme des sens se retrouve dans « en connaissance de cause » ; « séance tenante », « sur le champ » et même dans « à bon droit » employé sans référence à un fondement juridique, mais par référence à un ordre de justification, dans le sens « à raison » ou « à juste titre » : comme si l'expression populaire avait extrait la quintessence du mécanisme procédural pour l'appliquer à des choses courantes ou parfois, de façon péjorative, à l'abus qui risque d'en être fait (21) ; Comme si, en définitive, les scènes procédurales que formalise le théâtre judiciaire proposaient, sous des formes typées, des schémas de comportements sociaux (l'opposition, la contradiction, le soutien, l'appui, l'examen, la justification, la décision, etc.).

C'est ce qui explique la fonction de ces expressions dans le langage commun. Ils ont parfois une valeur littéraire (chez Molière, La Fontaine, Balzac, Brassens). Mais, le plus souvent, ce sont devenus des poncifs, des façons « toute faites » de parler, chevilles de langage d'emploi banal ou journalistique. L'enrichissement que représentent ces emprunts, pour la langue française, ne prend toute sa valeur que si, par une intention particulière, ou revivifie le sens originaire (22). La pleine connaissance de cause, pour un juge, est celle que peut seul procurer un examen approfondi de l'affaire dans tous ses éléments de fait ou de droit (23) ou parfois, en matière de juridiction gracieuse, celle qui lui confère vocation à apprécier non seulement la légalité mais l'opportunité de l'acte qui lui est soumis. « Prendre fait et cause » ne consiste pas seulement, pour un tiers, à corroborer, par ses déclarations, les allégations de fait d'un plaideur, mais à se mêler au procès d'autrui comme partie intervenante pour appuyer les prétentions d'un plaideur (intervention accessoire. V. N.C.P.C., art. 330). Même aujourd'hui (24), l'inscription de faux — dirigée contre un acte authentique — demeure une procédure relativement

---

recours), « en tout état de cause » signifiera « même en appel » ou parfois « même devant la Cour de cassation ». Le sens générique pur est donc, par rapport à un développement dans le temps, « à un moment quelconque de... ».

(21) « Sans autre forme de procès » signifie sans autre formalité, mais aussi, et parfois jusqu'à l'excès, « de façon expéditive » (sans les garanties de la défense). « Être mis sur la sellette » signifie « devenir le centre et subir le feu des questions les plus embarrassantes », sort qui peut être celui du témoin exposé aux questions du juge et de l'avocat de la partie adverse.

(22) Ce qui peut être avantageux aussi bien pour le langage judiciaire que pour le langage courant.

(23) Pouvoir juridictionnel qui, dans sa plénitude, n'appartient qu'au juge du fond.

(24) Le nom de la procédure a été conservé, alors que celle-ci ne commence plus, comme en droit romain, par l'inscription solennelle, à titre comminatoire, du nom du citoyen qui avait la témérité d'arguer de faux un acte public.

plus formaliste et plus grave que les autres contestations relatives à la preuve littérale (25) : « s'inscrire en faux » n'est d'emploi judicieux que pour annoncer, avec un accent de solennité, une opposition catégorique (26).

B. — LES AUTRES CAS DE DOUBLE APPARTENANCE

18. — Cette division résiduelle regroupe l'ensemble des termes qui, comme les précédents, appartiennent à la fois au lexique général et au vocabulaire juridique, mais qui, à la différence des précédents, paraissent avoir été empruntés par celui-ci à celui-là. Au moins est-il évident, pour la plupart de ces termes, qu'ils ont, dans le langage commun, leur sens principal et qu'ils ont acquis, dans le langage du droit, un sens particulier. Nous prendrons ici pour hypothèse que la dérivation s'est opérée en ce sens, sans avoir pu le vérifier pour chaque mot.

Ce lot est effet de loin le plus fourni. À ne considérer que le droit civil et la procédure, il réunit plusieurs centaines de termes.

C'est aussi le plus difficile à traiter. Considéré sur ce versant qui est, de beaucoup, le plus important, la polysémie externe est un phénomène linguistique complexe et grave : complexe parce que le sens juridique et le sens extrajuridique ne sont pas toujours dans le même rapport ; grave parce que l'importance des contacts sémantiques que le vocabulaire juridique entretient avec le langage courant pose, dans la communication sociale, un problème de valeur et de destin.

a) *Typologie des rapports de sens*

La double appartenance ne s'analyse, à proprement parler, en polysémie externe que dans les cas où le même terme reçoit du droit un sens différent de celui que lui donne le langage courant. Cependant il faut d'abord faire état, comme relevant de la double appartenance *lato sensu*, des termes (27) que le langage juridique emploie dans le même sens que le langage commun. C'est le point zéro d'une série de rapports qui, du voisinage à la rupture, fait apparaître la diversité des liens qui, de façon plus ou moins proche et plus ou moins apparentée, rattachent le sens juridique au sens premier.

---

(25) Menace d'une amende civile si la demande n'est pas justifiée. N.C.P.C., art. 305.

(26) Encore y-a-t-il, même en ce cas, déviation de sens, car l'expression populaire marque une opinion contraire, alors que l'inscription de faux est spécifiquement la contestation de l'authenticité d'un acte (non de son bien fondé).

(27) Il ne s'agit évidemment pas de la trame élémentaire de la langue — de la langue française — dans laquelle s'exprime le langage du droit, mais de termes que la pensée juridique emprunte pour réaliser les opérations qui la caractérisent.

1° *Termes de double appartenance qui possèdent le même sens dans le langage juridique et dans le langage courant.*

Plus précisément, de nombreux termes conservent, dans l'emploi principal que le droit en fait, le sens fort que leur donne le langage commun.

Le vocabulaire juridique se borne ici à faire usage d'un terme courant sans en changer ni en altérer le sens, en l'employant très fidèlement, comme dans le langage courant, dans son sens principal. Les plus notables de ces termes sont les suivants :

Constater	Étude	Réfuter
Constatation	Étudier	Réfutation
Examen	Considérer	Raison
Examiner	Considération	Raisonner
Vérifier	Observer	Raisonnement
Vérification	Observation	Admettre
Doute	Proposer	Rejeter
Certitude	Proposition	Écarter
Incertitude	Énoncé	Concéder
Vraisemblance	Énoncer	Affirmer
Vraisemblable	Exposé	Affirmation
Probabilité	Exposer	Nier
Probable	Développer	Négation
Supposer	Développement	Contredire
Supposition	Démontrer	Contradiction
Hypothèse	Démonstration	Déduire
Présumer	Objecter	Déduction
Indice	Objection	Induire
Document	Réplique	Induction
Établir	Répliquer	Conséquence
Prouver	Argument	Corollaire
Exact	Argumenter	Évidence
Inexact	Argumentation	Conviction
Sincère	Discuter	À fortiori, etc.
Spontané	Discussion	

Cette liste rend évident que tous ces termes se rattachent à deux des démarches essentielles de l'esprit humain : la constatation d'un fait, la discussion d'une thèse. Ils relèvent tous soit de l'ordre de la preuve, soit de l'ordre de la logique, soit de l'un et l'autre. Ce sont les outils principaux dont l'esprit se sert pour juger, par tous moyens d'observation, de l'existence d'un fait, ou par tout mode de raisonnement, du bien fondé d'une affirmation.

À ce point, il est capital de noter que, dans l'application qu'il fait de ces opérations fondamentales aux choses du droit, *le langage juridique met en œuvre ces termes-outils dans le respect absolu de leur sens commun.* Il les transpose purement et simplement dans leur sens propre, sans en altérer la force ni la valeur.

Cette observation purement linguistique est capitale pour la reconnaissance de la pleine vocation du droit, plus généralement, pour le discernement de la pluralité des fonctions de la pensée juridique. À celle-ci, il appartient en propre de connaître la règle de droit (et aussi inséparablement d'interpréter celle-ci ou de l'élaborer). Cependant, il lui incombe aussi : 1) de constater les faits auxquels la règle à vocation à s'appliquer, 2) d'exposer les raisons qui justifient que cette application soit faite. Si le juriste connaît le droit, il lui revient aussi de constater le fait et de justifier sa pensée. Or, si la connaissance du droit est, spécifiquement, son apanage, il est essentiel et rassurant de proclamer que l'esprit qui travaille en lui lorsqu'il constate ou argumente n'est pas autre, mais exactement le même, que celui qui, en tout chercheur de toute discipline scientifique ou morale, anime l'établissement d'une vérité ou la justification d'une proposition. Si le vocabulaire juridique utilise les termes de la pensée commune, c'est que l'esprit juridique a ou doit avoir en lui — pour l'accomplissement de deux des trois fonctions qui gouvernent la réalisation du droit — *le génie commun de la preuve et de la logique.* D'où il ressort qu'un juriste n'en est un bon que s'il est irréprochable dans sa recherche du fait, et impeccable dans sa démarche logique.

2° *Termes dont le sens juridique est la transposition particulière, avec ou sans modification, d'un sens générique commun*

Il est fréquent que le langage du droit utilise un terme commun doté d'un sens générique en lui conférant, dans son ordre, un sens spécifique.

De cette carrière, la pensée juridique tire des trésors : les outils universels de la pensée analytique :

Principe	Relation	Avantage
Nature	Moyen	Profit
Essence	Modalité	Gain
Substance	Mode	Bienfait
Matière	Degré	Œuvre
Qualité	Origine	Ouvrage
Fond	Qualification	Ressources
Forme	Opération	Chose
Sujet	Acte	Bien
Objet	Fait	Usage
Cause	Intérêt	Jouissance
Motif	Valeur	Défaut
Mobile	Mérite	Vice
Intention	Aptitude	Violence
Volonté	Puissance	Abus

État	Pouvoir	Erreur
Ordre	Capacité	Unilatéral
Catégorie	Incapacité	Bilatéral
Élément	Besoin	Oblique
Mesure	Protection	Direct
Rapport	Contrôle	

À la vérité, la plupart de ces termes sont dotés de plusieurs sens et dans le langage courant et dans le langage juridique. Si l'on fait un instant abstraction de cette complication, l'essentiel est de noter ici que l'un, au moins, des sens juridiques correspond à un sens générique commun dont il est l'application dans l'ordre judirique. Le sens extrajuridique et le sens juridique sont dans le rapport du genre et de l'espèce.

Cependant la spécificité juridique de l'emploi charge le terme de tant de particularités que le sens juridique prend relativement au sens commun un caractère très spécial et très technique. Dans la théorie de la formation du contrat, l'erreur et la violence sont bien, respectivement, une espèce de fausse représentation de l'esprit et de contrainte, mais elles ne sont prises en considération comme erreur ou violence, vice de consentement cause de nullité de la convention, que si chacune réunit les éléments constitutifs exigés par la loi pour être qualifiées telles (C. civ., art. 1110, 1112). La cause de l'obligation est sans doute une espèce de cause finale. Mais ce rattachement générique est loin d'épuiser sa définition. Celle-ci ne prend corps qu'en précisant qu'elle est cause-mobile ou cause contre-prestation. De la même manière, la capacité (juridique), les conditions de forme ou de fond d'un acte juridique, l'objet d'une obligation, l'erreur sur la substance, la nature (juridique), la qualification (juridique), la qualité ou l'intérêt pour agir en justice, etc. correspondent à des notions techniques de précision dans lesquelles la valeur spécifique ajoutée par le droit est déterminante. De là ressort que le raccordement au sens générique est un exercice nécessaire pour prendre une première idée de la notion juridique, mais tout à fait insuffisant pour en saisir l'originalité.

Il arrive même que la transposition juridique soit source de confusion. Il en est ainsi lorsqu'elle spécialise le sens juridique au point de le mettre en opposition avec le sens commun. Dans le langage courant, les actes d'une personne sont au nombre de ses faits et gestes. La pensée juridique oppose l'acte et le fait juridiques. Tous deux engendrent des effets de droit (en quoi ils ont juridiques). Mais l'acte est, spécifiquement, l'opération accomplie dans l'intention d'obtenir tel ou tel effet de droit ; le fait juridique tout comportement ou événement, toute donnée (de l'homme, de la société ou de la nature) auquel la loi attache un effet de droit.

Il arrive aussi que le rattachement générique ne soit pas clair, parce que l'usage juridique se réfère non au sens le plus populaire, mais à une analyse plus pointue. Appliqué à un enfant par opposition à « légitime », le qualificatif « naturel » ne pourrait évidemment faire imaginer que l'enfant légitime est plus artificiel qu'un autre, mais il n'est pas dans son sens ordinaire : il saisit l'enfant hors mariage sous le rapport de l'opposition « nature-institution ». Appliqué aux fruits, le terme « industriel » ne dit pas clairement que ce sont « ceux qu'on obtient par la culture » (C. civ., art. 583, al. 2), et il est assez génant que ce soit pour les opposer aux « fruits naturels », qualification réservée aux produits spontanés de la terre (C. civ., art. 583, al. 1 : c'est une autre opposition « nature-culture ! »).

3° *Termes dont le sens juridique est né, relativement au sens courant, d'une figure de langage (28).*

De nombreux termes qui ont conservé leur sens propre dans le langage courant ont revêtu dans le langage juridique, un sens figuré. Ils y ont acquis un sens autre que leur sens premier, mais à partir de celui-ci. La dérivation est évidente et, le plus souvent, elle s'est opérée du concret à l'abstrait. D'une chose concrète, un siège, une charge (un poids), un appel (de la voix), un dépôt (matériel), le droit fait, intellectuellement, un ensemble de personnes (les magistrats du siège), une fonction, un recours (appel), une opération juridique (dépôt), etc.

Sous leurs multiples variétés (catachrèse, métonymie, synecdoque, etc.), ces tropes, ces tournures de langage (*tropos*, *conversio* de *trepo*, *verto*, je tourne) constituent, pour le vocabulaire juridique, un enrichissement considérable. Le phénomène n'est pas toujours aussi visible, mais il se poursuit. D'où trois veines dans cette tranche terminologique d'emprunt.

— Certains termes ont conservé leur valeur métaphorique dans l'usage actuel que le droit en fait. Ce sont encore des figures de langage, et ces façons de parler tirent toujours leur pouvoir de l'image qu'elles créent,

Soit à partir d'une chose du monde matériel :	Pour désigner :
Siège	Les juges de la magistrature assise.
Parquet	Les magistrats du ministère public.
Barreau Barre	L'ensemble des avocats.
Robe	La magistrature et le barreau.
Corbeille Coulisse	Les marchés — officiel ou libre — de bourse.

(28) Cf. plus bas, n° 25.

Soit à partir de l'homme (corps humain, comportement, etc.) :	Pour désigner :
Tête Main Voix	Par synecdoque, de la partie pour le tout, un sujet de droit (copartageant, auteur, électeur),
Assis debout	Par la position corporelle qui est la leur dans l'exercice de leur fonction, les juges ou magistrats du ministère public,
Tête Corps Pied	Par référence anthropomorphique, les parties d'un acte, l'entête de l'acte, le corps (la teneur principale) du texte, le pied (le bas) d'une requête.

— D'autres termes ont aujourd'hui perdu, dans l'usage juridique, leur valeur métaphorique. Ce ne sont plus des figures de langage, mais des façons ordinaires de nommer ce qu'elles désignent. En prenant du recul, relativement à l'image qui l'a fait naître, le sens dérivé est devenu, en droit, un sens propre, plus neutre. Cette évolution n'exclut pas qu'il soit opportun de faire revivre cette image-mère, pour raviver la valeur du terme. Mais leur incorporation au vocabulaire juridique comme termes ordinaires et principaux font que leur usage officiel, par le législateur, le juge, l'administration est devenu tout naturel (ce qui n'est pas le cas des figures précédentes).

Source (29)	Direct	Rejet (35)
Voie (30)	Oblique	Caducité
Lien (31)	Appel	Empêchement (36)
Charge (32)	Plainte	Détournement
Décharge	Clôture (34)	Transfert
Ligne (33)	Cassation	Transport

(29) Ex. : la coutume, source de droit ; le quasi-contrat source d'obligation.

(30) Dans les expressions « voie de droit », « voie de recours », « voie de nullité ».

(31) « Lien de droit », « lien d'obligation », « lien d'instance », « liens du mariage », « lien de parenté », « lien de subordination », « lien de connexité », etc.

(32) La tutelle « charge publique » (C. civ., art. 427) ; « charges » du divorce (C. civ., art. 239) ; « charges tutelaires », art. 427 et s. ; « charges de l'héritage », (C. civ., art. 608) ; « charges » de la jouissance légale (C. civ., art. 385) ; « charge » des dépens (N.C.P.C., art. 696).

(33) Ligne paternelle, ligne maternelle (C. civ., art. 733, 734, 736).

(34) Ordonnance de clôture, clôture de l'instruction.

(35) Rejet par le juge d'une demande en justice.

(36) Vient du verbe empêcher, latin basse époque *impedicare*, prendre au piège.

Degré (37)
Souche (38)
Branche (39)
Rejeton
Ascendant
Descendant
Collatéral

Déguisement
Simulation
Balance
Bilan
Débit
Dépôt
Émission (40)

Assiette (41)
Couverture (42)
Purge
Saisir
Saisissant
Mainlevé

— À l'opposé, le stock des *expressions imagées* intentionnellement recherchées pour leur valeur évocatrice ne cesse de se renouveller. C'est une haute tradition de langage qui nous vaut :

homme de paille (43)

convention de croupier (44)

effet de cavalerie (45)

piquet de grève.

Mais de nouvelles expressions sont forgées dans le même ton :

préjudice par ricochet

obligations à fenêtres (46).

À la vérité, ce sont le plus souvent des créations qui sont aussi restées des termes de la pratique. Mais la plupart ont un destin doctrinal et jurisprudentiel et certaines sont dans la loi.

4° *Rupture de sens*

Elle se produit lorsqu'un même terme possède un sens juridique et un sens extrajuridique entre lesquels, dans l'usage actuel, n'existe plus de rapport satisfaisant ou perceptible. Il y a rupture sémantique entre le vocabulaire juridique et le

---

(37) Degré de parenté (C. civ., art. 735).
(38) Partage par souche (C. civ., art. 743).
(39) C. civ., art. 743.
(40) Émission d'une offre, d'un emprunt, etc.
(41) Assiette d'une garantie.
(42) Limites de la garantie en matière d'assurance et de sécurité sociale.
(43) Prête-nom, personne interposée (dans l'acte ostensible en cas de simulation).
(44) Convention secrète en vertu de laquelle un individu participe en tout ou partie aux pertes et aux gains d'une part d'intérêt, dans une société de personne, en se dissimulant derrière une autre personne qui est, au regard des tiers et des autres associés, le seul titulaire de la part (homme de paille).
(45) Effet de complaisance créé par des individus tirant réciproquement les uns sur les autres pour se procurer frauduleusement du crédit au moyen de l'escompte de ces effets.
(46) En matière d'emprunt de longue durée, obligations assorties de facultés de remboursement anticipé à des dates déterminées (fenêtres).

langage ordinaire du fait que la compréhension ne passe plus de l'un à l'autre. Cette rupture comporte des degrés.

— *Faux amis*

Assez souvent un lien subsiste entre le sens juridique et le sens commun. Mais il est trompeur. Il porte à croire que les sens sont proches (voire identiques) alors qu'ils sont très éloignés. Ce sont de faux amis (47).

Termes	*Sens commun*	*Sens juridique*
Absence	fait, pour une personne, de n'être pas là où elle aurait dû se trouver	situation de l'individu dont on ne sait s'il est vivant ou mort faute de nouvelles de lui depuis qu'il a cessé de paraître chez lui, situation qui correspond, selon les cas soit à une supposition de vie (absence présumée) soit à une présomption de décès (absence déclarée). C. civ., art. 112 et s.
Aliments	nourriture	Tout ce qui est nécessaire à la vie (dont la nourriture, mais y compris dépenses de logement, vêtement, santé, entretien, etc.).
Fruit	Produit du végétal qui vient après la fleur ; plus gén., produit de la terre.	Revenus des biens (C. civ., art. 582 et s.).
Utile	qui n'est ni inutile ni nuisible mais positivement profitable ou au moins plutôt avantageux.	1) Se dit, par opposition à vicieuse, d'une possession qui parée des qualités requises, peut fonder une prescription acquisitive (C. civ., art. 2229).

(47) C'est dans l'usage actuel que le fossé existe. Le lien qui rattache encore les deux sens ressort mieux si l'on se réfère au sens étymologique. Mystique vient de *musticus* du grec *μυστικος*, caché : il y a du mystère, du secret et dans l'attitude mystique et dans le testament mystique.

Termes	*Sens commun*	*Sens juridique*
		2) Par opposition à tardif, efficace parce qu'accompli avant l'expiration d'un délai de forclusion (en temps utile).
Mystique	se dit d'une dévotion, de contemplation, d'extase fondée sur une union mystérieuse avec Dieu ; relatif aux mystères de la foi.	Se dit d'une espèce de testament présenté clos, cacheté et scellé au notaire (C. civ., art. 176 et s.).
Liquide	qui coule ; qui est à l'état fluide	1) qui est déterminée dans son montant (créance) ; 2) qui est immédiatement disponible et en espèces (argent liquide).

— *Étrangers*

La rupture s'aggrave entre le sens usuel et le sens juridique d'un terme lorsqu'il n'existe plus aucun rapport entre ces deux sens de telle sorte que, pour un profane, le sens juridique est inintelligible à partir du sens usuel, ou (et) que la transposition du sens usuel au terme employé dans un sens juridique produit un contresens ou une absurdité. En voici quelques exemples (48).

Termes	*Sens commun*	*Sens juridique*
Distraction	Inattention ; divertissement	Prélèvement ; recouvrement direct (s'agissant des dépens).
Délivrance	Libération, accouchement.	Remise effective d'une chose ou d'un acte ; action pour le vendeur de mettre la chose vendue à la disposition de l'acquéreur ou, pour l'héritier, de mettre la chose léguée à la disposition du légataire.

(48) V. *infra*, n° 19.

Termes	*Sens commun*	*Sens juridique*
Minute	Unité de temps (60e partie de l'heure).	Original d'un acte authentique qui demeure dans les archives de l'autorité qui en est dépositaire.
Grosse	Épaisse, corpulente, etc.	Nom donnée dans la pratique à la copie d'un jugement revêtue de la formule exécutoire.
Confusion	Trouble, erreur, méprise, etc.	Mode d'extinction de l'obligation résultant de la réunion en la même personne des qualités de créancier et de débiteur. C. civ., art. 1300.
Répétition	Redite, reprise, recommencement, etc.	Action de réclamer, ex. : répétition de l'indu. C. civ., art. 1235.
Récompense	Hommage au mérite, gratification.	Indemnité pécuniaire due par la communauté à un époux ou vice versa. C. civ., art. 1468.
Occupation	Activité, affaire, etc.	Mode originaire d'appropriation par appréhension d'une chose sans maître ; fait d'occuper un lieu.
Succomber	Mourir, s'effondrer, céder à, etc.	Perdre son procès.

On pourrait allonger la liste des exemples : la production d'une pièce en justice (action de la verser aux débats N.C.P.C., art. 142) n'est pas l'action de la fabriquer, un délai franc ou non franc (N.C.P.C., art. 642) est sans rapport avec la loyauté ou la sincérité, etc. Dans tous ces cas, la spécificité du sens juridique l'isole, et le met hors de la compréhension commune. C'est une raison de s'interroger sur les risques et le destin de la double appartenance.

b) *Valeur d'ensemble de la polysémie externe*

19. — Sous ses multiples formes, la polysémie liée à la double appartenance est un fait linguistique. Ce peut-être une source de confusion pour les initiés même, *a fortiori* pour les profanes. À supposer qu'il soit possible d'agir, serait-il souhaitable d'intervenir afin de remédier aux inconvénients de la polysémie ? Il ne serait pas exclu qu'en législation, dans l'enseignement ou même par des recommandations officielles ou d'autres impulsions étatiques un effort fût tenté en ce sens : Serait-ce bon ? La polysémie externe est-elle un méfait linguistique à réduire ?

Le phénomène a été étudié par M. Joseph Becquart dans sa thèse remarquable (49) et même si elle n'est ni nommée ainsi, ni distinguée de la polysémie interne, la polysémie externe, liée à la double appartenance, y est abordée dans une analyse (50) qui est aussi un combat. Peut-on épouser cette cause ? Faut-il lutter contre la polysémie ?

1° *La polysémie de base*

Dans ce débat, le fait brut de la polysémie mérite d'être considéré abstraction faite des risques de confusion qu'il crée. Objectivement, la polysémie externe constitue un phénomène important. Serait-il possible de la réduire par *la spécialisation du vocabulaire juridique* ? Une façon d'éliminer la polysémie pourrait être de rejeter les termes du vocabulaire courant dans la désignation des notions juridiques, afin de ne désigner celles-ci que par des termes spéciaux d'appartenance exclusive, propres au vocabulaire juridique. « Nous combattons... pour la spécialité de la langue juridique » écrit M. Becquart (51). L'intention est excellente, et commençons par mettre au-dessus du débat la vertu irremplaçable de la spécialisation dans l'expression de la technicité des notions juridiques. Mais le rêve est utopique parce que la spécialisation ne peut passer par l'élimination des termes courants dans la désignation des notions de droit. Si l'on se réfère à la typologie qui a été présentée (52), il est impossible d'amputer le vocabulaire juridique non seulement, comme il est évident, des termes qui conservent leur sens dans le langage juridique (53), mais aussi, et avec une aussi grande force, de ceux dont le sens juridique est une application spécifique d'un sens générique (comment se passerait-on de polysémes comme cause, motif, matière, substance, objet, condition, etc. ?), et

(49) Les mots à sens multiples en Droit civil français ; Contribution au perfectionnement du vocabulaire juridique. Th. Lille, 1928, P.U.F. 336 p.

(50) Après avoir dressé un catalogue substantiel de mots à sens multiples, l'auteur analyse les effets (et surtout les inconvénients) de la polysémie ainsi que ses causes et envisage les moyens d'y remédier.

(51) Th. préc., p. 156.

(52) *Supra*, n° 18.

(53) *Supra*, n° 18.

même de tous les termes dont le sens juridique est né d'une figure de langage (3e catégorie). Il est exclu que l'ensemble des notions juridiques puisse être exprimé par des termes d'appartenance juridique exclusive ou même principale, lesquels sont en nombre défini et limité. Une entreprise à ce point réductrice serait aussi vaine que néfaste. Au demeurant, la spécialisation peut même être de mauvais conseil. À prescription acquisitive on pourrait être tenté de préférer usucapion, terme spécial au droit, mais ce serait se priver du parallèle éclairant avec la prescription extinctive qui n'a pas d'équivalent spécifique, et du moyen commode de saisir toute prescription, extinctive ou acquisitive, pour la soumettre aux règles communes qui gouvernent l'une et l'autre. Il n'y a d'autre issue que de vivre avec la polysémie externe comme avec une donnée linguistique de base.

2° *La polysémie doublée d'équivoque*

Ne pourrait-on au moins envisager d'éviter la polysémie, dans les cas où la pluralité des sens s'aggrave d'un risque extrême de confusion ? La question se pose lorsque la rupture est consommée entre le sens juridique et le sens usuel (V. *supra*, n° 18). Si toute polysémie prête à confusion, le danger d'incompréhension atteint son comble dans ce genre de rupture. Ne pourrait-on chasser du vocabulaire juridique le terme courant qui désigne une chose juridique trop étrangère : remplacer « fruit » par « revenu », « répétition » par « recouvrement », « récompense » par « compensation », « signification » (acte d'huissier) par « notification » ?

Même en ces limites, l'entreprise est vouée à de très maigres résultats. Dans aucun des exemples ci-dessus la substitution ne serait satisfaisante. Les fruits, revenus du capital, ne constituent, par opposition aux revenus du travail, qu'une espèce de revenus, la répétition n'est qu'une espèce de recouvrement parmi d'autres, les récompenses une espèce de compensation, la signification, notification faite par acte d'huissier de justice, une espèce de notification (N.C.P.C., art. 651). Dans tous ces cas, on n'éliminerait pas la polysémie. On ne ferait que changer de polysémie, et le remède serait pire que le mal. Car, on perdrait un terme doté en droit d'un sens spécifique, et fort de sa valeur technique, pour noyer la notion précise qu'il saisissait au sein des multiples applications d'un terme générique. De telle sorte que pour sortir de la confusion de l'espèce et du genre, et des multiples espèces d'un même genre, il faudrait réinventer un terme pour désigner chaque espèce. Des difficultés surgissent même dans les changements apparemment les plus simples. Ce serait par un contresens que l'on voudrait remplacer la « production » des pièces — qui est seulement le fait de les verser aux débats — par la « communication » des pièces qui consiste spécifiquement, pour une partie qui fait état d'un pièce, à la faire tenir à l'autre partie (N.C.P.C., art. 132). On concéderait volontiers que les termes « grosse », « minute » sont obscurs. Mais ils sont commodes car on ne peut les remplacer que par une périphrase (54), et la curiosité même

(54) *Grosse* : copie d'un jugement ou d'un acte revêtue de la formule exécutoire. *Minute* : original d'un acte authentique dans les cas où l'autorité qui en est dépositaire ne peut s'en dessaisir, sauf à en remettre des copies ou des extraits.

que suscite leur obscurité est bienfaisante puisqu'une fois pour toutes l'étymologie suffit à la combler (55).

Finalement, même dans les cas de rupture de sens, on ne peut recommander de réduire la polysémie que si le changement proposé répond à deux conditions cumulatives : 1) que le terme nouveau soit plus clair, plus compréhensible (c'est l'amélioration escomptée) ; 2) que ce terme soit aussi spécifique que l'ancien (faute de quoi, il y aurait globalement progrès récéssif). Ces deux conditions peuvent être remplies : ainsi est-il bon — ce qu'a fait le nouveau Code de procédure civile — de remplacer « expédition » qui n'est pas clair par « copie » qui est plus compréhensible et aussi précis, et, pour les mêmes raisons, « exploit d'huissier » par « acte d'huissier », « distraction des dépens » par « recouvrement direct » (N.C.P.C., art. 699). De la même manière la « religion du tribunal », formule dont l'emploi ne va d'ailleurs pas sans une certaine affectation,ne s'impose sans doute pas, quand beaucoup d'autres termes, connaissance, conviction, intime conviction, opinion, information, âme et conscience, permettent sans équivoque de saisir, en la précisant même, la même réalité.

Tout compte fait, ces éliminations sont très marginales. La lutte contre la polysémie débouche sur de petites performances.

La médiocrité du résultat procède d'une raison fondamentale qui dévoile l'un des traits les plus importants du vocabulaire juridique. Dans le vocabulaire juridique, comme dans la langue française en général — mais beaucoup plus semble-t-il que dans cet ensemble — le nombre des signifiés est incomparablement plus élevé que le nombre des signifiants, même compte tenu du développement que donne, en contexte, la combinatoire des unités significatives). Les choses à désigner sont incommensurablement plus nombreuses que les mots pour les désigner. En droit surtout : la puissance analytique de l'esprit juridique est toujours à l'œuvre. Elle distingue de plus en plus fin, jusqu'à subtiliser. Mais comme elle aime aussi l'ordre, elle a besoin de nommer pour classer. Or la réserve des termes juridiques est définie, quand la création intellectuelle est indéfinie. Certes, on verra plus tard quelle impulsion maîtresse, cette disproportion capitale donne à la recherche de néologismes ou à la création de termes composés. Même avec ces moyens de rattrapage, il est exclu que la pensée juridique puisse s'exprimer et s'élaborer sans le plus large usage des termes usuels. Là est la racine irréductible de la polysémie externe. Et même de la polysémie interne. Car les mêmes causes engendrent les mêmes effets, non plus dans les rapports du langage du droit et du langage courant, mais au sein même du vocabulaire juridique.

---

(55) *Grosse,* le terme vient de l'écriture « grossoyée » qu'employaient les scribes chargés de rédiger les copies, dès lors qu'ils étaient rémunérés à la ligne. *Minute,* vient tout à l'inverse de l'écriture « menue » qui s'imposait, dès lors qu'il s'agissait d'archiver sous le moindre volume le maximum de documents. La minute est, sous ce rapport, l'ancêtre du microfilm.

SECTION II

LA CHARGE JURIDIQUE

20. — Après avoir situé les termes du vocabulaire juridique, relativement au langage courant, par le critère de leur appartenance, apparaît l'intérêt d'approfondir l'étude de leur contenu au sein du langage juridique. L'entreprise consiste à rechercher et à explorer tout ce que contient un terme juridique au regard du droit. On pourrait donner le nom de *charge juridique* à l'ensemble de ce contenu intellectuel.

À titre principal, cette charge intellectuelle comprend toujours le signifié du terme juridique, plus exactement la part du *signifié* qui a un *sens au regard du droit* (56). La charge a toujours et d'abord une teneur sémantique *stricto sensu*.

Cependant le sens juridique n'est pas tout dans la charge. Il s'y mêle presque toujours une composante complémentaire qui affecte le sens d'un certain caractère. On pourrait nommer *valeur* cet élément d'appoint (57). Une telle valeur ne se confond pas avec une autre valeur que peut recevoir un terme du contexte dans lequel il est employé, variation qui relève de la stylistique. La première valeur n'est pas conjoncturelle, circonstantielle, mais inhérente au terme qui la contient. C'est un complément stable associé au sens, un auxiliaire sémantique. Si on l'admet, on peut écrire : la charge juridique d'un mot comprend son sens juridique paré d'une valeur : CH = S + V.

Pour être complète, l'étude du sens et de la valeur des termes juridiques doit être faite mot à mot. L'objet propre d'un dictionnaire juridique est d'établir la définition, *lato sensu*, de chacun des termes du vocabulaire juridique, c'est-à-dire d'en exposer le sens et d'en marquer la valeur. Dans l'étude de la charge juridique, il y a cependant place pour une réflexion globale.

---

(56) Le signifié (juridique) ou sens juridique correspond au sens dénotatif (juridique). V. Josette REY-DEBOVE, lexique sémiotique, V° Dénotatif. Dans l'équation qui suit le symbole S renvoie donc à signifié et à sens dénotatif juridique (au sens cognitif).

(57) La valeur correspond *grosso modo* au sens connotatif (V. J. REY-DEBOVE, *op. cit.*, V° *Connotatif*). Mais, à la différence du sens dénotatif, le sens connotatif n'est pas toujours codé. La notion même de connotation est diversement conçue. Si par exemple le registre est considéré comme un élément de connotation (V. Georges MOLINIÉ, Éléments de stylistique française, p. 23, P.U.F. 1986), ce sont toutes les particularités du vocabulaire juridique qui sont versées dans la connotation (puisque le registre correspond à l'aire lexicale d'un domaine, ici le droit). Nous préférons montrer que les termes qui composent le vocabulaire juridique ont, pour l'essentiel, un sens juridique de base, un sens fondamental qui est toujours codé, et qui correspond au sens cognitif ou dénotatif (non à un effet de valeur). Pour désigner ce qui, au sein même du vocabulaire juridique, s'ajoute au sens de base (que nous nommons par réduction signifié) nous préférons employer le terme plus simple et plus évocateur de *valeur*. L'essentiel est de comprendre que la valeur, non nécessairement codée et complémentaire du sens juridique, fait partie de la charge juridique.

Dans l'ensemble du vocabulaire juridique, les termes s'opposent selon qu'ils sont dotés d'un seul ou de plusieurs sens et, en suivant, selon la nature et le degré de leur polysémie. Dans le même ensemble, les diverses valeurs dont peuvent se charger les termes juridiques miroitent comme autant de facettes dont il peut être utile d'inventorier les jeux et les lueurs.

L'unité ou la pluralité des sens juridiques, les effets de valeur des termes juridiques sont globalement les deux phénomènes à retenir.

§ 1. — L'UNITÉ OU LA PLURALITÉ DE SENS JURIDIQUE

Le fait est qu'au regard du droit certains termes n'ont qu'un sens et que d'autres en possèdent plusieurs. Les premiers sont des monosèmes juridiques, même s'ils ont un ou plusieurs autres sens dans le langage courant. Les seconds des polysèmes juridiques, même s'ils n'ont aucun autre sens dans le langage courant. On pourrait nommer *polysémie juridique ou interne la possession par un même terme d'au moins deux sens juridiques.*

La polysémie interne interfère souvent avec la polysémie externe. Cela se produit chaque fois qu'un terme doté de plusieurs sens juridiques a aussi un sens extrajuridique. Mais il est intéressant de laisser cette complication au second plan, afin de concentrer l'analyse sur le phénomène pur de la pluralité des sens juridiques. Comment un système juridique s'accommode-t-il, en son sein, d'une multiplicité interne ? Cette question lointaine ne peut être débrouillée que si, ayant d'abord repéré le phénomène de la polysémie dans son ensemble (A), on l'analyse dans ses diverses modalités (B). On peut alors poser le problème du traitement juridique de la polysémie interne (C).

A. — REPÉRAGE DE LA POLYSÉMIE

L'essentiel est de s'entendre sur la notion de polysémie interne. Sur ce critère, on peut aventurer une évaluation globale de ce phénomène au sein du vocabulaire juridique.

a) *Définition de la polysémie interne*

Elle est, au départ, toute simple. Il y a polysémie interne (58) lorsqu'au regard du droit, dans un système juridique donné, un même terme est chargé, dans l'usage actuel, de deux ou plusieurs sens distincts. Il importe peu que tous soient propres

(58) Dépouillée des références juridiques, la définition générique de toute polysémie (interne ou externe) n'est pas autre. Comp. celle que donne J. BECQUART, dans sa thèse précitée, p. 27 : « Le mot à sens multiples est celui qui contient en puissance plusieurs significations données, dont le nombre et la qualité sont parfaitement connus. ».

au droit ou que certains soient admis dans l'usage courant. Pour qu'un terme soit un polysème juridique, il faut mais il suffit qu'à un seul signifiant correspondent, au regard d'un même système de droit, au moins deux signifiés distincts potentiellement en concurrence. Unité du support, dualité ou multiplicité des sens, pluralité appréciée au regard du droit et au sein d'un même système juridique, concurrence virtuelle dans l'ensemble du lexique et dans l'usage actuel, véritable partage sémantique entre divers signifiés, l'association de ces critères permet de distinguer la polysémie interne de notions voisines.

1° *Polysémie et amphibologie (59)*

L'amphibologie ou ambiguïté est un accident de la polysémie. Elle se produit lorsque, *dans un texte,* un terme polysémique est utilisé par le locuteur de telle manière qu'il crée pour le récepteur l'équivoque, c'est-à-dire le doute et l'hésitation sur celui des sens dans lequel il faut alors prendre le terme. C'est un certain emploi — intentionnel (60) ou maladroit — du terme dans un texte qui provoque le conflit en acte de plusieurs sens de ce terme, lequel devient, en l'occurrence, sujet à interprétation.

L'amphibologie suppose donc la polysémie, mais la réciproque n'est pas vraie. La polysémie crée un risque de confusion ; elle ne débouche pas nécessairement sur la confusion. Le risque ne se réalise que par l'emploi vicieux ou atypique qui en est fait dans un discours. Normalement, *un polysème a vocation à ne revêtir dans un texte, qu'un seul de ses sens, à n'être employé que dans un sens clair.* La polysémie se caractérise donc par une pluralité potentielle de sens, *in intellectu*, qui peut ou bien se précipiter en pluralité conflictuelle, *in actu*, ou s'actualiser en clair, dans un texte, par un seul de ses sens.

2° *Polysémie et notions-cadres (61).*

Certains termes ou expressions juridiques sont intentionnellement indéterminés. Ils correspondent à des notions floues que l'on peut nommer notions-cadres (62) : intérêt de la famille, intérêt de l'enfant, ordre public, bonnes mœurs, etc. La particularité de ces notions est : 1) d'être ouvertes, dans le présent et l'avenir, à une multitude d'applications que leur indétermination, au sein du cadre qui les

---

(59) Le mérite de cette clarification revient à M. BECQUART, dans sa thèse précitée, p. 28.

(60) L'intention peut être poétique ou (et) humoristique (par le jeu sur les mots ou les jeux de mots), ou très prosaïquement cauteleuse de la part du rédacteur habile qui, par prudence, diplomatie ou mauvaise foi, glisse dans un texte (traité, contrat) des termes dont l'interprétation sera prétexte à dérobade et à litiges.

(61) Cette distinction est également envisagée par J. BECQUART dans sa thèse (p. 28), sans que les notions-cadres y soient nommées (il est question de termes irréguliers).

(62) V. Droit civil, t. I. Introduction, etc. Précis Domat, Montchrestien, n°s 177, 178, 407, 434.

dessine, rend possibles ; 2) d'avoir toujours et nécessairement besoin pour être appliquées a un cas particulier de la médiation d'un juge (ou d'un autre agent d'exécution), leur indétermination rendant nécessaire que cet agent, vérifie, cas par cas, que les données de l'espèce entrent dans les prévisions-cadre du critère directif. Le cadre est accueillant à toute sorte de cas, mais un examen comparatif s'impose *in casu* pour situer un cas dans le cadre.

La notion-cadre se distingue de la polysémie, dont elle n'est pas une espèce, par les deux traits qui la caractérisent : 1) La pluralité de ses applications n'est pas une pluralité de sens. Elle est sans doute aussi toute potentielle. Mais cette potentialité peut déboucher sur une série indéfinie d'applications, présentes ou futures, prévues ou imprévues, alors que la pluralité polysémique existe, dès le départ, entre des sens distincts, déterminés et repérés.

Les cas rattachés à la notion-cadre sont, en série indéfinie, les enfants successifs qu'une notion-mère a en ribambelle de chaque lit d'une application. Les multiples sens du polysémie sont, en nombre limité, des rivaux par avance identifiés (63).

2) L'application d'une notion-cadre exige toujours une opération intellectuelle de mise en œuvre que la perception du sens pris par un polysème dans un texte ne requiert nullement dans les cas normaux ou le sens est clair. Même lorsque la polysémie se double d'équivoque, la recherche du sens a retenir constitue, seule, a proprement parler, une interprétation. L'indigence du vocabulaire ou un certain laxisme expliquent seuls que l'on parle aussi d'interprétation pour désigner l'application d'une notion-cadre. Cette application est une appréciation, non une interprétation. Celui que pourtant, même alors, on est bien forcé d'appeler l'interprète (juge ou auteur, etc.) n'a pas de choix à faire entre des sens préexistants, mais une pesée des données de l'espèce en fonction des critères de la notion. S'il y a latitude, matière à appréciation, c'est que, pour apprécier si une situation est conforme à l'intérêt de la famille, ou contraire à l'ordre public, il est nécessaire de relever l'intervention et de mesurer la force des données multiples et variables que le critère directif tient en réserve : données morales, sociales, politiques, économiques, etc.

3° *Polysémie et homonymie*

La distinction est simple lorsque les termes homonymes se prononcent mais ne s'écrivent pas de la même manière (sceau et saut). La différence de graphie des deux termes suffit à marquer qu'il ne s'agit pas d'un seul signifiant doté de plusieurs signifiés (polysémie) mais de deux supports, de deux mots différents. La distinction demeure claire, même lorsque les homonymes sont à la fois homophones et

---

(63) Si la distinction gagne à être marquée par des arêtes vives, elle doit être nuancée (comp. BECQUART, p. 29) parce qu'elle s'estompe parfois, notamment chaque fois qu'entre les multiples sens d'un polysème existe un « fondu-enchaîné » qui rappelle le flou des notions-cadres, et exige alors un travail comparable.

homographes, si l'étymologie atteste que les deux termes dérivent de racines différentes. « Louer » (glorifier, faire l'éloge) et « louer » (prendre ou donner à bail) sont des homonymes parce que ces deux termes distincts dérivent le premier du verbe latin *laudare*, le second du verbe latin *locare*. La pluralité des signifiants (en diachronie) suffit à montrer qu'il ne s'agit pas de deux sens d'un même mot, mais d'une coïncidence linguistique entre deux mots étrangers l'un à l'autre. Ce critère est assez souvent satisfaisant. « Police » (lat. *Politia* du grec *Πολιτεια*, de Πολις, cité, désignant l'ordre dans la cité ou la force publique) et « police » (provençal *pollissa* de l'ital. *polizza*, lat. méd. *apodixa*, grec *αΠοδειζις*, preuve, reçu, nom donné à l'écrit constatant certains contrats ex. : police d'assurance) sont bien des homonymes. Il en est de même de « forfait », marché fait d'avance (de *forum*, marché, et *factum*, fait) et de « forfait », infraction, transgression (de *foris*, dehors et de *factum*, fait) à une nuance près (64).

Cependant, tous les homonymes jusqu'alors désignés s'opposent non seulement par leur étymologie (et parfois leur morphologie pour les non homographes), mais par leur sens radicalement diffférents. D'où la fortune actuelle d'un critère sémantique, en synchronie, de l'homonymie. Deux termes seraient homonymes lorsqu'ils sont *hic et nunc* totalement étrangers l'un à l'autre dans l'ensemble de leurs signifiés (65).

Apparemment simplificateur, le critère de l'extranéité actuelle des sens déplace les frontières de l'homonymie et de la polysémie, en reversant dans la première même les termes qui ont une racine commune, mais qui n'ont en commun aucun de leurs signifiés. En pratique, ce déplacement peut avoir un intérêt lexicographique en ce que, dans un dictionnaire, il assure à chacun des homonymes ainsi reconnus une entrée distincte. C'est ce qui fait que, dans le Vocabulaire juridique, « effet » (conséquence) et « effet » (espèce de bien, effets mobiliers, ou de titre, effet de commerce) ont, chacun, leur entrée, bien que dérivant tous deux du même mot latin *effectum* (66). La même raison a dissocié « État » (organisation souveraine) et « état » (situation de droit ou de fait, d'une personne ou d'une chose) bien que la racine latine *status* soit la même (67).

Pourtant, il pourrait y avoir surtout là une commodité pratique de lecture (notamment lorsque chacun des éléments est lui-même chargé de plusieurs sens). Mais le privilège donné au critère sémantique en synchronie n'est pas pleinement

---

(64) Le rapport, en latin, de *forum* et *foris*.

(65) V. Sourioux et Lerat, n° 19 et Apresyan, Mel'cúk et Zolkovsky, Semantics and lexicography, *in Studies in Syntax and Semantics*, Dordrecht, Kiefer, 1969, cités par les premiers.

(66) Vocabulaire juridique, V[is] *effet, effet*.

(67) Même observation pour « franc » (unité monétaire tiré de *francorum rex*, devise d'une monnaie d'or frappée sous le Roi Jean, et franc, franche (libre, exempte de taxe, etc. adj. du lat. *francus*) qui constituent deux entrées distinctes dans le Vocabulaire (V. ces mots) en dépit de leur parenté d'origine.

satisfaisant. D'une part, il abonde dans le sens d'une tendance actuelle qui, pour être en linguistique générale la plus scientifique, n'est pas la plus riche dans l'approfondissement du langage spécialisé qu'est le vocabulaire juridique. Ce refoulement de la diachronie se prive, dans l'étude historique des termes de droit, des utiles ressources de l'étymologie (68). Il est instructif de rapprocher et de faire miroiter les multiples sens du verbe assigner (lat. *assignare*), et non de les considérer comme correspondant à des homonymes (69). D'autre part, il est excessif de poser *a priori* que l'extranéité des signifiés est exclusif de polysémie. Nous verrons au contraire que les rapports entre les multiples sens d'un polysème sont dans une grande diversité, y compris l'opposition, ou l'éloignement (d'ailleurs parfois superficiel). Au demeurant, la discussion ne concerne qu'un lot restreint de termes dans le vaste ensemble de la polysémie.

b) *Importance de la polysémie interne*

L'importance de la polysémie, au sein du vocabulaire juridique, est capitale. Elle résulte de la combinaison de deux facteurs, l'un d'ordre quantitatif, l'autre d'ordre qualitatif. Les termes à sens juridique multiples sont très nombreux. Ils sont beaucoup plus nombreux que les termes à sens unique. Un pointage précis pourrait être fait à partir des termes définis dans le Vocabulaire juridique. Approximativement, les polysèmes paraissent représenter plus des deux tiers de l'ensemble des termes juridiques. Mais cette proportion est encore exaltée par la valeur dont se charge, dans le langage du droit, les termes à sens multiples. La polysémie affecte, qualitativement, les mots les plus représentatifs de ce langage. Tous les mots-clé en sont marqués (loi, jugement, contrat, acte, source, responsabilité, société, etc.).

Il serait donc tout à fait erroné de se représenter la multiplicité des sens juridiques comme un phénomène secondaire et un accident du langage du droit. Par son volume et sa valeur, la *polysémie interne est une marque essentielle (70) du vocabulaire juridique.* Telle est l'une des grandes leçons, l'une des conclusions maîtresses de l'élaboration du Vocabulaire juridique (71).

---

(68) V. *infra*, n° 29.

(69) Même pour « assignation », il est intéressant que le sens procédural (acte d'huissier de justice portant invitation à comparaître en justice) se soit greffé tardivement sur le sens premier d'attribution, lequel se maintient surtout dans l'expression « assignation de parts ». V. Vocabulaire juridique.

(70) On ne dit pas exclusive. La comparaison du degré de polysémie du vocabulaire juridique avec celui du langage courant dépasse notre capacité. Peut-être faudrait-il se contenter d'énoncer que même le vocabulaire juridique atteint un haut degré de polysémie et de rechercher pourquoi contrairement à la première impression, il en est ainsi. V. *infra*, n° 21.

(71) V. la préface de cet ouvrage.

La confirmation de cette vue d'ensemble résulte, par contre-épreuve, de la place des monosèmes dans le vocabulaire du droit. Elle est quantitativement plus faible et qualitativement moins représentative.

À ce point, nous hasarderions volontiers une autre observation qui touche aux *rapports de l'appartenance exclusive (72) et de la monosémie.* Il semblerait que la plupart des termes d'appartenance exclusive soient aussi des monosèmes, et réciproquement. Autrement dit, les termes qui n'ont de sens qu'au regard du droit paraissent bien aussi n'avoir, en droit, qu'un seul et unique sens, au moins en général, et la réciproque paraît exacte.

La coïncidence n'est certes pas absolue. Les propositions précédentes n'ont aucun tour catégorique. Certains termes d'appartenance exclusive possèdent en droit plusieurs sens. L'adjudication désigne à la fois un type de marché public, le résultat de la vente aux enchères d'un bien, l'octroi par le juge à un plaideur de ce qu'il demande. « Saisine » a un sens successoral et un sens procédural, etc. À l'inverse, certains termes de double appartenance n'ont au regard du droit qu'un seul sens : Ainsi pour testament, hypothèque, mystique, etc.

Ces réserves faites, la coïncidence est large entre les deux phénomènes linguistiques. Elle s'observe surtout pour des termes techniques, en général savants. Ainsi sont monosèmes d'appartenance juridique exclusive :

Acconage	Ayant-cause	Emphythéose
Accréditation	Ayant-Droit	Exhérédation
Acquêt	Censitaire	Indivisaire
Adminicule	Chirographaire	Nue-Propriété
Agréage	Comminatoire	Quasi-Délit
Anatocisme	Deshérence	Quasi-Usufruit
Angarie	Domiciliataire	Stellionat, etc.
Antichrèse		

Présentent le même double caractère de nombreux termes de procédure :

Complainte	Interlocutoire	Postulation
Confirmatif	Litispendance	Pourvoi
Dévolutif	Pétitoire	Récursoire
Émender	Placet	Réintégrande
Infirmatif	Possessoire	

Cependant d'autres termes, parfaitement clairs et compréhensibles sont également des monosèmes absolus : Adoptif, aliénable, créancier, débiteur, donateur, donataire, légataire, locataire, testateur, etc.

Il resterait à expliquer pourquoi tous ces mots sont sous le signe de l'unité de sens. Sans doute est-ce principalement parce qu'ils désignent avec précision un

(72) V. *supra*, n° 16.

référent spécifique. Cette attache très serrée explique peut-être à la fois que ces termes n'aient pas dérivé dans le langage courant (73) et qu'ils aient pour unique fonction, en droit, de désigner une seule chose. Cette unicité est un gage de haute valeur technique. Les cas de polysémie appellent une analyse plus approfondie de la charge composite des mots.

B. — ANALYSE DE LA POLYSÉMIE

21. — Il ne serait pas sans intérêt, pour mesurer le phénomène, non seulement de dénombrer les polysèmes juridiques, mais de calculer la fréquence relative du nombre de sens pour un même terme : deux, trois, ou davantage. On devine que la dualité de sens est la forme la plus répandue de polysémie, mais la possession de trois sens est également courante et il n'est pas rare qu'un même terme en compte quatre ou cinq. Il arrive que ce soit plus (V. *infra, in fine*).

Cette approche descriptive ne peut ici que faire place à une analyse qualitative de la coexistence des sens que l'histoire a fixés sur un mot. L'observation capitale — elle aussi tirée de l'élaboration du Vocabulaire juridique — est que les multiples sens d'un même terme entretiennent des rapports d'une extraordinaire diversité. Les sens sont entre eux dans des rapports variés, et ces variantes pourraient servir, dans une typologie de la polysémie, à caractériser diverses espèces de polysémie. Nous tenterons d'échantillonner ces *rapports de sens* (74).

À la vérité toute polysémie est historique parce que, saisie dans l'état que l'usage actuel du vocabulaire juridique permet d'observer, elle est toujours la résultante d'une évolution faite, pour chaque mot, d'une pluralité de faits linguistiques. Mais cette histoire est plus ou moins claire. Parfois les liens qu'elle laisse apercevoir entre les sens font ressortir une polysémie cohérente. Mais il arrive aussi que ces liens soient moins visibles, quand ils existent, et que la multiplicité des sens se présente en ordre dispersé, dans le désordre comme une juxtaposition fruit de hasards, d'occasions, d'accidents ou même de jeux subtils. Dans chaque groupe, les combinaisons sont très variées.

a) *La polysémie cohérente (75).*

Il est fréquent que les multiples sens d'un mot soient unis par des *liens apparents*. Même si elle s'est constituée progressivement sans surgir, globalement, comme une création, de la pensée rationnelle, la coexistence des sens donne alors une impression d'ordre. La polysémie répond ici à une certaine logique dont elle livre

(73) V. *supra*, n° 16, l'ensemble des raisons à envisager.

(74) L'approfondissement de cette notion-clé est un des apports essentiels du Vocabulaire juridique.

(75) V. plus loin, n° 23, le traitement lexicologique de la polysémie qui se fonde directement sur l'analyse des rapports de sens et en traduit la cohérence.

les clés. Il est encore plus remarquable que, même si dans un texte la polysémie peut comme toujours créer par accident l'équivoque, la coexistence des sens s'est ici développée sans chevauchement conceptuel ni contradiction intellectuelle, même lorsqu'elle exprime une opposition. Cependant ces rapports de sens sont très divers.

1° *Rapport de dérivation concentrique*

Dans certains termes, la polysémie s'est opérée en cascade, pour recouvrir, successivement tous les niveaux d'une même réalité. Ce n'est pas l'ordre chronologique d'apparition des sens qui est ici le fait essentiel, mais plutôt l'enveloppement d'ensemble qui en résulte, pour une même réalité centrale. Deux termes illustrent ce mouvement.

Conseil peut désigner selon les cas :

— l'avis sur ce qu'il convient de faire (c'est une opinion, le résultat d'une consultation) ;

— la personne qui donne à une autre cet avis (personne isolée, individu personne physique, souvent un professionnel, sans exclure aujourd'hui une personne morale) ;

— l'assemblée des personnes chargées en certains cas de donner un avis (la collégialité étant de bon conseil, il a paru bon de réunir les avis et d'institutionnaliser la fonction consultative sous des formes très variées). D'où le nom officiel de certains organes de l'État : Conseil d'État, Conseil constitutionnel) ;

— le lieu où siège l'organe consultatif ; le bâtiment qui l'héberge.

— la séance même de consultation, au jour où elle a lieu (ces deux derniers sens dans la pratique seulement).

Dépôt peut désigner (76) :

— le *contrat* de dépôt (l'acte juridique, l'espèce de convention définie notamment par l'article 1915 C. civ.) ;

— *l'action* consistant à déposer la chose confiée (l'acte matériel de dépôt, la remise effectuée de la chose entre les mains du dépositaire. Comment s'en étonner ? Le dépôt est un contrat dit réel, qui se forme *re*, par la tradition de la chose. Plus encore qu'un acte d'exécution, l'opération matérielle est ce qui fait exister l'acte juridique) ;

— la *chose* confiée (l'objet déposé, le « précieux dépôt ». Là encore la réalité de l'opération rend la dérivation logique) ;

---

(76) Le discernement de ces divers sens a exercé une influence décisive sur le mode de présentation des sens d'un même mot dans le Vocabulaire juridique. V. *infra*, n° 23.

— le *lieu* du dépôt (l'endroit où il est conservé et gardé, indication elle aussi très logique parce que le dépôt, opération statique, et conservatoire, ne confère pas au dépositaire, le droit de se servir de la chose qui lui est confiée et que celle-ci doit être mis à l'abri des risques de vol et de dégradation).

2° *Rapport de complémentarité*

Avec ou sans dérivation, les divers sens d'un mot — au moins ses sens principaux — se complètent souvent du fait que chacun saisit l'un des aspects primordiaux sous lesquels on peut regarder une même chose. La polysémie est ici cohérente en ce qu'elle correspond à une décomposition analytique de la notion de référence. Les multiples sens forment un couple conceptuel (parfois même une trilogie ou davantage).

Premier exemple : Association d'un sens concret et d'un sens abstrait (77).

Objet désigne :

— dans un sens concret, la chose matérielle, l'objet corporel, tangible sur lequel porte une convention, par exemple un immeuble dans une vente immobilière ou un bail commercial ;

— dans un sens abstrait, la prestation due, l'avantage attendu par telle ou telle partie, dans une opération juridique, par exemple le transfert en sa faveur de la propriété de l'immeuble, pour l'acheteur, dans la vente immobilière, la jouissance et l'usage de l'immeuble, pour le locataire, dans le bail immobilier.

Deuxième exemple : Association d'un sens intellectuel (et substantiel) et d'un sens matériel.

Acte désigne :

— dans un sens intellectuel, une opération juridique destinée à produire un effet de droit — on dit un acte juridique — par exemple prêt, mandat, contrat de travail, vente, etc. ;

— dans un sens matériel, l'écrit dressé en vue de constater une opération juridique, souvent nommé acte instrumentaire. *Negotium* et *intrumentum* forment un couple célèbre.

Troisième exemple : Association d'un sens actif et d'un sens passif.

Décision désigne :

— dans un sens actif, l'acte de décider, l'action de prendre une décision ;

(77) V. aussi plus loin, n° 25, l'opposition des termes concrets et des termes abstraits.

— dans un sens passif, le résultat de cette action, ce qui a été décidé, la mesure prise.

Cependant, cette dualité de sens fait place, par combinaison avec la distinction précédente et par autre approfondissement, à un éventail plus ouvert. Comme dans son sens actif, la décision est un acte juridique, à ce sens juridique fait pendant le sens matériel : décision peut désigner l'écrit constatant la décision (sens 1). Mais comme, enfin, la décision est en général prise en vertu d'un pouvoir, « décision » peut encore signifier « pouvoir de décider » (on dit ainsi qu'une autorité a la décision d'un cas). On remonte de l'acte à la fonction.

3° *Sens parallèles et opposés.*

Les divers sens d'un terme se répondent parfois parce que, se référant tous à une même notion générique, ils en saisissent des aspects spéciaux qui se trouvent en être des applications comparables ou même antithétiques.

Force (incluant toujours une notion de puissance) désigne :

— dans certaines expressions, une contrainte de fait (force majeure) ou de droit (force de loi) ;

— dans d'autres expressions, une certaine efficacité, ou valeur (force probante force de chose jugée).

Facultés (terme contenant l'idée de moyens potentiels) peut désigner (pour un individu) :

— ses moyens personnels (facultés mentales et corporelles) ;

— ses ressources et possibilités financières.

Facultatif (terme se référant à la notion de liberté) peut signifier :

— laissé au gré d'un intéressé ;

— laissé à l'appréciation du juge.

État (terme se référant à une manière d'être) peut désigner :

— pour une personne, la situation de fait ou de droit dans laquelle elle se trouve ;

— pour une chose, sa situation matérielle (ex. : son état d'entretien).

Forcé (adjectif marquant toujours l'exercice d'une contrainte) signifie :

— parfois, illégalement forcé (ex. : consentement forcé) ;

— parfois, au contraire, légalement imposé (ex. : cession forcée, vente forcée, exécution forcée). Cette apparente contradiction prend raison, comme le parallélisme des autres sens, par référence à une notion générique supérieure.

4° *Sens générique et sens spécifique*

Il est encore plus fréquent qu'un sens générique et un sens spécifique se partagent le champ sémantique d'un terme juridique. Le contrat est une espèce de convention, mais le terme est parfois synonyme de convention (notamment dans son opposition à la loi et jugement). La contrainte, contrainte étatique en général, est plus spécifiquement la décision administrative préalable aux poursuites pour le recouvrement des impôts directs. Le commandement, ordre, injonction, est aussi spécifiquement, en procédure, l'acte d'huissier précédant une saisie de caractère exécutoire qui met le débiteur en demeure de satisfaire aux obligations résultant du titre en vertu duquel l'acte est signifié.

Cette subordination de sens — du genre à l'espèce — est, dans le vocabulaire juridique, l'une des combinaisons les plus répandues de polysémie interne. Elle introduit un ordre qui ne déplait pas au goût classificatoire de l'esprit juridique, au moins lorsque le passage du genre à l'espèce s'opère de façon satisfaisante (78).

b) *La polysémie désordonnée*

La pluralité des sens d'un même mot a parfois un aspect chaotique ou foisonnant. Elle paraît être le résultat de coïncidences ou de hasards. Quand ils existent, les rapports entre les sens sont moins clairs. La polysémie donne l'impression d'une juxtaposition ou de chevauchements, non sans contradictions, de raffinement dans la subtilité, ou même d'éclatement. De la diversité qui règne sur ce désordre ressortent quelques exemples.

1° *La polysémie de juxtaposition*

Les multiples sens d'un mot paraissent parfois comme parallèles et étrangers les uns aux autres. Ils paraissent n'avoir entre eux aucun rapport historique ou rationnel. À la vérité, il ne serait pas exclu qu'une étude érudite découvrit en profondeur de tels rapports, pour tel mot. Mais, à recevoir le message premier que leur donne l'usage actuel, ces divers sens sont bien distincts et juxtaposés parce qu'ils désignent — non pas les diverses faces d'une réalité complexe — mais des choses différentes. Le terme cause est un exemple de cette figure.

---

(78) Il arrive, par accident, qu'il n'en soit pas exactement ainsi. Appliqué à une obligation, dans la théorie des modalités qui peuvent affecter celle-ci, facultatif a un troisième sens. Il caractérise l'obligation dans laquelle le débiteur, tenu d'un unique objet, a cependant la faculté de se libérer en fournissant un autre objet déterminé. Le débiteur jouit bien d'une faculté lors du paiement (*in solutione*) ; mais il n'est guère satisfaisant que, dans ce sens technique de précision, l'obligation facultative s'oppose spécialement à l'obligation alternative, laquelle porte sur deux objets entre lesquels le débiteur a la faculté de choisir (*in obligatione*).

« *Cause* » désigne :

— en matière de responsabilité civile, la cause du dommage (c'est en ce sens une cause génératrice, servant à caractériser un fait initial dit dommageable en tant qu'il est établi que le dommage en est la conséquence) ;

— dans le contrat, soit le mobile individuel et concret poursuivi par tel contractant (cause impulsive et déterminante), soit l'intérêt objectif que présente un type d'acte pour tout contractant (cause dite abstraite) : Dans ces deux cas il s'agit d'une cause finale, d'une considération liée à l'objet et à l'effet d'un acte, donc à l'intérêt que représente cet acte, et à la fin poursuivie par les parties ou l'une d'elles ;

— dans la théorie générale des droits et des actions, le fondement juridique qui permet d'obtenir tel ou tel effet de droit, ex. : une cause de divorce, une cause de nullité, une cause d'irresponsabilité (il s'agit ici d'une raison justificatrice, d'un motif de fait et de droit) ;

— dans la théorie de la demande en justice, la cause de la demande (N.C.P.C., art. 6 et 7) ; il s'agit alors de l'ensemble des faits que les parties invoquent au soutien de leurs prétentions).

— Dans tout procès, soit l'affaire, l'espèce, le cas, soit l'instance et le développement de la procédure.

Des liens existent entre les trois derniers sens, mais non entre le premier et tous les autres, et ils sont très ténus entre le deuxième et les suivants.

2° *La polysémie à chevauchement*

Elle existe lorsque les divers sens d'un terme se rapportent *grosso modo* à une même réalité, mais sans en découper les facettes distinctes et complémentaires. Le désordre naît ici de la non concordance, ou de la contradiction, entre des sens qui se recoupent en partie ou se heurtent.

Le terme action en est une illustration.

« *Action* » désigne d'abord, dans le nouveau Code de procédure civile, le droit d'agir en justice au sens précis du terme, c'est-à-dire, le droit pour l'auteur d'une prétention d'être entendu sur le fond de celle-ci afin que le juge la dise bien ou mal fondée (art. 30), par opposition à la demande qui est l'acte juridique par lequel l'action est exercée.

Cependant *action* désigne aussi dans le langage du Palais et dans le vocabulaire juridique en général (79) :

---

(79) Encore ne s'agit-il que des multiples sens de l'action en justice. Mais le terme désigne aussi l'action de société, notamment la part d'associé dans les sociétés de capitaux : dualité qui relève de la simple juxtaposition (V. ci-dessus).

— la demande en justice ;

— parfois plus spécialement la demande principale, initiale, par opposition aux demandes incidentes (notamment dans l'expression « le juge de l'action est le juge de l'exception ») ;

— parfois plus largement, toute la procédure, l'instance ;

— parfois enfin, de façon plus vague, la voie de droit assurant la sanction du droit subjectif.

3° *La polysémie de raffinement*

La pluralité des sens est parfois le produit d'une décomposition analytique qui relève de la plus haute subtilité juridique. Tous les sens du mot sont comme les fils d'un écheveau, que l'on ne peut discerner, lien par lien, qu'en observant les nuances délicates qui les distinguent.

Ainsi le terme « consentement » désigne-t-il toujours une manifestation de volonté dans un acte juridique. Mais, sous cette enveloppe, circulent des sens précis très différents.

« *Consentement* » désigne :

— Soit l'accord des volontés des deux parties contractantes, le *consensus*, la rencontre et l'échange de deux volontés concordantes ;

— soit, dans cet accord, la volonté de chacune des parties contractantes (et donc la volonté individuelle de l'une ou de l'autre des parties, indifféremment : on parlera du consentement de l'acheteur et du consentement du vendeur) ;

— soit, plus spécialement, l'acceptation donnée par l'une des parties contractantes à l'offre de l'autre (c'est-à-dire, comme dans le sens précédent, la volonté d'une seule personne, mais pas n'importe laquelle : celle de l'acceptant) ;

— soit, par extension, la volonté de l'auteur d'un acte unilatéral ;

— soit enfin l'adhésion d'un tiers à l'acte conclu par les parties contractantes, volonté auxiliaire distincte de celle des auteurs de l'acte et leur apportant une autorisation (ex. : consentement des parents au mariage d'un enfant mineur).

4° *La polysémie étoilée*

Il arrive enfin que les multiples sens d'un mot se déploient généreusement en ordre dispersé. Un polysème étoilé est celui qui jette une multitude de sens, comme autant d'éclats, dans des directions très diverses et parfois opposées. Sans en avoir le monopole, l'adjectif est le champion de ces miroitements de sens, dans la profusion et la dispersion. Telle est, au moins pour le langage du droit, l'une des leçons notables du Vocabulaire juridique (80).

---

(80) V. préface, p. 8.

Il s'agit bien de richesse et d'abondance. Car certains termes ont près, ou même plus de dix sens : *principal* (adj.) en a six, *public* en a quinze, *libre* (quel heureux symbole, c'est le record) en a dix-neuf. Et la dispersion ne se laisse maîtriser par aucun ordre. Si certains sens sont voisins, d'autres sont plus lointains, voire étrangers. Or, bien entendu, c'est le mariage avec un substantif qui est, en général, à l'origine de la démultiplication des sens. Mais ce qui, de plus haut, relativise les sens c'est le discernement des notions auxquelles s'opposent le terme dans chacun de ses sens. Le tableau des oppositions est encore la meilleure manière de dresser la carte des sens, en lui donnant une portée lexicale. Le terme matériel est un exemple de cette polysémie scintillante, sautillante et comme éclatée.

« *Matériel* » (adjectif) signifie :

— par opposition à « moral » et à « corporel », pécuniaire, patrimonial, économique, qui touche aux biens. Ex. : direction matérielle de la famille, dommage matériel ;

— par opposition à « territorial » et à « processuel », qui touche au fond du droit ou est fondé sur les divisions du droit. Ex. : compétence matérielle (*ratione materiae*) droit matériel (substantiel) ;

— par opposition à « formel » et à « organique » (trilogie classique dans l'analyse de droit public), qui a trait au contenu d'un acte, à son objet ;

— par opposition à « juridique », réalisé dans le monde sensible et considéré au premier degré dans sa consistance même, abstraction faite de ses effets de droit (Ex. : l'opération matérielle de construction d'un mur, par opposition à l'acte juridique de la cession du mur) ;

— par opposition à « légal » et à « moral », de pur fait à l'état brut. Ex. : l'élément matériel de l'infraction ;

— par opposition à « intellectuel », concret, appliqué à une chose tangible. Ex. : faux matériel en écritures ;

— par opposition à « fondamental » et à « intentionnel », purement formel et issu d'un accident d'exécution. Ex. : erreur matérielle ;

— par opposition à « formel » (en un autre sens) qui suppose atteint le résultat recherché. Ex. : délit matériel ;

— par opposition à « intellectuel » (autre sens), qui se rapporte non à la conception, mais à l'exécution d'un acte. Ex. : auteur matériel de l'infraction ;

— par opposition à « conflictuel », qui résulte non de la solution d'un conflit de lois, mais de l'application directe d'une norme porteuse d'une solution internationale.

C'est dans le foisonnement de ses types que la polysémie s'offre à la réflexion sur sa valeur dans l'ordre juridique.

C. — TRAITEMENT DE LA POLYSÉMIE

a) *Considérations générales*

22. — La polysémie relève de l'observation : C'est un fait linguistique. Faudrait-il porter sur elle un jugement de valeur qui pourrait dicter notre attitude ?

La polysémie crée des risques de malentendus. Est-ce assez pour n'y voir qu'une source d'équivoque ? La tentation est forte (81) de dénoncer en elle un mal linguistique contre lequel la politique juridique n'aurait d'autre choix que de lutter.

Un tel parti ne nous paraît pas être celui de la clairvoyance, mais bien plutôt celui de l'illusion. Il se nourrit du rêve chimérique que l'on pourrait réduire la polysémie. L'erreur radicale est là. La polysémie est, dans le vocabulaire juridique comme ailleurs, un phénomène irréductible. L'essentiel est de comprendre que la polysémie n'est pas une complication accidentelle et marginale du langage du droit, mais un état profond et rayonnant, enraciné un peu partout dans le champ du vocabulaire juridique (82). Pour le démontrer, on pourrait ouvrir le Vocabulaire juridique et faire apparaître, polysème par polysème, par quelle nécessité on ne pourrait se passer des divers sens des mots « cause », « objet », « source », « acte », « disposition », « condition », « forme », « fond », « matière », « décision », « conseil », etc. : liste interminable. Comment ne pas admettre que « société » désigne, dans ses seuls sens principaux (83), le contrat par lequel plusieurs personnes s'associent, et la réalité sociale qui en résulte une fois formée ? Comment éviter qu'unilatéral, accolé à acte, désigne l'acte juridique émanant d'un seul auteur et que, dans l'expression contrat unilatéral, le même mot serve à désigner un acte juridique nécessairement bilatéral, mais qui n'engendre d'obligation qu'à la charge de l'une des parties contractantes ?

À cette démonstration fastidieuse et superflue sans doute faut-il préférer la claire perception des *raisons fondamentales et générales qui font la nécessité de la polysémie*.

1° La première de ces raisons est que, dans le langage du droit comme dans le langage courant, mais plus encore sans doute, le nombre des signifiés est incommensurablement plus élevé que celui des signifiants. Les notions juridiques sont beaucoup plus nombreuses que les mots pour les nommer. La somme des supports linguistiques est très inférieure à celle des catégories juridiques. Encore y-a-t-il là plus qu'une simple disproportion arrêtée. Car si l'on réserve l'accroissement tenant à la création de néologismes, les signifiants sont en nombre défini, tandis que, dans le mouvement qui entraîne l'évolution du droit, les signifiés sont en

(81) Comp. BECQUART, préc.
(82) V. *supra*, n° 20.
(83) Abstraction faite de la série pourtant non négligeable de ses sens secondaires. V. Vocabulaire juridique, V° *société*.

nombre indéfini. La disproportion a toute chance de s'aggraver, compte tenu d'une part de la production relativement restreinte de la création néologique dans le domaine du droit, d'autre part de la force des tendances qui travaillent dans l'ordre juridique. Si en effet la disproportion observée est une vérité générale, elle puise dans les ressorts de l'esprit juridique l'aliment que lui donne toute sa force. La capacité analytique de la pensée juridique est la maîtresse de l'action. Elle est toujours à l'œuvre. Elle distingue, divise, subdivise ; elle classe, elle ordonne, elle subtilise. C'est son démon. C'est son génie. Au reste, il ne s'agit ici ni de dénigrer ni de faire l'apologie de l'art de couper les concepts en quatre, mais de constater. Avec le nombre limité des matériaux linguistiques (et la faiblesse relative de son imagination créatrice ?) la puissance analytique de l'esprit juridique ne peut en fait que créer la polysémie.

2° Par quels moyens voudrait-on réduire un phénomène aussi répandu ? Quelle autorité se ferait fort — sans dérision ou même sans danger — de déraciner du vocabulaire juridique une végétation aussi largement et profondément implantée ? Le reconnaître n'est pas donner un tour catégorique à la maxime selon laquelle, en fait de langage, l'usage est souverain. C'est seulement faire voir la vanité d'un combat érigé en politique qui aurait pour objectif l'éradication de la polysémie. On n'élimine pas un phénomène aussi global ; on peut seulement chercher à en neutraliser certains méfaits.

Là est, intellectuellement, la conversion à opérer. La polysémie existe. Il faut vivre avec elle et, la laissant vivre, apprendre à la traiter. L'essentiel est de comprendre que l'exclusion d'une action massive laisse la place à des interventions ponctuelles et limitées conduites avec discernement et mesure.

Mais par qui ? L'idée vient alors que le problème doit être relativisé. C'est un peu à chacun de fixer son attitude à l'égard de la polysémie. Entendons qu'il appartient à chacun des agents dotés d'un certain pouvoir linguistique, dans le vocabulaire juridique, de fixer sa politique, de régler son intervention, en fonction de ses objectifs et de ses moyens.

C'est ici qu'il faudrait entendre les informaticiens. Car il existe un traitement particulier de la polysémie par et pour l'informatique, plus spécifiquement un traitement de la polysémie interne, à l'usage de l'informatique juridique. Ce traitement est à base de réduction et de schématisation. Aux spécialistes en la matière, il appartient de mettre au point ce que peut être le traitement optimal de la polysémie pour le bon fonctionnement de l'outil informatique. Mais le problème essentiel — qui reste ouvert — est celui de savoir quel peut être — dans le rayonnement de cet usage interne — l'influence d'un tel traitement sur l'ensemble du vocabulaire juridique considéré en tous ses usages.

Ce qui est sûr, en tout cas, c'est que, de leur propre point de vue, la législation et la lexicologie ont à se situer relativement à la polysémie juridique.

b) *Le traitement législatif de la polysémie*

De la loi ne peut venir aucune action d'ensemble contre la polysémie. Mais cette réserve laisse une place à des interventions déterminées sur le postulat qu'il est de bonne politique, quand cela est possible, de tempérer les inconvénients de la polysémie. Ainsi le législateur peut-il entreprendre certaines actions régulatrices correspondant à une sorte d'auto-limitation de l'usage de la polysémie, ou même à prendre des initiatives destinées à prévenir la formation de la polysémie.

Ces moyens de portée limitée sont, parmi d'autres, les instruments d'un certain interventionnisme étatique dans la vie du langage dont le vocabulaire juridique profite, sans en souffrir de contrepartie, quand il en est fait un usage raisonnable.

1° *Le bon usage des définitions légales*

Le premier moyen, pour le législateur, de lutter ponctuellement, contre la polysémie, consiste à donner lui-même la définition de certaines notions ou de certains termes. Sous des formes très diverses, il existe ainsi, dans la loi (dans les codes et les lois) de nombreuses définitions (V. *supra,* n° 13, I, A, les indications bibliographiques).

Le recours aux définitions légales sera étudié dans son ensemble (c'est-à-dire dans son étendue, sa légitimité, sa méthode, sa portée, etc.). L'essentiel est ici de saisir en quoi ce procédé technique influe sur la polysémie. Son action réductrice est évidente. D'un mot, la définition légale d'un terme polysémique privilégie l'un des sens de ce terme. La loi choisit ; elle exclut. Le sens légal est, par hypothèse, unique. La loi réduit ainsi l'usage de polysémie en en faisant émerger un seul sens, au sens de la loi.

Cependant ce privilège n'a qu'une portée limitée, et celle-ci est, d'ailleurs, variable.

α) La faveur de la loi n'est pas impérialiste, lors même que l'on tient que la définition légale a, dans son domaine, un caractère obligatoire qui lui vient de sa nature de règle de droit (84). Sa valeur positive ne la met nullement à l'abri de la critique scientifique. C'est une première évidence. Cependant, il ne s'agit pas seulement de réserver la mise à l'épreuve, doctrinale ou prétorienne, de celui des sens que la loi a retenu, il s'agit aussi de réserver l'usage rémanent des sens que la loi n'a pas retenus. Or, sans doute est-il exclu que, pour l'application de la loi, on puisse les réintroduire sans violer la loi. Mais il s'agit tout différemment d'admettre, qu'en dehors de cet usage légal, les autres sens conservent leur emploi ou un certain emploi, pour désigner d'autres choses, dans l'ensemble du langage du droit, ou dans telle ou telle relation de langage. En quoi la définition légale ne supprime pas, absolument, la polysémie, mais en réduit, relativement, l'emprise.

(84) Ce que nous admettons ici à charge d'y revenir.

Ainsi la définition légale de l'action en justice comme droit d'agir en justice (N.C.P.C., art. 30), s'impose seulement lorsqu'il s'agit de régler, en procédure civile, la recevabilité de la demande. Mais elle n'empêche nullement que l'action, notamment dans le langage du Palais, continue à désigner la demande, l'instance, la procédure ou la sanction du droit, emploi que le contexte, entre initiés, suffit sans doute à sauver de l'équivoque. L'effet salutaire de la définition légale se réduit — et c'est déjà beaucoup — à accréditer dans son ordre un sens technique de précision. Encore l'aire donnée au sens privilégiée dans l'expression « au sens de la loi » n'a-t-elle pas toujours la même portée.

β) Certaines définitions légales sont en effet toute *relatives*. Elles sont données par la loi qui les porte pour l'application de cette loi (et sont parfois expressément introduits par la formule « au sens de la présente loi ».). En ce cas, la définition légale fait corps avec la loi dont elle est l'accessoire, comme règle annexe d'interprétation. Le sens retenu par la loi, n'a, pour son application, d'autre domaine que celui de la loi. Corrélativement les autres sens ne sont exclus qu'en ce domaine, pour l'application de la loi.

Bien sûr, cette citation peut valoir promotion. Elle n'exclut pas que le sens choisi se propage par ses seuls mérites hors du domaine initial, ou que d'autres lois le reprennent. Mais cet effet souhaitable d'harmonisation est aléatoire, et l'effet contraire d'incohérence peut résulter d'interventions discordantes. Les définitions relatives n'ont qu'une action réductrice parcellaire sur la polysémie, et peuvent, par accident, créer la polysémie.

Le procédé est surtout employé pour la présentation des définitions que nous avons appelées terminologiques. Il ne convient évidemment pas à l'énoncé des définitions réelles.

Y) D'autres définitions sont *absolues*. La loi qui les pose ne leur assigne aucune autre limite spacio-temporelle que celle qui résulte de leur insertion dans un système juridique donné. Les définitions absolues ainsi énoncées par la loi française deviennent des éléments du droit positif français. Leur intégration à ce niveau de l'ordre juridique présente deux caractères : fondamentalement, ces définitions — qui correspondent à des définitions réelles — sont vraiment des pièces du système juridique en tant que le sens qu'elles ressèrent constitue une catégorie juridique ; linguistiquement, elles sont de nature à chasser la polysémie sur l'aire plus vaste qu'elles occupent et à faire régner par là plus d'unité dans le vocabulaire juridique. Une telle consécration suffit cependant à démontrer que seules les notions qui ont assez de corps et de spécificité méritent d'être saisies à ce niveau. D'où l'usage modéré des définitions légales.

2° *La discipline du style législatif*

Avec ou sans définition légale, c'est un autre moyen, d'ordre législatif, d'éliminer l'usage de la polysémie, au moins dans un certain canal de communication. Il consiste pour le législateur, dans le texte de la loi, à ne jamais employer le même mot en des sens différents, mais à l'employer toujours dans le même sens. Il consiste à toujours désigner une notion par le même terme, et donc à s'abstenir de toute variation littéraire. Ainsi le nouveau Code de procédure civile n'utilise le terme action que dans le sens de droit d'agir en justice (art. 30), jamais comme synonyme de demande ou d'instance.

Ce mode d'intervention attend son pouvoir d'une condition maîtresse qui en est le ressort essentiel. Elle suppose, de la part du législateur, une discipline d'écriture. Elle suppose que le législateur s'impose lui-même cette discipline dans la rédaction des lois : qu'il fasse régner dans ses lois la monosémie. Ainsi la monosémie en acte repose-t-elle sur une autodiscipline législative qui pourrait être, en linguistique, une exigence élémentaire de technique législative. Une telle exigence peut d'ailleurs escompter, de l'exemplarité, une amplification de ses effets. Car une rigueur qui, pour l'auteur d'un acte, commence par soi-même a des chances d'avoir une valeur exemplaire.

À la condition que le législateur le veuille (le sache et le puisse), le procédé est ouvert. On n'imagine certes pas qu'il s'applique sans discernement à tout le vocabulaire législatif, ni surtout au maniement de la langue qui porte les énoncés de droit, aucune des richesses et des nuances de la langue n'étant de trop dans le choix de la manière la plus adéquate pour les présenter, ici ou là. Cette discipline n'a vocation à régir, dans le discours législatif, que des éléments-clé qu'il s'agit de fixer dans un sens technique de précision. Mais dans cette voie, la discipline est très utile parce qu'elle permet de *traiter des ensembles,* ou au moins de régler des rapports de mots et des distinctions de concepts.

Le nouveau Code de procédure civile donne de nombreux exemples de ces corrélations :

Le terme :	*désigne toujours :*
Action	Le droit, pour l'auteur d'une prétention, d'être entendu sur le fond de celle-ci (art. 30).
Demande (en justice)	L'acte juridique par lequel le plaideur émet une prétention (art. 53 et s.).
Requête ou assignation, etc.	La forme que revêt, selon les cas, cette demande, ex. : (art. 1052, 1089, 1286).

La trilogie des moyens de défense en donne une illustration semblable.

Fin de non recevoir	Tout moyen qui tend à faire déclarer l'adversaire irrecevable en sa demande, sans examen au fond, pour défaut de droit d'agir (art. 122).
Exception (de procédure)	Tout moyen qui tend soit à faire déclarer la procédure irrégulière ou éteinte, soit à en suspendre le cours (art. 73).

Défense au fond	Tout moyen qui tend à faire réjéter, comme non justifiée, après examen au fond du droit, la prétention de l'adversaire (art. 71).
Soulever	pour une partie, proposer, faire valoir un moyen (ex. : art. 74).
Relever	Pour le juge, se référer d'office à un moyen de droit (ex. : art. 12, al. 3, 92).

La méthode est également applicable à des membres de phrase qui ont ainsi vocation à prendre la valeur de formules consacrées dotées d'un sens constant. Ainsi le nouveau Code de procédure civile fait-il apparaître, par l'emploi de deux formules différentes, la distinction des deux catégories d'affaires qui sont soumises à la juridiction gracieuse. S'agit-il d'actes de juridiction gracieuse à l'état pur qui, en eux-mêmes, réunissent les deux éléments constitutifs de la notion (un acte juridique émanant de volontés privées qui attend sa perfection, moyennant un contrôle judiciaire variable, d'une autorisation ou homologation de justice) ? Il est écrit que ces actes *relèvent* (en eux-mêmes, par nature) *de la matière gracieuse*.

« Le divorce sur demande conjointe....... (art. 1088)	
« La légitimation....... (art. 1151)	
« Le changement de nom de l'enfant naturel par déclaration conjointe....... (art. 1153)	... *relève de la matière gracieuse.* »
« L'action au fins d'adoption....... (art. 1167)	
« L'homologation d'un changement de régime matrimonial....... (art. 1301)	

D'autres affaires ne peuvent être dites que rattachées à la procédure gracieuse, parce que, si la décision de justice que la loi exige, est sollicitée unilatéralement par une partie en l'absence d'adversaire déclaré, l'absence de litige ne ressort pas d'un acte portant accord de tous les intéressés, mais peut seulement être présumée. Pour désigner ces affaires de juridiction gracieuse par rattachement, la loi énonce qu'elles sont instruites et jugées *comme en matière gracieuse*.

« La demande en rectification des actes de l'état, etc... (art. 1051 et, pour l'appel, art. 1054)	
« La demande (en déclaration d'absence) ... (art. 1067 et cour d'appel, art. 1069)	...*est instruite et jugée comme en matière gracieuse.* »

« La demande (d'autorisation ou d'habilitation,
art. 217, 219, C. civ.)...
(art. 1287)

De même, l'emploi systématique de la formule : « la demande est formée, instruite et jugée (selon telle ou telle règle, comme en matière contentieuse, comme en matière gracieuse, etc.) n'a de valeur que parce que chaque qualificatif précise sous quel rapport les règles de procédures auxquelles il est fait référence sont applicables à l'affaire :

formé : (il s'agit de la forme de la demande : requête, assignation, déclaration, etc.)

instruit : (il s'agit de l'instruction de l'affaire et du déroulement de la procédure, par ex. : de la mise en état)

jugé : (il s'agit de la forme du jugement : prononcé, rédaction, etc.).

Ces termes ont le même sens qu'ils soient employés pour la demande introductive d'instance (en première instance. Ex. : N.C.P.C., art. 1051, 1063, 1067, 1142, 1179, etc.) ou pour une autre espèce de demande, notamment l'appel (ex. : N.C.P.C., art. 1054, 1069, 1145, 1289, etc.). Les éléments de la série sont d'ailleurs dissociables. Les autorisations et habilitations du régime matrimonial primaire (C. civ., art. 217, 219) sont formées par requête au tribunal de grande instance (N.C.P.C., art. 1286), mais sont instruites et jugées comme en matière gracieuse (hors les cas où elles tendent à passer outre au refus du conjoint. N.C.P.C. art. 1287). Toutes les variations sont enfin significatives : Lorsque la formule devient « l'affaire est *instruite et débattue* (de telle ou telle manière) et non *jugée*, cela signifie que les débats à l'audience et le prononcé du jugement sont soumis à des types de règle différents. Si par exemple l'affaire doit être instruite et débattue en la chambre du conseil (ex. : N.C.P.C., art. 1149, 1170, 1177, en matière de filiation et d'adoption), c'est que le jugement, au contraire, doit être prononcé en audience publique (mêmes dispositions et art. 1174).

Il est évident que cet effort d'harmonisation a de plus grandes chances de s'épanouir lorsqu'il se déploie au sein d'une œuvre de codification qui permet d'obtenir une cohésion à grande échelle. Il est non moins certain que la fixation du vocabulaire prend toute sa force et sa précision lorsque le sens unique privilégié est donné par une définition légale. Associés, ces moyens divers sont performants. Ils sont cependant divisibles. L'épuration du style législatif aurait avantage à prospérer, même sans le secours de la codification ou des définitions légales, dans le courant de la législation ou la refonte des codes.

3° *La formation légale de néologismes*

La création de néologismes par la loi constitue un troisième moyen de lutter contre la polysémie. Il consiste, de la part du législateur, a baptiser ou à rebaptiser une réalité juridique d'un nom nouveau. La refonte du droit de la famille en donne des illustrations typiques.

α) *Modalités.*

D'un point de vue linguistique, le procédé paraît théoriquement disposer de ressources variées. On peut en effet concevoir que le néologisme corresponde à la création d'une nouvelle entité morphologique de base jusqu'alors inconnue de la langue française, ou à la reprise d'un mot ancien tombé en désuétude, ou à l'introduction dans le vocabulaire juridique d'un terme emprunté à un autre vocabulaire, etc. Cependant ces deux derniers moyens n'ont pas toujours le succès escompté. Le projet de loi portant réforme du divorce avait repris de l'ancien Droit français le terme *maintenance* pour désigner la forme que prend la prestation compensatoire lorsque celle-ci s'exécute autrement que par le versement d'une rente, c'est-à-dire par la constitution d'un capital. Le terme a disparu du texte de la loi (C. civ., art. 274 et s.). Le même projet avait proposé de nommer *anamnèse,* dans le divorce sur double aveu,l'essai personnel d'analyse objective de la situation conjugale attendu du demandeur en ce cas. L'anamnèse est devenue un mémoire (85). Dans les deux cas, l'audace relative de ces nouveautés a effarouché les adeptes du style neutre (86). L'adoption de ces désignations, malgré le silence de la loi, dépend du sort que la doctrine et même la jurisprudence (87) sauront leur réserver.

Quant à la création de nouveaux morphèmes simples, elle a moins de rapport avec la question qui nous préoccupe ici, car elle prend le plus souvent la forme de la francisation des termes étrangers, phénomène spécifique dont les implications débordent la polysémie (88).

Finalement, c'est *la formation des mots-composés* qui constitue la source principale des néologismes du législateur. Comment s'en étonner ? La nouveauté du nom ne tient pas ici à la fabrication d'un terme original, au rang des unités morphologiques de la langue, mais à l'association de termes préexistants dans cette langue. Or il s'agit bien là de néologismes. Car les termes associés enrichissent la

---

(85) N.C.P.C. art. 1129 et s. Emprunté au vocabulaire de la psychologie, le terme « anamnèse » conservait son sens propre, dont il était seulement fait une application spéciale pour caractériser, dans la réflexion personnelle de chaque époux, ce retour sur soi-même propice à l'aveu et à la réconciliation. V. CARBONNIER, La Famille, 12e éd., 59. Le terme « mémoire » n'a été retenu, dans la nécessité qui survenait de remplacer anamnèse, qu'en raison de son pouvoir d'évoquer encore la remontée des souvenirs, même s'il fait d'abord paradoxalement référence (au masculin singulier) à la savante étude d'un professionnel, qui est tout le contraire de l'émanation spontanée du for intérieur de chaque époux.

(86) Parfois nommé style « Conseil d'État ».

(87) Au moins pour le terme « maintenance » que reprennent certains arrêts de la Cour de cassation.

(88) La question sera étudiée avec le droit du langage.

langue d'une entité linguistique nouvelle, dans la mesure où l'association des termes est nécessaire pour que ceux-ci désignent ensemble la réalité nommée. Ce mode de formation présente le triple avantage : 1. de s'opérer par adjonction d'éléments connus (et donc plus compréhensibles) ; 2. de conduire à un nombre indéfini de combinaisons et d'ouvrir ainsi aux néologismes une carrière illimitée ; 3. de permettre de serrer au plus près les caractères spécifiques de la réalité à désigner en incorporant à la composition d'ensemble tous les signes (adjectif, adverbe, article) propres à rendre les éléments essentiels de la notion. La longue série des néologismes du droit de la famille sont tous de cette veine :

Transfert d'administration (C. civ., art. 2140)

ou

Transfert judiciaire de pouvoir.

Mesure judiciaire de protection (C. civ., art. 1396 *in fine*).

Clause de main commune, aujourd'hui nommée clause d'administration conjointe (C. civ., art. 1503).

Clause de représentation mutuelle (aujourd'hui supprimée).

Régime de participation aux acquêts (C. civ., art. 1569).

Régime de protection (C. civ., art. 490).

Sauvegarde de justice (C. civ., art. 491 et s.).

Autorité parentale (C. civ., art. 371).

Assistance éducative (C. civ., art. 375 et s.).

Administration légale pure et simple (C. civ., art. 389-4).

Administration légale sous contrôle de justice (C. civ., art. 389-6).

Action a fins sous de subsides (C. civ., art. 342. et s).

Légitimation par autorité de justice (C. civ., art. 333).

Communauté de vie (C. civ. art. 215).

Divorce sur demande conjointe (C. civ., art. 230).

Divorce sur double aveu (appelation originaire).

Divorce pour rupture de la vie commune (C. civ., art. 237).

Prestation compensatoire (C. civ., art. 270 et s.)

Juge aux affaires matrimoniales (C. civ., art. 247).

β) *Limites*

Le recours à la néologie trouve cependant sa limite comme remède à la polysémie dans la fonction que le législateur lui assigne. Les néologismes sont seulement destinés à refléter les transformations fondamentales du droit. Une expression nouvelle est forgée pour désigner une institution juridique nouvelle : réforme de participation aux acquêts, légitimation par autorité de justice, divorce sur double aveu sont, au fond, des créations qui, lors de leur institution, naissent à l'ordre juridique sous l'égide du nom de baptême composé pour présider à leur apparition. À un moindre degré, mais dans le même esprit, d'autres néologismes sont les témoins des transformations qu'une loi nouvelle apporte à une institution qu'elle réforme. L'autorité parentale remplace la puissance paternelle, la tutelle la curatelle et la sauvegarde de justice prennent le relais de l'interdiction judiciaire. Entre les deux, le néologisme aide à distinguer une institution nouvelle d'une référence antérieure avec laquelle on pourrait la confondre. L'étiquette prestation compensatoire sert à démarquer l'innovation de la pension alimentaire.

Dans tous les cas, le néologisme est une *mesure d'accompagnement*. Il suit l'évolution, au fond, de la législation. Il est l'accessoire, non l'objet principal. Le néologisme légal n'est pas une intervention linguistique autonome (89). En quoi le recours à ce procédé est bien, dans la mouvance des mouvements de la législation, un moyen de prévenir l'amplification de la polysémie, mais non un moyen de réduire la polysémie existante. Le bilan de l'action législative est donc, tout compte fait, limité.

c) *Le traitement lexicologique de la polysémie*

23. — La polysémie pose, en lexicologie, des problèmes différents. Ce sont les problèmes spécifiques de méthode que doit résoudre le lexicographe lorsqu'il propose la définition d'un terme, plus spécialement, dans le langage du droit, la définition d'un terme juridique.

Quelle attitude intellectuelle adopter, dans cette opération, face au phénomène de la polysémie ? C'est la mission même du lexicographe — comparée à la fonction du législateur — et la finalité de la définition lexicale — comparée à celle de la définition légale — qui sont en cause, et suggèrent la réponse à cette question. L'essentiel est d'abord de recenser, ensuite de classer les multiples sens.

1° *Le recensement des sens*

L'attitude fondamentale du lexicographe devant la polysémie ne peut être que d'en enregistrer, mot à mot, les manifestations. Sa mission consiste à recueillir les sens distincts d'un même mot, à en relever les divers emplois, à discerner les multiples sens en usage. C'est le grand mot. Il n'a, à la vérité, d'autre maître que l'usage. « Que notre langue n'est fondée que sur l'usage et l'analogie, qui est l'image ou la copie de l'usage » (90). Il n'y aurait rien à ajouter à cette maxime de Vaugelas qui contient l'essentiel de sa doctrine, s'il n'était nécessaire de préciser

(89) Il convient cependant de réserver ici l'analyse de la francisation des termes étrangers.
(90) Remarques sur la langue française, préface. 1647.

qu'une telle attitude neutre, impartiale, scientifique, socio-linguistique — qui est celle d'un témoin ou d'un enquêteur — n'a rien de passif, et ce pour deux raisons.

α) L'usage doit être puisé aux bonnes sources. Or, bien entendu, le discernement de celles-ci sera toujours soupçonné de réintroduire insidieusement le critère du « bon usage » fondé sur le jugement subjectif de celui qui recense (91). Cependant, sans nier la nécessité de se garder de ce réel danger, il s'agit tout différemment de choisir ses références, et de le faire en raison de l'autorité qui est, objectivement, la leur. Or le langage juridique dispose d'un tel jeu de références qui lui est propre. Ce sont les sources même du droit : Loi, doctrine jurisprudence, auxquelles s'ajoute la pratique sous toutes ses formes (pratique judiciaire, administrative, notariale, conventionnelle, etc.). La polysémie juridique sourd naturellement du concert de ces sources. S'il s'agit d'écouter « ce qui se dit », c'est en écoutant, à tous ces niveaux de langage, tous ceux qui « parlent » le droit, celui qui l'énonce, celui qui le dit, ceux qui l'exposent, l'inspirent ou le critiquent, ceux qui le mettent en acte, etc., que l'on est fondé à recomposer l'éventail des sens. Le fait est que tous ces acteurs n'emploient pas nécessairement le même mot dans le même sens, sans exclure que chaque source en véhicule plusieurs. Dans le nouveau Vocabulaire juridique le parti a été pris de relever, chaque fois que l'occasion se présentait, le sens légal environné de tous les autres emplois, dans la jurisprudence, le style du Palais, l'usage doctrinal, celui-ci ayant particulièrement droit de cité non seulement dans les cas où la *communis opinio* accrédite un sens consacré, mais lorsque s'affirme un sens nouveau qui est parfois, chez un auteur, ce qui reste d'une œuvre originale. La pluralité des sources du droit porte en elle la polysémie.

Toutes ces sources ont cependant pour trait commun d'émaner d'initiés. Non point que tous les usages présentent au même titre le caractère savant. Mais même les façons de parler de la pratique sont le fait de professionnels du droit. Tous les usages se développent au sein du monde juridique qui fait ainsi office de référence sélective, fonction que Vaugelas reconnaissait à la Cour, mais en tant que celle-ci était la bouche de résonnance de la littérature (92).

C'est dire, toute nuance pesée, que la référence n'est pas populaire. La recherche ne s'appuie pas sur le sens, souvent faussé, que les profanes prêtent aux termes juridiques (93), même s'il faut parfois saluer des inventions de bonne veine (94).

---

(91) VAUGELAS s'en défendait : « Ce ne sont point ici des lois que je fais pour notre langue de mon autorité privée [...] Je ne prétends passer que pour un simple témoin qui dépose ce qu'il a vu et ouï... ». *ibid.*

(92) Pour lui, l'usage était « la façon de parler de la plus saine partie de la Cour, conformément à la façon d'écrire de la plus saine partie des auteurs du temps... » Préface des remarques... Mais il ajoutait que « dans les doutes de la langue, il vaut mieux, pour l'ordinaire consulter... ceux qui n'ont point étudié que ceux qui sont bien savants en la langue grecque et en latine » (mais il pensait aux personnes de la Cour...).

(93) V. « Les Orléanais face aux termes de Droit », enquête présentée par P. LERAT et J.-L SOURIOUX. Indicateurs de l'Économie du Centre n° 4, 1981.

(94) Ce parti n'exclut nullement de toute évidence : 1. Que, dans l'ensemble des sens d'un terme juridique, soit discerné celui qui correpond au sens courant ; 2. Que dans le

β) Selective par ses références, l'approche lexicologique de la polysémie peut exceptionnellement s'aventurer à jouer un rôle plus directif. Ridicule qui s'érigerait en censeur du langage. Il s'agit seulement de prévenir ou de corriger des erreurs. Ce n'est pas parce que, dans certains usages populaires, « compromis » évoque compromission (95) qu'il faut ajouter ce sens au sens technique de précision (espèce de convention d'arbitrage N.C.P.C., art. 1447). La caution est la personne même du gérant, ou parfois l'engagement pris à titre de garantie, mais non la somme déposée en garantie (car l'offre de cette somme n'est pas satisfactoire lorsque la loi exige d'une personne qu'elle « fournisse caution »). Il y a également place pour des conseils de langage seulement destinés à éviter une confusion entre des notions voisines. Ne pas confondre agréage (96) et agréation (97), conventionnel, contractuel et consensuel (98), délictuel et délictueux (99). Bannir quelques usages vicieux ou cultiver les nuances, la marge est étroite. Sur le matériau qu'il accueille le lexicographe a de quoi déployer son art.

2° *Le classement des sens*

Il consiste à mettre un peu d'ordre dans le chaos des sens d'un mot, c'est-à-dire, d'une part à déterminer l'ordre dans lequel il convient de présenter les divers sens d'un même mot, d'autre part à discerner les rapports sous lesquels ces divers sens se distinguent et s'opposent. À la vérité, l'ordre de présentation obéit à d'évidentes directives. On peut seulement hésiter entre l'ordre d'importance dans l'usage actuel, quand il existe, et l'ordre historique d'apparition quand on le connaît (et qu'il ne coïncide pas avec le premier). Le choix est intuitif.

En revanche, le choix des critères de classification des sens gagne à être approfondi. Dans la rédaction du Vocabulaire juridique, cette réflexion a conduit à deux sortes d'enseignement.

α) *L'exclusion de toute classification uniforme*

Le problème s'était pourtant posé de savoir s'il ne serait pas plus commode et plus clair d'adopter un classement systématique par matière, en regroupant, au sein d'un mot, sous chaque discipline, les sens qui s'y rapportent : d'un côté droit

---

style législatif et le langage du droit en général, attention soit prêtée à utiliser toutes les ressources et toutes les clartés de la langue française.

(95) V. l'enquête ci-dessus. Question p. 3.

(96) Synonyme d'agrément dans les ventes à livrer.

(97) Fait, pour l'acheteur, de ne pas protester, lors de l'exécution de l'obligation de délivrance, malgré une non conformité apparente.

(98) Qui résulte d'une convention ; qui résulte d'un contrat ; qui peut être conclu sous une forme quelconque.

(99) Qui a sa source dans un délit ; qui a le caractère d'un délit.

privé, d'un autre droit public, en subdivisant dans chaque ordre, droit civil, droit commercial, etc. ou droit administratif, droit constitutionnel, droit financier, etc.

Or c'est bien ce qui, parfois, a été fait. Mais la présentation par discipline est toute résiduelle. Elle n'a été retenue que lorsqu'elle est rationnellement plus satisfaisante, du fait par exemple que les sens sont étrangers d'une discipline à l'autre, et qu'ils ne se prétent à aucun autre remembrement. Chaque fois au contraire qu'il a été possible de les réordonner selon les critères plus profonds et plus pertinents, ce mode interdisciplinaire de présentation a été préféré.

L'une des grandes leçons du Vocabulaire juridique est précisément que, d'un point de vue linguistique, *la division du droit par matière n'est pas le critère principal de la classification des sens* d'un même terme juridique. Deux observations l'ont fait reconnaître. Au sein de l'ordre juridique, il existe un énorme fonds de notions qui sont communes à toutes les disciplines. Certains termes conservent identiquement le même sens dans tous les domaines ou dans plusieurs d'entre eux, de telle sorte que les applications qui en sont faites ici ou là ne sont que des exemples ou des nuances d'un sens unique (100) (acte, décision, juridiction, objet, effet, etc.). Plus fréquemment encore, les sens donnés par chaque discipline ne sont que les espèces voisines et parfois jumelles d'un sens générique et donc commun. Ne pas le reconnaître conduit à des répétitions, des chevauchements, des discordances on a des présentations superficielles qu'il importe de dépasser. Un vocabulaire juridique déplace les barrières qu'un répertoire établit. C'est que celui-ci se fonde principalement sur la considération du régime juridique, quand celui-là se fonde principalement sur celle des concepts. Ce n'est nullement mépriser le rôle du régime juridique dans l'action définitoire. Car ce régime donne du corps aux exemples, aux facettes ou aux sens spécifiques que développe chaque discipline (le contrat administratif se caractérise par son régime au sein des contrats). Mais cette fonction est auxiliaire.

β) *Déploiement de l'éventail des oppositions*

Le classement des sens d'un mot n'a pas pour seule fin de marquer quel est historiquement le sens premier (parfois le sens étymologique) ou le sens propre (par opposition à un sens dérivé) ou, aujourd'hui le sens principal (par opposition au sens secondaire).

Un tel classement prend toute sa valeur lorsqu'il peut se référer aux caractères linguistiques qui gouvernent l'emploi du mot dans tel ou tel sens. Il se fonde alors sur une qualification sémantique performante de chaque sens. Le propre de ces qualifications est qu'elles se dégagent par opposition, et que la gamme de ces oppositions est très variée (101).

---

(100) V. Vocabulaire juridique, préface, p. 11.
(101) Leur étude se fonde sur l'analyse des rapports de sens. V. plus haut, n° 21.

Ainsi s'opposent :

Sens courant.
Sens juridique (propre au droit).

Sens vague.
Sens précis.

Sens strict (*Stricto sensu.*)
Sens large (*lato sensu*).

Sens populaire.
Sens savant.

Sens technique.
Sens d'évocation.

Sens générique.
Sens spécifique.

Sens général.
Sens spécial.

Sens commun.
Sens particulier.

Sens matériel.
Sens intellectuel.

Sens concret.
Sens abstrait, etc.

Cet échantillon non exhaustif (102) appelle quelques observations.

Remarque I. Certaines de ces oppositions sont voisines ou même chevauchantes. Un sens technique est souvent un sens précis. On peut hésiter à qualifier un sens de particulier (à telle discipline ou à telle matière) de spécial (à tel acte, à telle opération, etc., c'est aussi le domaine d'application du sens qui est en cause) ou de spécifique (c'est plutôt l'originalité conceptuelle du sens qui est marquée). Ces qualifications ne s'excluent pas, et chacune se prête à des degrés, notamment l'ordre de généralité croissante (se dit spécialement, plus généralement, plus généralement encore...).

---

(102) La gamme des sens prend une autre dimension, si l'on en vient à repérer l'emploi de chacun dans son origine, son milieu, sa fréquence, par des notations comme celles-ci : « Se dit parfois » « se dit encore parfois », « se dit plus rarement », « se dit dans la langue familière du Palais », ou en telle région. C'est aussi par de telles touches, lorsqu'elles sont perceptibles, que le vocabulaire juridique peut contribuer à perpétuer la richesse des emplois qui sont au service des nuances de la pensée.

Remarque II. Ces oppositions peuvent se combiner. Ex. : le sens courant peut être le sens vague ou (et) le sens général, le sens juridique, le sens précis ou (et) le sens particulier.

Remarque III. L'emploi de cette gamme de sens est, pour l'essentiel, affaire d'intuition et d'esprit de finesse. Dès lors que plusieurs pourraient souvent s'appliquer à un même mot, le discernement est de mettre en relief la plus féconde.

Remarque IV. L'utilité de ces oppositions est très variable. Elles ne servent parfois qu'à indiquer une nuance dans l'emploi d'un mot. Mais elles ont souvent une fonction classificatoire plus claire et plus ordonnatrice dans la mesure où elles ont pour objet soit de régler l'appartenance d'un mot (dans l'un de ces sens) au vocabulaire courant ou seulement au vocabulaire juridique, soit de réintroduire la considération de la discipline, en marquant qu'elles sont communes à plusieurs matières ou propres à telle ou telle. Plus fondamentalement encore, elles ont une fonction conceptuelle lorsqu'elles travaillent à caractériser une catégorie juridique (notamment par rattachement générique et différence spécifique).

Remarque V. Ces diverses qualifications appliquées aux multiples sens d'un même terme sont également utilisables pour marquer la valeur de ceux des termes juridiques qui n'ont qu'un sens.

§ 2. — LA VALEUR

24. — Dans la charge juridique d'un terme, c'est-à-dire dans l'ensemble de son contenu intellectuel juridiquement relevant, la valeur est l'élément d'appoint qui exalte le sens, le sel du signifié (103).

C'est souvent du contexte qu'un terme employé avec, avant ou après d'autres et de telle ou telle façon reçoit un tel effet de valeur (104). Mais, dans une large mesure, la valeur existe dans le mot — ou plutôt dans certains mots — avant leur emploi dans un énoncé, à l'état virtuel. La valeur n'est pas alors un produit du contexte, même si elle est toujours destinée à épicer un texte. C'est une *potentialité lexicale*.

Dans l'ensemble du lexique, un terme peut recevoir une valeur de sa forme même ou (et) du lien qui l'unit au fond du droit. Selon qu'elle émane du signifiant

---

(103) Nous n'étudierons pas ici cette valeur ajoutée qu'un terme tire de son emploi dans un texte. Elle peut cependant être considérable et, s'il est réussi, l'effet littéraire est capable de donner du relief, ou de mettre en sourdine, ou d'imprimer toutes les tonalités recherchées au signifié. Mais cette valeur « en contexte » est inséparable du texte qui la crée. C'est une valeur stylistique qui relève de l'étude d'un texte. Nous la retrouverons avec le discours juridique.

(104) V. plus haut, n° 20 la présentation de cette notion.

ou qu'elle se réfère au droit, la valeur peut être dite expressive ou fondamentale. C'est toujours une valeur incorporée.

A. — LA VALEUR EXPRESSIVE

Certains termes incorporent à leur morphologie des signes auxiliaires de communication. Ces signaux d'appoint colorent ou éclairent le sens (c'est-à-dire aussi bien l'assombrissent ou le ternissent). La valeur expressive est un pouvoir ajouté au signifié par la forme du signifiant. Divers exemples donnent un aperçu d'ensemble de ces jeux de valeur dont certains ont, dans le vocabulaire juridique, une intensité particulière, ainsi le contraste des termes concrets et des termes abstraits.

a) *Échantillon de valeurs*

Les valeurs qui peuvent affecter un terme sont dans une grande diversité, et il n'est pas exclu qu'elles se combinent dans un même mot. Chaque valeur ne se discerne en effet que par opposition à une valeur contraire selon des distinctions qui se recoupent.

De tels contrastes de valeur peuvent d'ailleurs aussi bien concerner les multiples sens d'un même mot et règler, on l'a vu, les rapports de ces sens (105). Mais ils prennent plus de relief encore lorsqu'ils permettent d'opposer des mots, et donc de faire des *choix de mots*. Chaque opposition présente cependant des anomalies et des variations, comme il arrive dans les effets de camaïeu et de tapisserie.

1° *Termes génériques — Termes spécifiques.*

Génériques	*Spécifiques*
Acte juridique	Testament, prêt à usage.
Fait juridique	Quasi-délit, quasi-contrat.
Convention	Contrat.
Faute	Imprudence, négligence.
Délit	Escroquerie, abus de confiance.
Régime matrimonial	Communauté réduite aux acquêts, séparation de biens.
Ascendant	Père, mère.
Conjoint	Femme, mari.
Collatéral	Frère, sœur.
Mode de preuve	Aveu, serment, témoignage.

(105) V. plus haut, n°s 20 et 23.

Génériques	*Spécifiques*
Notification	Signification
Voie de secours	Appel, cassation.
Demeure	Domicile, résidence.

La difficulté est que l'opposition est toute relative. Dans l'ordonnancement d'ensemble des catégories juridiques, le rapport du genre à l'espèce, se reproduit à chaque degré de l'échelle. Ainsi le prêt à usage est une espèce de prêt, le prêt une espèce de contrat, le contrat une espèce de convention, la convention une espèce d'acte juridique, l'acte juridique une espèce d'opération. Les termes génériques et spécifiques s'emboîtent comme des poupées russes.

2° *Termes techniques — Termes courants.*

Techniques	*Courants*
Hypothèque	Accord
Synallagmatique	Volonté
Anatocisme	Consentement
Antichrèse	Erreur
Commutatif	Violence
Clause compromissoire	Cause
Contentieux	Objet
Contreprestation	Faute
Chèque	Préjudice
Chirographaire	Réparation
Annulation	
Gracieux	

La difficulté est ici que, si les termes techniques ont très généralement un sens savant de précision, les termes courants ont, pour certains, un sens courant (correspondant à peu près au sens commun : accord, contrainte, annulation), pour d'autres, un sens technique de précision (cause, contrat, gracieux).

3° *Termes à sens déterminé — termes à sens indéterminé.*

Sens déterminé	*Sens indéterminé*
Lettre de change	Ordre public
Nantissement	Bonnes mœurs

Sens déterminé	*Sens indéterminé*
Gage	Sécurité publique
Privilège	Bonne foi
Vente	Bon père de famille
Créance	Bonne justice
Obligation	Équité
Dépôt	Intérêt
Crime	Intérêt de la famille
Délit pénal	
Compétence territoriale	
Désistement d'instance	Intérêt de l'enfant

Cette distinction a une extrême importance, car le choix de termes à sens indéterminé répond, chez le législateur, à l'intention de retenir pour critère juridique, une notion vague, une notion-cadre. L'emploi de l'une ou l'autre de ces catégories de termes correspond ainsi à deux approches législatives antinomiques. Mais elles sont complémentaires plus que contradictoires, car toute la question est de savoir dans quel domaine doivent prévaloir des critères précis, et dans quel autre sont préférables des critères directifs (V. plus loin, n° 83).

4° *Termes neutres et termes imagés*

Neutres	*Imagés*
Demander	Saisir
Exposer	Poursuivre
Énoncer	Réclamer
Établir	Dresser
Disposer	Rompre
Apprécier	Octroyer
Estimer	Fardeau de la preuve
Appel	
Accorder	Plainte
Juger	Cassation
Admettre	Grâce
Écarter	Couverture
Considérer	Assiette
Examen	Mainlevée

Neutres	*Imagés*
Élément Objet Effet	Mainvidange Chapeau du capitaine Fait du prince Chiffre noir
Moyen Fin Motif	Échelle mobile Homme de paille Effet de cavalerie Obligation à fenêtres Banqueroute.

Il est à noter que le pouvoir d'évocation des termes imagés ne les empêche pas d'avoir aussi, fort souvent, un sens précis (ex. : appel, cassation, mainlevée, etc.).

5° *Termes ordinaires et termes de prestige*

De la masse immense des termes du lexique juridique se détache un petit lot de termes nobles et choisis. Ils composent une sorte de vocabulaire d'apparat qu'enveloppe une « aura ». La valeur de ces mots tient à leur magie. Il suffit d'agrafer ces perles de langage sur la toile de fond du vocabulaire :

Allégeance	Directorial	Parité
Arbitral	Domanial	Prétorien
Arbitrage	Échevinal	Protocole
Censure	Échevinage	Prud'homal
Chancellerie	Édiction	Régalien
Chancelier	Inquisitorial	Sacramentel
Charte	Magistral	Solennel
Comminatoire	Pacte	Solennité
Consulaire	Pair	

On risque de les prononcer avec emphase et complaisance.

6° *Termes précieux.*

Émender (réformer, infirmer en partie)

S'évincer

Il appert

Ils ont un petit tour archaïque et désuet qui peut plaire. Leur choix est l'effet d'une recherche, non sans affectation. Ils ont des équivalents plus clairs.

7° *Termes rudes*

Corroborer	Fongible	Exorbitant
Irrefragable	Synallagmatique	Dirimant
Frugifère	Dérogatoire	

Termes un peu barbares, mais forts, et agréables à prononcer. Ces mots drus expriment des effets énergiques et des actions apparentes. Ils véhiculent de la force juridique.

8° *Termes mystérieux*

Mystique	Exploit (d'huissier)
Codicille	Déconfiture

9° *Termes poétiques*

Emphytéose	Précaire
Folle enchère	Chaland
Alliance	Complainte
Grâce	Audience foraine, etc.

10° *Mots-éclairs*

Foi	Cas	Chef
Bon	Bail	Viol
Loi	Gage	Fait
For	Prêt	Acte
Gré	Legs	Aveu
Don	Troc	Avis
Dit	Bien	Juge
Ame	Vote	Code
Dot	Voix	Dire
Bru	Édit	Fond
Élu	État	Paix
Vol		
Dol		

S'il n'y avait Dol, Vol, et Viol, on pourrait aventurer que tous les mots angulaires qui sont les piliers du droit et de la justice sont en trois ou quatre lettres, et que la plupart sont monosyllabiques (comme droit d'ailleurs). Comme si ces notions millénaires avaient — en bref et en or — le privilège de « *l'aurea brevitas* » ; Comme s'ils devaient être aussitôt faits que dits, comme le ban du roi.

b) *Termes concrets et termes abstraits*

25. — La distinction des termes concrets et des termes abstraits constitue l'une des principales oppositions de valeur, au sein du vocabulaire juridique. À la vérité, l'opposition existe parfois entre les divers sens d'un même mot. Il est en effet fréquent qu'un même terme, « objet » par exemple (106), ait à la fois un sens concret et un sens abstrait. Mais l'opposition prend tout sont intérêt pour les mots qui n'ont qu'un sens concret ou un sens abstrait. Ainsi marqués, ils se trouvent répartis en deux catégories antinomiques, et affectés de fonctions différentes dans l'expression de la pensée juridique. Termes abstraits et termes concrets sont des modes d'expression, et donc des outils intellectuels différents. L'emploi des termes de telle ou telle catégorie pose des problèmes de choix qu'il convient de mettre en lumière.

Cependant la distinction du concret et de l'abstrait ne répond pas toujours au même critère. Certains termes sont concrets ou abstraits en eux-mêmes et dans leur sens propre. D'autres sont concrets par le relais d'une image, dans un sens figuré. Leur valeur diffère selon qu'ils ont ou qu'ils empruntent le caractère qui les marque.

1° *Termes concrets ou abstraits dans leur sens propre*

C'est l'opposition directe, au premier degré. Certains termes sont concrets ou abstraits par ce qu'ils désignent dans leur sens ordinaire, en raison du caractère de leur référent.

α) Les termes concrets sont ceux qui désignent toutes *les réalités particulières*, les entités distinctes que le droit institue ou reconnaît en les caractérisant, que ces éléments du monde juridique correspondent :

— À des choses matérielles (choses corporelles et tangibles du monde réel),

Sol	Fonds de terre
Terrain	Argent liquide
Bâtiment	Immeuble par nature
Mur	Meuble par nature, etc.

— À des personnes (physiques ou morales, publiques ou privées),

Père	Société anonyme
Mère	Juge aux affaires matrimoniales
Enfant	Député

(106) V. plus haut n° 21.

Travailleur indépendant
Propriétaire
Artisan
Association
Président de la République
Préfet
Maire

— À des droits, des pouvoirs, des attributions,

Liberté du travail
Usufruit
Droit de garde
Pouvoir de police
Droit de vote

— Ou à des actes ou faits juridiques,

Vente
Bail
Vol
Abus de confiance
Jugement de divorce
Nomination d'un fonctionnaire
Annulation d'un décret
Contrat
Délit
Décision, etc.

La valeur des termes concrets est leur adéquation au référent, leur aptitude à le désigner clairement, à l'exprimer exactement. Leur vertu est dans leur transparence, car leur fonction est de désigner, chacune en sa totalité, les composantes élémentaires du droit.

β) Les termes abstraits sont ceux qui désignent :

— soit *une qualité* isolée, dans une chose concrète, de l'ensemble de celles qui se réunissent pour caractériser cette chose,

Validité d'un contrat
Illicéité d'un agissement
Opposabilité d'un acte ou d'une situation
Indisponibilité d'un bien
Transmissibilité d'un droit
Insaississabilité d'une chose
Révisabilité d'une pension
Généralité d'une attribution
Perpétuité d'un droit, etc.

— Soit *une notion* qui permet de regrouper diverses choses en un genre, en dégageant, à un degré supérieur de généralité, le trait générique qu'elles ont en commun,

Acte juridique
Fait juridique
Pouvoir juridictionnel
Pouvoir législatif
Pouvoir exécutif
Ordre judiciaire
Ordre administratif
Droit réel
Droit de créance
Responsabilité civile
Responsabilité pénale etc.

Les termes abstraits sont ainsi les outils essentiels de la pensée juridique ; plus précisément les instruments qui lui permettent d'accomplir des opérations intellectuelles spécifiques qui sont primordiales : qualification des faits et actes, analyse de nature juridique et, plus fondamentalement encore, en amont, élaboration et définition des catégories juridiques. Quand les termes concrets sont, dans la connaissance et la vie du droit, des moyens primaires de communication, les termes abstraits correspondent à toutes les ressources de finesse ou de géométrie, d'analyse ou de synthèse de l'esprit juridique.

2° *Termes concrets par figure de langage (107)*

D'autres termes sont concrets par ce qu'ils désignent une chose concrète, mais dans des cas où celle-ci est choisie et retenue comme une image destinée à faire naître une certaine représentation. Rien ne dit que cette représentation est nécessairement, elle-même, celle d'une chose concrète (elle peut conduire à une notion abstraite). Ce qui est ici concret c'est l'image interposée. Le terme est concret parce que figuré. Ces figures de langage ont, dans le vocabulaire juridique, une extrême importance. D'abord elles l'enrichissent, car elles ont globalement pour avantage de porter remède à l'insuffisance, en nombre, des signifiants ordinaires par emprunt métaphorique d'autres signifiants. Elles ont aussi plus spécifiquement pour fonction de rendre le langage du Droit plus compréhensible. Car la vertu propre de l'image est de lancer un message plus direct et souvent plus attrayant (par son pittoresque et sa couleur), globalement plus facile à percevoir et à retenir, et donc plus accessible à leur plus grand nombre.

Cependant, si le terme figuré est toujours recherché pour sa vertu évocatrice, l'image n'est pas toujours cherchée à la même source.

α) *L'image-parabole*

C'est celle qui est cherchée en-dehors du référent. La figure de langage consiste ici en une comparaison. Elle prend l'image dans un domaine extérieur au signifié désiré, en escomptant que les traits évidents de l'image empruntée feront deviner ce qu'elle veut représenter. En quoi la parabole procède comme la présomption du connu à l'inconnu (ou au moins connu C. civ., art. 1349) et pour animer l'esprit du même mouvement vers une même persuasion.

Toute la force de ce procédé, dans le langage juridique, tient précisément au fait qu'il puise ses images aux références les plus familières.

— *La référence anthropomorphique*. La comparaison est prise du corps humain pour exprimer des idées fort variées.

(107) Cf., plus haut, n° 18.

Image	*Idée*
Corps de fonctionnaires	Un tout, un ensemble organisé et cohérent
Membres d'un conseil	Les éléments d'un même ensemble (diversité des fonctions, mais commune appartenance)
Désignation ou délibération au *sein* d'une assemblée	Intimité et parfois secret ; exclusion d'éléments externes
En *tête* de la décision	Au début, et donc en haut dans la présentation formelle de l'acte.
Corps du texte	Partie principale.
Corps du bâtiment	*Idem*.
Pied de la requête	Bas de l'acte.
Bras du fleuve	Ce qui embrasse un champ et en forme une île (V. C. civ., art. 562).

— *La référence domestique*. L'image est prise dans la maison qui fournit surtout des idées de forme, de place ou de fonction (avec parfois, il est vrai — pour le lit — une note intimiste et réaliste) :

Taux *plafond*
Taux *plancher*
Plafonnement ou *déplafonnement* du loyer
Notion-*cadre*
Disposition-*balai*
Obligations à *fenêtres* (108)

Assiette de la garantie
Couverture de l'assurance
Ordonnance de *clôture*
Façade de la société
Enfant d'un premier *lit*

— *La référence au milieu physique*. La nature prête ses images :
source de Droit

(108) V. plus haut, n° 18.

Terrain de la controverse
Domaine de la compétence
Branche du Droit
Branche du moyen
Partage par *souche* (109)

Branche (subdivision de la souche C. civ., art. 743)
Rejeton (ensemble des membres d'une souche ou d'une branche)
Fruit du capital
Préjudice par *ricochet*
Vente à la *boule de neige*
Transparence de la société

— *La référence géométrique*. La représentation dans l'espace et l'architecture abondent d'images qui donnent à la pensée juridique des éléments d'ordre et de classement,

soit pour situer une discussion, un raisonnement

Point
Lieu
Plan
Niveau de la discussion,
Cadre
Construction

soit pour regrouper un ensemble de personnes

Degré de parenté (C. civ., art. 735)

Ligne ascendante ou descendante (C. civ., art. 733 et s.)

Cercle de famille

Milieu de vie (C. civ., art. 375-2).

— *La référence gestuelle*. Les mouvements physiques de l'homme font image pour désigner des actions intellectuelles, tout spécialement des initiatives procédurales (comme s'il était dans la vocation sociale de la procédure de se dérouler en jeux de scènes) :

Élever une prétention

Soulever un moyen

Relever un moyen

Verser une pièce aux débats

Frapper d'appel

Interjeter appel

---

(109) Ensemble des héritiers représentant un successible prédécédé. C. civ., art. 743.

Suspendre l'exécution
Rejeter ou *écarter* une prétention
Introduire une instance
Porter une demande devant un tribunal
Dresser un acte
Poursuivre l'instance
Soutenir une partie à l'instance (N.C.P.C., art. 330)
Prendre fait et cause
Saisir la justice
Renvoyer un plaideur à mieux se pourvoir
Appuyer les prétentions d'une partie (N.C.P.C., art. 330)
Arrêter l'ordre du jour
Déposer (en parlant d'un témoin)
Rendre (justice).

À la vérité, la plupart de ces termes sont devenus neutres, dans l'emploi machinal qui en est aujourd'hui fait, sans plus être associés, en esprit, à l'image qui les avait fait choisir. La parabole est devenue parole banale. Cependant l'image est latente, et il n'est pas superflu de la réveiller pour rendre valeur aux mots (110). L'emploi de tels mots est l'un des choix du style législatif (111).

β) *L'image-symbole*

C'est celle qui est cherchée dans le référent même, plus précisément dans l'une de ses parties. La figure de langage consiste ici à transfigurer l'élément primordial d'un tout, pour en faire le symbole du tout. Cependant l'association ne joue que si l'élément symbolique est assez représentatif pour entraîner avec lui (*συμϐολον* de *συν* et *ϐαλλειν* jeter avec) assumer le tout.

Un tel rôle peut être rempli :

— Par un *lieu* (pour désigner l'organe qui y exerce sa fonction) :

Tribunal (juridiction)
Chambre (formation de la juridiction)
Bureau (formation restreinte)
Cabinet (groupe réduit)
Parquet (ensemble des magistrats du ministère public)

(110) V. plus haut, n° 18.
(111) V. plus loin, n° 84.

— Par une *attitude*, un comportement ou une activité (pour désigner l'exercice d'une fonction, ou l'accomplissement d'un acte) :

Siéger Siège	Pour un député élu à l'Assemblée nationale
Siéger Magistrature assise Siège	Pour les magistrats qui jugent
Audience	(débats, procédure orale)
Entendre	(un témoin)
Audition	(d'une partie)
Écouter	(les plaidoiries)
Se prononcer	(sur une prétention) (112)

— Par *une partie du corps humain* (pour désigner soit la personne, soit une action) :

Partage par *tête*	(par personne, par opposition à « par souche »)
Dette née du *chef* d'un époux	*(caput*, sur la tête d'un époux donc en sa personne, de son fait)
Tenir un bien de la *main* de...	(de celui qui a cédé de bien)
Main mise levée	(la main symbolisant, dans une saisie, ce qui appréhende ou ce qui lâche)
Mainmorte	(qui tient et ne transmet plus).

On aura remarqué que, là encore, de telles images prospèrent surtout dans la procédure, comme si le procès était un drame (ou une comédie humaine) et la justice un théâtre où règnent l'unité de lieu et d'action.

---

(112) L'essentiel, dans une justice audio-phonique autant que visuelle, est ce qui entre dans l'oreille du tribunal (l'avoir ou pas) et ce qui tombe de la bouche du juge (*bocca della verita*).

B. — LA VALEUR FONDAMENTALE

26. — Certains termes tirent une valeur particulière de leur fonction dans le système juridique. Tous les mots sont au service du droit. Immense armée. Mais certains — et ils sont encore légion — sont porteurs des catégories fondamentales du droit. Cette évidence vaudrait à peine une remarque, si la communauté linguistique qui existe entre toutes les branches du droit ne manifestait avec éclat à quel point les notions fondamentales sont communes à toutes les disciplines juridiques. Bien mieux, l'approche linguistique fait voir, au-dessus des divisions matérielles, comment les finalités essentielles du droit s'ordonnent selon des divisions supérieures. Celles-ci correspondent à de vastes regroupements linguistiques, qui en sont comme les révélateurs et qui se dessinent d'eux-mêmes dans une vision globale. Pris dans son ensemble, le lexique des termes fondamentaux se divise en trois grandes masses, ou plutôt en trois cohortes de mots qui sont, chacune, au service d'une finalité primordiale du droit.

Le langage du droit en comprend, fondamentalement, trois : celui de l'établissement, celui de l'action et celui du dénouement.

a) *Le langage de l'établissement*

Ce qui vient en premier, dans le Droit, c'est ce qui l'établit, ce qui l'érige en référence pour ce qui suit : référence originelle sans laquelle il n'y aurait pas de suite pour le droit. Tout un vocabulaire s'est forgé pour présider à l'établissement du droit.

1° C'est d'abord le *vocabulaire de la norme, de la règle, de l'investiture* qu'il s'agisse de règle (générale) ou de mesure individuelle.

En voici un échantillon :

Droit
Édit
Loi (sens générique, matériel)
Règle
Norme
Liberté
Ordre (sens générique)
Institution
État
Autorité
Source
Constitution (sens générique)
Consécration

Loi (sens formel et organique)
Ordonnance
Règlement
Décret
Arrêté
Attribution
Compétence
Domaine
Règne
Imperium
Déclaration
Promulgation
Publication
Proclamation

Ordre (sens spécifique)
Injonction
Investiture
Octroi
Dotation
Collation
Autorisation
Homologation
Habilitation
Agrément
Concession
Composition
Proposition
Légalisation
Modification

Reconnaissance	Prescription	Prorogation
Formation	Interdiction	Dérogation
Fondation	Prohibition	Abrogation
Abolition	Défense	Condition
Disposition	Permission	Validation
Ordonnancement	Admission	Bienfait
Édiction	Tolérance	Bénéfice
Constitution (sens spécifique)	Organisation	Privilège, etc.
Législation	Commandement	
Gouvernement		
Réglementation		

Encore faudrait-il citer tous les verbes forts qui correspondent à ces substantifs (régir, investir, fonder, disposer, édicter, conférer, établir, etc.) ou d'autres substantifs parallèles (législateur, gouverneur, fondateur, constituant, concédant, etc.) et la série des adjectifs correspondants (constitutif, législatif, obligatoire, impératif, attributif, etc.).

Ici prennent place tous les termes qui enveloppent et développent sources de droit et autorités : usage, coutume, jurisprudence, doctrine, etc.

2° Le vocabulaire de l'établissement est aussi celui *du pacte, de l'alliance ou de tout autre acte fondateur*, même unilatéral. Car tous ces actes établissent une référence qui a vocation à gouverner l'avenir. La terminologie de la volonté créatrice en suit toute les manifestations.

Acte	Droit	Donation
Pacte	Obligation	Société
Alliance	Dette	Association
Volonté	Créance	Syndicat
Consentement	Offre	Constitution
Engagement	Pollicitation	Échange
Promesse	Acceptation	Garantie
Parole	Conclusion	Sûreté
Accord	Formation	Union
Entente	Stipulation	Fédération
Déclaration	Clause	Confédération
Manifestation	Protocole	Assemblée
Expression	Avenant	Conseil
Convention	Testament	Organe.
Contrat	Don	

Nombre de contrats spéciaux ont ici leur nom (vente, bail, entreprise, etc.), ainsi que les acteurs de la création volontaire du droit (parties, contractants, signataires, membres, associés, promettant, stipulation, acceptant, testateur, donateur, donataire, vendeur, acquéreur, etc.). Ce lot introduit, non sans recoupement, au groupe suivant.

b) *Le vocabulaire de l'action*

Il regroupe les termes qui désignent l'ensemble des faits et actes auxquels est attaché un effet de droit. En quoi ce compartiment englobe le vocabulaire du commerce juridique, au sens large du terme, celui des affaires, des activités, des services, des professions, des actes juridiques considérés en général (et non plus seulement sous l'angle de leur effet créateur).

Cependant ce groupe est surtout intéressant en ce qu'il réunit tous les termes qui caractérisent un comportement au regard du droit. C'est le vocabulaire de la réponse de l'homme au défi du droit, de la réaction à l'établissement.

Or la réponse à la règle ou à l'engagement peut se faire dans deux sens opposés. Elle peut y être conforme ou contraire.

Ainsi, existe-t-il une veine de mots qui traduisent la conformité au droit : bonne foi, bonne fin, observation, application, achèvement, accomplissement, paiement, satisfaction. Mais cette liste est courte, car cette issue n'a pas d'histoire.

Le vocabulaire de la non-observation est incomparablement plus développé que celui de l'observation.

Le droit a mille mots pour décrire l'épreuve qu'il endure depuis le début : celle de sa violation.

Inobservation
Inexécution
Transgression
Inapplication
Infraction
Manquement
Défaillance
Méconnaissance
Défaut
Rupture
Retard
Faute
Délit (sens générique)
Injure
Fraude
Dol

Collusion
Tromperie
Manœuvres frauduleuses, dolosives, dilatoires
Concert frauduleux
Entente frauduleuse
Mauvaise foi
Négligence
Imprudence
Incurie
Abus
Excès
Dissimulation
Agression
Rapt
Violence
Contrainte

Coup
Blessure
Dommage
Préjudice
Lésion
Dégradation
Détournement
Dilapidation
Outrage
Abandon
Déni
Invasion
Trahison
Corruption
Concussion
Forfait

À cette monnaie linguistique courante s'ajoute la kyrielle des crimes et délits : génocide, meurtre, assassinat, viol, infanticide, etc., vol, escroquerie, abus de confiance, diffamation, etc. La litanie des noms de fautes est interminable.

La série des verbes et des adjectifs qui l'accompagnent l'amplifie (transgresser, enfreindre, excèder, excessif, abuser, abusif, fautif, délictuel, délictueux, criminel, etc.). Pour finir le cortège débouche sur la mésentente qu'engendre la violation. Le vocabulaire de la faute englobe celui du litige : désaccord, différend, contestation.

c) *Le langage du dénouement*

C'est celui du rétablissement de la paix, finalité ultime, ou, au moins de l'ordre.

Il peut s'opérer à l'amiable (renonciation, transaction, pardon, conciliation) ou au moins par recours à des modes juridictionnels — mais à base conventionnelle — de solution des litiges (compromis, clause compromissoire, arbitre, arbitrage, médiation). Et c'est parce que cette issue existe que le destin du droit ne se réduit pas à la trilogie : Loi-violation-sanction.

Cependant le vocabulaire juridique atteste que le recours à justice est la voie dominante. Car le langage du droit est en grande partie celui de la justice. C'est-à-dire :

Celui de la demande (en justice).

Action, agir
Demande, demandeur
Demande principale ou initiale
Défense, défendeur
Demande reconventionnelle
Prétention
Allégation
Moyen
Moyen de défense
Défense au fond
Exception
Fin de non recevoir
Recevabilité, irrecevabilité
Régularité, irrégularité
Assignation
Requête
Saisine
Caducité
Forclusion
Intervention
Mise en cause
Appel en garantie
Recours
Voie de recours
Appel
Opposition
Tierce opposition
Pourvoi en cassation
Recours en révision
Parties
Requérant
Ministère public
Partie principale
Partie jointe.

Celui de l'instance

Procès
Procédure
Acte
Renvoi à l'audience
Injonction
Comparution

Formalité
Délai
Notification
Signification
Pièces
Production
Communication
Instruction
Mise en état
Convocation
Défaut
Mesure d'adminsitration judiciaire
Jonction, disjonction d'instance
Interruption
Suspension
Radiation
Incident d'instance
Audience
Débats
Plaidoiries.

Celui de la preuve (113)

Constat
Constatation
Consultation
Expertise
Enquête
Témoignage
Attestation
Vérification personnelle du juge
Descente sur les lieux
Indice
Présomption
Aveu
Serment
Comparution personnelle, etc.

Celui du jugement

Examen
Connaissance
Prise en considération
Appréciation
Estimation
Évaluation
Déclaration
Décision
Motif
Dispositif
Délibéré
Prononcé
Bien fondé
Mal fondé
Statuer
Sursis à statuer
Acquitter
Condamner, condamnation
Absoudre
Relaxer, relaxe
Réparation
Indemnisation
Annulation
Restitution
Homologation
Autorisation
Sentence
Ordonnance
Jugement
Arrêt
Confirmation
Infirmation
Réformation
Censure
Cassation
Renvoi
Rejet
Autorité de chose jugée, etc.

Celui de l'exécution

Force de chose jugée
Exécutoire
Exécution provisoire
Exéquatur
Voies d'exécution
Saisie, etc.

(113) V. déjà plus haut, n° 18.

CHAPITRE II

LES RAPPORTS ENTRE LES MOTS

27. — Les termes du vocabulaire juridique ne sont pas seulement à considérer à l'unité, mais aussi dans leurs rapports. Dans l'ensemble de ceux-ci, deux ordres de relation n'ont cependant pas à être envisagés ici, à des degrés divers.

Celles qui relèvent de la *syntaxe* (au sens strict traditionnel) nous échappent. Le langage du droit français est soumis à la syntaxe de la langue française, qu'il s'agisse de la syntaxe élémentaire du mot (qui subordonne son entrée dans une phrase à son actualisation par tous les signes qui le marquent : en genre et en nombre, s'il s'agit d'un nom, en personne, nombre, temps, mode, etc., s'il s'agit d'un verbe) ou de la syntaxe combinatoire des mots (qui subordonne leur association dans un énoncé à leur harmonisation par voie d'accord, de régence, etc.). Le langage du droit, ne nous paraît présenter aucune spécificité syntaxique. Ce n'est pas une langue dans la langue. Ce n'est pas une sous-langue de la langue française, mais seulement un langage spécialisé au sein de la langue commune.

Les relations entre mots qui relèvent du *style* nous intéressent au contraire, mais elles seront examinées plus loin. Il existe en effet un style juridique et même tout un éventail de style, (législatif, judiciaire, administratif, notarial, etc.). Plus spécifiquement, certains effets de style sont tirés de la manière d'utiliser plusieurs mots dans la même phrase : Construction, ordre, répétition, allitération, etc. sont autant de moyens, dans la combinaison des mots, pour marquer une intention. Il existe donc des relations stylistiques qui, fondées sur un certain assemblage des mots dans un texte, tendent à produire certains effets de valeur, et il n'est pas exclu que certains de ces effets soient une marque particulière du style juridique.

Mais, précisément, de tels effets ne s'obtiennent par hypothèse que dans un énoncé. En simplifiant ils résultent de l'organisation de certains mots en une certaine phrase. En quoi il devient évident que, si de telles relations nous intéressent — à la différence des relations syntaxiques — au titre de particularités stylistiques dans le langage du droit, elles relèvent de l'étude du discours juridique, et non de celle du vocabulaire ici envisagée.

Il reste ici à étudier les relations constantes que certains mots entretiennent entre eux, deux à deux ou par famille, dans l'ensemble du lexique. Ces relations existent entre les mots qu'elles unissent indépendamment de l'emploi de ces mots dans tel ou tel énoncé. Elles sont invariables au sein du lexique.

À la vérité, l'existence même de ces relations lexicales prête à controverse. La linguistique la plus scientifique a sans doute la force de démontrer qu'un mot ne peut se charger de sens ou de valeur que dans un discours. Mais la vérité pragmatique qui fonde la lexicographie ne coïncide pas avec cette vérité radicale. Car le lexicographe travaille par hypothèse sur des éléments détachés — abstraits de tout énoncé (1) — et c'est entre ces unités lexicales qu'il discerne des analogies ou des oppositions, ou qu'il opère des regroupements par famille.

Comme la charge des mots (sens et valeur) est potentielle, le réseau des relations qui s'articulent à cette charge l'est aussi. La base de la lexicologie nous paraît être d'ailleurs d'élaborer et de parfaire les moyens de rendre évident — au niveau des *potentialités lexicales — le réseau de l'ensemble des relations dans lesquelles un mot est impliqué.*

L'analyse de ce réseau se prête, pour la clarté de l'exposé, à une distinction élémentaire. Il est expédient de distinguer, bien qu'elles se recoupent marginalement, les relations « individuelles » et les relations « familiales ». Ainsi est-il plus simple d'isoler d'abord les relations qu'un mot déterminé entretient, en tête à tête, avec tel autre, avant de le rattacher plus largement aux familles de mots auxquelles il appartient.

L'étude des rapports de mot à mot (Section I) introduit à celle des familles de mots (Section II).

SECTION I

LES RAPPORTS DE MOT À MOT

28. — Les relations bilatérales qui unissent deux mots déterminés sont diverses. Et comme tout mot, en tant que signe linguistique, a une forme et un sens, cette distinction suggererait de distinguer les rapports de forme et les rapports de sens.

Cependant, il n'arrive pas toujours que les relations de deux mots soient, d'un côté, purement morphologiques, de l'autre, purement sémantiques. Toutes peuvent être l'une et l'autre dans une mesure variable, et le plus souvent les unes sont principalement morphologiques, les autres principalement sémantiques.

D'où le passage à une distinction voisine : Dans l'histoire des mots, se développent des *rapports de formation* qui sont principalement morphologiques (§ 1).

---

(1) La vérité réconciliatrice est sans doute que, même dans la définition lexicale, l'abstraction est apparente, en ce que le sens potentiel indiqué *in abstracto* n'est en réalité donné que par référence à un *énoncé implicite*. Cette référence devient expresse lorsque la définition s'illustre d'exemples de phrases dans lesquelles le mot est employé dans le sens indiqué. Il reste qu'il est pragmatiquement possible de dégager ces potentialités lexicales. Ces virtualités sont saisissables. Elles sont intellectuellement maniables *in se*.

L'analyse de leur contenu actuel fait appercevoir entre eux des *rapports de comparaison* qui sont principalement sémantiques (§ 2).

Rappel préliminaire : l'Homonymie.

Hors série, ce type de rapport n'appelle que de brèves observations (2). C'est un phénomène rare dans le vocabulaire juridique. Encore advient-il que l'un des homonymes appartienne au langage courant :

— Louer : émettre une louange (du v. latin *laudare*).
Louer : donner ou prendre à bail (du v. latin *locare*).

— Part : partie, portion (lat. *pars, partis*).
Part : enfant (3) (du lat. *partus*, enfanté du v. *parere, partum,* mettre au monde).

— Port : havre, abri (lat. *portus*, ouverture, passage).
Port : action de porter (du v. porter, lat. *portare*).

Il est exceptionnel que les deux homonymes appartiennent au vocabulaire juridique.

— Forfait : infraction grave (du lat. *foris*, dehors et *factum* fait).
Forfait : mode simplifié de fixation d'un prix ou de réparation d'une indemnité (du lat. *forum*, place publique et *factum*, fait).

— Police : ordre, force publique, etc. (lat. *politia*, organisation politique, du grec, *πολιτεια*, de *πολις* : cité).
Police : Nom donné à l'écrit destiné à constater certains contrats. Ex. : police d'assurance (du provençal *pollissa*, ital. *polizza*, lat. méd. *apodixa*, gr. *ἀπόδειξις*, preuve, reçu).

À la vérité, l'intérêt de l'homonymie (pour le langage du droit) dépend de la définition que l'on en donne. Dans la conception la plus restrictive, les homonymes se définissent par trois critères associés : 1. L'identité morphologique des supports (les homonymes s'écrivent et se prononcent de la même manière ; mais on rattache aux homonymes parfaits qui sont homographes et homophones ceux qui ne sont qu'homophones) ; 2. L'extranéité sémantique des signifiés (les homonymes ont des sens étrangers ; ils n'ont aucun sens en commun) ; 3. L'extranéité étymologique des mots globalement considérés (les homonymes sont « historiquement » des entités linguistiques différentes parce qu'elles ne dérivent pas de la même racine) (4).

Cependant, si l'on élimine ce troisième critère, en donnant toute sa force, en synchronie, à l'absence de toute communauté sémantique même partielle

---

(2) V. plus haut, n° 20, la distinction entre polysémie et homonymie.

(3) Le terme part désigne l'enfant né dans diverses expressions : confusion de part, supposition ou suppression de part (termes utilisés dans le droit de la filiation).

(4) Tel est le cas des homonymes cités ci-dessus.

(deuxième critère), la notion d'homonymie s'élargit jusqu'à considérer comme des homonymes — et non comme des polysèmes — des termes qui sont devenus étrangers par leur sens, bien qu'ils dérivent de la même racine. Ex. : État (souverain) et état (des personnes) ; effet (conséquence) et effet (de commerce). La présentation est commode. Cette élimination radicale se prive cependant des lueurs que peut parfois projeter l'étymologie (5).

§ 1. — LES RAPPORTS DE FORMATION

29. — Ce sont ceux qui ont présidé à la formation des termes actuels du vocabulaire juridique français. Pour chaque mot simple de base, cette formation s'est opérée à partir de termes ou de racines empruntés à d'autres langues que le français aujourd'hui parlé (6). C'est ce rapport qu'étudie l'étymologie. D'autres mots ont été formés, par dérivation ou composition à partir de termes préexistants dans la langue française (7). Dans tous ces cas, c'est la formation d'un signe linguistique qui est en cause. Elle a donc un caractère morphologique. Mais elle offre aussi, assez souvent, un intérêt sémantique.

A. — L'ÉTYMOLOGIE

L'étymologie des termes juridiques n'a, en elle-même, rien de spécifique dans l'étymologie des mots de la langue française : c'est la même science appliquée à un vocabulaire déterminé.

Cependant l'objet de cette science peut être plus ou moins largement conçu ou même entendu de façon diverse (8). Aujourd'hui, comme hier, on peut commencer

---

(5) V. plus haut, n° 20. Les deux sens juridiques du v. donner posent un problème atypique. Dans son sens courant « donner » signifie consentir une donation. Dans un sens technique plus spécial « donner » signifie « transférer la propriété d'un bien » (v. C. civ., art. 1126, 1136). Mais, faut-il dire que donner (donation) et donner (dation) sont deux homonymes ? Il ne le semble pas, car le verbe français donner vient toujours du v. latin *donare*, mais, dans le deuxième cas, donner paraît être seulement la traduction donnée au v. latin *dare*.

(6) Qu'il s'agisse de langues mortes (grec et latin), de langues vivantes étrangères, de dialectes ou de l'Ancien français.

(7) Dans son sens le plus large, l'étymologie englobe à la vérité la dérivation. Le fait que celle-ci s'opère à partir d'éléments de la langue française n'est pas toujours suffisant pour la mettre à part. Car ce mécanisme est à l'œuvre depuis les origines du français, et l'on passe insensiblement des formations les plus anciennes à des formations plus récentes. Mais le fait que la dérivation demeure un phénomène toujours actif déplace le centre d'intérêt de son étude relativement à la recherche étymologique. Le repérage de l'étymon et la référence au sens du mot-base étant évidents, l'intérêt de la dérivation est ailleurs. V. *infra*, n° 30.

(8) V. Pierre GUIRAUD, L'étymologie, « Que sais-je ? », p. 5 et s.

par dire que l'étymologie est la recherche de l'origine des mots (« *étymologia*, *quae verborum originem inquirit*, etc., *Quintilien*). Mais de quels mots, et que veut dire origine ?

Il est ici et aujourd'hui pertinent de chercher l'origine des mots français. Mais si un mot français dérive d'un mot latin (police de *politia*), il sera logique de rechercher ensuite l'origine du terme latin. Et si ce dernier dérive d'un mot grec (*politia* de *πολιτεια*) la même logique commandera de rechercher l'origine de celui-ci, et ainsi de suite, en passant au besoin par l'hébreu ou d'autres langues anciennes, et en remontant, si possible jusqu'à la naissance du premier mot-aïeul. Ainsi conçue, l'étymologie a donc pour vocation de reconstituer la généalogie complète d'un mot, en remontant la chaîne des langues où ont figuré ses ascendants jusqu'à la formation du langage. D'où il ressort :

— qu'ainsi déployée, cette science accumule les prouesses de l'érudition, puisqu'à chaque langue correspond son étymologie : de telle sorte que la connaissance de l'étymologie commence par l'étude historique de la conception que les contemporains en avaient (la conception que les penseurs de la Grèce Antique avaient de l'étymologie de la langue grecque, celle que les auteurs latins avaient de l'étymologie de la langue grecque et latine) ; de telle sorte enfin qu'aujourd'hui les chercheurs ont à réassumer toutes ces étymologies avec les moyens de la critique historique (9).

— que, fascinée par l'origine de l'origine, cette science débouche sur l'étude de la naissance du mot. Son objet ultime est de comprendre pourquoi tel mot a nommé telle chose. L'étymologie apparaît alors comme le discernement de la relation entre le nom et la chose nommée. Il est piquant que l'étymologie se définisse alors (conformément à un sens étymologique ! : *etumos*, vrai, *logos* étude, science) comme la recherche du vrai sens du mot (sur le postulat que le vrai sens est le sens originel). Cette étymologie historique relève de l'archéologie du langage, de l'anthropologie et de l'ethnologie. Mais il faut bien voir que, si de telles recherches ne sont pas abordées dans l'esprit le plus scientifique, elles sont vouées à n'engendrer, comme cela fût souvent, qu'une étymologie mythologique, divinatoire, anecdotique, qui est le jouet de l'imagination et de fragiles hypothèses et la raison du discrédit qui, à ce niveau, n'a cessé de l'envelopper.

— que l'étymologie n'a pas seulement pour objet le repérage de la forme primitive d'un mot et de ses variations successives, de racines ou mots-base en dérivés, mais aussi l'étude des variations de sens d'une forme à une autre, ou

(9) Quintilien consacre quelques développements à l'étymologie (*De Institutione oratoria*, Liv. I, chap. VI). Il indique la conception que s'en faisaient, sous des noms divers, Cicéron et Aristote et feint d'en admirer l'érudition pour en dénoncer les vaines subtilités. Mais, en vérité, pour lui, l'origine des mots était la raison historique de la dénomination originelle des choses *(appellandi ratio)*. *« Cur Latium Italia ? »* (Pourquoi l'Italie a-t-elle été appelée Latium ?).

même d'une même forme, une fois fixée dans une langue. Par où, l'étymologie est tout à la fois, dans son plus large objet, l'histoire morphologique et l'histoire sémantique d'un mot.

— que, passant de l'étude ponctuelle de mots à celle de l'ensemble des mots d'une langue, l'étymologie se fond dans la linguistique comparée, qui a globalement pour objet de chercher l'origine des diverses langues, leur parenté et, plus généralement, leurs rapports.

— que, dans toutes ces voies, la linguistique actuelle cherche à affiner et à affermir ses méthodes de recherche, en mobilisant toutes les ressources de la science (10).

— qu'enfin et de toute évidence, ce que l'étude des termes juridiques a raison de retenir dans l'étymologie ne correspond qu'à une infime partie de ce que l'étymologie embrasse, à savoir deux démarches élémentaires minimales : 1) identifier le terme ancien, nommé *étymon*, dont dérive le terme actuel ; 2) comparer le sens actuel avec celui de l'étymon. Encore verra-t-on que si ce repérage et cette comparaison peuvent être de bon secours dans la connaissance du vocabulaire juridique, ce n'est pas en proposant des explications nouvelles sur les origines obscures que les doutes des linguistes signalent, mais en se référant aux résultats acquis — et souvent évidents — des recherches étymologiques accomplies.

a) *Le repérage de l'étymon*

La première démarche de l'étymologie des termes juridiques consiste à rattacher un terme du vocabulaire juridique actuel au terme plus ancien dont il est né. Il s'agit d'établir un rapport entre deux mots, et comme la forme actuelle est issue d'une forme antérieure, ce rapport est d'ordre morphologique et chronologique. L'étymologie saisit d'abord la filiation entre deux formes (11).

Appliquée à l'ensemble du vocabulaire juridique, cette formation diachronique conduit à deux séries d'observations, l'une sur la provenance des mots, l'autre sur les modalités de leur passage dans la langue française.

1° *L'identification des fonds*

Les termes juridiques français proviennent d'origines diverses. Dans cette diversité, la langue latine a fourni un trésor auprès duquel les autres sources sont, toutes, complémentaires.

---

(10) V. GUIRAUD, *op. cit.*, p. 122.
(11) Nous utilisons le « Dictionnaire étymologique de la langue française » d'Oscar BLOCH et Walter Von WARTBURG, 5e éd., 1968, P.U.F.

α) *Le fonds principal* : c'est un fonds latin (12). La plupart des termes juridiques français dérivent directement ou indirectement de termes latins. Cette observation est sans surprise au sein d'une langue romane : Elle ne concerne pas spécifiquement le langage du droit, mais l'ensemble de la langue française. Cependant cette filiation prend toute sa force dans le vocabulaire juridique pour deux raisons supplémentaires. Les termes dont dérivent les mots actuels avaient un sens juridique, et ils appartenaient à un ordre juridique dont le droit français contemporain est en partie l'héritier. Il y a donc tout à la fois filiation linguistique, continuité dans la juridicité du sens, et, plus fondamentalement parfois, influence d'un système juridique sur l'autre. La langue latine ne nous a pas seulement transmis des termes latins, mais des notions juridiques qui étaient, en partie, celles du droit romain. Cette double ascendance n'exclut nullement que des changements de sens se soient produits. L'héritage linguistique est lourd d'une tradition juridique. Le legs est d'autant plus considérable qu'il concerne la plupart des mots-clés du vocabulaire juridique.

Loi : *lex*
Législation : *legislatio*
Juge : *judex*
Juridiction : *jurisdictio*
Raison : *ratio*
Équité : *aequitas*
Fond, fonds : *fondus*
Forme : *forma*
Règle : *regula*
Vérité : *veritas*
Justice : *justicia*
Office : *officium*
Œuvre : *opus*
Action : *actio*
Acte : *actum*
Convention : *conventio*
Contrat : *contractus*
Délit : *delictum*
Obligation : *obligatio*
Prescription : *proescriptio*
Testament : *testamentum*
Donation : *donatio*
Société : *societas*
Pacte : *pactum*
Patrimoine : *patrimonium*
Mandat : *mandatum*
Possession : *possessio*
Usage : *usus*
Décision : *decisio*
Cession : *cessio*
Conviction : *convictio*
Accession : *accessio*
Acquisition : *acquisitio*
Lésion : *laesio*
Convertion : *conversio*
Législateur : *législator*
Fondateur : *fondator*
Auteur : *auctor*
Locateur : *locator*
Débiteur : *débitor*
Contraducteur : *contradictor*
Légitime : *legitimus*
Juridique : *juridicus*
Juste : *justus*
Licite : *licitus*
Légal : *legalis*, etc.

(12) Nous nous référons au « Dictionnaire étymologique de la langue latine », Histoire des mots, par A. ERNOUT et A. MEILLET, 4e éd. par Jacques ANDRÉ, Paris, Éd. Klincksieck, 1979.

Location : *locatio*

Encore ne s'agit-il ici que d'un échantillon. La grande majorité des termes juridiques français sont d'origine latine. Il n'est pas sans intérêt d'observer que la plupart de ces termes concernent le droit privé et la procédure.

β) *Les sources complémentaires*

Elles sont variées, s'agissant de langues vivantes ou mortes, ou même de dialectes.

— *Le fonds grec* (13). Le grec ancien est relativement le plus important. Il a d'abord fourni des termes-clés au vocabulaire du pouvoir (ce pourrait être la leçon de démocratie de la Grèce Antique, qui a su nommer, avec la démocratie, tout ce qui la menace).

- Démocratie : *δημοχρατια*, de *δημος*, peuple et *χρατειν*, commander, gouverner.
- Aristocratie : *αριστοχρατια*, de *αριστοσ*, ce qu'il y a de meilleur et *χρατειν*.
- Autocrate : *αυτοχρατής*, maître exclusif, de *αυτος*, lui-même, de lui-même, et *χρατειν*.
- Monocratie : *μονοχρατια*, gouvernement d'un seul, de *μονος*, seul et *χρατειν*.
- Monarchie : *μοναρχια*, règne d'un seul, de *μονος*, seul et *αρχη*, pouvoir, puissance, gouvernement.
- Oligarchie : *ολιγαρχια*, gouvernement d'un petit nombre, de *ολιγος*, peu et *αρχη*.
- Autarcie : *αυταρχια* (14), gouvernement par les citoyens mêmes, de *αυτος*, lui-même, de lui-même, et *αρχη*.
- Politique (adj.) : de *πολιτιχος*, relatif à la cité, de *πολις*, cité.
- Police : *πολιτεια*, de *πολις*, cité.
- Despote : *δεσποτης*, maître absolu.
- Tyran : *τυραννος*, maître absolu.

---

(13) À la vérité, en bien des cas et notamment pour les mots cités ci-dessous, les termes grecs sont venus par l'intermédiaire d'un terme latin. Cependant la forme latine est le décalque si proche de la forme grecque que la citation directe de l'origine grecque s'impose. Ex. : pour anatocisme, chirographaire, hypothèque, monopole, économique, emphytéose, etc. Nous avons sauté l'intermédiaire latin.

(14) a fait place a autarcie dans ce sens politique au XIVᵉ siècle et a parfois un sens économique ; mais ce dernier sens appartient surtout à autarcie emprunté à *αυταρχεια*, au XIXᵉ siècle V. BLOCH et VON WARTBURG, préc.

Le grec a également doté le droit du crédit de termes notables :

- Hypothèque : *υποθήχη*, de *υπο*, sous et *τιθήμι*, placer.
- Antichrèse : *αντιχρησις*, action de se servir d'une chose en échange d'une autre, de *αντι*, contre, et *χρησις*, usage.
- Anatocisme : *ανατοχισμος*, de *ανα*, une seconde fois, en arrière, et *τόχος*, impôt.
- Chirographaire : *χειρογραφον*, écrit de sa propre main, de *Χειρ*, *Χειρος*, main et *γραφειν*, écrire.

Viennent encore du grec :

- Monogamie : *μονογαμος*, de *μόνος*, seul et *γαμος*, mariage.
- Monopole : *μονοπωλον*, droit de vendre seul certaines denrées, de *μονος*, seul et *πωλειν*, vendre.
- Économe, économique : *οικονομος*, qui administre sa maison de *οικος*, maison et *νομος*, ordre, loi, règle ; dér. *οικονομιχος*, méthodique, bien ordonné.
- Nom : lat. *nomen*, du grec *όνομα*.
- Patronymique : *πατρονυμιχος*, du nom du père, de *πατηρ* père et *όνομα*, nom.
- Synallagmatique : *συναλλαγματιχος*, de *συναλλαγμα*, contrat, de *συναλλατειν*, lier ensemble (*συν*, avec).
- Amnistie : αμνηστια, oubli, pardon, amnistie, comp. de α, privatif, et d'un dér. du v. *μνασθαι*, se souvenir.
- Emphytéose : *εμφυτευσις*, de *εμφυτευειν*, planter, d'où donner à bail pour défricher et planter.

— *Termes empruntés à l'italien* (mais l'italien remonte presque toujours au latin et le latin souvent au grec, on l'a vu).

- Crédit, de *credito* (lat. *créditum*, du v. *credere* croire).
- Groupe, de *gruppo*.
- Change, de *cambio* (du v. lat. *cambiare*, changer).
- Drogman (15), de *drogomanno* (d'origine sémitique).
- Conservatoire, de *conservatorio* (du v. lat. *conservare*, conserver).
- Agio, de *aggio* (origine incertaine et d'abord emprunté par la Hollande au XVIIIe siècle).

---

(15) Nom autrefois donné aux interprètes attachés aux consulats de France dans les pays d'Orient.

- Banque, de *banco* (banc, table de changeur).
- Banqueroute, de *banca rotta* (banc rompu, le comptoir des banqueroutiers étant brisé).
- Liste, de *lista* (d'origine germanique *leiste* : bande, bordure).
- Cabinet, de *gabinetto* (meuble, puis pièce intime).
- Artisan, de *artigiano*, de *arte*, art.

— *Termes venant du provençal* (16)

- Cadeau, de *capdel* (lat. *caput*, tête, lettre capitale ornée, divertissement, présent).
- Caisse, de *caissa* (lat. pop. *capsea*, lat. class. *capsa*, coffre, cassette).
- Cadastre, de *cadastro* (venant de l'ital. cadastro, et ce dernier du grec *χατά* en dessous, en arrière *στιχος*, ligne).

— *Termes empruntés à l'anglais.*

Certains ont conservé leur forme anglo-saxone et même, assez souvent, leur consonnance.

- Club, de *club*.
- Dumping, du v. *to dump* (entasser).
- Copyright, de *copyright* (droit de reproduction).
- Drawback (17), de *drawback*, déduction (de *to draw*, tirer et *back*, en arrière).

D'autres ont une forme familière en français (18), du fait que l'anglais les avait empruntés au latin, ou même au français à une époque ancienne.

- Coalition de *coalition* (fait sur le verbe latin *coalescere*, s'unir).
- Corporation, de *corporation* (du latin médiéval *corporari* se former en corps).
- Minorité, de *minority* (du latin médiéval *minoritas*).
- Parlement, de *parliament*, (pris au français, du v. parler).
- Prime, de l'anglais *praemium* (emprunté au latin *praemium*, prix, récompense).
- Verdict, de *verdict* (du latin médiéval *veredictum*).
- Vote, de *vote* (lat. *votum*).

---

(16) Mais dérivant eux-mêmes du latin ou du grec.
(17) Mécanisme douanier. V. Vocabulaire juridique.
(18) Ils se différencient du terme anglais non par leur orthographe, mais par leur prononciation (et parfois aussi par leur sens).

- Label, de *label* (emprunté à l'ancien français *label*, autre forme de *lambel* : lambeau).
- Jury, de *jury* (emprunté à l'ancien français jurée, serment, enquête).
- Dominion, de *dominion* (lat. *dominium*, maîtrise).

— *Emprunts divers*

- Arrangement, du v. arranger, comp. de rang, d'origine germanique (*ring* : anneau).
- Douane, de l'arabe *diouân*, bureau de douane, par l'intermédiaire de l'italien ancien *doana*.
- Avarie, de l'arabe *awâr*, marchandise endommagée, par l'italien *avaria*.
- Dommage, de l'ancien français *dam*, du latin *damnum*, dommage.
- Legs, de l'ancien français *lais*, tiré du v. laisser, (altération d'après le latin *legatum*).

2° *Les modalités d'emprunt*

Pour exprimer qu'un mot français dérive d'un étymon appartenant à une autre langue, on dit volontiers qu'il vient ou qu'il provient de tel terme ou qu'il a été emprunté à telle langue. Ces termes génériques commodes recouvrent en réalité une grande variété de mécanismes dont il suffit ici de prendre une idée pour relativiser le concept de provenance ou d'emprunt.

α) *Diversité des provenances*

C'est l'emprunt au latin, ascendant direct du français, qui donne assez bien l'idée d'une telle diversité. L'erreur serait de croire que la source latine — parce que toujours latine — est unique. Ce serait oublier que la langue latine a connu, à Rome, des évolutions et des veines et que le latin a été, en dehors de Rome, la langue d'autres sociétés, celle de l'Église latine, celle de l'Université (ranimée par les flambées successives des renaissances du Droit romain), en France même.

D'où l'éclatement de la référence latine. La plupart des termes viennent du latin classique, mais certains viennent spécifiquement du latin juridique : — dépôt, de *depositum*.

— Mandataire, de *mandatarius*.

— Consolidation, de *consolidatio* (du v. *consolidare*, rendre solide).

— Curateur, de *curator*, (du v. *curare,* soigner).

D'autres du latin populaire :

- Aventure, de *adventura*, dér. du part. futur (ce qui arrivera) du v. *advenire*.

- Charge, de *carricare*, dér. de *carrus*, char.

D'autres encore du latin dit de basse époque :

- Confédération, de *confœderatio*, dér. du v. *confœderare*, de *fœdus*, *fœderis*, traité.
- Manœuvres, de *manuopera*, travail fait à la main.
- Ministériel, de *ministérialis*.

Certaines, du latin ecclésiastique :

- Chapitre, de *capitulum*, assemblée de religieux, d'où chapitre de l'ouvrage lu dans cette assemblée.
- Doyen, de *decanus*, premier ou chef de dix hommes.

Ou du latin scolastique :

- Objet, de *objectum* (ce qui est placé devant) du v. *objicere*, mettre devant).

De très nombreux viennent du latin médiéval :

- Minute, de *minuta (sous entendue écriture), menue.*
- *Duplicata, de duplicata* (*littera*), écrit doublé.
- Légiste, de *legista* du latin *lex, legis*, loi.
- Habilitation, de *habilitatio*, du v. *habilitare*, rendre habile.
- Majorité, de *majoritas*, construit sur le latin *major*, majeur.
- Minorité, de *minoritas*, construit sur le lat. *minor*, mineur.
- Curatelle, de *curatela*, lat. juridique fait sur le modèle de *tutela*.
- Concordat, de *concordatum*, du v. *concordare*, s'accorder.
- Conférence, de *conferentia*, du v. *conferre*, rapprocher, discuter.
- Confrontation, de *confrontatio*, du v. *confrontare*, confronter, de *frons*, *frontis,* front.
- Comminatoire, de *comminatorius*, dér. de *comminari*, menacer.
- Commissaire, de *commissarius*, dér. de *commitere*, commettre, d'après le participe passé.
- Collatéral, de *collateralis*, de *latus*, *latéris*, côté.

β) *Héritage et constructions*

La plupart des termes juridiques français dérivant du latin ou du grec en viennent vraiment. La forme-mère existait dans la langue-source. Le passage de cette langue à la langue française s'est opéré par évolution lente ou accident, mais toujours à partir d'un mot qui existait dans la langue d'origine.

D'autres mots ont au contraire été construits à un moment donné, par des usagers de la langue française, mais à partir de matériaux extraits d'une autre langue. Ces mots présentent une triple particularité. Ce sont des constructions artificielles, et en général savantes, qui enrichissent la langue dans laquelle elles sont forgées. Ce sont des constructions nouvelles (19) — des néologismes — et par leur sens, puisque la fabrication linguistique répond à la nécessité de nommer une chose nouvelle, et par leur forme puisque celle-ci n'a pas pour antécédent, dans la langue exploitée, une forme qui existait globalement à l'état d'entité linguistique. Mais ce sont des constructions de remploi, car la construction s'opère par assemblage d'éléments préexistants, pris dans le jardin des racines grecques ou latines. Ce genre de formation est de haute tradition (20). Les néologismes d'hier ont seulement vieilli, mais la carrière est encore ouverte, et l'esprit d'invention toujours à l'œuvre, et c'est toujours, étymologiquement, une langue-mère qui fournit, par fragments, les éléments constitutifs de la formation linguistique (21).

Exemples de constructions savantes :

- Autogestion, du grec *αυτος*, lui-même, et de gestion.
- Autodétermination, du grec *αυτος*, et de détermination.
- Anomie, du grec *α* (privatif) et *νομος*, règle, loi, ordre.
- Monoparental, du grec *μονος*, seul, et de parental.
- Unilinéaire, du latin *υηυs*, un, unique, seul et de linéaire.
- Apatride : du grec α (privatif) et *πατρίs, ιδοs*, patrie.
- Multinational : de l'adj. lat. *multus*, nombreux et de national.

On pourrait ici évoquer une autre espèce de néologismes, ceux qui naissent par *francisation*. Ici, comme en toute étymologie, la formation s'opère par emprunt à une autre langue et, à la différence des constructions précédentes, elle se réalise non par composition d'un agglomérat, mais par transformation d'un modèle d'importation existant, en entier, comme entité linguistique dans la langue où l'on puise. Mais la francisation appelle une étude particulière plus approfondie, en raison de l'impulsion officielle qui y préside et des traits spécifiques qui la caractérisent dans ses causes, ses fins et ses moyens, notamment dans ses modes et méthodes de traitement morphologique des termes importés (22).

---

(19) Et qui le sont par des agents linguistiques autres que les usagers de la langue choisie pour carrière, par exemple, s'il s'agit d'emprunts latins ou grecs, par des « parlant français » latinistes ou hellenistes.

(20) Elle a d'ailleurs ses lois, notamment la construction sur le génitif. Ex. : gérontocratie, construit à partir du grec *γεροs, γεροντοs*, vieux, et *χρατειν*, commander, gouverner.

(21) Il est cependant fréquent comme le montrent les exemples ci-dessous, que l'emprunt ne porte que sur un élément accolé à un terme français préexistant (autre exemple : autoroute).

(22) V. l'étude du droit du langage.

b) *La référence au sens étymologique*

La comparaison du sens actuel d'un terme juridique français avec le sens de l'étymon ou des éléments de celui-ci constitue à première vue l'un des intérêts majeurs de l'étymologie. Quand on a répéré l'étymon, il est logique de se référer au sens de celui-ci, dans l'espoir de mieux connaître ou, du moins, de mieux situer le sens actuel du mot français. La démarche étymologique prend un tour sémantique.

Cependant, il est capital de ne pas nourrir trop d'illusions sur cet apport. Non pas seulement, ni même principalement, parce que l'étymologie demeure souvent obscure ou controversée, mais surtout parce que, même lorsqu'elle est fermement établie, elle est loin d'être toujours aussi éclairante. S'il fallait créer l'esprit de modération qu'appelle son maniement, on dirait volontiers que l'étymologie peut être, comme la langue, la meilleure ou la pire des choses, plus précisément que sa fonction sémantique toujours auxiliaire est de valeur variable.

On apprécie mieux les éléments positifs et les limites de sa contribution si l'on distingue les deux opérations intellectuelles que recouvre la référence au sens dit étymologique. Car la référence peut être faite à un mot entier ou à des éléments constitutifs de celui-ci, ou même à d'autres éléments fragmentaires.

1° *La référence au sens du mot entier dont dérive le terme français*

C'est celle à laquelle on songe d'abord. On compare le sens actuel du mot français (ex. : contrat, délit, hypothèque, démocratie, préfecture, préjudice, etc.) au sens originaire du mot (latin ou grec, etc.) dont le premier découle (*contractus, delictum, ὑποθήχη, δημοχρατια, praefectura, praejudicium*). La comparaison s'opère de mot à mot correspondant.

α) Plusieurs raisons font comprendre que cet exercice toujours délicat est souvent décevant :

— Il est rare que le terme français ait encore exactement le sens de son étymon. Précisons : il est rare que le terme actuel ait, au regard du droit français, le sens qu'avait ce terme latin ou grec au regard du droit romain ou du droit de la Grèce Antique, surtout lorsque le terme français s'est chargé d'un sens technique de précision que le terme étymon n'avait pas, ou que celui-ci avait un sens technique de précision que celui-là a perdu. C'est la correspondance des sens juridiques spécifiques qui est exceptionnelle. Elle est rarement parfaite. On pourrait admettre que « *jurisdictio*, action de dire le droit, est encore la bonne définition de la fonction juridictionnelle contentieuse, qu'usage et usufruit correspondent encore à *usus* et *usufructus*. Mais il suffit que, dans le système juridique français, le principe du consensualisme ait détrôné le formalisme consacré par le droit romain (archaïque ou même classique) pour que contrat et *contractus* ne soient pas équivalents ou, semblablement, pour faire boîter le couple vendre-*vendere*, que se soit opéré le passage de la vente créatrice d'obligation à la vente translative de propriété. Préfecture, ensemble des services dirigés par un préfet, n'a qu'un rapport générique avec *praefectura* charge de directeur, gouvernement, commandement, administration.

— Il arrive même que (du fait notamment d'un remploi tardif), les sens du terme français et de son étymon soient étrangers l'un à l'autre. Exemple : probation (système de mise à l'épreuve du condamné dont l'exécution de la peine est suspendue avant terme) et *probatio*, preuve, examen, approbation, etc.

— Lorsque le sens actuel et le sens originaire ne coïncident pas, cette discordance ne fonde aucune condamnation de la mutation sémantique. Au moins en principe. Il est ici capital de révoquer en doute le sens étymologique d'étymon, ou du moins de le repousser comme maître. Le sens étymologique d'un mot n'est pas le vrai sens auquel il serait nécessaire de sacrifier le sens actuel. Ce conservatisme absolu serait la négation de la vie du langage et de l'évolution du droit. Pour passer, par anticipation (23), du langage du droit au droit du langage, cette idée a force de principe juridique. Le fixisme intégral nierait, en chaque usager de la langue, sa liberté d'expression. Cet immobilisme meconnaîtrait, en chaque État souverain, son autonomie linguistique.

Écarté ce principe — que sa seule rigueur exclut — le vœu contraire reprend — à l'état de vœu — toute sa valeur. Ce que l'on peut vivement souhaiter, c'est la pérennité, source de sérénité, surtout dans le domaine des notions épurées où elle peut se maintenir. Le retour aux sources rend éclat et vigueur à certains concepts. À l'état pur, la juridiction gracieuse nomme encore ce que désignait l'étymon : une consécration par l'autorité publique d'un acte juridique privé soumis à son homologation, ou à son autorisation. On peut alors baigner avec délices le mot d'aujourd'hui dans le sens originel, pour le rendre à la fraîcheur. Cette performance ne se fait pas à coup de férule. Sous l'aiguillon exquis de la quête du mot juste, le discernement et la ferveur règnent sur les chances et la vertu d'un bain aux sources.

β) Où sont donc, en définitive, les apports positifs moins extraordinaires, plus courants, de la référence au sens étymologique ? Toutes illusions dissipées, ils sont loin d'être négligeables (24).

— Il est d'abord très fréquent que le terme français et son étymon n'ait pas le même éventail sémantique. Il s'agit assez souvent de termes qui sont, chacun dans son système, des polysèmes et qui n'ont en commun qu'un seul de leur sens. Même

(23) v. la deuxième partie de l'ouvrage.

(24) Hors série, il faut d'abord signaler que les mutations sémantiques du droit romain au droit positif français ne sont pas négatives mais instructives. Toute référence historique est de droit comparé. Les discordances de sens sont des auxiliaires précieux dans la comparaison de deux systèmes juridiques. Il est sain et salutaire de découvrir de faux frères ou de faux amis.

s'ils ont plusieurs sens en commun, il arrive que le plus important ne soit pas le même. Préjudice prend encore très secondairement en français le sens principal que *praejudicium* avait en latin (action de préjuger). Son sens principal (dommage) était secondaire en latin (v. plus loin, n° 39).

Ces coïncidences partielles et ces variations risquent sans doute d'engendrer des confusions. Mais ce sont aussi les instruments d'un raffinement d'analyse. On comprend mieux pourquoi préjudice est devenu dommage à considérer les ravages d'un préjugé. Autre exemple : la juridiction gracieuse s'exerçait *cognitione causae,* lorsque l'autorité qui la dispensait était investie du pouvoir d'apprécier, non pas seulement en stricte légalité mais en opportunité, la légitimité de la mesure sollicitée. Aujourd'hui encore on peut dire que la juridiction gracieuse s'exerce « *en pleine connaissance de cause* » lorsque le juge a dans son office d'apprécier non pas seulement la légalité de la mesure sollicitée, mais la conformité de celle-ci aux intérêts à la sauvegarde desquels la loi en a subordonné l'octroi (ex. : la conformité du changement de régime matrimonial à l'intérêt de la famille). Pourtant le sens principal actuel de « *juger en pleine connaissance de cause* » est différent. La formule exprime que le juge a dans son pouvoir juridictionnel de connaître l'affaire dans tous ses éléments de fait et de droit (de la connaître comme un juge du fond, et non pas, en droit seulement, comme la Cour de cassation) (25). Mais ce renversement dans l'ordre d'importance des sens et la coexistence même de ceux-ci sont sources de lumière. Les deux facettes du sens sont liées : la justification du pouvoir de juger en opportunité (26), n'est-elle pas dans le pouvoir et le devoir de connaître l'affaire dans tous ses éléments de fait ou de droit (27) ? Chaque fois que l'aire sémantique du terme français et celle de l'étymon ne coïncident pas exactement, il en rejaillit quelques étincelles. Si *conventio*, en latin, signifiait d'abord assemblée, ensuite pacte, enfin citation en justice, et si convention, en français signifie seulement pacte, accord, la référence au troisième sens de *conventio*, permet seule de comprendre le sens actuel de demande reconventionnelle. On pourrait multiplier les exemples de ces jeux de lumières sur les facettes de la polysémie (28).

— Le recours au sens étymologique prend toute sa valeur si, au lieu d'être rigoureusement à l'affut d'une identité parfaite, de sens technique, on se réfère soit au sens générique dont l'étymon est porteur, soit au pouvoir d'évocation que libère son sens spécifique.

---

(25) Et aussi d'avoir le pouvoir de statuer au fond, par une décision définitive.

(26) C'est-à-dire plus précisément, par appréciation des intérêts en présence.

(27) D'où d'ailleurs, en matière gracieuse, l'accès à cet ultime degré de la connaissance, qui consiste pour le juge — saisi *in rem* — dans le pouvoir de fonder sa décision sur tous les faits relatifs au cas qui lui est soumis, y compris ceux qui n'auraient pas été allégués : l'article 26 du N.C.P.C. affranchissant ainsi le juge de la deuxième branche du principe dispositif énoncé à l'article 7 N.C.P.C. pour la juridiction contentieuse.

(28) V. plus haut, n° 21.

On comprend mieux l'amendement parlementaire (29), comme amélioration (supposée), ou comme progrés quand on sait que le terme dérive du verbe latin *emendare* (corriger, améliorer). On découvre que les trois sens apparemment étrangers du verbe « commettre » ne sont que trois applications de la même idée qu'exprime le verbe latin *committere*, *cum*, *mittere*, mettre ensemble : Commettre un expert c'est lui confier une mission (mettre ensemble la charge et l'homme sur laquelle on la place) ; commettre un délit, c'est le mettre à exécution, c'est-à-dire, pour l'auteur, se mettre « à l'ouvrage », en passant à l'acte ; commettre une assemblée, c'est assemblée plusieurs personnes, les mettre ensemble et, presque toujours, par reprise du premier sens, pour leur confier une tâche (le substantif « commission » en garde mieux la trace).

Voici d'autres exemples dans lesquels la référence au sens générique de l'étymon révéle l'idée essentielle à partir de laquelle un sens juridique s'est élaboré et qui, même si ce sens a aujourd'hui des arêtes techniques, continue à en éclairer le fondement ou le mécanisme.

- FOI, de *fides* qui exprime non seulement la confiance que l'on peut accorder à une preuve et partant sa force ou sa valeur probante (idée que l'on retrouve dans les expressions : « sur la foi d'un aveu », « sous la foi d'un serment », telle preuve « fait foi » V. C. civ., art. 1319, 1322, 1333 et s.), mais ce qu'exige la confiance qu'une personne a placée en une autre, de la part de celle-ci, ce qui produit et entretient cette confiance, c'est-à-dire la fidélité à la parole et à l'engagement (idée que l'on retrouve dans la notion de bonne foi : esprit de fidélité et de vérité, comme Ciceron le marquait déjà : *Fides, id est dictorum conventorumque constantia et veritas*, off., 1, 23).
- CRÉANCE (du v. croire) CRÉDIT, (de l'ital. *credito*, lat. *creditum*) dérivent l'un et l'autre du verbe latin *credere*, croire, faire confiance, référence qui suffit à faire imaginer la part de confiance qui entre dans l'acte de crédit de la part du créancier (ce croyant qui devient méfiant s'il exige une sûreté) envers le débiteur.
- PUTATIF, de *putativus* (lat. jur. médiéval) remonte au verbe latin *puto, putare*, penser, supposer, idée que l'on retrouve dans la définition des actes putatifs ou imaginaires (ils n'existent que dans la pensée d'une personne) ou d'autres actes putatifs, ainsi nommés parce que, dans la pensée de ceux qui les ont passés (ou au moins de l'un d'eux) ils sont valables, alors qu'en réalité ils sont nuls du fait qu'ils sont affectés d'une cause de nullité ignorée par la ou les parties de bonne foi.
- PRÉCAIRE, qui vient de *precarius*, dérivé de *prex, précis*, prière, est donc, étymologiquement, ce que l'on obtient seulement par la prière, par opposition

(29) Ou semblablement l'amendement attendu de la punition pour celui qu'elle frappe (ou évidemment l'amendement cultural).

à ce qui est du (*debitus*), et par extension ce que l'on doit rendre à la première demande de celui qui en avait concédé l'usage : sens qui s'est conservé dans l'une des acceptions de l'adjectif précaire (convention de jouissance précaire, hébergement précaire) et qui a produit le sens courant (mal assuré, fragile, sans garantie) (30).

- MORATOIRE (de *moratorius*) et DEMEURE (de demeurer, lat. *demorari*, tarder, rester) se rattachent également au verbe *moror, morari* s'arrêter, dérivé de *mora*, retard, arrêt, délai, (*mora temporis*). Cette idée centrale entre aussi bien dans la définition des dommages intérêts moratoires (destinés à réparer le préjudice résultant d'une exécution tardive) que dans celle du moratoire (délai de paiement ou d'exécution accordé par une loi ou un créancier) ou de la demeure (lieu où l'on s'attarde, où l'on séjourne).

2° *La référence aux éléments constitutifs de l'étymon, ou à d'autres éléments fragmentaires (racines).*

La référence au sens étymologique s'entend plus radicalement très souvent de celle qui est faite, non au sens de l'étymon entier, mais à celui de ses composantes ou semblablement à l'étymon d'une composante du terme actuel : par exemple, pour homologation il s'agira de se référer non pas à *homologatio* du latin scolastique *homologare* ni même au verbe grec *ομολογειν*, mais aux deux racines *ομος*, semblable, et *λογος*, discours, étude. Autre exemple, pour autogestion, on se référera directement au sens de l'étymon de l'élément qui, ajouté au terme français préexistant « gestion », a permis de composer autogestion (auto, du grec *αυτος*, soi-même, par soi-même).

Ce type de référence est le seul qui soit concevable pour les termes qui n'existaient pas dans la langue d'emprunt (latine ou grecque en général) mais qui ont été construits en français à partir de racines de ces autres langues. Mais il est utile même pour les mots qui existaient en grec ou en latin, lorsqu'il est plus intéressant de faire renaître l'évocation attachée aux racines du terme, plutôt que le sens du mot entier.

Sans paradoxe, cette recherche radicale est peut-être plus féconde encore que la précédente. Ce n'est pas dire qu'elle soit toujours aussi éclairante. Son intérêt, on va le voir, est variable et elle est même, parfois, trompeuse. Mais quand

---

(30) Cependant, le sens technique aujourd'hui dominant est plus éloigné du sens étymologique : La détention est dite précaire lorsque le détenteur d'une chose a celle-ci entre ses mains en vertu d'un titre juridique (location, prêt, etc. : la détention précaire est donc fondée en droit) mais d'un titre qui oblige le détenteur à restituer cette chose à la personne que désigne le titre, sans pouvoir invoquer à son profit l'usucapion (c'est le sens de la précarité de la détention par opposition à la possession utile), sans enfin être tenu de restituer à la première demande (le titre réglant cette restitution : ce qui exclut le sens originaire).

elle est utile, elle illustre bien le caractère auxiliaire qui marque essentiellement l'étymologie. De celle-ci, il ne faut pas attendre, le plus souvent, de certitudes ou de données positives incontestables. Il en vient seulement des lumières, ou même des lueurs qui peuvent tomber, selon les cas, sur l'essentiel ou sur l'accessoire, sur le fondamental ou le pittoresque. L'étymologie n'est qu'une source d'appoint.

— *Cas où l'étymologie est essentielle.*

- *olographe* : se dit d'un acte écrit en entier de la main de l'auteur de cet acte (appliqué en ce sens au testament. V. C. civ., art. 970) : ce que marquent bien les deux racines des composantes du terme grec *ολογραφος* (en latin *holographus* ou *olographus*) à savoir *ολος*, entier et *γραφειν*, écrire. Sans doute y manque-t-il la référence à la main qui est dans « manuscrit » (équivalent ou proche voisin d'olographe), mais manuscrit ne dit pas expressément que tout l'écrit est de la main de son auteur... (faudrait-il créer olochirographe..., ou totomanuscrit ? ! ! Le mieux est ennemi...) (31).

- *Exégèse*. Cette recherche du sens d'un texte, à partir de la lettre de celui-ci et sous la lumière de son esprit, est bien rendue — en tant que recherche active — par les deux racines du terme grec *εξηγησις*, *έκ* ou *αγειν*, hors de, venant de, et *αγειν*, pousser devant soi, faire sortir. L'exégèse est bien une extraction de sens.

- *Unanimité*. Du latin *unanimitas*, prend toute sa valeur d'entente, d'harmonie, de plein accord, si l'on remonte aux deux composantes : *unus*,un, un seul, *anima*, âme. Un vote unanime est bien celui que donne une assemblée d'un seul cœur, d'un même esprit.

- *Amnistie*, du grec *αμνηστια*, est rempli de tout son sens, comme acte de pardon si l'on remonte à l'*α* (privatif) et au verbe *μνασθαι* (se souvenir), c'est-à-dire à l'oubli qui fait le don parfait du pardon.

- *Synallagmatique*, du grec *συναλλαγματικος*, de *συναλλαγμα*, contrat, ne se charge de son sens spécifique marqué par la réciprocité, qu'en passant à la racine *συν*, avec et au verbe *αλλατειν*, échanger, lier.

— Cas où l'étymologie donne un commencement d'indication.

- *Hypothèque* : vient du latin *hypotheca*, du grec *υποθηχη* (qui désignait déjà une sûreté), le verbe *υποτιθημι* signifiant « mettre en gage ». L'intérêt de l'étymologie est de remonter à la racine *υπο*, sous, et au verbe *τιθημι*, placer. Alors seulement naît l'idée de la menace à laquelle le bien est soumis. Mais l'indication est incomplète. Elle fait voir la charge dont est grevé le bien hypothéqué, beaucoup moins la sûreté ainsi donnée, par la garantie de la créance, au créancier hypothécaire (comp. la définition de l'art. 2114 C. civ.).

---

(31) Comp. ci-dessous, p. 185, les termes chirographe, chirographaire.

- *Chirographaire* (et chirographe) : viennent du latin *chirographarius, chirographum, chirographus, chirographon*, du grec *χειρογραφον*, ce qu'on écrit de sa propre main. Ici encore, il faut remonter aux deux éléments *χειρ, χειρος*, la main et *γραφειν*, écrire, pour comprendre qu'un chirographe (terme inusité) est littéralement un manuscrit (32). Mais pour arriver au sens technique actuel (chirographaire se dit d'un créancier ordinaire, non muni de sûreté, qui, à la différence d'un créancier hypothécaire, privilégié ou nanti, ne bénéfice d'aucune cause de préférence et d'aucune garantie spéciale ; comp. C. civ., art. 2094) il faut une explication complémentaire : pour constituer hypothèque, il faut un acte notarié ; un simple acte, de la main du débiteur (reconnaissance de dette, pacte nu) n'y suffit pas.
- *Collusion* : vient du latin *collusio* qui signifiait déjà entente frauduleuse. Mais là encore il faut remonter au verbe *colludo*, jouer ensemble, et à ses éléments (*cum*, avec, et *ludo, ludere*, jouer) pour comprendre qu'avant de désigner, de façon générique, toute concertation frauduleuse, *collusio* a spécifiquement désigné une entente frauduleuse entre joueurs, entre partenaires.
- *Monopole* : dérive du latin *monopolium* du grec *μονοπωλιον*, qui signifiait déjà privilège qu'on a de vendre seul une denrée ; la décomposition des éléments conduit à *μονος*, seul et à *πωλειν*, vendre. D'où la nécessité d'expliquer que le sens s'est développé du spécifique au générique, le terme monopole ne désignant pas seulement aujourd'hui le droit exclusif de vendre (sinon monopole de vente serait un pléonasme) mais, en toute activité, l'avantage de l'exclusivité (monopole de fabrication, d'exploitation, de recherche).
- *Privilège* : vient du latin *privilegium* qu'il faut rapporter à ses éléments, *privus, priva*, spécial, particulier, et *lex*, loi, pour comprendre que le privilège aujourd'hui conçu comme un avantage exceptionnel, une faveur particulière, est un traitement qui résulte d'une loi spéciale (*lex privata*). Mais il est essentiel d'ajouter que si le terme s'est renfermé dans ce sens positif, le *privilegium* pouvait aussi bien désigner une loi particulière adoptée *contre* un particulier (V. plus loin, n° 39).

— *Cas où l'étymologie est évocatrice*

- *Personne* : vient du latin *persona* qui désigne le masque de l'acteur dans le théâtre antique. Mais chaque masque, stéréotypé, indique un rôle, un emploi, un personnage, et chaque personnage est révélateur d'une personnalité d'un caractère, d'une individualité. On arrive ainsi, d'image en symbole, à la désignation de tout individu comme personne. Le passage du masque de théâtre à la personne repose ainsi sur trois ressorts essentiels dont le troisième n'apparaît qu'en remontant aux éléments de *persona* : *per*, à travers, *sonare*, parler, faire sonner sa voix pour la faire entendre du public : toute personne

(32) Comp. ci-dessus, le terme olographe.

est *persona*, comme sujet de droit, non seulement parce qu'elle est un acteur distinct des autres, dans son identité, et parce qu'elle joue un rôle social, sur la scène juridique, mais parce qu'elle est une voix à faire entendre (33).

Intérêt vient du latin *interest* qui est la troisième personne de l'indicatif présent du verbe *interesse*, d'où viennent au moins deux indications évocatrices. Une évocation générique : les deux composantes du verbe (*inter*, entre, parmi, *esse*, être) momtrent tout à la fois que ce mot, comme le verbe *esse* dont il est un composé, est un terme primordial (qui défie toute définition) et désigne ici, réduite à l'essentiel, une relation (l'intérêt est au moins ce qui est entre deux personnes, ou entre une personne et une chose, un acte, etc.). Plus spécifiquement, *interesse* signifie « participer à », d'où l'idée que l'intérêt est la part prise soit à un fait dommageable (d'où l'expression dommages et intérêts) sont à un fait profitable, d'où le sens d'avantage ou de profit.

Députer, député, députation : viennent du latin *députare*, émonder, tailler. Ici encore la remontée aux composantes (préposition *de*, en détachant de, verbe *putare*, couper) fait naître l'image qui conduit au sens de désignation, délégation, représentation. Députer une personne, pour un groupe, c'est bien la « détacher en la coupant » (la désigner en la prenant sur ce groupe), afin qu'elle représente celui-ci dans sa mission.

Négoce vient du latin *negotium*, occupation travail, affaire, puis affaire donnant de la peine et du souci, affaires commerciales, commerce. Cependant, ici aussi, l'image forte naît des mots dont se compose *negotium*, la négation *nec, neque* et *otium*, loisir, repos, tranquillité (que l'on retrouve dans oisiveté) : le négoce n'a pas de loisir.

Enfant, vient du latin *infans*, enfant (tout jeune) qui est, littéralement, celui qui ne parle pas encore (de la préposition négative *in* et du verbe *fari*, parler). L'idée s'est naturellement perpétuée que l'enfant en bas âge (*infans*) est frappé d'une incapacité de fait absolue. C'est pourtant une personne (bien qu'il ne puisse *per sonare*) (34), mais elle ne peut jouer aucun rôle et n'a pas voix au chapitre. Une dérive s'est opérée aujourd'hui (du vocal au mental), pour marquer une césure dans la minorité non à l'apparition du langage mais à celle, plus tardive, de l'âge de raison.

Litige, vient du latin *litigium* (contersation, querelle) composé de *lis, litis*, procès et *agere* conduire. Cette évocation dynamique est intéressante. L'étymologie latine fait imaginer que la conduite de l'instance dépend de l'initiative des parties et de leurs diligences (V. N.C.P.C., art. 1 et 2. : on retrouve le verbe conduire). Cependant, elle ne tombe pas tout à fait juste car, aujourd'hui, le litige ne se confond pas avec procès, instance, cause, mais est plutôt synonyme de contestation, différend. Il

---

(33) Comp. ci-dessous, l'étymologie du terme enfant.
(34) V. ci-dessus, l'étymologie de personne.

y a litige né (sur lequel on peut transiger, C. civ. 2044, compromettre, N.C.P.C., art. 1447 ou conférer au juge mission de statuer comme amiable compositeur, N.C.P.C., art. 12) dès que naît la contestation, et dès avant que celle-ci (si elle l'est jamais) soit portée devant un juge. Il est vrai que la conduite du litige (*agere*) peut s'entendre même de l'activité déployée pour le résoudre en-dehors du recours à justice.

— *Cas dans lesquels l'étymologie est muette, approximative, sinon trompeuse.*

Il arrive que l'étymologie soit incapable de faire naître une lueur qui éclaire le sens, ou une image qui l'évoque. Le sens originaire est trop loin, il s'est passé trop de choses, depuis, pour qu'il soit utile de s'y référer.

Que transiger dérive d'un terme qui a d'abord signifié « pousser à travers » (*trans, agere*) n'apporte guère au sens « règler une affaire ». Exiger vient d'un autre composé de *agere* (ex. : *agere*) signifiant « pousser au-dehors » auquel il faut beaucoup ajouter pour comprendre le passage à « secouer en chassant », « forcer à donner », « réclamer impérieusement ». Rédiger, lui ausi de *agere*, est très loin du sens étymologique « repousser », « pousser en arrière » d'où « ramener », « réduire », « comprimer » et, enfin, « condenser par écrit » (encore qu'il soit de bonne leçon de rappeler que rédaction implique concision !).

L'évocation, quand elle existe, peut être source d'équivoque. Domicile, du latin *domicilium* remonte à *domus*, maison, habitation. Mais le domicile d'un individu n'est pas nécessairement là où il habite. Il est au lieu où il a son « principal établissement » (C. civ., art. 102) notion générique qui correspond souvent au centre des activités professionnelles. Cette note de doute ne jette aucun discrédit sur l'étymologie, mais invite au discernement dans son maniement et à beaucoup de modestie. Car elle renonce souvent à reconstituer toute l'histoire d'un mot pour sauter droit au sens originaire, enjambant bien des variations sémantiques. En quoi l'étymologie relève un peu de la chasse ou de la quête de quelque trésor. Elle cherche la source où ressusciter le sens essentiel d'un mot, ou lui rendre l'éclat d'une touche de valeur (35).

Ainsi l'étymologie est-elle principalement tournée vers le passé, encore qu'elle soit aujourd'hui encore associée, notamment dans la composition savante, à la création de mots nouveaux à partir de racines latines ou grecques. La dérivation et la composition sont des phénomènes plus complexes encore. Comme l'étymologie, à laquelle on pourrait d'ailleurs les rattacher, elles président depuis les origines, à l'évolution de la langue française. Mais, plus encore que l'étymologie au sens

(35) C'est un « tour » qui peut amuser, même si le résultat prête à controverse. Il est possible que prolétaire, du latin *prolétarium* (dérivé, de *proles, prolis,* race, lignée, postérité) se rattache ainsi à « celui qui ne donne à l'État que des enfants ». L'explication est controversée. Cependant, l'idée qu'une famille nombreuse n'est en général pas la porte de l'opulence (mais le signe d'une autre richesse) n'est pas à délaisser.

strict (36), elles sont encore à l'œuvre dans l'élaboration continue de notre langue. Elles sont, à nos oreilles, les artisans principaux, de l'enrichissement du français.

S'il a paru préférable de distinguer dérivation et composition de l'étymologie *stricto sensu,* c'est afin de marquer que celles-ci, même lorsqu'elles remploient des matériaux étrangers, correspondent, au sein de la langue française, à des transformations internes, à des mécanismes nationaux, et assez souvent à des créations ou à des innovations, et pas seulement aux résultats d'une tradition lente.

B. — LA DÉRIVATION

30. — La dérivation est la formation d'un mot nouveau à partir d'un mot préexistant ; la dérivation française la formation d'un nouveau mot français à partir d'un mot déjà existant dans la langue française.

Bien que la dérivation se divise traditionnellement en dérivation propre ou suffixation et en dérivation dite impropre (quand elle ne recourt pas à un suffixe), on peut ici y ajouter (c'est une impropriété plus poussée) la préfixation, laquelle relève plutôt de la composition par particules, mais gagne à être rapprochée de la suffixation (37).

En parallèle, la préfixation et la suffixation montrent bien en quoi, dans la dérivation ainsi largement entendue, le rapport de formation — de filiation — qui unit le mot de base à ses dérivés tient à un remodelage morphologique (38) porteur d'une modification de sens. La filiation morphologique est plus évidente encore dans la dérivation impropre, puisque le terme existant n'y subit aucune modification formelle, mais reçoit seulement une autre fonction.

La seule étude scientifique de ces phénomènes consisterait, dans une vue comparative, à rechercher en quoi ils se singularisent, dans le langage du droit, relativement à l'évolution de la langue commune (39).

Le constat unilatéral que nous nous bornons à dresser perd beaucoup de son intérêt. Au moins est-il certain, qu'au sein du vocabulaire juridique, la dérivation, sous toutes ses formes : 1. a été l'un des facteurs essentiels d'enrichissement ; 2. constitue aujourd'hui encore l'un modes importants d'amplification ; 3. qu'elle continue à contribuer à ce développement suivant des modalités et des formes qui n'ont guère changé.

---

(36) Et parfois en combinaison avec elle, lorsque la composition annexe des particules latines ou grecques.

(37) D'autant plus que la composition apparaît alors plus spécifiquement comme la réunion, en un nouvel ensemble linguistique, de plusieurs mots préexistants.

(38) Par adjonction au radical d'un préfixe ou et par substitution d'un suffixe à la flexion que possédait ce radical.

(39) V. nettement, dans cette perspective, MM. SOURIOUX et LERAT, n°s 10 et s.

a) *La dérivation impropre*

Entre les multiples voies qui s'ouvrent à elle, elle a surtout emprunté celle de la substantivation. Aujourd'hui, comme hier, le changement de fonction consiste le plus souvent à transformer un adjectif (40), plus fréquemment encore un participe présent ou passé, en substantif. Cette mesure d'économie évite une périphrase (41). Ses applications dominantes font comprendre, fondamentalement, en quoi elle épouse le génie du droit. Ce n'est pas par hasard que l'on parle si souvent de « scène juridique », ou de « théâtre de la vie juridique ». Pour une large part, le droit règle l'office ou le sort de ses protagonistes en formalisant le rôle des acteurs (le créancier, le débiteur, *primus, prima*) comme le théâtre classique formalise celui de ses personnages, jusque dans ses « utilités » (le confident, la servante, l'amant, etc.). Or, justement, la substantivation des participes présents ou passés porte, pour une forte part, sur des noms d'intervenants que le droit fait agir dans un rôle juridique stéréotypé.

1° *Substantivation de participes présents*

— Emplois traditionnels chez les « agissants » ou « possédants ».

Adoptant	Retrayant	Expectant
Contractant	Copermutant	Impétrant
Commettant	Colicitant	Assistant
Mandant	Copartageant	Occupant
Commandant	Comparant	Belligerant
Représentant	Déclarant	Délinquant
Gérant	Requérant	Contrevant
Commerçant	Réclamant	Ressortissant
Négociant	Plaignant	Comourants
Déposant (contrat)	Appelant	Offrant
Cédant	Déposant (témoin)	Dirigeant
Disposant	Sachant	Constituant
Stipulant	Défaillant	Épargnant
Promettant	Litigant	Poursuivant
Subrogeant	Colitigant	Survivant
Délégant	Suffragant	

— Nouveaux emplois

Concédant	Consultant (N.C.P.C., art. 259)
Accédant (à la propriété)	Constatant (N.C.P.C., art. 249)
Fiduciant	

(40) D'où de traditionnels substantifs : le possessoire , le pétitoire, le rescindant (gérondif), le rescisoire.

(41) V. en ce sens SOURIOUX et LERAT, n° 13.

2° *Substantivation de participes passés*

Adopté	Coobligé	Prévenu
Fiancé	Agrée	Inculpé
Marié	Avoué	Condamné
Associé	Salarié	Détenu
Assuré	Subrogé	Assujeti
Délégué	Cédé	Insoumis
Représenté	Protégé	Insurgé
Attaché	Engagé	Appelé
Chargé (de mission)	Interdit	Grevé
Fondé (de pouvoir)	Breveté (42)	Retrayé
Commis	Intimé	Failli
Préposé	Saisi	Réfugié
Obligé	Accusé	Disparu

Certains substantifs de même origine s'appliquent non à des personnes, mais à des actes ou a des choses (indu, reçu, fait, écrit, etc.).

Aucune correspondance systématique n'existe entre la liste des participes présents et celle des participes passés. Cette correspondance existe parfois (adoptant, adopté, retrayant, retrayé). D'autres fois elle est fausse : l'appelé (au service national ou à une substitution) ne correspond pas à l'appelant (qui prend l'initiative de la voie de recours). Le plus souvent elle fait défaut : à mandant correspond mandataire, à assuré, assureur, etc.

b) *La suffixation*

31. — Elle demeure au premier plan de la vie du vocabulaire juridique. Non pas seulement — ni même principalement — en raison de la contribution qu'elle continue d'apporter à la création de nouveaux termes (encore que cet apport ne soit pas négligeable), mais aussi et peut-être surtout parce que, dans l'immense éventail des suffixations possibles, les suffixes qui dominent sont toujours les mêmes, et que ces suffixes choisis ont conservé leur force évocatrice et créatrice. Ce n'est pas un hasard. Les suffixes de dérivations sont porteurs d'une signification.

Lorsqu'ils évincent la flexion du radical auquel ils s'attachent, ils expriment une idée abstraite (par exemple celle de qualité, d'origine, de production, etc). La pérennité et la vitalité de certains suffixes et leur pertinence juridique tiennent

(42) « Brevetaire » serait préférable à « breveté » pour désigner le titulaire du brevet. V. Vocabulaire juridique (suggestion de M. Jean FOYER).

justement au fait qu'au regard des techniques et des finalités du droit, l'idée qu'ils expriment est une idée-clé.

1° L'indication des *protagonistes* du droit, sujets de droit ou organes, considérés dans leur activité, missions ou fonctions est un souci essentiel de l'ordre juridique. D'où, ici encore, l'importance des suffixes en-*eur* ou en-*aire* qui marquent les rôles.

α) Les suffixes en-*eur* marquent plus spécialement *l'action,* l'initiative, la position active.

Vendeur (43)
Donateur
Testateur
Entrepreneur
Prêteur
Emprunteur (on ne l'est pas sans mal)
Débiteur (lui aussi doit agir, et travailler pour payer)
Fournisseur
Auteur
Créateur
Réalisateur
Contrefacteur
Voleur (!)
Instigateur
Donneur d'ordre
Donneur d'ouvrage
Loueur
Locateur d'ouvrage

Bailleur
Preneur (là encore l'initiative est partagée)
Franchisseur (néol.)
Promoteur
Régleur
Possesseur
Détenteur
Défenseur
Procureur
Curateur
Tuteur
Assureur
Demandeur
Défendeur (car lui aussi agit en justice, N.C.P.C., art. 30)
Administrateur
Questeur
Directeur
Gouverneur

Législateur
Censeur
Médiateur
Observateur
Obtenteur
Liquidateur
Exécuteur testamentaire
Expéditeur
Endosseur
Préempteur
Certificateur de caution
Cofidejusseur
Scrutateur
Souscripteur
Encherisseur
Surencherisseur

β) Les suffixes en-*aire* indiquent plus particulièrement soit la *réception d'un profit,* la jouissance d'un bienfait ou d'une position avantageuse soit (non sans lien historique parfois) la *titularité* d'un droit ou d'une fonction.

Bénéficiaire
Attributaire
Allocataire
Assignataire

Commissionnaire
Cessionnaire
Dépositaire
Mandataire

Locataire
Colocataire
Quirataire
Hypothécaire

(43) Mais aussi « acheteur » ou « acquéreur », parce que, dans ce genre d'opération, l'initiative peut venir des deux côtés : Ce sont deux métiers dissociables ou cumulatifs (on achète et on vend). En quoi, la vente récèle toujours irréductiblement *emptio* et *venditio* ; comp. demandeur et défendeur.

Affectataire	Concessionnaire	Brévetaire (44)
Donataire	Receptionnaire	Actuaire
Légataire	Indivisaire	Notaire
Dévolutaire	Coindivisaire	Fonctionnaire
Réservataire	Titulaire	Commissaire
Destinataire	Cotitulaire	Pleinipotentiaire
Délégataire	Actionnaire	Parlementaire
Endossataire	Obligataire	Référendaire
Domiciliataire	Propriétaire	Dignitaire

2° L'indication des *finalités* du droit, c'est-à-dire, plus précisément, des possibilités qu'il ouvre, des objectifs qu'il poursuit, des effets qu'il produit est essentielle. D'où l'importance des suffixes qui marquent ces idées.

α) Les suffixes en-*ible, able, uble* (et les substantifs correspondants) indiquent des *possibilités,* des virtualités, des potentialités (ou leur contraire) (45).

Possible	Impossible	Possibilité Impossibilité
Prévisible	Imprévisible	Prévisibilité Imprévisibilité
Probable	Probabilité	
Réfragable	Irréfragable	
Contestable	Incontestable	Contestabilité Incontestabilité (néol.)
Capable	Incapable	
Élégible	Inéligible	Éligibilité Inégibilité
	Infrangible	
	Inviolable	Inviolabilité
Opposable	Inopposable	Opposabilité Inoposabilité
Résoluble		
	Indissoluble	Indissolubilité
Excusable	Inexcusable	Excusabilité ? Inexcusabilité ?
Aliénable	Inaliénable	Aliénabilité

(44) Terme que le Vocabulaire juridique propose de substituer à breveté (qui désigne plus exactement l'objet du brevet) pour désigner le bénéficiaire de celui-ci (terme repris à la tradition). V. note 42, ci-dessus.

(45) Les cases vides donnent une idée de néologismes futurs (?). ceux-ci se forment en cascade : constructible est nouveau ; il n'a pas tardé à donner constructibilité ; Sur contestable sont venus contestabilité, incontestabilité.

		Inaliénabilité
Disponible	Indisponible	Disponibilité
		Indisponibilité
Cessible	Incessible	Cessibilité
		Incessibilité
Convertible	Inconvertible	Convertibilité
		Inconvertibilité
Réparable	Irréparable	
Partageable	Impartageable	
Dommageable		
Préjudiciable		
Imputable		Imputabilité
Appréciable		
Évaluable		
Quérable		
Portable		
Révisable		Révisabilité
Fongible		Fongibilité
Consomptible		
Divisible	Indivisible	Divisibilité
		Indivisibilité
Imposable		
Redevable		
Justiciable		
Contribuable		
Solvable	Insolvable	Solvabilité
		Insolvabilité
Constructible (néol).	Inconstructible	
Coupable		Culpabilité
Passible		
Punissable		
Responsable	Irresponsable	Responsabilité
		Irresponsabilité
Résiliable		Résiliabilité
Réinsérable		
Annulable		Annulabilité
Révocable	Irrévocable	Révocabilité
		Irrévocabilité
Rétractable		
Restituable		
Exigible		Exigibilité
Recevable	Irrecevable	Recevabilité
		Irrecevabilité

Communicable
Compensable
Justifiable (46) Injustifiable

β) Les suffixes en-*oire* marquent des *objectifs,* des fins, des finalités à atteindre, des résultats recherchés. De tels suffixes sont d'autant plus importants que cette indication de tendance ou d'objet peut affecter aussi bien une initiative privée (demande, clause, action) qu'une procédure, une décision de justice, une loi, etc.

Compromissoire (clause)
Rémunératoire (donation)
Dérogatoire (clause)
Résolutoire (clause)
Exonératoire (clause)
Interrogatoire (action)
Rédhibitoire (action)
Rescisoire (action)
Possessoire (action)
Petitoire (action)
Recursoire (action)
Dilatoire (exception ou manœuvre)
Attentatoire (acte ou comportement)
Commissoire (pacte)
Révocatoire (action)
Libératoire (paiement)
Satisfactoire (réparation)
Accusatoire (procédure)
Probatoire (mesure)
Conservatoire (mesure)
Moratoires (dommages-intérêts)
Accessoire (mesure)
Préparatoire (mesure)
Interlocutoire (mesure)
Compulsoire (procédure du)

(46) La dérivation populaire nous vaudra « vendable », « factorable » (seraient-ils pendables ?).

Dilatoire (mesure)
Compensatoire (prestation, ou dommages-intérêts)
Déclaratoire (décision)
Absolutoire (décision)
Libératoire (décision)
Comminatoire (mesure)
Rogatoire (commission)
Déclinatoire (de compétence)
Abrogatoire (loi)
Obligatoire (règle, décision, accord)
Exécutoire (décision, mesure)
Attestatoire (serment)
Promissoire (serment)

De nombreux autres adjectifs, en-*oire* sont aujourd'hui peu usités : juratoire, restitutoire, collusoire, assertoire, récriminatoire.

γ) Les suffixes en-*if* sont essentiels, car ils indiquent un *effet* ou une *fonction* ou une *tendance* dans cette fonction. Lorsque l'effet indiqué est spécifique, le dérivé se charge d'un sens technique de précision.

Législatif	Extinctif	Confirmatif
Exécutif	Acquisitif	Définitif
Administratif	Constitutif	Alternatif
Impératif	Déclaratif	Facultatif
Prohibitif	Translatif	Adoptif
Indicatif	Attributif	Récognitif
Permissif	Dévolutif	Estimatif
Restrictif	Élisif	Nominatif
Extensif	Affirmatif	Privatif
Limitatif	Rétroactif	Subrogatif
Énonciatif	Modificatif	Pignoratif
Abolitif	Infirmatif	Nuncupatif
Abdicatif		

c) *La préfixation* (47)

32. — La composition par particules demeure une source abondante d'enrichissement du vocabulaire juridique. La simplicité de son mécanisme, par adjonction

(47) V. SOURIOUX et LERAT, n° 13, p. 24.

d'un préfixe, préposition ou adverbe, à un radical, substantif, adjectif, verbe ou participe, explique que ce mode de formation, qui est à l'œuvre depuis les origines, ouvre toujours libre carrière aux néologismes : dire appelle contredire, enquête contre-enquête, parental, monoparental, etc.

L'essentiel serait de comprendre plus précisément pourquoi ce sont, en général (48), les même préfixes qui continuent d'être des modes privilégiés d'expression. Sans doute faut-il imaginer qu'il existe des affinités particulières entre la signification secondaire dont ils sont porteurs et les fonctions que développe le droit.

1° *Fonction d'association* : Le préfixe *Co-*.

Le préfixe Co-, de l'adverbe latin *cum*, avec, exprime la participation de plusieurs personnes à une même opération, mais sous d'importantes nuances. Il peut s'agir :

— Soit du simple fait d'être impliqué dans le même événement ou dans le même ensemble :

Coïnculpés

Comourants (49)

Colocataires

— Soit de la participation à l'élaboration d'une convention, comme parties (contractants), partenaires dont chacun défend son propre intérêt.

Cocontractants

Copermutants

Coéchangistes

Cosignataires.

— Soit de la participation à une opération dans laquelle plusieurs s'opposent ensemble au même adversaire :

Codemandeur	Consorts	Colitigants
Codéfendeur	Litisconsorts	Cobelligérants

— Soit de la participation à une opération d'ensemble dans laquelle chacun est investi de *droits distincts semblables* et *concurrents*, coexistence non exclusive d'un intérêt commun :

Cohéritiers	
Coïndivisaires	Copropriétaires
Copartageant	Coassociés
Colicitants	Coassureurs

(48) V. par exception, le succès du préfixe *dé*.

(49) L'idée de simultanéité est ici atténuée par l'ordre chronologique que la théorie des *commorientes* a pour objet d'établir entre les décès des comourants. C. civ., art. 720 et s.

— Soit, de façon plus poussée, du fait de partager avec d'autres, dans un rapport de droit, la même qualité de sujet, actif ou passif, comme titulaire *d'un même droit*, ou débiteur *d'une même* obligation.

Coauteur
Cotitulaires
Cobailleur
Copreneurs
Cogérants
Comandants (C. civ., art. 2002)
Codébiteurs
Coobligés
Cofidéjusseurs
Colégataires

2° *Fonction modificatrice* : Les préfixes *sous, avant, pré, sur.*

Certains préfixes épousent les complications qu'introduisent, dans les rapports de droit, les modifications d'un élément simple et principal. Ils servent à désigner les combinaisons et modalités auxquelles se prêtent les relations juridiques.

— Le préfixe *sous* caractérise en général une opération secondaire conclue entre l'une des parties à une opération principale et un tiers, et reconsidérant, dans le rapport subséquent, tout ou partie de l'objet du rapport originaire, sans effacer celui-ci.

Sous-contrat
Sous-location
Sous-entreprise
Sous-traitance
Sous-mandat
Sous-affrêtement
Sous-agent

Ce même préfixe se charge cependant de significations différentes et variables dans les termes suivants :

Sous-acquisition
Sous-ordre
Sous-contribution
Sous-préfecture
Sous-secrétariat d'État
Sous-commission
Sous-quartier
Sous-assurance

Le préfixe *avant* (du latin *ab* et *ante*) sert à désigner une opération antérieure qui, destinée à préparer une opération principale, n'apporte pas, en elle-même de solution définitive, et n'emporte en général aucun engagement.

Avant-contrat

Avant-projet

Avant-métré

Avant dire droit

— Le préfixe *pré* (du lat. *prae*, en avant, devant) désigne en général ce qui vient en premier dans le temps (ce qui est fait, peut être fait, ou doit être fait d'abord) :

— Préavis
— Préméditation
— Préemption
— Préparatoire
— Précompte
— Préciput
— Préopinant
— Prélèvement
— Préjugé
(d'où également
préjudice)

Cependant cette antériorité chronologique est parfois ce qui reste de l'action de venir en premier dans l'espace, de marcher devant :

— Préambule (lat. *praeambulum*, de *prae*, avant et *ambulare*, marcher).

— Préalable (même étymologie).

— Précédent (lat. *praecedeus*, du v. *praecedere*, marcher devant).

Et cette priorité est aussi devenue le symbole d'une supériorité. Ainsi dans :

— Préséance, de *prae* et seoir de *sedere*, être assis.

— Présidence, de président, *praesidens* du v. *praesidere*, être assis devant.

— Prérogative, latin juridique *praerogativa*, qui désignait d'abord la centurie qui votait la première.

— Precepte, latin *praeceptum*, enseignement majeur, à observer d'abord.

La place dans l'espace a laissé d'autres traces : prétention, du latin *praetendere*, tendre en avant.

— Préliminaire, avant le seuil (*prae, limen*).

— Prénom, qui précède le nom.

— Préférence, de préférer, *praeferre*, porter en avant.

— Prescription, de *praescriptio*, de *praescribère*, écrire en tête.

— Présent, lat. *praesens*, de *praeesse*, être en avant.

— Le préfixe *sur*, du latin *super* ou *supra*, en-dessus, au-dessus, par-dessus, désigne ce qui vient après, en plus et par le haut, d'où (50) : — Soit une idée de supériorité :

surveillance

surarbitre

surenchère

---

(50) Sans exclure des « effets de facettes » comme dans sursis (sur et seoir d'après *supersedere*) ou surassurance (ant. sous-assurance).

— soit une idée d'adjonction, de supplément :

Surprime	Surcharge	Surabondant
Sursalaire	Surnuméraire	Surnom
Surtaxe	Surestaries	

3° *Fonctions d'oppositions* : Les préfixes *contre, de-, non, a-*.

Divers préfixes désignent au sens le plus large de ces termes des rapports d'opposition pouvant englober l'adversité, la contradiction, l'inversion, le renversement, la contrariété, la privation, la négation, soit même l'échange : typologie de rapports dont le droit est marqué aussi bien dans le mouvement des actions, des agissements, des comportements ou des tendances que dans la démarche de la pensée et la définition des concepts.

— Le préfixe *contre* exprime en général, soit l'idée de s'opposer à une prétention ou à un acte :

Contradiction

Contredit

Contre-Enquête

soit, plus spécifiquement, celle de neutraliser un acte antérieur :

Contre-Lettre

Contre-Passation

ou même, celle de s'insurger contre une règle :

Contrebande

Contravention.

Cependant le même préfixe exprime parfois aussi l'idée d'action supplémentaire ou de complément (51) :

Contre-Assurance

Contre-Dénonciation

Contreseing

Contrestarie

Contresurestarie,

ou plus rarement celle d'apport d'une contribution réciproque :

Contrepartie

Contreprestation.

---

(51) Faudrait-il y rattacher contrefaçon ?

Le préfixe *dé-*, exprime en général soit l'action de dépouiller un élément existant de l'un de ses caractères, soit celle de défaire ce qui avait été fait : D'où l'immense succès de ce préfixe, comme mine de néologismes, dans une période de transformation et d'alternance (52)

Débudgétisation	Démilitarisation
Déclassement	Démonétisation
Désaffectation	Denaturalisation
Décentralisation	Dénaturation
Déconcentration	Dépénalisation
Déconstitutionnalisation	Désarmement
Décriminalisation	Déréglementation
Démariage	Déspécialisation
Dématérialisation	Désectorisation.

Toutefois, le préfixe *dé-* exprime aussi, sous de multiples nuances, les idées de séparation, privation, détachement (débarquement, débours, déchargement, déchéance, décompte, déduction, dégrèvement, déguerpissement, délaissement, délivrance, démembrement, département, déplacement, déportation, dépossession, députation, dessaisissement, etc.).

— Le préfixe *non* est la cheville classique et toujours utile qui marque, dans le concepts ou les actes, la contrariété.

Non application de la loi	Non Intervention
Non Assimilation	Non Lieu
Non Assistance	Non Opposabilité
Non Concurrence	Non Opposition
Non Conformité	Non Présent
Non Contrariété	Non Réceptice
Non Cumul	Non Réciprocité
Non Droit	Non Représentation
Non Écrit	Non Rétablissement
Non Fongibilité	Non Rétroactivité
Non Identification	Non Usage
Non Imputabilité	Non Valeur
Non Ingérence	Non Viable

— Le préfixe *a-* (du grec α, privatif) ou an- (du grec $\alpha\nu$, sans) dénote l'absence, le défaut :

Amnistie (absence de mémoire, oubli, pardon)

Anarchie (absence de gouvernement, d'ordre)

Anomal (dissemblable)

---

(52) En attendant les *re-*. Ex. : réaffectation, remilitarisation (renationalisation... ?).

Anomalie (absence de similitude, défaut de régularité)
Anomie (absence de règle, vide juridique)
Anonyme (sans nom)
Anormal (hors de la norme)
Apatride (sans patrie)
Asile (à l'abri de toute violation, lieu).

4° *Préfixes divers*

Un échantillon de quelques autres préfixes dont l'emploi n'offre aucune particularité dans le vocabulaire juridique n'a d'autre intérêt que de rappeler le sens ordinaire de racines grecques familières :

— *Ana* (du grec *ανα*, une seconde fois, entre, parmi).

- analogie (*ανα*, entre, *λογος*, discours), rapport d'une chose avec une autre.
- analectes (*ανα*, parmi, *λεγω*, choisir), morceaux choisis dans une œuvre.
- analyse (*ανα*, parmi, *λυω*, délier), décomposition d'un tout en ses éléments.
- anatocisme (*ανα*, une seconde fois, *τόχος*, impôt), capitalisation des intérêts.

— *Anti* (du grec *άντί*, en échange, contre, à l'opposé)

- antichrèse (*άντίΧϱησις*), action de se servir d'une chose en échange d'une autre, aujourd'hui nantissement d'un immeuble. C. civ., art. 2072, 2085 et s.
- antidote (*άντί* contre, δοω, je donne) contrepoison
- antilogie (*άντί*, à l'opposé, *λογος*, discours) contradiction.
- antinomie (*άντί*, contre, à l'opposé, *νομος*) contradiction entre deux lois, opposition entre deux termes qui s'excluent l'un l'autre.

— *Apo* (du grec *απο*, loin, sur, hors de, à part)

- apocryphe (*απο*, loin, *Χϱυφος*, caché) texte dont l'authenticité est obscure.
- apologie (*απο*, sur, *λογος* discours) Discours pour la défense et la justification d'une thèse ou d'un comportement
- apologue (*απο*, loin, *λογος*, discours), fable composée pour parvenir, indirectement, à une conclusion morale
- apostille (*απο*, à l'écart, *postilla ?* note), addition en marge.

— *Auto* (du grec *άυτος*, soi-même).

- autocratie (de autocrate, grec *άυτοΚϱατής*, maître absolu) régime dont le chef exerce par lui-même (et sans partage) le pouvoir.
- autonomie, du grec *άυτονομία*, aptitude à se régir par ses propres lois (*άυτος*, *νομος*).

- autographe (*ἀντος*, soi-même, *γραφω*, j'écris), écrit de la main de l'auteur.
- autopsie (*ἀντος*, soi-même, *οπτομαι*, voir), sorte de vérification personnelle (*ex propriis sensibus*) ; d'où ouverture d'un cadavre afin de connaître les causes de la mort.

— *Mono* (du grec *μόνος*, seul, unique). Monarchie (*μόνος*, seul, *αρXη*, gouvernement) règne d'un seul.

- monocratie (*μόνος*, seul, *χρατος*, puissance, gouvernement d'un seul.
- monogamie (*μόνος*, seul, *γαμος*, mariage).
- monoparental (*μόνος*, seul, de parent) à un seul parent.
- monopole (*μόνος*, seul *πωλειν*, vendre), privilège ou position d'exclusivité dans la vente d'un produit ou une autre activité.

C. — LA COMPOSITION (53)

33. — La composition est la formation d'une entité significative nouvelle à partir de termes préexistants dotés d'une individualité propre. Elle combine des mots, non des radicaux, en une nouvelle unité sémantique. Ainsi schématiquement présenté, ce mode de formation paraît se caractériser par trois traits :

— Le résultat de la composition — le composé — est un mot. Il constitue un ensemble semantiquement distinct des éléments qui le composent.

Il forme un tout doté d'un sens propre. Et même si la décomposition analytique de l'ensemble est instructive, l'essentiel est de prendre acte du sens global qui s'attache à la réunion des éléments en une unité significative distincte. Le mot composé est sémantiquement un. C'est un agglomérat de signifiants porteur d'un signifié de synthèse.

— Les éléments de la compositon — les composants — sont aussi, en général (54), des termes qui, pris à part, sont dotés, *ut singuli*, d'un sens autonome et demeurent reconnaissables.

— Les modalités de la composition correspondent à d'innombrables combinaisons. La composition proprement dite procède par ellipse et se forme souvent par apposition, avec ou sans trait d'union. Mais au sens large, elle englobe la simple juxtaposition (55). En schématisant, nous nous bornerons à en échantillonner quelques types.

---

(53) V. l'étude fouillée de MM. SOURIOUX et LERAT, n°s 14 et s. qui marquent l'anomalie de certains composés, en synchromie, du point de vue morphologique ou syntaxique.

(54) Cependant, la composition comprend aussi, dans un sens plus large encore, la préfixation ou composition par particules.

(55) Elle englobe même les cas où la soudure est devenue parfaite. Ex. : sauvegarde, malfaçon.

Ces divers modes présentent l'intérêt essentiel de se reproduire dans la vie présente du langage traditionnel, ils sont toujours actuels. Ainsi la composition demeure-t-elle source vive de néologie. On comprendra sans peine que la complexité croissante du système juridique lui demande de remplir une fonction primordiale, celle de nommer les nouvelles figures de l'ordre juridique. Les innovations juridiques demandent leur nom de baptême à des inventions par composition. Le nombre limité des signifiants de base, plus exactement des mots élémentaires, n'est contournable que par recours aux ressources illimités de la combinaison (à deux, trois ou quatre éléments, ou même davantage).

Quelques chiffres donnent une idée de l'ampleur du phénomène : Sur les 9 200 mots que définit le Vocabulaire juridique, plus de 5 000 constituent des entrées secondaires, dites encore sous-mots : Ce sont des mots composés rattachés à l'une de leurs composantes (par ex. : abandon d'enfant à enfant, héritier apparent à apparent). Mais cette proportion (5/9e, plus de la moitié) ne totalise même pas tous les mots composés. Car ceux d'entre eux qui ont une individualité linguistique encore plus accentuée (il faudrait dire un isolement linguistique) constituent dans le Vocabulaire (56) des entrées principales (ex. : manque de base légale, magasins généraux, subornation de témoins) (57). On pourrait admettre que les deux tiers des termes du Vocabulaire juridique constituent des mots composés (*stricto sensu*).

a) *Apposition d'un substantif à un autre*

La fonction primordiale de cette combinaison est de réunir sinon les données essentielles de la nature juridique de ce qui est désigné, au moins les directives qui permettent de la chercher. La forme composite est ainsi souvent l'exacte traduction linguistique d'une nature hybride, sans cependant nier qu'une opération complexe est fréquemment autre chose que la somme de ses composantes. La composition est indicative, même lorsqu'elle est réductrice.

Donation-partage
Testament-partage
Location-vente
Location-gérance
Location-attribution
Charte-partie (mais ce dernier terme était à l'origine un adjectif)

Cession-bail
Assurance-crédit
Assurance-caution
Crédit-bail
Droit-fonction

(56) Vocabulaire Juridique, P.U.F. 1987, 2e éd. 1990.

(57) Ce n'est pas dire que les sous-mots ne constituent pas des entités significatives indivisibles. Mais leur présentation en sous-mot, dans le Vocabulaire juridique, a le double avantage de faire prévaloir le rattachement à la composante dotée de la plus forte attraction sémantique, et, pour cette composante, de faire miroiter toutes les facettes de son sens, sous les diverses combinaisons qui lui sont rattachées.

Parfois le double substantif a plus modestement un caractère descriptif, destiné a marquer notamment le domaine plus que la nature de ce qui est désigné.

Assurance-décès.

Assurance-natalité.

Ferme-auberge.

Capital-risque

b) *Juxtaposition d'un substantif et d'un adjectif*

C'est, avec la suivante, la combinaison de beaucoup la plus répandue. Son intérêt majeur est de montrer la force de l'adjectif dans la détermination du sens du mot composé. Car le substantif est neutre, et c'est l'apport décisif de l'adjectif qui fait du tout la désignation d'une institution ou d'une opération. L'accent placé sur le déterminant (l'adjectif) le porte parfois en tête du déterminé (58) :

Bonne foi
Bonnes mœurs
Nue propriété
Folle enchère
Commune renommée
Belle mère
Blanc seing
Tierce opposition
Tacite reconduction
Itératif commandement
Amiable composition
Double aveu

Le plus souvent le déterminé précède le déterminant. Les applications les plus récentes de cette composition montrent qu'elles s'opèrent, fidèlement, sur le modèle traditionnel :

Prestation compensatoire
Autorité parentale
Entreprise commune
Contrats couplés
Majeur protégé
Promotion immobilière
Chiffre noir
Assistance éducative

Les antécédents sont innombrables :

Rente viagère
Pension alimentaire
Avantage matrimonial
Don manuel
Concubinage notoire
Action paulienne
Convention collective
Sécurité sociale
Aide judiciaire
Prestation familiale
Contrat administratif
Cas fortuit
Force majeure
Cause étrangère
Bourse commune
Ordre public, etc.

(58) V. SOURIOUX et LERAT, n° 14.

c) *Compositions binaires (59) à cheville*

Elles associent deux substantifs, mais avec l'atout décisif d'une cheville (article, adverbe, préposition) qui noue le sens global par une indication essentielle (marquant la fin, le moyen, l'objet, l'appartenance, la cause, le fondement, etc.). Ce sont, en un sens, les formations les plus belles et les plus pures, compte tenu de la précision juridique qu'elles atteignent avec cette économie de moyen.

Devoir *de* secours
Cession de créance
Contrat de travail
Présomption d'absence
Acte de commerce
Fonds de commmerce
Auxiliaire de justice
Droit de suite
Droit de repentir
Brevet d'invention
Bail à cheptel
Bail à nourriture
Bail à construction
Vente *à* réméré
Obligations *à* fenêtres
Prise à partie
Légitimation *par* mariage
Contrainte par corps
Enrichissement *sans* cause
Divorce *sur* double aveu
Divorce sur demande conjointe
Ordonnance sur requête
Entrée *en* vigueur
Mise en état
Date en paiement
Mise en demeure
Envoi en possession
Rescision *pour* lésion, etc.

d) *Compositions avec verbe*

Elles sont relativement rares, mais intéressantes parce qu'atypiques et difficiles à remplacer, même lorsqu'elles sont archaïques :

Ayant compte
Rendant compte
Ayant droit
Ayant cause
Prétendant droit
Ouvrant droit

Plus courants, d'autres formations ont toute leur force d'évocation :

Aide mémoire
Porte fort
Prête-nom
Passe-droit
Savoir-faire
Faire-valoir

(59) Ou exceptionnellement plus complexes.

e) *Ensembles soudés (séquences figées (60))*

C'est pour de telles formations souvent longues et complexes qu'il est essentiel de saisir l'indivisibilité du sens d'ensemble.

Par exception, certaines ne disent plus ou ne disent pas assez clairement ce qu'elles veulent dire :

Dénonciation de nouvel œuvre.

Commencement de preuve par écrit.

Mais, en général, ces ensembles ont la propriété remarquable de donner une représentation essentielle de ce qu'elle désigne (action, institution, etc.) en en marquant la fin, l'objet, le moyen, la condition, précision qui rachète la longueur :

Acceptation sous bénéfice d'inventaire

Autorité de chose jugée

Donation de biens à venir

Adjudication sur folle enchère

Recours pour excès de pouvoir

Manque de base légale

Acte sous seing privé

Action en recherche de paternité (C. civ., art. 540). Et c'est pourquoi la composition sur ce mode est toujours en action :

Légitimation par autorité de justice (C. civ., art. 333).

Divorce pour rupture de la vie commune (C. civ., art. 237).

Action à fins de subsider (C. civ., art. 342).

Mesures judiciaires de protection (C. civ.,art. 1396).

Transfert judiciaire d'administration (C. civ., art. 1426, 1429)

§ 2. — LES RAPPORTS DE COMPARAISON

34. — Ce sont ceux qui résultent, entre deux mots, du rapprochement, dans l'usage actuel, du ou des sens que possèdent ces mots. Le lien qui unit ceux-ci n'est plus ici principalement morphologique, mais principalement sémantique. Ce lien n'est pas, en diachronie, le fruit d'un rapport historique de formation. Il existe, en synchronie, comme un rapport actuel de signification.

La synonymie et l'antonymie sont les deux rapprochements sémantiques les mieux caractérisés. Mais ils le sont tellement, ils correspondent à des rapports si parfaits qu'il est plus instructif de tailler plus large dans l'ordre des rapports de

(60) Terminologie adoptée par MM. SOURIOUX et LERAT, et M. Pierre GUIRAUD.

sens, et de rattacher chaque espèce au genre plus large qui le contient. On examinera la synonymie au sein des rapports d'analogie, et l'antonymie dans l'ensemble des rapports d'opposition.

Analogie et opposition remplissent en parallèle une fonction définitoire évidente. Ce sont les auxiliaires, d'ailleurs complémentaires, de la définition lexicale.

A. — LES RAPPORTS D'ANALOGIE

L'analogie est prise ici dans le sens où elle englobe aussi bien l'exacte similitude qui caractérise les synonymes, que la proche parenté de sens existant entre des termes à peu près équivalents.

Si large soit-il, cet ordre de rapport n'englobe pas la connotation. Celle-ci en effet ne renvoie pas nécessairement à un autre mot. Son propre est de renvoyer à une idée ou à une image qui enrichit la charge du mot de base d'un sens second ou d'un effet de valeur. Par connotation, « interdiction » renvoie à sanction et à répression, non à protection (d'où son élimination dans le droit des incapables majeurs, au bénéfice de tutelle, curatelle, sauvegarde de justice).

a) *Les synonymes*

Les véritables synonymes sont rarissimes. On cite :

{ Dommage
{ Préjudice

Mais ce n'est pas certain (61). On pourrait admettre :

{ Congédiement
{ Licenciement

{ Oral
{ Verbal

{ Clause (62)
{ Stipulation

La rareté de la synonymie tient à la définition ordinaire de celle-ci et à diverses autres causes.

1e *Définition de la synonymie (63)*

Deux termes ne sont, à proprement parler, synonymes que lorsqu'ils possèdent exactement le même sens, de telle sorte que, pour exprimer la même chose, ils

(61) Dans certaines analyses doctrinales, le préjudice est la conséquence du dommage, le mal que subit la victime par l'effet du dommage. Il reste que, dans la pratique, les deux termes sont employés l'un pour l'autre.

(62) On trouve aussi le terme « disposition » (au moins pour désigner les clauses du testament : disposition testamentaire).

(63) Elle n'a rien de spécifique dans le vocabulaire juridique.

sont absolument interchangeables. Dualité de signifiants, identité de signifié sont les critères de la synonymie. L'équivalence sémantique des synonymes est d'autant plus rigoureuse que c'est le sens dénotatif que ceux-ci ont en commun (64). Ils sont vraiment équivalents parce qu'ils désignent la même chose.

Ainsi pourrait-on admettre que, pour une demande en justice, *initial* et *principal* sont synonymes (65), puisque la demande initiale, ou introductive d'instance, est celle par laquelle un plaideur prend l'initiative d'un procès (N.C.P.C., art. 55), celle qui vient en premier, comme la principale (au sens étymologique, *in principio*).

Cet exemple montre cependant que les synonymes seraient encore plus rares si l'on n'admettait comme tels que ceux qui ont, l'un et l'autre, un seul et même sens, et ceux qui, dotés de plusieurs sens, ont exactement le même éventail polysémique.

À ce compte, *initial* et *principal* ne seraient pas synonymes, puisque principal a plusieurs sens que ne possède pas initial. Il y a synonymie, au moins, relative, lorsque la coïncidence se produit entre l'un au moins des sens de chaque mot.

2° *Autres causes de la rareté du phénomène*

Il est difficile d'affirmer qu'elles sont particulières au vocabulaire juridique, mais elles ont sans doute, en droit, une force particulière.

— Le vocabulaire juridique est défavorable à la synonymie parce qu'il est à la recherche de la plus haute précision, et qu'il dispose d'un nombre défini de signes pour exprimer un nombre illimité de significations. Sur de telles données, la puissance analytique en laquelle réside l'une des capacités primordiales de l'esprit juridique travaille à chasser des doublons qui sont comme un gâchis linguistique. La synonymie étant l'antithèse de la polysémie (deux signifiants pour un signifié, un signifiant pour deux ou plusieurs signifiés) il est cohérent que les facteurs (66) qui développent la polysémie (faute de moyens) tendent *a fortiori* à réduire la synonymie (pour obtenir, au minimum, un plein emploi des moyens).

— S'il y a peu de véritables synonymes, c'est qu'il en est beaucoup d'apparents. La plupart de ces faux synonymes sont employés comme équivalents, par une confusion du genre et de l'espèce. *Convention* et *contrat* sont dits l'un pour l'autre, alors que le contrat n'est qu'une espèce de convention. En contexte, ce n'est pas toujours grave, et ce peut être indifférent dans un langage d'évocation. Mais la

---

(64) V. Josette REY-DEBOVE, lexique sémiotique.
(65) En pratique, puisque dans la loi, le premier terme a vocation à supplanter le second.
(66) Rareté des signes et travail d'analyse.

synonymie s'évanouit quand il faut être précis et replacer chaque sens à son rang. Exemples :

Cédé (sens générique) : se dit d'un bien aliéné (67)
soit à titre onéreux.
soit à titre gratuit.
Vendu (sens spécifique) : cédé à titre onéreux.

Jugement *rendu* (sens générique) : se dit aussi bien du jugement *prononcé* (oralement) que du jugement dont le texte est mis à la disposition des parties (dans les cas exceptionnels où il n'a pas à être prononcé).

b) *Les « à peu près »*

35. — La synonymie approximative recouvre une grande diversité de rapports.

— Certains termes, très proches de sens, ne se distinguent que par leur valeur (68). L'un n'est que le doublet populaire de l'autre, plus savant, plus technique, ou ne porte qu'un sens neutre, quand l'autre, plus coloré, plus spécifique est comme lié à un milieu ou à une façon de parler. Exemples :

Renforcer (valeur neutre, courante)

Corroborer (plus spécifique et technique) un indice, une affirmation.

Établir (valeur neutre).

Prouver (plus technique).

Former appel (expression neutre).

Relever, interjeter appel (à la fois plus imagé et plus « basoche »).

Passer un bail (plus familier)

Conclure un bail (plus professionnel)

Laisser (terme courant).

Léguer (terme technique).

— Des nuances de fond marquées (par le travail analytique de l'esprit juridique) empêchent de tenir pour rigoureusement équivalents des termes pourtant très voisins de sens :

---

(67) Aliéné, cédé, aliénation, cession, aliénabilité, cessibilité sont presque synonymes. Et pourtant aliéné, aliénation, etc. se disent surtout d'un bien corporel, cédé, cession, etc., surtout d'un bien corporel. Ex. : aliénation d'un immeuble ; cession de créance.

(68) Ainsi : *résoudre* (neutre) et *trancher* (expressif) un litige ; *casser* la décision attaquée (terme technique ordinaire pour un arrêt de cassation) et *censurer* (terme de prestige mieux choisi pour marquer que la Cour de cassation condamne une doctrine).

- *Valable* et *valide* servent également à caractériser un acte juridique dont la formation n'est entachée d'aucune cause de nullité, et qui réunit donc toutes les conditions exigées pour sa validité (le substantif leur est commun). Cependant valable se dit surtout pour un contrat, une convention, valide plutôt pour une décision (pour un mariage aussi cependant).
- *Légal* et *licite* expriment l'un et l'autre la conformité à une norme juridique. Mais légal signifie spécifiquement, conforme à la loi, et licite, plus généralement, conforme au droit.
- *Pension* et *rente* correspondent l'un et l'autre, pour une personne, à une source de revenus prenant la forme de versements périodiques (par op. à capital), mais pension a en général un fondement légal et un caractère alimentaire, tandis que la rente a plutôt une origine conventionnelle ou judiciaire et un caractère indemnitaire (rien d'absolu cependant).
- *Invoquer, soulever, relever,* un moyen de droit paraissent équivalents. Cependant invoquer est générique et, dans le Nouveau Code de procédure civile, soulever n'est employé que de la part des parties, relever pour le juge (qui relève d'office, etc.).

— Certains termes ne sont synonymes que dans le langage particulier d'un milieu qui fait abstraction de leurs différences. Cette synonymie par façon de parler est courante dans le langage du Palais. Les variations littéraires et les figures de langage autorisent un laxisme intentionnel qui ne méconnaît pas (ou le suppose) le sens strict de termes employés l'un pour l'autre. Ainsi le style oral accrédite-t-il comme synonymes dans le monde judiciaire :

- Action et demande en justice.
- Demander, requérir, réclamer.
- Considérer, examiner.
- Apprécier, estimer.
- Réformer, infirmer, émender.
- Rejeter, écarter.
- Juger, décider. Il est vrai qu'au sein du langage judiciaire, ces deux synonymes sont presque parfaits, de même que décision (de justice) et jugement, lorsque ces deux termes sont pris dans un sens générique.

B. — LES RAPPORTS D'OPPOSITION

36. — Les oppositions de mots sont encore plus stimulantes que les analogies pour leur définition, car c'est souvent par contraste que s'éclairent leurs sens respectifs. Le sens d'un mot ne se pose qu'en s'opposant au sens d'un autre. Les rapports d'opposition sont les auxiliaires précieux de la définition lexicale.

L'antonymie, forme le noyau dur de ces rapports, mais ceux-ci ont d'autres ramifications qui deviennent fertiles quand on les raccorde à des classifications. Elles produisent alors ce que l'on pourrait appeler des *opposants de classification*.

a) *Les antonymes*

L'antonymie est le contraire de la synonymie (69). Deux termes sont antonymes, à proprement parler, lorsqu'ils s'opposent par la contrariété de leur sens dénotatif. Par rapport à un mot, son antonyme est doté d'un sens directement opposé. Entre deux monosèmes, l'antonymie est simple et absolue. Mais elle peut être relative (entre polysèmes ou entre polysème et monosème).

L'antonymie est plus ou moins marquée formellement ; elle est aussi plus ou moins complexe.

1° *Les antonymes morphologiquement marqués*

Ils ont été formés ou se forment encore par adjonction d'un préfixe négatif (principalement *in* et *non*) (70).

—	Aliénable	Inaliénable
	Disponible	Indisponible
	Cessible	Incessible
	Licite	Illicite
	Légal	Illégal
	Moral	Immoral
	Existant	Inexistant
	Corporel	Incorporel
	Opposable	Inopposable
	Meuble	Immeuble
	Contradictoire	Non contradictoire
	Exécutoire	Non exécutoire
	Écrit	Non écrit
	Opposition	Non opposition
	Intervention	Non intervention
	Cumul	Non cumul
	Concurrence	Non concurrence
	Assistance	Non assistance
	Imputabilité	Non imputabilité
	Rétablissement	Non rétablissement

(69) « Antonyme » est antonyme de synonyme.

(70) Le préfixe *extra* sert plus rarement à exprimer une opposition. Ex. : contractuel, extracontractuel ; patrimonial, extrapatrimonial. De même le préfixe *dis :* continu, discontinu.

Rétroactivité	Non rétroactivité
Révisable	Non révisable
Usage	Non usage

Ces antonymes sont donc les plus reconnaissables. Ce sont aussi les plus sûrs ; Encore faut-il être vigilant. Car certains préfixes sont trompeurs (notamment le préfixe *de*).

Désaffectation est le contraire d'affectation,

Démariage, le contraire de mariage,

Désinvestiture, le contraire d'investiture.

Mais délégalisation n'est pas le contraire de légalisation

Dépénalisation n'est pas le contraire de pénalisation (mais celui d'incrimination).

Il reste que ces antonymes morphologiquement marqués sont relativement rares, alors qu'à tout signifié correspond un signifié opposé. Pour exprimer cette contrariété de sens, à défaut d'antonyme ostensible, et autrement que par une périphrase toujours possible, il existe parfois des antonymes occultes, mais ils ne sont souvent qu'approximatifs (comme les analogies). Plus radicalement, ils sont même parfois difficiles à discerner. Quel est le contraire d'instituer : destituer ? ne pas instituer ? Le contraire de contrat : distrat ou refus de contracter ? Contraire de valable : nul (annulé) ou annulable ? Ces exemples ne sont qu'une invitation à la recherche. En linguistique, le discernement de la juste contrariété des sens présente la même difficulté, et non sans lien, que le maniement de l'argument *a contrario* en logique. Ces difficultés culminent en cas de polysémie.

2° *Les polysèmes à opposition tournante*

C'est pour les termes à sens multiples que le jeu des oppositions est tout à la fois le plus éclairant et le plus délicat.

Les multiples sens de l'adjectif *principal* se distinguent mieux si l'on marque que ce terme signifie : important ou le plus important par opposition à *accessoire,* secondaire, complémentaire ; considéré par priorité, par opposition à *subsidiaire* ; initial, inaugural, par opposition à *incident.*

Pour la plupart de ces sens, l'adjectif *matériel* est présenté par opposition dans le Vocabulaire juridique. *Matériel* :

- Par opp. à *moral* et à *corporel :* pécuniaire, patrimonial, économique (ex. : préjudice matériel).
- Par opp. à *territorial* et *processuel :* qui touche au fond du droit. Ex. : droit matériel.
- Par opp. à *formel* et à *organique :* qui a trait au contenu de l'acte (loi au sens matériel).

- Par opp. à *juridique :* qui n'est pas destiné à produire un effet de droit (opération matérielle).
- Par opp. à *légal* et à *moral :* de pur fait (élément matériel de l'infraction).
- Par opp. à *formel :* qui suppose atteint le résultat cherché (ex. : délit matériel).

La polysémie se met plus clairement en place dans l'éventail des oppositions. Le rattachement aux classifications produit la même lumière.

b) *Les opposants de classification*

37. — On pourrait ainsi nommer les termes qui, pris comme éléments d'une classification, s'opposent au sein de celle-ci sous un certain rapport. Exemple : la doctrine et la jurisprudence. Ces opposants ne sont pas à proprement parler des antonymes, car ils ne possèdent pas des sens opposés (71). Mais ils s'opposent par la différence spécifique que met en relief leur rapprochement au sein d'une classification. Ces contrastes relatifs sont, comme la synonymie et l'antonymie, de puissants auxiliaires de la définition. Leur importance privilégiée dans le vocabulaire juridique est une conséquence logique de la fonction éminente qu'assume la classification comme facteur d'ordre de la pensée juridique.

Ces oppositions accouplent les notions-clés de l'ordre juridique. Elles mettent en coupe réglée les champs de la connaissance juridique. Il est significatif que la majorité des oppositions soient binaires. Mais il en est de plus complexes (trinaires ou autres) qui sont loin d'être négligeables.

1° *Oppositions binaires*

α) Les plus simples et les plus descriptives mettent face à face les protagonistes d'une opération, ou d'une activité.

— *Opposants morphologiquement couplés :*

Cédant	—	Cessionnaire
Commodant	—	Commodataire
Concédant	—	Concessionnaire
Crédirentier	—	Débirentier
Demandeur	—	Défendeur
Déposant	—	Dépositaire
Donateur	—	Donataire
Mandant	—	Mandataire

(71) Il y a d'ailleurs lieu de combiner l'antonymie et l'opposition de classification. Ex. : *illicite* s'oppose tout à la fois à *licite* (son antonyme) et à *immoral* (opposant de classification).

Représentant	—	Représenté

— *Opposants morphologiquement étrangers :*

Acquéreur (ou acheteur)	—	Vendeur
Appelant	—	Intimé
Auteur	—	Victime
Bailleur	—	Preneur
Commettant	—	Préposé
Créancier	—	Débiteur
Employeur	—	Salarié
Expéditeur	—	Destinataire
Juge	—	Parties
Maître	—	Domestique
Parent	—	Enfant
Parties	—	Tiers
Patron	—	Ouvrier ou employé
Père	—	Mère
Prêteur	—	Emprunteur
Promettant	—	Bénéficiaire
Propriétaire	—	Locataire
Testateur	—	Légataire, etc.

β) Les plus riches détaillent, fondamentalement, les éléments constitutifs d'un tout ou les faces d'une institution, et proposent les principaux instruments d'analyse de la pensée juridique.

Offre	—	Acceptation
Actif	—	Passif
Créance	—	Dette
Acte	—	Fait
Forme	—	Fond
Fond	—	Preuve
Formation	—	Exécution
Constitution	—	Dissolution
Légalité	—	Opportunité
Corpus	—	*Animus*
Negotium	—	*Instrumentum*
Imperium	—	*Jurisdictio*
Contentieux	—	Gracieux
Exécutoire	—	Conservatoire
Alimentaire	—	Indemnitaire
Juridictionnel	—	Administratif
Illicite	—	Immoral
Parlement	—	Gouvernement

Ordre public	— Bonnes mœurs
Positif	— Législatif, etc.

2° *Oppositions complexes*

Elles se recoupent parfois :

• Loi / Coutume / Jurisprudence / Doctrine	• Législatif / Exécutif / Judiciaire
• Légal / Judiciaire / Administratif / Conventionnel	• Constitution / Loi / Décret / Arrêté
• Organique / Formel / Matériel	• Contractuel / Quasi-contractuel / Délictuel
• Essentiel (72) / Naturel / Accidentel	• Disposition / Administration / Conservation
• *Nomen* / *Tractatus* / *Fama*	• *Usus* / *Fructus* / *Abusus*
• Régularité / Recevabilité / Bien fondé	

Chaque terme ne se définit que par opposition aux autres éléments de son groupe. Cet effet de classification conserve son intérêt dans l'étude des familles de mots.

SECTION II

LES FAMILLES DE MOTS

38. — Les termes juridiques ne gagnent pas seulement à être rapprochés dans l'approfondissement des liens morphologiques ou/et sémantiques qui les unissent deux à deux. Il y a intérêt à les replacer au sein des familles qui les regroupent en des ensembles plus vastes, pour étudier les rapports qu'ils y entretiennent.

(72) V. leur définition dans le Vocabulaire juridique.

La famille la plus naturelle est celle qui réunit tous les mots, actuellement en usage, qui descendent d'un auteur commun, plus précisément tous les termes dont le radical provient d'un même étymon. Dans cette *famille étymologique*, la parenté des mots tient à leur racine commune. Elle est morphologiquement repérable (§ 1).

Cependant les mots peuvent s'apparenter sous d'autres rapports que leur forme ou leur origine. Par les affinités de leur sens, ils entrent, même dissemblables et étrangers, dans des *familles sémantiques* (§ 2).

Ces familles de mots présentent deux caractères qui ne sont contradictoires qu'en apparence.

Ce sont des données linguistiques, des faits de langage objectivement observables. Mais ce sont des données organisées. La constitution des familles serait plutôt une reconstitution. Les ensembles formés résultent d'un travail analytique et de regroupements (organisation rationnelle d'un donné factuel).

C'est d'ailleurs pourquoi ces regroupements divers ne s'excluent pas, mais au contraire, se recoupent, se combinent et se complètent. Chaque regroupement, résultant de la décomposition méthodique d'une réalité unique, la somme de ces regroupements recompose l'ensemble des relations lexicales dans lesquelles un même mot est impliqué.

Par leur nature (morphologique ou/et sémantique), les critères de regroupement, c'est-à-dire les liens de parenté, ne diffèrent pas des rapports observés entre deux mots. On passe d'ailleurs insensiblement des relations bilatérales aux relations élargies (la transition l'atteste. V. ci-dessus, n° 37). On pourrait même reverser dans l'étude des familles, la vue d'ensemble des termes en « ant », en « eur », en « aire », en « oire » en « ible », ou en « able », etc., dont chaque lot forme une famille morphologique (73). Si cependant ces termes ont été examinés plus haut c'est en raison de l'intérêt majeur qui s'attache, dans l'évolution de la langue, à leur formation, comme étant le résultat d'une suffixation ou d'une préfixation ou d'un autre mode de dérivation : Autant dire à leur examen sous un angle diachronique.

L'étude des familles de mots est au contraire centrée sur les relations de groupe. Dans le système actuel, en synchronie, elle cherche les rapports horizontaux qu'entretiennent, dans l'usage actuel, les éléments du groupe, même dans la famille étymologique.

§ 1. — LE REGROUPEMENT PAR RACINE

Il consiste à reconstituer, dans l'usage actuel, l'ensemble des termes juridiques dont le radical vient de la même racine (le plus souvent latine), ou de racines très

(73) Mais ce sont plutôt des séries que des familles.

voisines. Le critère de la parenté est donc la communauté d'étymon entre des mots du langage juridique actuel.

Ce lien de parenté est assez facile à identifier parce que le rattachement historique à l'étymon s'opère, *omisso medio*, en sautant du temps présent à l'origine, sans chercher à reconstituer, dans l'intervalle, les étapes intermédiaires (A).

Cependant l'essentiel est de saisir, même sans le secours de tous ces circuits, quel intérêt s'attache à ces rassemblements par ralliement à un ancêtre aussi lointain (B).

A. — LE REPÉRAGE DES FAMILLES ÉTYMOLOGIQUES

39. — On ne peut l'envisager qu'en échantillonnant quelques racines fécondes dans le langage du droit.

a) *Lex, legis* (génitif) : Terme latin signifiant « loi »

1° Termes français venant de cette racine.

— Loi (est l'accusatif latin *legem*).

— Dérivés : — Légal, légalité, légaliser.
Illégal, illégalité.

— Autres dérivés : Légitime,légitimité, légitimer, légitimation.
Illégitime, illégitimité.
Légitimiste.
Légiférer, législation, législateur, législature.

— Autres dérivés : Loyal (latin *legalem*, fidèle à la loi).
Loyauté, loyalisme.
Déloyal, déloyauté.

— Autres dérivés : Privilège (latin *lex privata*, loi privée) (74).
Privilégier, privilégié.
Collège (latin *collegium, cum* : Association gouvernée par une loi, soumise à une même règle).
Collégial, collégialité.
Collègue (latin *collega*), membre du même collège).

2° Termes français venant d'une racine voisine (sur *legem,* au sens de condition, le latin avait formé *legare*).

— Léguer (latin *legare* : confier une chose ou une mission à quelqu'un ; mais *legs* à une autre origine, laisser).

(74) V. plus haut, n° 29.

— Dérivés : Déléguer (un pouvoir ou une personne)
Délégataire
Délégation
Légat
Légataire
Légation
Reléguer (renvoyer en arrière)
Relégation
Alléguer (adresser un argument à quelqu'un)
Allégation.

b) *Jus, juris* (génitif) : terme latin signifiant « droit ».

1° Termes français venant de cette racine.

— Juriste,
Jurisconsulte (conseiller en droit).
Jurisprudence (à l'origine *prudentia juris*, connaissance du droit), jurisprudentiel.
Injure (du latin *injuria*, qui a d'abord signifié injustice, puis offense injuste).
Injurieux, injurier.
— Autres dérivés (à partir du latin *justum*, conforme au droit).
Juste, justice, justiciable, justicier, justement
Injuste, injustice, injustement.
Ajuster, ajustement, rajuster.
Justifier, justification, justificatif, justifiable, injustifiable.

2° Termes français composés du latin *jus, juris* et du verbe latin *dicere*, dire).

Juridiction (action de dire le droit), juridictionnel.

Juridique (qui dit le droit), juridiquement.

Juge (de l'accusatif *judicem*, de *judex*, même sens).

Juger (du verbe *judicare*).

Jugement.

Judiciaire (de *judicium*, jugement).

Préjudice, préjudiciable (de *praejudicium*, jugement par avance, d'où préjugé, d'où dommage) (75).

Préjuger, préjugé.

Adjuger (attribuer en vertu du droit).

Adjudication, adjudicataire.

---

(75) V. plus haut, n° 29.

Juridicité.

Juridisme.

3° Termes français venant du verbe latin *jurare* (formé sur *jus, juris*) : attester le droit :

— Jurer (latin *jurare*) : attester solennellement le droit, puis prêter serment.
Juré (qui a prêté serment).
Jury (réunion des jurés ; revenu par l'anglais).
Jurande (compagnie de gens de métier fondée sur le serment mutuel).
Juratoire.

— Autres dérivés :
Abjurer (renoncer par serment), abjuration.
Adjurer (inviter solennellement quelqu'un à telle ou telle action), adjuration.
Conjurer (se lier par serment avec un autre, *cum.*), conjuré, conjuration.
Parjurer (jurer à tort à travers), parjure (faux serment).

4° Hors-série : Objurgation, du verbe latin *jurgare* (de *jus, juris* et *agere*, agir), rappel à l'ordre, invitation à rentrer dans le droit chemin, d'où réprimande, blâme.

— Jussion, lat. *Jussionem,* de *Jubere,* commander, pour *Jus habere*), ordre, commandement, injonction, plus spécialement ordre d'enregistrer un édit adressé au Parlement par le Roi (lettres de Jussion).

c) *Regere* (supin *rectum*), verbe latin signifiant « conduire sans dévier », « régir ».

1° Termes français formés sur *regere* ou *rectum* :

— Régir.
Recteur, rectoral, rectorat.
Régie.
Régisseur.
Région (proprement portion du pays soumise à une direction particulière, ou à un statut propre), régional, régionaliste, régionalisme, régionaliser, régionalisation.
Régime (espèce de direction ou de gouvernement, puis, ensemble de règles).
Régiment (action de diriger, puis corps soumis à cette direction), régimentaire, enregimenter.

— Autres dérivés :
Roi (est l'accusatif latin *regem*, de *rex, regis*), celui qui conduit sans dévier.
Royal (de *regalem*), royauté, royaliste.
Régale, regalien (de *regalem*).
Régent, régence, régenter.

Régicide.
Règne (latin *regnum*), régner, interrègne.

— Autres dérivés :
Droit (supin *rectum* d'où aussi *recht* en allemand et *right* en anglais), conduit sans détour :
Recto (le droit d'une feuille).
Recta (adverbe marquant un paiement ponctuel), rectitude, rectifier, rectification.

2° Termes français formés sur *dirigere* (supin : *directum*) même sens que *regere* (avec renforcement venant du préfixe) :

Diriger, dirigeant.

Direction, directeur, directrice.

Directoire, directorial.

Droit (latin *directum*, d'où aussi *derecho* en espagnol et *diritto* en italien) : ce qui est tracé sans dévier, d'où adroit (qui va droit au but), maladroit.

Droiture.

Direct (également de *directum*).

Dresser (du verbe latin *directiare*), mettre debout, (établir), redresser, redressement, redresseur, dressage, adresse, maladresse.

3° Termes français venant du latin *regula* qui se rattache à *regere* : ce qui empêche de dévier (sens concret puis abstrait) :

Règle (76).

Régler, dérégler, dérèglement.

Règlement, réglementer, réglementation, déréglementation.

Régulier (bas latin *regularem*), régularité, irrégulier, irrégularité, régulariser, régularisation.

4° Termes français venant de composés du verbe latin *regere*.

Ériger *(ex., regere)*, dresser hors de, établir.

Corriger (*cum, regere*), dresser ensemble, puis redresser.

Correct, correction (action de corriger), d'où correctionnel, correctionnaliser, correctionnalisation.

Surgir et sourdre (tous deux de *surgere*), d'où source et ressource.

S'insurger (*insurgere*), insurgé, insurrection, insurrectionnel.

---

(76) Étymologiquement « règle de droit » est pléonasmatique.

Escorte, par l'italien *scorta* se relie à *corrigere* (action de faire la conduite, de marcher avec).

d) *Licere* (participe passé *licitum*) verbe latin intransitif signifiant être permis (*licet*, impersonnel, il est permis).

1° Termes français venant de *licere* : loisir (infinitif ancien), d'où loisible.

2° Termes tirés du participe passé *licitum* (d'où *licitus, illicitus*) : licite, illicite.

3° Termes dérivés du participe présent *licens* (à qui il est beaucoup permis) et *licentia* (permission, liberté) :

Licencieux (à qui il est trop permis), licence (excès de liberté).

Licence (permission d'enseigner), d'où licencié.

Licencier (action de rendre la liberté), d'où licenciement, licencié (congédié).

4° D'autres termes français viennent de deux autres verbes latins voisins (fréquemment confondus) *liceo* (*licere*), être mis aux enchères, *liceor* (*liceri*), porter enchère, surenchèrir, d'où *licitatio* (enchère) : licitation (vente aux enchères), liciter (action de mettre en vente un bien de cette manière).

Sur les composés *polliceor*, proposer une enchère et *pollicitor* (même sens), d'où était venu *pollicitatio*, le français a tiré pollicitation, offre.

e) *Rogare* (*rogatum*), verbe latin signifiant interroger, questionner, consulter, demander, solliciter (d'où notamment soumettre au peuple le vote d'une loi, *rogare populum legem,* faire une proposition de loi).

1° Termes français construits sur le participe passé *rogatum* : rogatoire, dans commission rogatoire (qui renferme l'idée d'une demande, d'une prière adressée par un juge à un autre juge pour accomplir une mission à sa place).

2° Termes français venant de composer de *rogare* :

- Abroger, abrogation, action de supprimer par la loi et aussi d'abolir la loi (ancienne).
- S'arroger, demander pour soi, puis s'attribuer.
- Déroger, dérogation, action de soustraire à la loi, d'y retrancher ; dérivé : dérogatoire.
- Interroger : demander les avis des uns et des autres, questionner puis poursuivre (sous entendu en vertu de la loi, *lége*) ; dérivés : interrogation, interrogateur, interrogatif, interrogatoire.
- Prérogative : droit particulier (sens atténué) ou même privilége (sens fort mais générique), de *praerogativa* qui fut plus spécifiquement, à l'origine, dans

la société romaine, l'avantage pour une centurie ou une tribu d'être appelée à voter la première (et en fait à emporter l'élection de celui qu'elle désignait), de *praerogare*, interroger à l'avance, en premier.

- Proroger, prorogation, action de prolonger, d'abord par une loi).
- Subroger, subrogation : action d'établir à la place, de substituer ; dérivés : subrogatoire.
- Surerogatoire, qui est attribué en plus.
- Corvée (de *corrogata*), ce qui est demandé à plusieurs, service collectif et service commandé.

B. — L'INTÉRÊT DES RASSEMBLEMENTS ÉTYMOLOGIQUES

40. — Il n'est pas évident, car il s'agit de savoir quel profit tirer du rapprochement, *dans leur sens actuel*, de termes français qui se rattachent à une même racine. La reconstitution d'une famille étymologique a-t-elle un intérêt sémantique autre qu'historique ? Le sens que chacun des codescendants d'un même étymon possède aujourd'hui gagne-t-il quelque chose à ce portrait de famille ?

a) *Lien étymologique et rupture sémantique.*

La recherche, il faut le reconnaître d'emblée, n'apporte parfois pas grand chose : les parents sont devenus des étrangers. L'étymologie conserve, pour chacun, un intérêt historique, mais le temps a consommé, entre eux, une rupture sémantique. Leur rapprochement n'est pas très éclairant.

Ainsi les termes :

promettre, promesse, promettant,
promis, promise,
compromettre, compromis, compromissoire,
compromission, compromettant, compromettre, être compromis

ou se compromettre, forment-ils un groupe assez hétéroclyte. Les trois premières lignes renvoient à des engagements, soit avec un sens générique (promesse, etc.), soit avec un sens spécifique (promis : fiancé ; clause compromissoire et compromis : clauses d'arbitrage). Péjorativement marqués, compromettant, compromission etc., renvoient non à des actes juridiques légitimes, mais à des comportements imprudents et marginaux ou même délictueux par lesquels certaines personnes se trouvent associées (d'elles-mêmes ou à l'instigation d'une autre) à des actes illicites et ainsi exposées au deshonneur et à des poursuites.

Le rapprochement tourne court, parce qu'il faut remonter trop haut, dans le sens étymologique, pour trouver le point commun à partir duquel les sens ont divergé. Tous ces mots dérivent d'un composé et d'un surcomposé du verbe latin *mittere* (supin *missum*) qui signifiait laisser aller, envoyer, placer, de *pro mittere* (lancer devant, annoncer) ; on voit bien comment est sortie l'idée d'engagement pour l'avenir (qui anime promesse et clause compromissoire) (77).

De *cum pro mittere*, on voit bien aussi comment est venue l'idée de s'aventurer avec quelqu'un (d'où compromission, compromettant). Mais la séparation est lointaine, et il faut remonter à l'idée que promettre et se compromettre c'est beaucoup s'avancer…

On pourrait en dire autant, et sans doute davantage, du groupe :

Enfant, infanterie, fama, famé (mal), infame, infamie, infamant, diffamation, diffamant, diffamatoire, diffamer, feu.

Tous ces termes se rattachent au verbe latin *fari*, parler (supin *fatum*). Mais le rapport à la parole n'entre plus dans leur sens, ou est loin d'y être présent de façon notable. On le perçoit encore dans *fama* ou famé (car les rumeurs et le qu'en dira-t-on ont leur part dans la renommée et la réputation) ou semblablement dans diffamer et ses dérivés, puisqu'il y a atteinte à l'honneur, à la considération. C'est peut-être aussi le cas d'infâme et de ses dérivés, à moins qu'on ne l'entende comme « ce qui ne peut être dit » (innommable, inqualifiable). Mais l'enfant n'est plus aujourd'hui seulement celui qui ne peut encore parler (*infans*, par opposition à *puer*)et l'idée qui a fait nommer soldats d'infanterie les soldats de petite taille qui combattent à pied n'a plus aucune part dans le sens actuel du terme. On a oublié que le feu (*fatutum*) est ce « qui a accompli son destin », comme « ce qui est dit » (*fatum*).

Les limites du regroupement étymologique apparaissent même lorsque la composante commune est restée morphologiquement identique et dominante.

À considérer leur sens actuel, *conscription, description, inscription, prescription, transcription* ne gagnent rien d'essentiel à être rapprochés, car la référence à l'écriture s'y est perdue dans au moins deux de ces termes (une description peut être orale, et, si l'on réserve la prescription médicale, les autres sens du mot, ou bien n'ont plus aucun rapport avec l'écrit — prescription extinctive ou acquisitive — ou bien n'ont avec l'écrit aucun rapport nécessaire, prescription — norme ou injonction).

On pourrait proposer la même observation, s'agissant de la référence à l'élément oral, de la série : *juridiction, contradiction, interdiction, édiction.* La « diction » est loin d'être le noyau de leur sens.

b) *Famille étymologique et appoints sémantiques*

Le regroupement par racine présente cependant des aspects plus positifs. Il en est ainsi lorsque la racine commune a conservé un même sens et un sens toujours

---

(77) Dans l'anticipation, compromis est d'ailleurs en retrait, car il s'agit d'une convention de recours à l'arbitrage sur litige né (et non pour l'éventualité d'un litige à naître).

actif en chacun des parents étymologiques, de telle sorte que chacun, dans l'usage actuel, continue d'y puiser une partie essentielle de son sens. Et comme il se réfèrent tous au même dénominateur commun sémantique toujours présent, les diverses composantes propres qui, en chacun, s'ajoutent à la racine (préfixes, suffixes, etc.) font apparaître des sortes de variations, de « déclinaisons » sémantiques, qui font tout l'intérêt du jeu des familles.

1° Certains termes apparaissent, en parallèle, comme des compositions similaires en application d'une même idée. Aussi obtient-on des séries par thème :

— Les « *archies* » :
du grec *ἀρχή*, gouvernement.
Anarchie (*a* privatif : désordre dans l'État).
Dyarchie (*duo*, deux ; gouvernement à deux têtes).
Hiérarchie (*ieros*, sacré ; gouvernement sacré, par extension, subordination dans les pouvoirs).
Monarchie (*monos*, seul ; gouvernement d'un seul).
Oligarchie (*oligos*, peu ; gouvernement d'un petit nombre).

— Les « *Craties* » :
du grec *χρατο*, puissance, pouvoir.
Aristocratie (*aristos*, excellent ; gouvernement par une classe supérieure).
Autocratie (*autos*, même, soi-même ; gouvernement, exercé par un souverain doté d'un pouvoir absolu).
Démocratie (*demos*, peuple ; gouvernement du peuple ou au nom du peuple).
Monocratie (*monos*, seul ; gouvernement d'un seul).
Ploutocratie (*ploutos*, richesse ; gouvernement par les riches).
Théocratie (*théos* Dieu ; gouvernement exercé comme venant de Dieu).

— Les « *nomies* » :
du grec *nomos*, loi, règle.
Anomie (*a* privatif ; absence de règle).
Autonomie (*autos*, soi-même ; aptitude à se dicter sa propre loi, à se gouverner soi-même).
Antinomie (*anti*, contre ; contradiction entre deux lois).
Économie (*oikos*, maison ; ordre interne ; règle suivie dans la gestion d'une maison, d'un ensemble).

2° D'autres termes apparaissent plutôt comme les facettes d'une même opération. Ils se rapportent tous à une même action dont ils expriment les états, les agents, les virtualités, formant une famille très unie. Ils constituent un ensemble très cohérent de dérivés.

Ainsi, peut-on reconstituer autour du verbe élire (latin *eligo, eligere, electum*) pris dans le sens « choisir par vote » le groupe des dérivés qui déploient toutes les virtualités de sens :

Élection
Électeur
Électorat
Électif
Éligible, éligibilité
Inéligible, inéligibilité
Élu.

3° D'autres dérivés de la même racine ont acquis en droit des *sens voisins*. Ce voisinage rend essentiel leur rapprochement, car on risque de les confondre, alors qu'ils ont des sens distincts. Et s'il arrive, en cas de polysémie, que leurs sens se chevauchent secondairement, c'est une raison supplémentaire de les traiter globalement.

Ainsi gagne-t-on à regrouper divers adjectifs qui viennent tous du mot latin *lex, legis,* loi :

Légal

Législatif

Légitime

Légalisé

Légitimé

Si *légal* est pris dans le sens « conforme à la loi », il est déjà important de le distinguer de *législatif,* pris dans le sens « qui se rapporte aux lois » (assemblées législatives) ou « qui se rapporte au droit » (études législatives) ; ou semblablement de l'opposer à *légitime* pris dans trois de ses nombreux sens : « fondé en droit » (propriétaire légitime), « conforme à la justice » (rémunération légitime), « digne d'être pris en considération » (excuse légitime).

Mais *légal* signifie aussi « qui résulte de la loi ». Ce terme est alors très proche sinon synonyme de *législatif*, pris dans le sens « qui émane de la loi », et même de *légitime* entendu dans un autre de ses sens « accordé ou réservé par la loi » (portion légitime).

Le rapprochement fait encore seul apercevoir que si *légalisé,* dans son sens second et secondaire (consacré par la loi), n'est pas loin de *légal,* son sens fort s'en est nettement écarté (une signature étant légalisée quand elle est vérifiée d'une certaine manière). Si de même *légitimé* se rapproche de *légitime* (sens général) lorsqu'il est très secondairement entendu comme *justifié,* son sens principal (appliqué à un enfant bénéficiaire d'une légitimation) se rattache au sens très spécifique dans lequel *légitime* s'oppose à *naturel.*

Le rapprochement des parents étymologiques est donc un affinement du sens appliqué à des voisins de sens. Il tend à situer ceux-ci dans leur communauté de voisinage, en donnant à chacun son ou ses sens propres, et en marquant les chevauchements.

Cependant, il n'y a pas lieu d'insister davantage sur ce regroupement par racine, qui doit marquer une étape, non une limite, dès lors que le même travail d'affinement doit être fait entre des termes étymologiquement étrangers. Un lien étymologique n'étant, en définitive, ni une condition suffisante ni une condition nécessaire de la constitution d'une famille sémantique, c'est à l'étude directe d'une telle famille qu'il y a lieu de s'attacher désormais, sans se limiter au critère de la communauté d'origine.

§ 2. — LES REGROUPEMENTS SÉMANTIQUES

41. — L'exemple de la famille étymologique demande à être suivi et dépassé. Il invite à regrouper les termes du vocabulaire juridique suivant des critères autres que celui de la communauté d'origine. Et comme, au sein même des regroupements par racine, la comparaison des parents étymologiques ne prend intérêt que pour ceux qui entretiennent encore, aujourd'hui, des rapports sémantiques, l'idée vient que les *regroupements à opérer doivent l'être directement en fonction d'un critère sémantique.*

Les regroupements sémantiques sont donc ceux qui ont pour vocation de rassembler les termes juridiques en fonction des affinités qui existent entre leur sens, que ces termes aient ou non une racine commune. La famille sémantique peut donc englober des parents étymologiques, mais elle a vocation à intégrer tous les termes juridiques, même étymologiquement étrangers, entre lesquels existent une parenté par le sens.

La constitution de ces familles fait apparaître, au sein du vocabulaire juridique des *ensembles lexicaux.* En quoi elle paraît répondre à l'une des préoccupations majeures de la recherche linguistique depuis le début du XXe siècle. Le postulat de ces recherches est qu'il existe, à l'intérieur du lexique, des structures conceptuelles. Depuis Ferdinand De Saussure, on admet qu'il existe entre les termes d'une langue des « rapports associatifs » qui se distinguent radicalement des « rapports syntagmiques » en ce que ceux-ci correspondent *in actu* aux liens d'enchaînement qui se nouent, dans le discours, entre les unités consécutives qui constituent la ligne de la parole, alors que les premiers correspondent, *in intellectu,* à toutes les associations d'idée qui peuvent se forger, à partir d'un mot, avec tous les autres mots du lexique qui présentent un point commun avec celui-ci. Chaque mot, pris comme base, peut ainsi être le centre d'une constellation d'où partent des termes coordonnés, le centre d'un réseau associatif dont il a proposé un schéma pour le mot « enseignement » (78).

F. De Saussure avait lui-même montré que, pour un même mot, les associations sont multiples puisqu'elles peuvent se fonder sur l'identité de préfixe ou de suffixe, l'analogie des signifiés, la communauté des images acoustiques, etc.

Le principe de cette méthode est à l'origine d'innombrables travaux destinés à regrouper les termes du lexique sous les rapports les plus divers afin de constituer des *champs linguistiques,* des *champs notionnels,* etc.

La linguistique structurale a donné une dimension profonde à ces recherches en reliant les termes linguistiques aux secteurs fondamentaux de l'entendement. Les travaux les plus savants atteignent un grand degré de complication en multipliant, pour un même mot, les critères de recoupement.

Il est ici exclu d'appliquer purement et simplement cette méthode au vocabulaire juridique. Il serait certes concevable de l'appliquer au vocabulaire juridique comme à tout autre langage spécialisé, ou même à tout élément du langage courant et, sur l'échantillon choisi, à croiser tous les critères morphologiques et sémantiques en fonction desquels des liens peuvent être dégagés entre un terme de référence et tous ceux qui, sous un rapport ou un autre, s'y rattachent. Mais la constitution de ces familles totalisantes relève de la linguistique générale, non seulement en raison du caractère très savant de l'exercice, mais du fait que, dans cet exercice, la teneur de l'échantillon est indifférente.

Ici, il s'agit tout à l'inverse de donner toute sa portée à la teneur juridique de l'échantillon. L'objectif est de *construire des familles de mots qui ont un intérêt au regard du droit.* Cette approche spécialisée est réductrice, car elle conduit à ne constituer que des familles sémantiques fondées sur des rapports de sens. Mais, dans cette limite, elle est adéquate, car elle conduit à *former des familles sémantiques en fonction de rapports de sens juridiquement pertinents.*

Qu'est-ce donc qu'un *rapport de sens juridiquement pertinent ?* Voilà ce que la référence particulière au vocabulaire juridique exige de chercher. La démarche invite à élaborer un type spécifique de champ notionnel, un champ notionnel répondant aux exigences du droit.

L'idée vient que ces exigences sont liées aux marques propres de la pensée juridique. Une réflexion, liée à l'élaboration du Vocabulaire juridique dont l'un des traits essentiels est de constituer, par référence d'un mot à plusieurs autres, des réseaux de termes, conduit à observer, pour répondre aux préoccupations du droit, que l'esprit juridique cultive au moins trois exercices, et développe ainsi au moins trois propriétés (79).

---

(78) Cours de linguistique générale, n°s 252 et 253, p. 173 et s, Payot, 1986.

(79) Ce terme mérite d'être atténué : Il ne signifie pas que l'esprit juridique ait l'apanage de ces démarches intellectuelles (ni que ce soit d'ailleurs ses seules démarches). Il signifie

Afin d'introduire un peu d'ordre dans le foisonnement des institutions, des faits et des actes, des comportements, des opérations et des activités, la pensée juridique déploie d'abord un effort de classification, dans tous les compartiments du lexique.

Afin de maintenir un minimum de sécurité dans les relations juridiques, la pensée juridique emploie toute sa capacité d'analyse à distinguer avec précision des notions voisines (auxquelles correspondent en général des régimes juridiques différents qui font l'intérêt de la distinction).

Afin de répondre aux nécessité de l'action, dans la réalisation du droit, la pensée juridique — qui est aussi une pensée pratique — veille à rapprocher tous les agents, toutes les données, tous les éléments qui interviennent dans la mise en œuvre d'une opération, l'accomplissement d'un projet, la conduite à bonne fin d'une activité.

À chacune de ces démarches de l'esprit juridique, correspond un *rapport de sens juridiquement pertinent.* Sur chacun de ces critères, on peut construire une famille sémantique distincte :

Les termes juridiques ont des rapports *en tant qu'ils sont les éléments d'une classification à ordonner.* Ils ont d'autres rapports *en tant qu'ils sont des voisins de sens à distinguer ;* d'autres rapports enfin *en tant qu'ils sont des forces d'intervention à regrouper.*

Dans chaque ordre, se développent des réseaux distincts et complémentaires de termes (80). Un même terme juridique peut être impliqué dans trois types de rapport, et donc dans trois ensembles lexicaux dont la somme compose la totalité de son champ de références (juridiquement relevant) : il peut être replacé dans sa *parenté de classification* (A), dans sa *communauté de voisinage* (B), dans son *groupe d'intervention* (C).

A. — LES PARENTÉS DE CLASSIFICATION

42. — a) *Principe : La classification par genre et par espèce.* Le principe consiste à regrouper toutes les espèces d'un même genre, à les replacer à leur rang sous le genre commun. L'ensemble lexical obtenu à deux dimensions.

1° Dans sa dimension verticale, l'ensemble fait apparaître une *filière de généralité.* Les termes sont classés par ordre de généralité décroissante. Par son signifié, chaque terme est une espèce du genre supérieur. Le rapport de sens est ici le rapport du genre à l'espèce.

---

seulement que, sous le rapport qui nous préoccupe, l'esprit juridique jette sa force dans ces trois directions.

(80) Dans la constitution des champs de référence placés sous chaque mot, le Vocabulaire juridique a mis en œuvre ces trois critères, mais en a réuni le produit dans un champ indifférencié, sans subdivision.

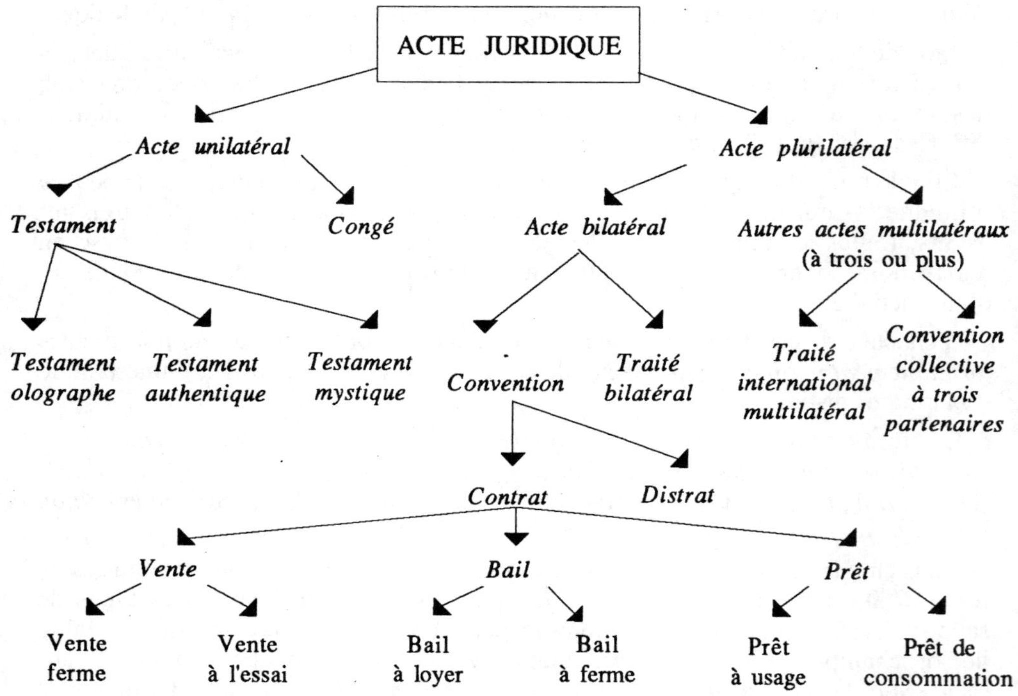
ACTE JURIDIQUE
Acte unilatéral
Acte plurilatéral
Testament
Congé
Acte bilatéral
Autres actes multilatéraux (à trois ou plus)
Testament olographe
Testament authentique
Testament mystique
Convention
Traité bilatéral
Traité international multilatéral
Convention collective à trois partenaires
Contrat
Distrat
Vente
Bail
Prêt
Vente ferme
Vente à l'essai
Bail à loyer
Bail à ferme
Prêt à usage
Prêt de consommation

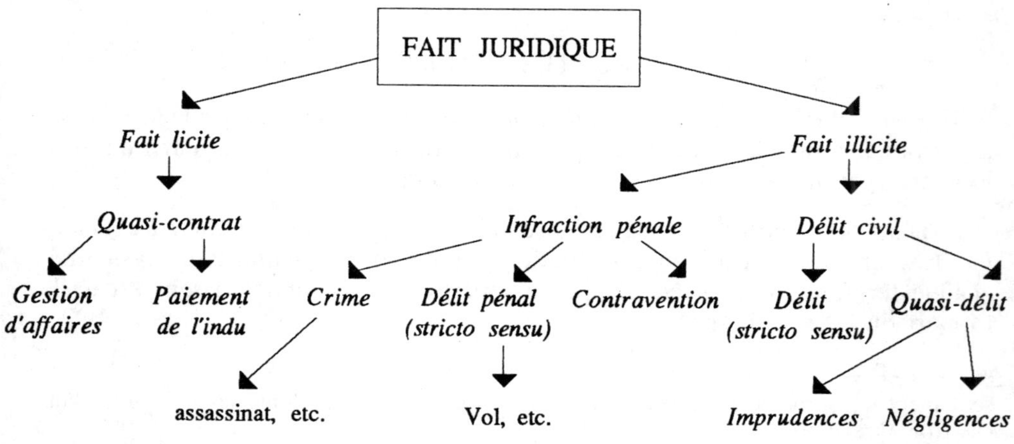
FAIT JURIDIQUE
Fait licite
Fait illicite
Quasi-contrat
Infraction pénale
Délit civil
Gestion d'affaires
Paiement de l'indu
Crime
Délit pénal (stricto sensu)
Contravention
Délit (stricto sensu)
Quasi-délit
assassinat, etc.
Vol, etc.
Imprudences
Négligences

Exemples :

— *Acte.*
Acte juridique.
Acte plurilatéral.
Acte bilatéral.
Convention.
Contrat.
Bail.
Bail à loyer.

L'acte juridique est une espèce, mais n'est qu'une espèce d'acte (par opposition à l'acte matériel), etc.

— *Fait.*
Fait juridique.
Fait illicite.
Infraction (ou délit pénal *lato sensu*).
Délit (*sticto sensu*).
Vol.
Vol à main armée.

Autre exemple, pris cette fois au milieu de la chaîne, l'infraction (pénale) est une espèce, mais n'est qu'une espèce de fait illicite (par opposition au délit civil). La litanie peut être poursuivie par le haut ou par le bas. Dans la relation verticale, le degré supérieur correspond, pour celui qui le suit, au *genre prochain.*

2° Dans ses relations horizontales, l'ensemble met en évidence les *espèces parallèles.* Les termes qui présentent le même degré de généralité sont placés sur la même ligne. Par leur signifié, ces termes constituent les diverses espèces d'un même genre. Le rapport de sens est ici celui d'espèce à espèce. La distinction des espèces repose sur le discernement de la *différence spécifique.*

Exemples

Les divers contrats spéciaux :

→Vente — bail — prêt — dépôt, etc.←

Les divers délits spéciaux :

→Vol — escroquerie — abus de confiance, etc.←

3° Si l'on combine des deux ordres de relations, l'ensemble prend une figure pyramidale (voir schéma page précédente).

b) *Intérêt du regroupement*

Pour le lexicographe, ce travail fournit, sous chaque entrée du vocabulaire juridique, une bonne part du réseau de références de chaque mot.

Plus généralement, le regroupement présente un triple intérêt.

1. Le repérage du genre prochain et de la différence spécifique réunit les éléments essentiels de la définition aristotélicienne qui peut être appliquée, on le sait, à la définition réelle des termes juridiques (81).

2. Déterminé par le genre et l'espèce, chaque élément du réseau correspond, par son signifié, à une catégorie juridique.

3. Chaque ensemble lexical ainsi ordonné correspond, fondamentalement, à un réseau de catégories juridiques, et le rapprochement de ces innombrables ensembles montre que le droit surabonde de ces notions gigognes. Le développement de ces recherches met en evidence un aspect de la rationalité du droit. La chaîne des mots est aussi une chaîne logique, et comme il est souvent possible de raccorder les divers ensembles lexicaux (par exemple en introduisant au sein de l'acte juridique la distinction du licite et de l'illicite), l'idée vient que, séparément ou réunis, les tableaux de classification couvrent l'ensemble des notions juridiques.

Ces regroupements se préteraient d'ailleurs au jeu, parce que les notions ne s'emboîtent pas toujours dans le même ordre (voir schéma, page suivante).

On pourrait de même reclasser tous les ayants-cause (héritier, légataire universel, légataire à titre universel, donataire, acheteur, etc.) en ordonnant d'abord le caractère universel ou particulier du titre, ou le caractère gratuit ou onéreux du titre.

S'il est raisonnable de ne pas se lancer dans les acrobaties de passerelles et de combinaisons, c'est parce qu'il est surtout utile de tabler sur des ensembles courts et cohérents, et que la classification n'est qu'une composante du réseau.

B. — LES COMMUNAUTÉS DE VOISINAGE

43. — Certains termes juridiques ont des sens voisins mais distincts. Ils méritent d'être rapprochés pour être comparés, et comparés pour être distingués avec d'autant plus de précision que la proximité de leur sens favorise entre eux des confusions, et n'excluent pas des chevauchements. Ces familles de voisins font aussi partie, pour un terme, de l'ensemble de son champ de références. *Le rapport de sens juridiquement pertinent est ici le voisinage sémantique. On retrouvera, dans ces familles, des parents étymologiques lorsqu'ils sont voisins de sens, mais les familles s'élargissent, sous cette même condition (critère du regroupement), même aux termes qui n'ont aucune communauté de racine.*

---

(81) V. Les définitions dans la loi, mélanges en l'honneur du doyen VINCENT (cité *in* bibliographie n° 13).

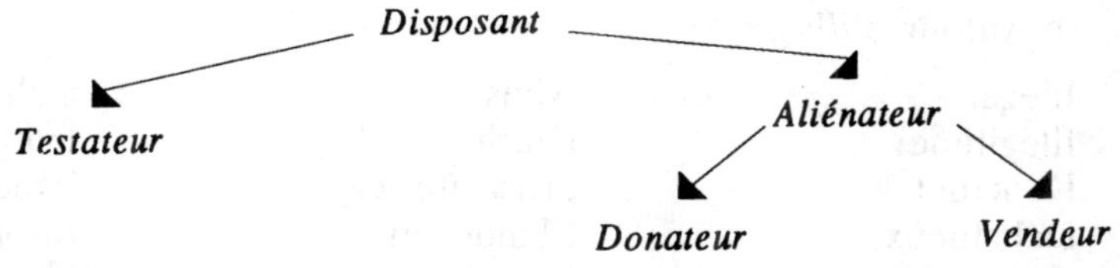

ou :

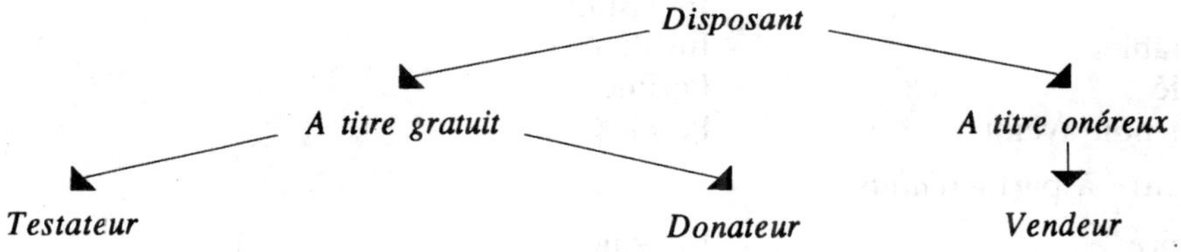

ou encore :

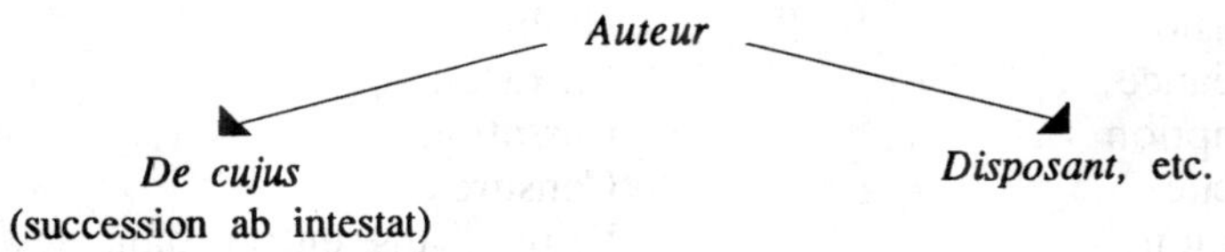

a) Repérage

Pour chaque mot, il serait nécessaire de rendre visible son environnement. C'est ce que le Vocabulaire juridique s'est efforcé de faire. Mais d'un mot à l'autre, le voisinage est loin d'être toujours aussi étoffé. En échantillonnant, on se contentera ici de reconstituer quelques communautés-clés qui rassemblent des termes chargés d'une valeur forte au regard du droit.

1) Autour de *valable* :

Licite
Valide
Légal
Légitime
Recevable
Régulier
Fondé
Bien fondé
Juridique
Justifié
Légalisé
Légitimé
Constitutionnel
Réglementaire

2) Autour d'*illicite* :

Illégal
Illégitime
Délictuel
Délictueux
Criminel
Frauduleux
Dolosif

Abusif
Fautif
Frustratoire
Clandestin
Occulte
Simulé
Furtif

Collusoire
Irrégulier
Irrecevable
Infondé
Mal fondé
Injustifié
Inexcusable

Avec une rallonge du côté de la sanction :

Nul
Annulable
Annulé
Nul et non avenu

Inexistant
Invalidé
Périmé
Forclos

Et une autre à partir d'*abusif* :

Dilatoire
Excessif

Énorme
Léonin.

3) En prolongement, autour de *sanction* :

Forclusion
Déchéance
Péremption
Caducité
Radiation
Annulation
Résolution
Résiliation

Nullité
Inexistence
Cassation
Censure
Peine (sans entrer dans les diverses espèces)
Pénalité

4) En contrepartie, autour de *validation :*

Légalisation
Légitimation
Régularisation
Confirmation
Consolidation

Rejet
Justification
Correction
Rectification

5) Autour de *profit :*

Avantage
Bénéfice
Bienfait
Gain
Intérêt(s)

Gain de cause
Faveur
Grâce
Ressources
Fruit

6) Autour de *décharge* :

Dégrèvement	Abattement
Décote	Réduction
Exemption	Franchise
Exonération	Remise
Dispense	Affranchissement
Déduction	

7) Autour *d'exceptionnel* :

Spécial	Exorbitant
Particulier	Dérogatoire
Propre	Anormal
Spécifique	Anomal

8) Autour d'*apparent* :

Manifeste	Social
Notoire	Extérieur
Public	Visible

9) Autour de *conflit* :

Litige	Mésintelligence
Différend	Mésentente
Contestation	Crise
Procès	Rupture
Désaccord	

avec un tiroir sous *procès* :

Cas	Affaire
Espèce	*Hic*
Cause	

10) Autour de *Convention* :

Contrat (sans citer les diverses espèces)	Protocole
	Concordat
Accord	Alliance
Entente	Traité
Arrangement	Échange
Promesse	Union
Pacte	

11) Autour *d'acceptation* :

Adhésion
Approbation

Agrément
Assentiment
Consentement
Agréation
Agréage

On pourrait y ajouter de petits ensembles qui ne sont pas toujours les plus simples, avec la tentation d'annoncer la série par un avertissement. Ne pas confondre :

{ Contractuel Conventionnel Consensuel	{ Volontaire Intentionnel Moral
{ Judiciaire Juridictionnel Contentieux, etc.	

b) *Commentaire*

1° Intérêt pratique

Lorsqu'elle est constituée et, plus précisément, mise en évidence et en réserve par le lexicographe ou l'informaticien, la communauté de voisinage présente un intérêt correctif et directif pour l'usager. Elle lui permet d'entrer dans le lexique au mot qui lui vient à l'esprit et, par l'examen des renvois, de suivre la filière des références qui peut le conduire au mot juste. Si l'entrée choisie n'était qu'approximative, le champ de références fournit une réorientation. Cette assistance à la recherche neutralise les erreurs d'introduction et répare les incertitudes liminaires. Elle ouvre le lexique en multipliant les voies qui mènent à ses trésors enfouis.

À la vérité, cette fonction de guide n'appartient pas seulement, dans le champ de références, à la seule communauté de voisinage, mais c'est pour la connaissance de celle-ci que la prise en charge présente un intérêt culminant du fait que le chercheur risque de n'avoir au départ qu'une perception floue des frontières qui séparent deux termes voisins de sens. Au labyrinthe des sens proches, le fil d'Ariane du circuit de références est de première nécessité.

2° Intérêt scientifique

La communauté de voisinage a pour principal intérêt de situer chaque mot à sa juste place par rapport à ses voisins, et relativement à la notion de base qui les unit. Il est essentiel de saisir en effet que tous les voisins de sens se déploient autour d'une réalité centrale, dont chacun exprime un aspect. *Licite, légal, régulier, légitime* expriment tous l'idée d'une conformité à l'ordre juridique. Mais le point de référence au sein de l'ordre juridique varie de l'un à l'autre. *Licite* : conforme au droit en général ; *légal* : conforme à la loi ; *régulier* : conforme aux exigences de forme ; *légitime* : conforme à une valeur reconnue par le droit. Or, bien entendu, des chevauchements se produisent entre eux, car il est fréquent que ces termes soient des polysèmes et que l'un des sens de l'un d'eux entre en coïncidence avec le sens ou l'un des sens du terme voisin. Mais, en-dehors des plages de coïncidence, les termes voisins constituent les *facettes d'un sens*. Il est essentiel de les rapprocher pour les faire miroiter, de telle sorte que chacune assume sa charge propre dans l'expression de la notion centrale. La reconstitution des communautés de voisinage apparaît donc comme un exercice capital dans le discernement du mot juste. Or, ce raffinement n'est pas marginal. Car la fréquence et l'importance des commnautés de voisinage, dans le vocabulaire juridique, est le témoin et le révélateur de la prodigieuse capacité d'analyse de l'esprit juridique. Les communautés de voisinage sont le fruit de ce génie analytique. Leur connaissance est donc un élément important de la maîtrise de la science du droit.

C. — LES GROUPES D'INTERVENTION (FAMILLE OPÉRATIONNELLE)

44. — Le droit gouverne et sanctionne des activités (licites ou illicites). Or, dans chaque opération, entrent plusieurs sortes d'éléments qui président à sa formation, à son exécution, etc. Ainsi distingue-t-on dans l'élaboration d'un acte juridique, ses sujets, son objet, sa forme, etc. L'analyse juridique fait depuis toujours la théorie de ces données, théorie des éléments constitutifs, des conditions de formation, des effets...

L'idée vient d'en relever le décalque linguistique. Il s'agit de regrouper tous les termes qui désignent les éléments d'une même opération. Ces termes constituent un ensemble lexical qui correspond en somme au *vocabulaire de l'opération*.

Ce qui caractérise, dans leurs rapports mutuels, les éléments de ce regroupement, c'est leur *communauté d'action*. De même que les données qu'ils désignent interviennent ensemble dans la réalisation de l'opération, de même les termes qui servent à les désigner interviennent ensemble dans la description de l'opération. À la différence des voisins de sens entre lesquels il faut choisir, pour un emploi dans une phrase, parce qu'ils sont rivaux, les termes coacteurs sont alliés, et ont *vocation à être associés dans un même énoncé*. Il ne s'agit plus de les distinguer *in intellectu* pour choisir, *in actu*, le seul qui soit juste, et ne pas les employer l'un pour l'autre. Connaissant leur complémentarité, il s'agit de les employer ensemble. En amont, l'ensemble lexical qu'ils forment correspond, potentiellement, à un *groupe d'intervention*. Le réseau des sens correspond ici à des liaisons opératoires : à une *famille opérationnelle*.

À la vérité, les éléments à désigner dans une opération sont si divers qu'il peut être expédient de pratiquer des coupes qui en viennent à ne faire considérer l'opération que sous un certain rapport.

Par exemple, il peut être utile de mettre en valeur les seuls agents de l'opération.

Ainsi peut-on regrouper tous les termes qui désignent, dans un contrat, les intéressés.

Contractant	Ayant cause (à titre universel,
Parties présentes	à titre particulier)
Parties représentées	Créancier
Cocontractant	Tiers
Partenaire	Stipulant
Représentant	Tiers bénéficiaire

Ou, semblablement, regrouper les termes qui désignent les *protagonistes* d'un procès.

Parties	Requérant
Parties originaires	Appelant
Demandeur	Intimé
Défendeur	Codemandeur
Adversaires	Codéfendeur
Parties intervenantes	Litisconsorts
Tiers mis en cause	

De façon comparable, il peut être utile de réunir tous les termes qui, dans un acte, concernent sa *forme* au sens large :

Acte	Enregistrement
Écrit	Preuve
Instrumentum	Force probante
Document	Authenticité
Forme	Date certaine
Formalité	Opposabilité

Cependant, les groupes d'intervention ont aussi vocation à réunir les termes qui désignent l'ensemble des éléments de l'opération, sous tous ses rapports (sujet, objet, etc.).

Aussi peut-on former sur *témoignage*, le groupe suivant :

Témoin	Serment
Enquête	Procès-verbal
Attestation	Preuve testimoniale
Déclaration	Renseignement
Déposition	Faux témoignage
Juge commissaire	

L'écueil de ces essais est que, de tiroir en tiroir, le groupe d'intervention se disperse et perde, avec son unité, sa force d'intervention. Les associations opératoires ont pour vocation d'être la *synthèse de l'essentiel.* La figure d'une institution doit s'y dessiner à grands traits. Exemples :

Sur *obligation* :

Dette	Prestation
Créance	Objet
Débiteur	Paiement
Créancier	

Sur *interprétation* :

Équivoque, ambiguïté	Analogie
Lettre	Restriction
Esprit	Strict
Ratio legis	*A fortiori*
Extension	

Sur *pouvoir modérateur* :

Droit strict	Modération
Iniquité	Équité
Dérogation	Exorbitant

Sur *délai de grâce* :

Débiteur	Sursis à exécution
Circonstances	Délai
Juge, appréciation	Paiement

La saisie de l'essentiel s'impose d'autant plus que, pour un mot, le groupe d'intervention n'est qu'un compartiment du champ de références auquel on peut le rattacher.

45. — En résumé, pour un même terme, l'ensemble de son champ de références (82) réunit :

— Son étymologie

— Son ou ses synonymes

— Son ou ses antonymes (83)

— Ses parents de classification (soit en ligne ascendante ou descendante par ordre de généralité, soit en ligne collatérale, s'agissant alors de ses opposants de classification) (84)

— Ses voisins de sens

— Son groupe d'intervention.

---

(82) Juridiquement pertinent.
(83) À l'exclusion de son ou de ses homonymes.
(84) V. *supra* n°s 37 et 42.

TITRE II

LE DISCOURS JURIDIQUE

46. — Le discours juridique est, par opposition au vocabulaire juridique, l'autre versant du langage du droit : c'est le langage du droit en action ou, plus exactement, le *langage en action dans le droit. Le discours juridique est la mise en œuvre de la langue, par la parole, au service du droit.* Il est essentiel de discerner les deux données qui se marient dans sa définition. Le discours juridique est, tout à la fois, un acte linguistique et un acte (1) juridique.

1° *L'aspect linguistique*

Le discours juridique est un acte linguistique en ce qu'il met en œuvre, par l'expression et pour la communication, la langue naturelle dans laquelle communiquent les sujets du discours. C'est en quoi il constitue précisément un discours du point de vue linguistique (2).

Le discours juridique appartient donc *à l'usage de la langue*. Il existe du fait qu'à un moment donné, dans des circonstances données, quelqu'un exprime quelque chose par des signes linguistiques qu'il destine à quelqu'un d'autre. Il est *un emploi de la langue*. Aussi s'oppose-t-il au vocabulaire. Le vocabulaire s'offre *in intellectu* ; il relève du lexique ; il constitue un univers de potentialités linguistiques offert à tous. Le discours s'organise *in actu* par quelqu'un ; il relève de la grammaire, de la syntaxe, du style, etc. ; il apparaît, dans l'ordre des opérations, en toute actualisation individuelle de la langue conforme à la fonction communicative de celle-ci ; il apparaît dès qu'une personne produit un *énoncé* qu'elle destine, comme message, à une autre personne.

Il devient alors évident que le discours juridique entre banalement, comme tout discours, dans le schéma de la communication verbale, plus généralement du procès linguistique, tel que le présente roman Jakobson (3).

La démonstration prend toute sa portée si l'on se réfère à l'une des adaptations les plus courantes du schéma de la page suivante.

Dans la communication, *l'énoncé* apparaît, d'une part, comme un résultat ou un produit (le résultat de l'énonciation, c'est-à-dire le produit d'un acte individuel d'expression), d'autre part, comme l'objet même de la transmission, la donnée à faire passer, le message. En lui-même, l'énoncé est un ensemble signifiant, une

---

(1) Le mot acte est ici pris dans son sens usuel. Mais si général qu'il soit, il se rapproche du sens juridique en ce qu'il suppose toujours une intention, une finalité juridique.

(2) Comp. la définition de Josette Rey-Debove, lexique sémiotique, V° *discours*.

(3) Essais de linguistique générale, 1. Les fondations du langage, Éd. de Minuit, 1963, p. 214.

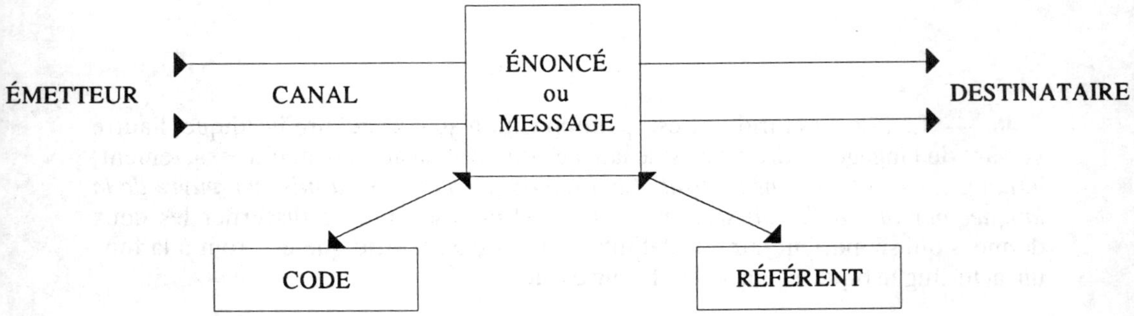

composition linguistique dotée de sens qui se suffit à elle-même. Un texte est ainsi un énoncé, mais chacune des phrases de ce texte est aussi un énoncé, de même qu'une phrase isolée. L'énoncé est donc, au minimum, une phrase (4).

L'émetteur, premier sujet actif de la communication, est celui qui énonce (énonciateur). C'est lui qui produit les signes linguistiques qui composent l'énoncé.

C'est donc, individuellement, celui qui utilise un moyen de communication (que l'on nomme *canal* ou parfois *medium* ou *contact*), c'est-à-dire si l'on s'en tient aux moyens strictement linguistiques, la voix ou l'écriture. C'est lui qui, comme locuteur (5), s'exprime oralement ou par écrit.

C'est encore lui (6) qui, indivisiblement, encode le message en le coulant dans une *langue* qui constitue le *code du message*, l'instrument de la communication.

Le destinataire qui est aussi le *récepteur* (au moins dans le cas où il reçoit effectivement le message) est l'autre sujet actif de la communication. Car, s'il veut comprendre le message, il lui appartient de décoder celui-ci (on le dira en cela « décodeur ») et de saisir le *référent* (7), c'est-à-dire ce à quoi renvoie l'énoncé.

La communication n'est donc réussie (entr'autres conditions) que si le récepteur, une fois le contact établi (première condition) (8), connaît le code qu'utilise l'émetteur (deuxième condition) et connaît la réalité à laquelle réfèrent les signes de l'énoncé (troisième condition).

---

(4) Et si l'on admet qu'une phrase peut, compte tenu de tous les sous-entendus, se réduire à un mot, l'énoncé peut, à la limite, consister en un « mot-phrase ». Ex. : « Sortez ! », « Entrez ! ». « Bravo ! ».

(5) En un sens générique, ce terme englobe même le scripteur.

(6) Nommé en cela « encodeur ».

(7) Ou contexte.

(8) Par audition ou lecture.

Qu'il y ait ou non réussite, tout discours juridique regroupe nécessairement tous les éléments de la communication. De la bouche de l'avocat à l'oreille du juge, la plaidoirie prononcée à la barre pour la défense d'un client permet de repérer tous ces éléments : les protagonistes du discours, la voix qui porte le message, la langue dans laquelle il est dit, l'énoncé des faits et des arguments, etc. (9).Reste à savoir en quoi ce discours peut être dit juridique.

2° *L'aspect juridique*

— À partir de quelques exemples que, par intuition sûre, l'on aurait tout lieu de tenir pour des illustrations, et même des modèles de discours juridiques (une plaidoirie, un article du Code civil, un arrêt de la Cour de cassation), l'idée vient que le caractère juridique du discours pourrait tenir, pour l'essentiel, aux sujets de la communication, primordialement à la personnalité de celui qui parle (avocat, législatateur, juge), au vocabulaire qu'il emploie et au style dont il use (tournures, présentation, etc.). De fait, l'appartenance socio-professionnelle de l'émetteur à la communauté des juristes, la maîtrise du vocabulaire juridique et la pratique des activités essentielles liées à la vie du droit (législation, justice, etc.) agissent puissamment dans le sens de la spécificité du langage du droit. Aux yeux du profane, ce sont les marques les plus voyantes — ou les plus aveuglantes — du discours juridique.

— Mais ces marques ne constituent pas des critères absolus.

Il ne suffirait pas, pour s'en convaincre, de relever qu'un discours juridique peut s'adresser à un profane (condamnation d'un délinquant), émaner d'un profane (demande d'emploi), ou même résulter d'un accord entre non-initiés (contrat de vente entre particuliers) (10). L'essentiel est de dissocier intellectuellement vocabulaire juridique et discours juridique : *il peut y avoir discours juridique sans vocabulaire juridique.* Un discours peut être juridique même s'il n'utilise aucun terme d'appartenance juridique exclusive (ex. : « Témoin, levez-vous »). Il peut être juridique même s'il n'utilise aucun terme juridique (« Faites évacuer la salle »). Si un discours juridique peut n'être composé que de mots usuels, il arrive enfin, plus souvent encore, que le message juridique, encodé dans la langue naturelle qui en est le véhicule nécessaire, organise les termes juridiques dans cette langue, c'est-à-dire, les associent aux mots usuels de celle-ci (ex. : celui qui a promis doit exécuter son engagement de bonne foi) : c'est presque toujours le cas (11).

---

(9) On précisera plus loin le référent.

(10) Ou réciproquement qu'un discours non juridique peut émaner d'un juriste professionnel.

(11) Pour que le contraire se produise, il faut supposer, occurrence rarissime,que l'énoncé ne comporte que des termes d'appartenance juridique exclusive(et donc une phrase sans verbe ni article).

La même analyse vaut pour le style. S'il est bien vrai que le langage du droit se signale, et même se singularise souvent, par des traits stylistiques (envolée, répétition, archaïsme de construction, etc.), le langage du droit peut aussi être dépouillé de tout effet de style (12). Exemple : « Les servitudes apparentes sont celles qui s'annoncent par des ouvrages extérieurs, tels qu'une porte, une fenêtre, un aqueduc » (C. civ., art. 689, al. 2). *Le style n'est pas le critère nécessaire de la juridicité du message.*

— Cette mise au point n'apporte qu'une nuance. Il demeure que, pour une bonne part, l'analyse du discours juridique consiste à étudier le vocabulaire et le style d'une phrase ou d'un texte. La nuance tend seulement à *déplacer le critère de la juridicité du discours* et, par suite, *à retenir une notion plus large de discours juridique. Un discours peut être dit juridique soit, directement, parce qu'il établit ou dit le droit, soit, plus généralement, parce qu'il concourt à la réalisation du droit* (13). Sont ainsi, au premier titre, des discours juridiques, l'édiction d'une loi, le prononcé d'un jugement, l'établissement d'une convention. Sont aussi juridiques, par un lien nécessaire, tous les messages qui participent à la mise en œuvre du droit, constat d'un dommage, déclaration d'un témoin, convocation d'un plaideur, avis d'un expert, etc. Il ressort de là que le caractère juridique du discours tient à la *finalité du message : Est juridique tout message qui tend à l'établissement ou à l'application des normes de droit.*

— Cette notion large — qu'il est important de retenir pour découvrir tout le domaine de l'étude — ne doit cependant pas faire oublier à son tour que, dans le schéma de la communication, ce sont les marques courantes du langage du droit (vocabulaire, style et notions juridiques) qui, étant dominantes, seront en fait pour le profane, des sources d'incompréhension. La communication peut échouer parce que le destinataire du message ne connaît pas les termes juridiques, ne connaît pas les notions juridiques, ou est rebuté par le style juridique. Cette constatation socio-linguistique n'a pas seulement une importance pratique. Elle éclaire les aspects juridiques de deux des éléments de la communication linguistique : Le code et le référent.

Dans le discours juridique, comme dans tout discours, l'instrument de la communication demeure la langue naturelle. Mais ici la langue porteuse incorpore un langage spécialisé. Elle utilise (non pas nécessairement on l'a vu, mais fort souvent) des termes et des tournures spécifiquement juridiques. *Le code, en partie, se spécialise* et sort, dans cette mesure, du circuit naturel de l'intercompréhension.

De manière comparable, l'énoncé dans la communication juridique, réfère non seulement aux réalités ordinaires, mais à des réalités spécifiquement juridiques (notions juridiques et, plus généralement règles et pratiques du droit).

---

(12) Encore, bien évidemment, que la neutralité du style soit, en elle-même, un choix de style, ou retrouvera le point.

(13) V. plus loin n° 56.

Le contenu même de deux des éléments de la communication répond ainsi, dans le discours juridique, à une définition particulière. On peut écrire : Dans le discours juridique,

Code = Langue y compris langage spécialisé du droit.

Référent = Réalités ordinaires + Réalités juridiques.

Conclusion :

47. — 1. Le discours juridique entre dans le schéma de la communication linguistique dont il réunit tous les éléments.

2. Le discours juridique modifie certains des éléments de cette communication (notamment code et référent) en y introduisant des apports spécifiques.

3. Chacun des autres éléments de la communication peut se présenter, dans le discours juridique, sous des espèces différentes, d'où une grande variété de discours juridique, selon la personnalité des sujets de la communication, la nature du message et le mode d'expression.

Ces trois observations conduisent à explorer d'abord la typologie discours juridique avant d'en étudier plus particulièrement, par échantillon, certains des types les plus élaborés (14), le discours législatif, (texte de loi), le discours juridictionnel (décision de justice) et le discours coutumier (maximes et adages du droit).

D'où le plan :

Chapitre préliminaire
Typologie générale

Chapitre I. Le discours législatif (le texte de loi).

Chapitre II. Le discours juridictionnel (la décision de Justice).

Chapitre III. Le discours coutumier (les maximes et adages du droit).

---

(14) On aurait pu retenir le discours contractuel et le discours administratif qui ont déjà fait l'objet d'études intéressantes et qui pourraient fournir matière à des monographies approfondies.

CHAPITRE PRÉLIMINAIRE

TYPOLOGIE GÉNÉRALE

48. — Qui parle le langage du droit ? À qui s'adresse-t-il ? Que dit-il ? À chacune de ces questions élémentaires il existe un si grand nombre de réponses que *l'extrême diversité du discours juridique* est le fait premier à enregistrer et à ordonner. Les diverses espèces de discours juridique peuvent être classées, en suivant les éléments du schéma de la communication, selon les *sujets du discours,* le *type de message* et le *mode d'expression* (1). La considération du code et du référent viendra tout naturellement avec celle des sujets.

L'inventaire des multiples variétés de discours juridique mettra en évidence des différences spécifiques, à partir desquelles on peut espérer dégager les rapports sous lesquels il est pertinent d'analyser le discours juridique.

SECTION I

LES SUJETS DU DISCOURS

La diversité tient ici non seulement à la multiplicité des émetteurs (agents de l'expression) et à celle des récepteurs (destinataires de la communication), mais encore, entre eux, à l'inégalité des chances de compréhension, compte tenu de leur rapport respectif au code et au référent.

§ 1. — LES AGENTS DE L'EXPRESSION

Qui parle le langage du droit ? :

— *Le législateur* (dans la loi), et, autour de lui, l'auteur du projet ou de la proposition de loi, et de l'exposé des motifs, les rapporteurs des commissions

(1) Ces termes suffisent ici plutôt que celui, plus générique de canal (ou medium), puisqu'il s'agit de désigner les modes principaux qu'utilise le langage du droit (expression écrite ou orale), ou, secondairement l'expression corporelle.

parlementaires, les orateurs (dans leurs questions, interventions et amendements lors des débats parlementaires) ;

— *Le juge* (dans sa décision), et, autour de lui, l'avocat (dans ses conclusions et sa plaidoirie), le représentant du ministère public (dans son réquisitoire, ses réquisitions ou ses observations), le greffier (dans ses écritures), le témoin (dans ses déclarations), le technicien (expert, consultant ou constatant) dans ses avis ou ses constatations ;

— *Le gouvernement et l'administration*, dans les décrets et réglements et toutes les interventions qui s'y rattachent (communiqués, déclarations, messages, avis, notes et circulaires) ;

— *Les professionnels*, rédacteurs d'actes juridiques (notaires, conseils juridiques) ;

— *Les simples particuliers* , dans leurs actes « sous-seings privés » ou leurs déclarations (aveu, serment, offre, promesse, etc.).

— Brochant sur le tout, mais non la dernière, la *doctrine*, dans ses ouvrages et autres expressions (cours, conférences, consultations).

Le droit a mille bouches, qui correspondent non seulement aux sources formelles proprement dites du droit (loi en ses textes, coutume en ses dictons, maximes et adages), mais à toutes les voix qui se mêlent dans la création ou la réalisation du droit.

Dans ce concert, il n'est pas inutile d'écouter séparément les voix qui monologuent, celles qui dialoguent et celles qui s'accordent ou s'unissent en collège, entre autres combinaisons complexes.

A. — LES MONOLOGUES

Certains discours émanent d'une seule personne qui livre, elle-même et sans retour, son message. Ce sont des actes linguistiques (2) unilatéraux. Qu'ils soient écrits ou oraux (on retrouvera bientôt le mode d'expression), ces monologues peuvent être spontanés (testament, aveu, serment) ou provoqués (aveu ou serment d'une autre espèce, consultation sur demande d'avis), publics (cours, discours ou rapport devant une assemblée), reçus par un officier public (par exemple un notaire) soit en la forme authentique (testament par acte public), soit en la forme mystique (testament mystique sous le sceau du secret C. civ., art. 976 s.), privés (testament olographe) et même confidentiels (lettre missive).

Sous ces diverses manifestations, le monologue réunit des marques individuelles qui le distinguent du dialogue et de l'acte collégial.

---

(2) Et parfois aussi juridiques, au sens précis du terme.

Par opposition au dialogue, le monologue est un type de communication dans lequel la communication se réduit à l'émission. Le monologue est bien dans la communication, en ce que le message a un destinataire (présent ou éloigné). Mais, dans cette communication à sens unique, l'émetteur n'est qu'émetteur, jamais récepteur. Dans sa relation avec son interlocuteur muet (auditeur ou lecteur), il a le monopole de droit ou de fait de la parole. Cette différence en induit une autre. Le monologue émane d'une personne qui est dans le cas de livrer un message suffisant (discours autonome), en ce que, même s'il est provoqué, ou suivi d'un examen ultérieur de la part d'autrui, il remplit, par lui-même sa fonction, sans avoir besoin d'être complété par une intervention extérieure (3).

Par opposition au discours collégial ou conventionnel, le monologue émane :

1. D'une seule personne, unique émetteur, énonciateur soliste (discours en *solo*) ;

2. D'une personne identifiée qui s'est nommée (discours nominatif) (4) ;

3. D'une personne qui parle en son nom propre ou par représentation (5).

C'est donc, à tous égards, le monopole de l'émission et la transparence de la personne qui, au moins dans le discours juridique, spécifient le monologue. Ceci n'implique pas nécessairement qu'au fond le discours soit original ou même personnel (on est fondé à le présumer, mais il peut y avoir plagiat, lieu commun, référence, etc.). La vérité est que le fond n'importe pas. Ce qui compte c'est que l'énoncé, en tant qu'expression linguistique, soit, sous tous les rapports, strictement individuel. Le discours — monologue est une donnée linguistique précieuse, en tant qu'elle est entièrement imputable à une personne déterminée, maître du discours. Le principe d'attribution est clair, « À chacun ce qu'il a dit ». (Sinon à chacun selon ce qu'il a dit).

N'étant pas toujours solitaire (par exemple, s'il est donné devant un public ou reçu par un notaire), le monologue peut cependant subir l'influence ambiante, ce qui le rapproche du dialogue.

B. — LES DIALOGUES

49. — Par opposition au monologue, le dialogue est un type de communication dans lequel les sujets de celle-ci sont, l'un et l'autre, émetteur et récepteur, et,

---

(3) Ce qui ne l'empêche pas de porter, mais comme des carences intrinsèques, ses imperfections d'origine.

(4) Il existe évidemment des monologues anonymes. Mais, sauf cas très atypique, cette modalité n'est pas juridiquement pertinente.

(5) En quoi il faut supposer que le discours émane d'un individu, personne physique. La fiction juridique paraîtrait commander d'y assimiler la personne morale. Mais c'est précisément ici qu'il faut se défendre de la fiction, car la personne morale l'exprime nécessairement par l'un de ses organes, complication à réserver.

normalement (6), l'un après l'autre, chacun son tour. Le dialogue est un échange de monologues entre deux personnes au moins.

Ainsi composé, le dialogue s'oppose aussi à l'acte collégial, et même à l'acte conventionnel, qui sont souvent l'aboutissement de dialogues antérieurs, en ce que le passage à l'acte collégial ou conventionnel, épreuve unificatrice, ne s'opère (moyennant entente, accord, fusion, composition, etc.) que par accession à un énoncé unique, résultante de la volonté collective ou de l'intention commune, alors que le dialogue n'est rien de plus qu'une succession de monologues.

De là vient qu'en général (7), le dialogue n'à qu'un *caractère préparatoire.*

Cependant, les monologues qui entrent dans la communication dialoguée sont loin d'avoir la même place et la même force dans cette fonction préparatoire, c'est-à-dire, plus précisément dans l'action que chacun peut avoir sur l'autre, ou sur un auditeur commun. Il se crée, entre eux, des rapports de force et des jeux d'influence très variables.

Si le dialogue revet en droit une telle importance, c'est que la réalisation du droit attend beaucoup du rapprochement, du choc des monologues d'où peuvent jaillir des lueurs que guette la justice dans sa quête de vérité. Le droit institue plusieurs espèces de dialogues.

a) *Le débat*

C'est un *dialogue contradictoire.* Le débat judiciaire en est le modèle (8). Il se définit par deux traits.

1° Les interlocuteurs sont des *adversaires.* Ils s'affrontent, ils s'opposent, ils se combattent, ils se contredisent. Chacun parle contre l'autre. Le dialogue élève la contradiction. Dans cet échange dynamique, chaque monologue cherche à tirer de tout — et même de l'autre — ce qui renforce sa position et affaiblit la position adverse. Chacun se nourrit de l'autre (9) : rapport d'antagonisme et de discussion.

---

(6) Si du moins la communication est au clair et au repos. Par accident, elle peut être troublée par des interruptions ou des chevauchements (lorsque les interlocuteurs se coupent la parole ou parlent en même temps).

(7) Dans l'acte conventionnel, l'analyse de l'échange des consentements conduit à nuancer cette observation. V. plus loin, n° 50.

(8) Le débat parlementaire est également contradictoire, mais sa résultante l'apparente à l'acte collégial. Quant au débat judiciaire, il peut être, par accident, non contradictoire (lorsque l'un des antagonistes fait défaut). Mais, s'il faut se résigner, moyennant les précautions convenables, a rendre la justice même en ce cas, ce n'est pas un véritable débat.

(9) Du moins en a t-il l'occasion. Mais un pseudo-débat peut se réduire à deux monologues successifs préétablis et figés, et n'être plus qu'un dialogue de sourds.

2° Les interlocuteurs sont des *plaideurs*. Chacun (par lui-même ou par la bouche de son avocat) défend sa cause, afin que justice lui soit rendue. Le débat postule un arbitre et une référence.

Ce n'est pas un combat singulier qui cesse faute de combattant (par effondrement ou abandon de l'adversaire), mais une double argumentation soumise à un même juge. Si donc les adversaires se mesurent l'un avec l'autre, c'est devant un autre, afin de l'emporter dans l'esprit de celui qui les écoute et qui a, sur eux, juridiction ; afin de faire reconnaître qu'il a raison. L'enjeu premier du débat est la conviction du juge.

Dans cette compétition à la persuasion, il n'est pas indifférent de parler le premier ou le dernier, pour avoir l'oreille du tribunal. Le débat peut être libre (non sans interruptions, chevauchements ou reprises d'objection en réponse). Mais il est souvent organisé de manière à ce que chacun « ait la parole ». L'une des préoccupations du droit du langage est de règler le débat, afin que celui-ci soit tout à la fois clair, impartial (10) et réellement contradictoire.

b) *L'interrogatoire*

C'est un *dialogue inquisitoire*. Dans cette communication, l'un fait les questions, l'autre les réponses. Les interlocuteurs ont des fonctions complémentaires, mais non interchangeables (11). L'un cherche à apprendre (12) ce que l'autre est supposé savoir. Il y a donc bien communication à double sens, mais, pour un partage du savoir à sens unique, de celui qui répond à celui qui questionne.

Dans ce type de communication, celui qui questionne est toujours assuré d'une certaine prééminence. C'est lui qui parle en premier et qui choisit ce qu'il veut bien savoir (13). S'il y a plusieurs questions, c'est lui qui recommence. Son discours est déterminant, du fait que, dans l'enchaînement linguistique, la réponse est normalement appelée à s'articuler sur la question.

Cependant, sa position n'est pas toujours aussi dominante. Sa domination s'appesantit, dans certaines situations, de façon évidente, du fait de données extralinguistiques. Cette aggravation se produit lorsqu'il existe entre celui qui questionne et celui qui répond — et parfois de façon cumulative — un rapport d'autorité, une inégalité de compétence et un inégal degré d'implication personnelle. Il en est ainsi, notamment dans l'interrogatoire de l'accusé par le magistrat et dans les questions posées au témoin soit par le juge, soit par l'avocat de la partie adverse.

---

(10) V. plus loin (2e partie de l'ouvrage).

(11) Sauf s'il est admis que le questionneur devienne le « questionné ».

(12) Ou à vérifier.

(13) Et qu'aussi bien, il sait déjà ; d'où encore le moyen d'éluder « ce qu'il ne veut pas savoir » (ou pas faire apparaître).

Le « questionné » n'est pourtant pas toujours dans le même état d'infériorité. Un expert peut, certes, être encore malmené à l'audience par un avocat (de célèbres affaires l'attestent). Mais s'il a sérieusement accompli sa mission, il a pour lui, dans le dialogue, l'expérience et la compétence technique. En réalité, la situation du « questionné » dépend largement des circonstances. Il est tout différent de devoir répondre à brûle-pourpoint, ou d'avoir eu le temps de préparer ses réponses sur un questionnaire établi et communiqué à l'avance (c'est l'ancien interrogatoire sur faits et articles). Les capacités intellectuelles des interlocuteurs entrent d'ailleurs pour beaucoup dans le « jeu » des questions et des réponses, et selon que la plus grande finesse est d'un côté ou de l'autre, on peut s'attendre aux questions-piège perfides, ou directives ou, dans l'autre camp, aux réponses évasives, partielles, imprécises, ambiguës, et à celles qui, renversant subtilement l'initiative dans le dialogue, induisent des questions auxquelles l'« interrogé » veut répondre. Si bien que l'interrogatoire aussi est une joute.

De là il ressort : 1. Qu'entre les interlocuteurs, les rapports de force s'établissent pour l'essentiel « en situation », en fonction de données non linguistiques ; 2. que le schéma de la communication dans l'interrogatoire donne, cependant au départ et par lui-même, l'avantage à la question ; 3. que ce mode de dialogue tend naturellement à développer une dynamique de l'intimidation pour l'un, et de la directivité pour l'autre.

c) *L'entretien*

C'est un dialogue *neutre*. Il n'est *a priori* marqué d'aucun rapport spécifique (de contradiction ou d'interrogation) entre les sujets parlants. Dans la communication linguistique à double sens qui s'instaure entre ces derniers, aucun n'est investi d'un rôle (différencié ou non) qui se superposerait à leur égale qualité d'émetteur-récepteur. L'entretien est un échange de vues. En lui-même, un tel échange suppose seulement la réciprocité et la pluralité des interventions respectives (même dans un bref entretien).

Cependant, le caractère abstrait de ce mode de communication fait sa polyvalence. L'entretien peut être ordonné à des fins diverses et recevoir des marques spécifiques de sa finalité concrète. C'est ce qui se produit dans les emplois variés que le droit fait de l'entretien. Lorsque l'entretien prend la forme d'une négociation entre futurs contractants, on y retrouve la contradiction. La discussion est aussi présente dans la concertation entre partenaires avant l'adoption d'une position commune face à la partie adverse. Même simple, l'audition des plaideurs en personne par le juge (14) réintroduit le visage de l'autorité, les questions et, peut-être, un certain caractère directif. Les entretiens foisonnent : conférences entre

(14) N.C.P.C., art. 20.

magistrats et avocats, ou entre magistrats s'occupant d'une même affaire, prise de contact entre défenseurs, conciliabules entre juges, etc.

Cette diversité ne masque pas les traits qui le plus souvent, caractérisent l'entretien dans la pratique du droit (15).

L'entretien est, en général, plus libre, moins organisé, plus informel qu'un débat ou un interrogatoire (mais ces autres dialogues peuvent aussi présenter de tels caractères).

Comme un débat ou un interrogatoire, l'entretien a un caractère préparatoire (« informatoire »). Il précède une décision (on parle souvent d'entretien préalable). C'est dire tout à la fois que, comme tout dialogue, l'entretien contribue, par apport d'information, à la prise de décision, mais que, par lui-même, il ne constitue pas une décision. C'est pourquoi on va le retrouver dans l'élaboration des actes complexes.

C. — LES ACTES COMPLEXES

50. — Le discours juridique se complique souvent, au niveau de l'émission, par la *pluralité des agents qui sont à l'origine de l'expression d'un même énoncé*. Le discours résulte, en somme, d'une association de monologues et de dialogues, mais selon des combinaisons variables.

a) *L'acte conventionnel*

Au regard du droit, c'est un acte juridique bilatéral (ou plurilatéral), contrat, traité, pacte, etc. L'acte (entendons le *negotium*) a au moins deux auteurs que l'on nomme indifféremment parties, parties contractantes, contractants, cocontractants. C'est un accord de volontés destiné à produire un effet de droit.

Ce résultat paraît simple. L'analyse linguistique en montre la complexité.

1° Si l'analyse porte sur *un accord conclu* (un contrat formé), l'acte conventionnel correspond à un *énoncé linguistique unique*. L'énoncé est l'expression d'un *consensus*. Même s'il rassemble des éléments (clause, stipulation) dont certains ont été proposés par l'un, d'autres par l'autre, le tout a été adopté par les deux. Par cette « adoption », chacun s'est approprié l'ensemble pour en faire un seul message qui n'est ni le discours de l'un, ni le discours de l'autre, mais leur commun discours (16).

---

(15) Comme, d'ailleurs, dans la vie courante.

(16) À la vérité, une décomposition analytique du texte montre que celui-ci « fait parler » successivement chacune des parties (chacune ayant revêtu le personnage en la qualité duquel elle va parler). Dans la vente, « le vendeur s'oblige à... » et « l'acquéreur s'engage à... ». Le discours du vendeur n'est pas celui de l'acquéreur. Ainsi dans la donation, l'un donne, l'autre accepte, dans l'entreprise, l'un fournit, l'autre paye, etc. À une époque où le contrat

Cette unité est évidente lorsque l'accord est constaté par écrit (17). Peu importe que cet acte instrumentaire ait été dressé par un notaire ou par les parties elles-mêmes (acte sous-seings privés), peu importe qu'il ait été établi en un seul exemplaire original dont chaque partie demandera copie, ou en double original. La pluralité des supports n'affecte en rien l'unité du texte (18). Tous les actes instrumentaires ont exactement la même teneur que, par leur signature à l'acte, les parties se sont appropriée. Il s'agit d'un énoncé conjoint.

La démonstration est plus fuyante lorsque le contrat conclu demeure un accord verbal. Le contrat n'est formé que si les parties s'entendent sur le même objet. Mais il y a-t-il encore énoncé commun ? Il n'en irait ainsi que si les parties, au moment de se lier, prononçaient ensemble la même formule, produisant ainsi, en duo, le même énoncé (19). Dans un acte verbal, il arrivera toujours, en pratique, que les consentements respectifs des parties soient exprimés l'un après l'autre et, le plus souvent, l'un en réponse à l'autre, succession qui renvoie à l'examen plus général de l'échange des consentements.

2° Si l'analyse porte, en amont de l'accord conclu, sur *l'échange des consentements*, l'étude de ce mécanisme conduit nécessairement à repérer plusieurs énoncés, au moins un par contractant.

À la vérité, il arrive, dans certains actes solennels, que les deux énoncés se succèdent immédiatement et soient identiques. Dans la célébration du mariage, l'officier de l'état civil reçoit « de chaque partie, l'une après l'autre, la déclaration qu'elles veulent se prendre pour mari et femme (C. civ., art. 75, *in fine*). Si l'un et l'autre le veulent bien, la réponse de chacun est la même. Elle tient dans le même mot « oui », émis par l'un, puis par l'autre. Encore remarque-t-on que chaque « oui » ne répond pas exactement à la même question : À la femme, « voulez prendre pour mari... ? », à l'homme « voulez-vous prendre pour femme... ? ».

était supposé préparé par l'une des parties, on pouvait même discerner — autre variante — deux discours différents l'un direct, celui des promesses, l'autre indirect, celui des stipulations, c'est-à-dire, d'une part, les clauses dans lesquelles le rédacteur (par exemple le bailleur) promet de faire telle ou telle chose, et celles dans lequelles il fait promettre telle ou telle autre par son cocontractant (sens originaire de stipuler : faire promettre). Mais ces analyses ont pour seul effet de décomposer l'opération juridique en ses éléments. À la limite, elles feraient voir qu'en tout contrat, il y en a deux conjoints. Qu'ainsi dans la vente, l'un vend, l'autre achète (on retrouve en pointillé la structure dualiste de la vente romaine primitive : *emptio-venditio*). Mais cette « radiographie » ne rompt pas l'unité linguistique de l'énoncé contractuel (et n'entame pas non plus, d'ailleurs, l'unité intellectuelle de l'acte juridique).

(17) Soit *ad probationem,* soit *ad validitatem.*

(18) Cette distinction confirme seulement qu'il ne faut pas confondre énoncé et canal.

(19) La teneur de cet énoncé existe intellectuellement, et l'on doit nécessairement supposer que, si elles sont d'accord, les parties s'y réfèrent mentalement. Mais cette teneur n'est pas exprimée, à ce moment, sous la forme d'un énoncé conjoint.

Cependant, dans l'immense majorité des cas, les choses sont beaucoup plus compliquées. Les contrats peuvent se former non seulement entre personnes présentes au même moment dans un même lieu, mais entre absents, et pas seulement dans un échange limité dans le temps (une communication téléphonique), mais par correspondance. Chaque consentement tend alors à se charger de particularités, au point de recevoir un nom qui le distingue : En premier l'offre (ou pollicitation), en réponse l'acceptation, parfois assortie de contre-propositions qui relancent la correspondance : Autant d'énoncés distincts. Or ces énoncés qui se répondent peuvent s'appuyer les uns sur les autres, par exemple une acceptation se référer, sans la reproduire, à une proposition énoncée dans l'offre. Ainsi devient-il évident que, si l'accord intervient, les consentements échangés (notion abstraite) correspondent, concrètement, à des énoncés différents, de telle sorte que si, à ce moment, l'accord n'est pas mis en forme dans un acte signé des deux contractants, la teneur de cet accord (20) se trouvera, en fait, dans l'énoncé d'un seul des contractants.

Au demeurant, même lorsque l'accord prend la forme d'un écrit, le texte ainsi élaboré est en pratique le résultat de négociations préalables (on retrouve les dialogues préparatoires sous des noms évocateurs : pourparlers, palabres, etc.). Tout contrat conclu est un discours final, produit fini d'échanges antérieurs. La même procédure complexe gouverne l'élaboration de l'acte collégial.

b) *L'acte collégial*

On pourrait ainsi nommer tout acte émanant d'un groupe d'individus institué ou reconnu par la loi comme entité distincte des membres qui le composent (21), assemblée parlementaire, juridiction collégiale, assemblée générale de société ou d'association, conseil municipal, etc. La complexité tient ici encore à la pluralité des agents de l'expression, mais laisse apparaître, du point de vue de l'émetteur, des données constantes et des éléments variables.

1° *Données constantes*

Comme l'acte conventionnel, mais de façon plus tranchée et mieux réglée (22), l'acte collégial fait la part de ce qui émane du collège et de ce qui vient de ses membres.

C'est la décision finale qui est imputée au groupe (loi, jugement, délibération, décision), et l'on notera qu'elle est prise sur une proposition qui est en général

(20) Que l'on suppose parfait (s'agissant par hypothèse d'acte consensuel) du fait de la rencontre des consentements.

(21) Que ce groupe soit ou non doté de la personnalité juridique.

(22) Par une procédure, surtout pour les institutions étatiques (procédure législative, procédure civile).

rédigée (23), de telle sorte que l'acte collégial correspond toujours à *un énoncé unique* sous une forme écrite. Cet énoncé est censé être l'œuvre du collège (24). Un langage personnificateur en marque l'origine : La loi est l'œuvre du législateur, le jugement celle du juge.

C'est au cours de la procédure préparatoire que les membres du groupe interviennent individuellement par des avis et propositions. D'où là encore, dans la phase délibérative, le foisonnement des énoncés personnels.

L'acte collégial se distingue cependant de l'acte conventionnel, par le *mécanisme d'imputation au groupe de la décision prise par ses membres : le compte des voix*. À la vérité, la phase précontractuelle aussi s'achève par l'expression de la part de chaque contractant, d'une volonté individuelle, de même que la phase délibérative débouche sur un vote, marqué par l'émission individuelle, de la part de chacun des membres présents et votants du groupe, de sa voix. Mais il n'y a de contrat que par accord. Il est inconcevable que le contrat se forme si l'une des parties est absente et non représentée, ou s'abstient, ou refuse de s'engager. Abstention, vote blanc, vote négatif sont au contraire des données courantes dans l'élaboration de l'acte collégial. Il n'importe que les règles de *quorum* soient très variables et, même dans certains cas-limite, que le collège ne puisse se décider qu'à l'unanimité de ses membres (si chacun d'eux est investi d'un droit de veto). La règle ordinaire est que le collège se décide à la majorité (simple ou qualifiée), et que la votation n'est pas *a priori* bloquée par des abstentions et des votes blancs. L'essentiel est de comprendre comment la prise de décision collégiale s'accommode naturellement d'accidents que la prise de décision conventionnelle exclut normalement. C'est que l'acte conventionnel reste l'œuvre — bilatérale — de personnes déterminées, les parties contractantes, alors que l'acte collégial devient l'œuvre collective du groupe (et non l'œuvre multilatérale des parties votantes). Le passage des votants au groupe se fait par le compte des voix. L'imputation au collège s'opère par le nombre. Dans la construction de l'acte collégial, la marque spécifique de l'émission des voix est que celles-ci se comptent.

2° *Éléments variables*

Ils tiennent, du côté des agents de l'expression, à la plus ou moins grande transparence des membres du groupe dont émane l'acte collégial. Si cet acte est toujours imputé au groupe, il porte, de façon plus ou moins manifeste, les marques individuelles des membres du groupe. Ces marques peuvent apparaître soit dans l'élaboration, soit dans l'expression de l'acte.

---

(23) Avant l'adoption par le groupe (ou qui est consignée dès après).

(24) Pourvu que celui-ci, personne morale ou groupement reconnu par la loi, ait régulièrement délibéré.

Elles apparaissent dans la phase préparatoire, lorsque les délibérations qui précèdent la décision ne sont pas secrètes : Ainsi pour les interventions, discussions et propositions d'amendement dans les débats parlementaires.

Elles tranparaissent dans l'acte final, lorsque les opinions individuelles y laissent des traces repérables : ainsi pour les amendements adoptés, dans le texte de la loi ; ainsi encore pour les sentiments individuels des membres d'une juridiction collégiale, dans le texte de la décision, au moins dans les systèmes juridiques qui exigent ou permettent que les avis de chacun des juges figurent dans la décision (25), ou encore que la sentence arbitrale s'accompagne, le cas échéant, de l'indication d'un avis dissident (26).

c) *Le discours pour autrui*

Il arrive fréquemment, dans la vie juridique, qu'une personne parle pour une autre : qu'elle soit son « porte-parole ». Cette complication relative à l'agent de l'expression peut affecter chacune des situations précédentes (monologue ou, pour un ou plusieurs des sujets parlants, dialogue, acte conventionnel, acte collégial), mais elle revêt des modalités variables selon que le porte-parole est simple messager ou véritable représentant.

1° *Le messager*

Il se borne à porter le message de celui qui l'envoie à la connaissance de celui auprès duquel il est envoyé, sans y changer un mot. C'est le cas du président de l'Assemblée nationale qui lit, à la tribune de celle-ci, le message que le Président de la République adresse au Parlement. Le messager n'est pas, en droit, le représentant de l'auteur du message. Il ne suffirait pas de dire qu'il n'est pas investi du pouvoir d'engager celui-ci par des modifications apportées au message ou des paroles ajoutées de son cru. Plus radicalement, sa mission se limite à la seule communication d'un message, non seulement intangible et complet, mais *linguistiquement donné comme ayant pour sujet l'auteur du message*. Pour être imputé à son auteur, le message n'a nul besoin du mécanisme (juridique) de la représentation. Il est directement dit pour son auteur. Le messager ne prête que sa voix.

Cependant, pour peu qu'il prête sa voix, il entre lui-même, par la lecture, dans la communication linguistique (27). Celle-ci se complique donc. L'agent de l'expression se dédouble. Il y a bien deux émetteurs. Celui qui écrit et celui qui

(25) Le droit français est en sens contraire : les délibérations des juges (N.C.P.C., art. 448) y compris les arbitres (art. 1469) sont secrètes.

(26) Comp. N.C.P.C., art. 1473, où l'avis dissident ne peut se traduire que par un refus de signature, par ailleurs neutralisé.

(27) Très marginalement, il y entre même de son propre chef, car au seuil de sa lecture il est toujours dans le cas d'annoncer : « Message de... », ou « Voici ce que celui qui m'envoie me charge de vous dire : « ... ».

parle. Ce dédoublement correspond à l'utilisation cumulative d'un double canal, l'expression écrite et l'expression orale dont chacune émane un organe distinct. Mais cette complication linguistique ne brouille pas la communication. C'est, précisément, parce qu'elle correspond à la plus simple des situations : Elle suppose, pour le messager, l'existence d'un message préétabli par celui qui l'envoie. Dans sa rigidité, cette condition d'antériorité et d'invariabilité fait aussi la limite du procédé.

2° *Le représentant*

Il parle au nom du représenté. Il l'engage dans la limite de ses pouvoirs. Or sans doute est-il investi de pouvoirs variables, selon la mission qui lui a été conférée. Mais la considération de l'étendue de ses pouvoirs est purement juridique. Elle est non linguistique. *Linguistiquement, le représentant est le seul agent de l'expression.* Il n'est pas voué à réciter un texte préparé par un autre. L'absence de message à lire lui donne la maîtrise exclusive de l'expression (c'est lui qui parle, s'il faut parler, lui seul qui écrit, s'il faut écrire). Mais c'est plus radicalement (au-delà du canal) parce que, dans la communication linguistique, le représentant est le seul qui énonce. À lui seul appartient la composition du message.

Cette simplication de la communication linguistique est capitale. Elle l'est d'abord, en fait, par les possibilités qu'elle ouvre à la représentation. L'unité d'émetteur permet de différer l'énoncé et de ne l'accomplir qu'au moment le plus opportun. Le représentant n'est pas le simple instrument vocal de retransmission d'un énoncé prédéterminé, mais le seul auteur de l'énoncé. Dans la limite de ses pouvoirs, il pourra donc négocier, adapter, modifier. Il n'est pas lecteur d'un message littéral, mais porteur en esprit d'une mission à accomplir.

Cependant il faut bien voir qu'en droit cette unité d'émetteur constitue la raison précise qui rend nécessaire le mécanisme juridique de la représentation. *C'est parce que le représentant est, linguistiquement, celui qui énonce que l'imputation juridique de cet énoncé au représenté a besoin du secours de la représentation.* Cette imputation s'opère directement quand le message est retransmis par simple messager, car elle est linguistique. Le représentant est au contraire le seul sujet parlant. Quand il parle il faut que le droit y ajoute sa fiction. Le droit ajoute donc : Le représentant est censé parler pour le représenté. C'est toute la représentation.

§ 2. — LES DESTINATAIRES DE LA COMMUNICATION

51. — On les a déjà rencontrés dans les dialogues. Il était inévitable, à propos de l'initiative de la communication, de les saisir dans leur participation en retour à la communication. Ils se sont fait entendre dans leurs réponses, leurs répliques, leur contribution à l'acte conventionnel ou collégial. Il n'est qu'apparemment paradoxal de les avoir envisagés d'abord dans leur double fonction de récepteurémetteur, compte tenu de l'importance que revêtent, dans le langage du droit, les échanges entre interlocuteurs.

Le moment vient de considérer les destinataires dans leur unique fonction de récepteur. Or, si l'on prend pour hypothèse, que la réception du message est normalement ordonnée à la compréhension du message par le sujet auquel s'adresse la communication, les récepteurs de messages juridiques devraient d'abord être classés selon leur aptitude à comprendre le langage du droit : c'est ce que l'on cherchera à faire dans le paragraphe troisième consacré à l'évaluation des chances de compréhension (v. *infra*, § 3).

Il reste seulement ici à identifier le destinataire. À qui s'adresse le message juridique ? La question n'est pas ici de situer le récepteur dans un groupe socio-professionnel, mais de préciser le destinataire officiel du message. Celui-ci s'adresse-t-il à un seul, à plusieurs, à tous ? La distinction est descriptive, mais elle peut être déterminante : On ne parle pas de la même manière à quelqu'un, à un groupe ou à tout le monde.

Sous le rapport de la destination, le droit connaît trois sortes de message : les *actes réceptices,* les *actes d'audience,* et ceux que l'on pourrait nommer *« actes à tout entendeur ».*

A. — LES ACTES RÉCEPTICES

On appelle ainsi (28), ou encore déclarations faites à partie, les actes juridiques unilatéraux qui n'ont d'existence que par la notification (29) qui en est faite à leur destinataire : le congé donné au locataire par le bailleur, la mise en demeure du débiteur par le créancier.

De tels actes ont pour premier trait d'être adressés à une personne déterminée (physique ou morale). Ils ont un destinataire spécifié. Ce sont des messages *ad personam*. Le caractère personnel de la destination est tel que ces actes n'ont de valeur — trait de renfort essentiel — que s'ils ont été notifiés à leur destinataire, c'est-à-dire régulièrement portés à sa connaissance. Cela ne signifie pas nécessairement que celui-ci ait compris le message. Dans des cas limites, cela ne suppose même pas toujours qu'il en ait effectivement pris connaissance (il ne veut pas lire, il ne sait pas lire, ou la notification n'a pas été faite à la personne, mais par un autre mode régulier — à domicile ou en mairie — qui n'implique pas en toute certitude que l'acte soit parvenu entre les mains de son destinataire). Sous réserve de ces cas marginaux, l'acte réceptice doit son existence à sa réception. Il incorpore à sa définition une condition de succès de la communication : le contact effectif ou au moins potentiel. Il faut que le destinataire ait été touché par le message ou,

(28) En droit. Vocabulaire juridique V^{is} *réceptice* et *non réceptice*.
(29) V. plus loin, n° 58.

au moins, ait été régulièrement mis dans le cas de pouvoir le faire, pour que le message en soit un (30).

Ces caractères spécifiques supposent de toute évidence qu'au fond les actes réceptices mettent en cause, pour le destinataire, un intérêt tout personnel et même, plus précisément, le menacent dans cet intérêt (l'éviction de son logement, la saisie de ses biens, etc.). S'il faut ici y insister c'est que le caractère personnel et comminatoire de l'acte réceptice en commande la forme, au sens large du terme (sous laquelle ou retrouve une détermination partielle de l'énoncé et du canal) et la commande dans le sens de la minutie. Ainsi, l'acte réceptice est d'abord un acte à personne dénommée (à personne désignée par son nom ou sa raison sociale). Tout acte réceptice porte ensuite l'adresse de son destinataire. Tout acte de cette nature est matériellement acheminé vers son destinataire à l'initiative de l'émetteur et selon des moyens prévus par la loi. L'acte est empreint de formalisme, la communication rigoureusement formalisée et canalisée.

B. — LES ACTES D'AUDIENCE

52. — On pourrait ainsi nommer les messages qui s'adressent à un groupe déterminé : exposé des motifs, rapport, observations devant une assemblée parlementaire, plaidoiries, réquisitoire, rapport devant un tribunal, communication, cours, rapport devant un amphithéâtre, etc. Ils sont collégiaux du côté du récepteur.

À première vue, l'acte d'audience est un message oral directement adressé à des auditeurs : une parole portée devant un auditoire, une communication sonore à corps présents. De toute évidence, on aurait tort de sous-estimer l'importance de ce mode d'accomplissement auquel l'acte d'audience doit son nom. Le droit fait une place essentielle aux discours (en prenant ici ce terme dans son sens ordinaire de prestation verbale). Les exemples donnés l'attestent. Les juristes sont, pour lors, voués à être des orateurs. La communication orale directe est la forme traditionnelle, primordiale et plénière de l'acte d'audience. Elle n'est cependant pas la seule. La communication peut n'être pas directe (message enregistré et retransmis). Par extension, les actes d'audience englobent même des communications non sonores dont l'importance est loin d'être négligeable (rapport écrit distribué aux membres de l'assemblée).

Au-delà de ces modalités, le propre de l'acte d'audience est d'être destiné à un groupe déterminé (31). Or, bien entendu, la finalité concrète et variable du mes-

---

(30) Ces actes réceptices demeurent, de la part de l'émetteur, des actes unilatéraux et des monologues, car, pour produire leur effet, ils n'attendent du destinataire ni acceptation, ni réponse (à la différence d'une offre). Ils ne demandent qu'à être reçus par lui.

(31) À la limite, il peut s'agir d'un juge unique. Lui aussi tient audience et l'institution judiciaire l'encadre, notamment, d'un greffier.

sage a son importance. Il n'est pas indifférent que l'objet de la communication soit d'enseigner, d'informer, de défendre, parfois d'exhorter, de rappeler à l'ordre, de blâmer, etc. L'essentiel est cependant ailleurs. Le défi de l'acte d'audience est d'être écouté, d'avoir l'oreille de l'auditoire. Tout discours se produit dans cette attente : La loi du discours est que le groupe impose sa loi au discours, afin que le discours puisse imposer la sienne au groupe.

L'observation est d'ordre juridique. L'acte d'audience est réglé par la procédure applicable devant le groupe qui l'entend (procédure législative, juridictionnelle, etc.). Mais le poids du groupe déborde le droit. Le groupe impose ses rites, ses usages, ses coutumes, son folklore, une mise en scène. Il y a une place, une position et parfois un costume pour parler, une façon de prendre ou de demander la parole, de l'obtenir du président qui la distribue ; il y a un moment pour parler et, parfois, un temps de parole, il y a des formules consacrées pour commencer le discours et pour le clore. On dira que ces canons ne concernent que l'expression orale. La rédaction du rapport écrit en porte cependant des traces, ainsi que les règles de sa prise en considération dans une séance.

Ce qui est essentiel et sûr, c'est qu'intellectuellement, le défi du groupe s'exerce sur tout acte d'audience. Certains diront : c'est le défi de la logique, d'autres celui de l'éloquence, de l'art oratoire, de la rhétorique. Disons simplement, c'est le défi de la persuasion. Tout discours tend à s'emparer des âmes (32). C'est ici que, par recurrence, le collège dicte sa loi. On ne lui commande qu'en lui obéissant. Il veut bien être convaincu, mais il exige de l'être — d'être vaincu — selon ses voies. Qu'il admette à l'occasion d'être surpris est une autre affaire. Dans l'ordinaire, il faut que l'orateur divise et police le discours, à la façon de celui qui l'entend. L'acte d'audience est réglé par l'art de se faire écouter selon la loi du groupe, dans les règles du jeu. Ordinairement, on ne convainc pas la sagesse par la folie (33), mais par la sagesse des hommes.

C. — LES ACTES À TOUT ENTENDEUR

53. — On pourrait ainsi nommer les messages qui, par opposition aux actes réceptices et aux actes d'audience, ne s'adressent ni à un individu en particulier, ni à un groupe déterminé, mais, dans un ordre juridique donné, à l'ensemble des sujets de droit qui en relèvent. Au sein d'un État, la loi s'adresse à tous les citoyens. Si elle concerne au premier chef ceux qui ont été parties en la cause, une décision de justice s'adresse aussi à tous les justiciables.

Ce n'est donc que par façon de parler que l'on dit que le message juridique s'adresse « à tout le monde ». Le discours n'est pas universel. Sans doute pourrait-

---

(32) À être un « discours persuasif de la sagesse ». Paul, Cor. I, 2, 4.
(33) Comp. Paul, *ibid.*

il l'être intellectuellement, par intention, dans des cas marginaux (34), ainsi pour l'État qui adresserait son message à l'humanité (déclaration universelle des droits de l'homme). Sous cette réserve, le cercle des destinataires d'un message à tout entendeur est en réalité limité par l'effet d'un double critère. Du point de vue linguistique, il est déterminé par le code de l'émetteur : Il s'adresse à ceux qui connaissent la langue dans laquelle le message est exprimé. Du point de vue juridique, il est déterminé par la compétence de l'auteur du message : Il s'adresse à ceux qui relèvent de l'ordre juridique correspondant à cette compétence. Il advient seulement que les deux critères ne concordent pas et que, pour lors, chacun réclame dans son ordre la primauté (35).

Ces précisions et ces nuances ne doivent cependant pas cacher l'essentiel. Même ainsi relativisé, l'acte à tout entendeur s'adresse à une multitude. C'est un *message de masse*.

Cette destination est compatible avec divers modes d'expression. Le message à tout entendeur peut être radiophonique, audiovisuel ou seulement écrit (c'est le cas de la loi). Mais dans tous les cas, *il est public*. La vocation générale qui lui est inhérente incorpore à sa définition la publicité (même si celle-ci, évidemment, revêt une forme appropriée au mode oral ou écrit de l'expression. Ex. : le journal officiel pour la loi). Cette publicité (par émission d'images ou de sons ou par publication de texte) est inséparable d'un autre caractère essentiel dont elle s'efforce (mais en vain) de tempérer les effets. À la différence de l'acte réceptice et de l'acte d'audience qui ont des destinataires déterminés et localisés, en personne ou en groupe, l'acte à tout entendeur est lancé à *un auditoire potentiel*. L'ensemble des récepteurs disséminés ne correspond à aucune réalité localisable. Il en résulte, qu'au niveau de l'efficacité matérielle de la communication, l'émetteur est dans l'incapacité de se rapprocher géographiquement du récepteur, pour s'assurer auprès de lui, chez lui, que le contact est bien établi. Les moyens qu'il déploie (la publicité) n'enveloppent jamais que l'acte d'émission, sans aucun « suivi » jusqu'à la réception. L'acte à tout entendeur n'exclut pas nécessairement un contact direct (au moins s'il s'agit d'un message audio-visuel) (36). Son infirmité propre est de ne jamais donner à l'émetteur la certitude qu'un contact a été établi, et donc qu'il a été entendu.

Non sans lien, le discours à tout entendeur a pour autre caractère de s'adresser non pas seulement à un grand nombre de personnes, mais à n'importe laquelle de

---

(34) Il n'en serait même pas ainsi, linguistiquement, si l'on supposait qu'une Assemblée internationale représentant la totalité des pays du globe proclamât, dans toutes les langues, la même règle. Car ce message plurilingue, par définition, en englobe plusieurs.

(35) Juridiquement, la loi française ne concerne que ceux qui relèvent de son allégeance (et non ceux des francophones qui relèvent d'autres souverainetés). Mais elle concerne tous ceux qui relèvent de son allégeance (même ceux qui, parmi eux, ne connaissent pas le français). Linguistiquement, c'est le contraire.

(36) Encore que, même alors, l'audition risque d'être partielle.

celles-ci, et à chacune en particulier. Ses destinataires sont des oreilles par milliers, mais, si l'on peut dire, chacune dans son coin. Si la loi parle à tous, elle parle à chacun, sur la supposition que chaque destinataire est seul. Cette atomisation du message global à sa réception est l'autre défi de l'acte à tout entendeur. En faisant sentir la diversité des destinataires du message, elle met en lumière les exigences qui s'imposent à ce message, s'il veut répondre à sa vocation : Pouvoir être connu par tous ; pouvoir être compris par n'importe qui. La loi se met, elle-même, dans ce cas (on le retrouvera), par l'effet en retour de la rigueur du principe qu'elle impose à ses sujets « Nul n'est censé ignorer la loi. » Le style d'un message lancé à tout vent, à quiconque, n'est pas indifférent. Il conviendra d'approfondir cette contrainte. Dès maintenant, la question de l'intelligibilité commence à poindre.

§ 3. — LES CHANCES DE COMPRÉHENSION

54. — Elles dépendent tout à la fois de l'émetteur et du récepteur : plus précisément, de leur maîtrise respective du code et du référent. Et comme, dans la communication juridique, ces données englobent, pour la première, les particularités du langage du droit, pour la seconde, les réalités juridiques (37), les chances de compréhension varient selon que la connaissance de ces éléments spécifiques, critère extra-linguistique, est le fait des deux sujets de la communication ou d'un seul d'entre-eux (ou même d'aucun des deux). Cependant cette connaissance est elle-même une supposition que l'on peut hasarder à partir de l'appartenance socio-professionnelle des sujets parlants. Sous ce rapport, et en schématisant, on pourrait distinguer deux types principaux de message, message d'initié à initié, message d'initié à profane et quelques types secondaires.

A. — MESSAGE D'INITIÉ À INITIÉ

La communication est fondée sur une présomption de compréhension mutuelle, liée, de part et d'autre, à la connaissance supposée du droit et de son langage. Le monde judiciaire en donne plusieurs exemples. C'est le cas des actes d'avocat à avocat, ou d'avoué à avoué (38). La plaidoirie de l'avocat devant le juge, le réquisitoire à l'audience du représentant du ministère public sont dans le même plan. Entre initiés, les chances de compréhension sont égales. Leur commune appartenance au groupe des professionnels du droit fait supposer que chacun entre de plain-pied dans le discours de l'autre.

---

(37) V. plus haut, n° 46.

(38) Cette appellation traditionnelle marque bien, dans la communication, la similarité de l'émetteur et du récepteur. Le Code de procédure civile consacre des règles particulières aux notifications entre avocats ou entre avoués. Celle-ci revêtent une forme simplifiée (art. 671 à 674).

La « communauté de langage » n'est cependant pas seulement un gage de compréhension, mais une force qui agit sur le discours.

Ainsi constitue-t-elle d'abord un *facteur de spécialisation* du langage. Entre initiés, la teneur du langage en particularités juridiques tend à se corser. On ne dira pas qu'il s'agit toujours, par complaisance, d'une recherche d'ésotérisme ou, par routine, du poids des archaïsmes. Ces exagérations existent, mais l'effet de milieu est naturel. Celui-ci engendre un langage spécialisé. Les échanges professionnels autorisent la technicité.

La commmunauté de langage est aussi *un facteur d'économie* dans la communication (39). Les professionnels se comprennent à demi-mot. En réalité, cette action en contient deux. Le partage des connaissances accroît d'abord, dans le discours, la part du silence. Entre initiés, beaucoup de choses vont sans dire. Le non dit augmente dans la proportion du supposé connu. La communication tacite réduit la communication exprès. Cependant cette action réductrice s'exerce aussi, dans la communication linguistique, sur l'énoncé. À la vérité, c'est la même action, mais agissant cette fois, au sein même de la phrase, par élimination de mots, en créant des blancs dans l'énoncé, relativement à un énoncé ordinaire. L'esprit d'économie se traduit alors, linguistiquement, par la substitution à la phrase complète de formules abrégées ou elliptiques (« dont acte », « dont soustraction », « sous toutes réserves »), à l'emploi d'abréviations ou de sigles (J.A.M. pour juge aux affaires matrimoniales) ou même, dans la communication orale, par l'usage de mot-phrase et souvent sous forme d'interjection (« pris », « preneur ! », « huitaine ! » « complet ! », etc.). Il advient même que l'expression corporelle, par geste, accompagné ou non d'un cri, remplace l'expression linguistique, ainsi que le montrent les signes de main qu'échangent, à la bourse des valeurs, les agents de change (40).

Entre initiés, le sous-entendu finit par engendrer une sous-expression. Il en résulte que, pour le non initié, auquel ils ne s'adressent pas, mais qui peut occasionnellement y être mêlé, ces échanges professionnels sont largement inintelligibles. C'est moins grave que lorsque c'est à lui que le discours s'adresse.

B. — MESSAGE D'INITIÉ À NON INITIÉ

Tel est le cas de la loi qui s'adresse à tous les citoyens, et des actes réceptices qui sont destinés à de simples particuliers (actes d'huissier portant assignation, commandement de payer, etc.).

(39) Ce facteur est, il est vrai, compensé par une tendance contraire au développement (précisions, répétitions, redondance). Mais cette autre tendance apparaît surtout, par précaution, dans des actes qui ne sont pas principalement destinés à d'autres professionnels, mais d'abord à établir les droits des particuliers (actes notariés). Au demeurant, ces deux tendances ne sont pas toujours contradictoires (il existe des surcharges elliptiques).

(40) V. plus loin, l'étude de l'expression corporelle.

L'émetteur (législateur, praticien du droit) connaît le droit et le langage du droit. Malgré la fiction de la loi, le destinataire ne connaît en général ni l'un ni l'autre (si l'on veut bien admettre que, dans l'ensemble des citoyens, il y a beaucoup de profanes et peu de juristes). Dans ce type de relation, la communication linguistique est marquée par une inégale maîtrise du code et du référent. L'émetteur jouit d'une supériorité de langage sur le récepteur. La communication est exposée à un risque d'incompréhension.

C'est dire que, dans cette relation de langage, le défi de l'émetteur est de neutraliser le risque, sans dénaturer son message. La conciliation de ces deux objectifs est cruciale. On ne peut pourtant proposer aucune autre base à la politique du langage : garder la précision qui est l'une des vertus du droit et trouver la clarté qu'exige la destination du message.

On approfondira plus loin, à propos du langage législatif, la manière dont le législateur peut relever ce défi. Dans les actes qui émanent des praticiens, la recherche de l'intelligibilité peut être poussée plus loin. Car elle repose non seulement, comme en toute discipline de langage, sur l'élimination des archaïsmes de vocabulaire ou de construction, soucis qui regardent la rédaction du texte, mais sur la *présentation formelle et matérielle de l'acte.* S'agissant par hypothèse de documents destinés à une personne déterminée, dans des circonstances déterminées, la décomposition analytique et la recomposition synthétique des éléments du message peuvent et doivent être soigneusement étudiées de manière à ce que le destinataire de celui-ci puisse aisément comprendre qui lui parle, ce qu'on lui veut, ce qu'il doit faire s'il veut veiller à ses intérêts, c'est-à-dire, précisément, où, quand et comment il doit se manifester, à qui il peut ou il doit s'adresser, et ce qu'il risque s'il ne le fait pas. Les formulaires des actes de la pratique devraient permettre de mettre au point des modèles d'acte sur lesquels seraient visualisées les questions-clé.

C. — AUTRES COMBINAISONS

Secondaires, ces autres cas de figure ont, chacun, leur problème.

a) *Message de non initié à non initié*

Ce sont, dans les relations juridiques, les messages qui s'échangent directement entre les intéressés, sans l'intermédiaire d'un professionnel du droit : actes sous-seings privés (ex. : reconnaissance de dette), conventions verbales, correspondance préalable à un accord. De tels messages prospèrent en droit soit sous couvert du consensualisme (pour les actes dont la formation n'est assujetie à aucune formalité particulière) soit, même pour les autres, dans la phase précontractuelle.

Cette relation de langage est sous le signe du hasard (pour de bonnes ou de mauvaises surprises). Il n'est pas exclu que les intéressés ou l'un d'eux aient une formation juridique. Leur inexpérience peut faire qu'ils emploient un terme technique pour un autre, quand ils ont maladroitement recours au vocabulaire juridique, ou, s'ils s'en abstiennent, que la teneur des engagements soit vague. Dans le premier cas, l'expression confuse doit être corrigée ; dans le second, l'expression courante doit être traduite. Dans de tels messages, *la maladresse linguistique n'est pas cause de nullité. Elle est matière à interprétation.*

Le principe d'interprétation est que, dans de tels actes, il faut rechercher qu'elle a été la commune intention de ses auteurs, plutôt que de s'arrêter au sens littéral des termes (C. civ., art. 1156). C'est la concession bienveillante et nécessaire qu'un système juridique libéral doit aux citoyens qui font du droit sans le savoir.

Ce principe exégétique salvateur s'impose au juge. D'où l'accés, quand celui-ci intervient, à un autre type de relation.

b) *Message de profane à initié*

C'est le cas, de la part d'un particulier, de la plainte déposée entre les mains du procureur de la République, de la requête ou de la réclamation adressée à une administration, de l'aveu fait ou du serment prêté devant un juge, ou même de la demande en justice que forme un plaideur en se présentant lui-même en personne devant son juge, sans être ni représenté ni même assisté par un professionnel du droit. La communication est, ici encore, inégale. Mais l'inexpérience (supposée) est cette fois du côté de l'émetteur, l'expérience (confirmée) du côté du récepteur.

Il arrivera qu'un tel message soit écarté sans être examiné (si par exemple un plaideur se présente seul devant une juridiction devant laquelle le ministère d'un avocat est obligatoire). Il pourra se faire, plus rarement, que sous la maladresse linguistique, gise un vice de forme, cause de nullité. Si l'on réserve ces cas, le plus grand savoir du destinataire n'est pas un risque, mais un gage, dans la communication. En général, l'intervention du récepteur n'est pas occasion de censure, mais moyen de salut. À lui, par compensation, de comprendre et de traduire. Connaissance oblige. C'est l'office réparateur du juriste. Une charge compensatoire pèse toujours dans la communication juridique sur celui qui est assuré d'une supériorité de langage, mais elle est préventive dans le message d'initié à profane, et corrective dans le message de profane à initié.

Grande est ainsi la diversité des relations de langage. Le destin de chacune est, pour beaucoup, sous l'empire des sujets de la communication. L'objet de celle-ci compte aussi.

SECTION II

LES TYPES DE MESSAGE

55. — Dans le discours juridique, l'énoncé est presque toujours un texte, une séquence de phrases et même, le plus souvent, une composition d'ensemble très élaborée. Comme en toute communication verbale, l'énoncé juridique peut aussi, plus rarement, se réduire à une seule phrase.

Pour prendre une idée de la diversité des discours juridiques, il convient d'introduire une donnée non linguistique, mais spécifiquement juridique : La considération de la finalité du message.

Sous ce rapport, trois messages primordiaux se détachent de la multiplicité de ceux qui les entourent. Les premiers, fondateurs, œuvrent à la création du droit ; les seconds, auxiliaires (mais parfois aussi fondamentaux), sont associés à la réalisation du droit.

§ 1. — LES MESSAGES CRÉATEURS DE DROIT

L'évidence fait reconnaître qu'il existe trois messages juridiques essentiels : l'énoncé d'une règle, l'énoncé d'une décision individuelle, l'énoncé d'un accord : énoncé normatif, énoncé décisoire, énoncé conventionnel.

L'enseignement traditionnel qu'il faut d'abord rappeler (A) s'attache à marquer leurs caractères distinctifs. Leur objet immédiat (règle, décision, accord) diffère et la considération de cet objet renvoie nécessairement à la personnalité de l'émetteur (à celui qui établit la règle, ou qui prend la décision, à ceux qui concluent l'accord), car la poursuite de cet objet se mesure au pouvoir de celui qui parle.

Si cependant ces trois messages sont aussitôt reconnus, dans l'ordre juridique, comme des énoncés primordiaux, c'est parce qu'ils concourent tous à la même fonction créatrice (B). Chacun participe, à sa manière, à la création du droit. C'est à ce premier titre, à ce premier rang et au sens fort du terme, que ce sont des *énoncés de droit*. Le droit naît de ces trois messages. Au moins peut-on admettre que ces trois énoncés président à la création du droit.

On commencera à entrevoir ici que les données non linguistiques tirées de l'objet particulier et de la finalité générale de l'énoncé, impriment dans l'énoncé, des marques linguistiques. En quoi l'introduction de ces données concrètes et matérielles spécifiquement juridiques fait voir que celles-ci ne sont pas linguistiquement neutres, mais actives dans la construction originale du discours juridique.

A. — L'OBJET PARTICULIER DES ÉNONCÉS PRIMORDIAUX

À sa source, le message diffère selon que, son auteur énonce une règle de droit (énoncé normatif), une décision individuelle (énoncé décisoire) ou un accord (énoncé conventionnel).

a) *Une règle*

L'énoncé normatif pose une règle. La loi, émanation du pouvoir législatif, énonce des règles. La coutume, émanation de la tradition savante ou de la pratique populaire, en énonce également.

Qu'elle soit légale ou coutumière, la règle de droit répond à la même définition. L'essentiel est ici de commencer à comprendre que les critères intellectuels qui définissent la règle s'impriment dans l'énoncé de celle-ci.

1° *La généralité*

Toute règle est, par définition, générale (au sens matériel du terme). On sait bien que cette généralité est relative, en ce qu'une règle peut s'appliquer à tous ou seulement à une catégorie de personnes ou de biens, etc. Même alors, la règle est générale en ce que, jamais, elle ne régit un cas particulier ; en ce que, toujours, elle est apte, dans son domaine, à régir une série indéfinie de cas. Cette aptitude essentielle commande un énoncé à sa mesure. Les marques de généralité sont dans le choix des termes et la construction de l'énoncé. Il existe un vocabulaire et un style de la règle. Nous l'étudierons avec le langage législatif et coutumier.

2° *La souveraineté*

Toute règle suppose en la personne de celui qui l'édicte le pouvoir souverain de régir la société. Toute règle implique un rapport de sujétion entre celui dont elle émane et ceux auxquels elle s'applique. Entre la loi, émanation de l'État souverain, et les citoyens de cet État, le rapport est évident. Mais il existe aussi dans la coutume, dès lors que ceux qui la pratiquent, ne la suivent pas parce qu'ils le veulent bien, mais parce qu'elle s'impose à eux par la force de l'usage (par où l'on retrouve la souveraineté populaire dans sont développement historique).

La souveraineté aussi laisse des marques dans l'énoncé normatif. Et c'est d'abord par un silence. Le législateur parle de source. Il parle en souverain, comme ayant, de lui-même, autorité. Il ne se donne pas comme appliquant à un cas particulier une norme préexistante, mais comme exerçant son pouvoir normatif.

C'est pourquoi, l'émetteur du message législatif *commence par se nommer et par se poser en auteur de la règle* : « L'Assemblée nationale et le Sénat ont adopté... la loi dont la teneur suit :... ». Le souverain ne se réfère qu'à lui-même, en tant qu'autorité légiférante.

À la vérité, la souveraineté elle-même est relative. Il existe une hiérarchie des normes : Constitution, loi organique, loi (ordinaire), décret, etc. Cette subordination laisse également sa trace dans l'appareil qui précède l'énoncé même de la règle. Elle se traduit par les « visas » qui précèdent cet énoncé :

« Le Président de la République,
Vu la loi organique n° ...,
Vu le décret n° ...,
Décrète : »

ou :

« Le Premier ministre,
Vu le code...
Vu la loi n° ...,
Vu le décret n° ...,
Décrète : . »

L'auteur de l'acte réglementaire se réfère alors à certains éléments de la hiérarchie des normes. Même alors cependant, il se présente, dans les limites auxquelles il se réfère, comme exerçant, de lui-même, la parcelle de pouvoir normatif dont il est investi.

b) *Une décision individuelle*

L'énoncé décisoire a pour objet de régler une situation déterminée. Ainsi la décision administrative qui nomme un fonctionnaire à un emploi, ou la décision juridictionnelle qui tranche un litige.

L'énoncé d'une telle décision porte la marque des trois caractères qui la spécifient.

1° *La subordination et la relativité*

Une décision individuelle n'est pas l'édiction d'une règle, mais un acte d'exécution. La décision individuelle applique une règle à un cas.

Il en résulte d'abord que l'auteur de la décision se réfère à la norme préexistante qu'il met en œuvre. Il ne se présente pas comme source de droit, mais comme agent d'exécution. Le juge tranche le litige par application des règles du droit. En s'appuyant sur des motifs de droit dont il attend la justification de sa décision, il entend dire le droit. La décision administrative est toujours précédée par le visa des textes qui fondent l'intervention de son auteur.

Il en résulte ensuite que l'énoncé décisoire se réfère toujours à la situation qu'il concerne. Le juge tranche le litigue entre les parties au procés. La décision nomme les personnes qu'elle désigne (« dont les noms suivent »). La décision est individuelle non seulement parce que sa portée est, matériellement, limitée à la situation particulière qu'elle règle, mais parce que son énoncé même précise, formellement, les personnes et l'objet déterminés qu'elle concerne. En quoi elle est relative.

2° *L'autorité*

Dans son ordre, la décision individuelle n'en est pas moins un acte d'autorité. Toute décision se donne comme émanant d'une autorité ayant pouvoir (de juridiction ou de nomination) sur les personnes (justiciables, fonctionnaire) auxquelles elle s'applique. En tête ou dans le corps de l'énoncé décisoire, l'auteur de celui-ci se nomme toujours et se présente lui-même comme l'auteur de l'action, le sujet du verbe qui le rend participant à la fonction juridictionnelle ou exécutive : « décide, ordonne, arrête... ». Ce rapport d'autorité, entre autres signes, distingue la décision individuelle de l'accord.

c) *Un accord*

L'énoncé conventionnel a pour objet d'établir un accord : Contrat individuel, convention collective, convention internationale, etc.

L'énoncé d'un accord porte en lui les marques de l'acte qu'il exprime.

1° *L'autonomie*

L'accord est un acte autonome en ce qu'il procède de la volonté de ceux qui s'accordent. À la vérité, l'autonomie de la volonté n'est jamais absolue (il est banal d'observer qu'elle tend à se restreindre). Dans sa forme, un contrat est, souvent assujetti à des règles solennelles ; il l'est toujours à des règles de preuve. Toujours soumis à des conditions de fond, il n'est valablement formé que s'il est légalement formé (C. civ., art. 1134). L'autonomie irréductible qui le caractérise, même dans ces limites, signifie au moins : 1. Que les parties sont libres, sauf cas atypiques, de s'engager ou de ne pas s'engager ; 2. Que, relativement à l'accord conclu, les parties contractantes ne sont pas dans la situation de ceux qui reçoivent un commandement qui leur serait extérieur et supérieur, mais dans le cas de ceux qui l'ont ensemble établi. Partenaires libres, indépendants et égaux en titre, les parties contractantes se donnent elles-mêmes, dans l'énoncé conventionnel, comme les auteurs de l'acte, au même titre de cocontractants, co-acteurs et co-producteurs de l'engagement, cosignataires de l'accord.

2° *La relativité*

L'accord est, dans ses effets, un acte relatif, en ce qu'il n'engage, en principe, que ceux qui se sont accordés. Il ne fait naître d'obligation qu'*inter partes*.

Cette relativité souffre des exceptions même dans le contrat individuel, *a fortiori* dans la convention collective (par le jeu de la représentation) ou dans la convention internationale (par le relais de la puissance étatique). Mais l'accord pénètre toujours dans l'ordonnancement juridique sur la tête et du chef de ceux qui le concluent. Ce sont les piliers, les porteurs de l'engagement.

B. — LA FONCTION CRÉATRICE COMMUNE

Règle, décision, accord ont pour fonction commune de créer du droit. Chaque acte est, dans sont ordre, juridiquement obligatoire.

Très générale, cette finalité n'est pas toujours soulignée, car chaque acte opère dans le plan qui lui est propre, la règle dans l'ordre du droit objectif, l'accord, en général, dans l'ordre du droit subjectif, la décision entre les deux. Leur action n'est pas à la même échelle.

Au-delà de ces différences, chacun œuvre à la création du droit, et il est typique que tous y tendent par les mêmes moyens. La considération de l'objet concret de la règle, de la décision ou de l'accord resserre entre eux le parallèle. L'éventail des objets est le même.

La règle, la décision, l'accord créent du droit :

— soit en *interdisant, en permettant ou en ordonnant* ; L'énoncé de droit devient alors quelle qu'en soit l'origine (légale, administrative, juridictionnelle, conventionnelle) une interdiction, une permission, un ordre, une injonction, un commandement, etc.

— soit en *instituant* ; l'énoncé de droit devient alors la création d'un droit, la constitution d'un groupe, l'établissement d'un organe, la fondation d'une œuvre, l'organisation d'une activité ou d'un ensemble de biens,etc.

— soit en *abolissant* ; l'énoncé de droit devient l'extinction d'un droit, l'annulation ou la révocation d'un acte, la dissolution d'une organisation, etc.

Ces énoncés constituent *les énoncés de base du discours juridique*. Non seulement parce qu'ils traversent toutes les parties de ce discours, mais parce que ce sont les principaux éléments constitutifs de tout énoncé de droit, les pièces élémentaires de toute règle, de toute décision, de tout accord, les maillons ordinaires de toute message créateur de droit. L'explication est fondamentale : Ces énoncés sont des éléments de base, dans la constitution même de l'énoncé de droit, parce qu'*ils correspondent à toutes les actions du droit* (ou toutes les actions des agents qui président à la vie du droit) : permettre, obliger, interdire, ordonner, prescrire, enjoindre, créer, instituer, constituer, établir, organiser, fonder, réunir, abolir, dissoudre, libérer, etc.

L'identification de ces données constitutives communes fait bien voir l'unité fondamentale de tous les énoncés primordiaux (41). Mais elle annonce que cette unité sera également linguistique, car les actions du droit s'expriment par des verbes qui, moyennant des variantes, sont répandus dans tout énoncé de droit, règle, décision ou accord.

---

(41) Si l'énoncé normatif, l'énoncé décisoire et l'énoncé conventionnel se rapprochent, c'est précisément parce que chacun véhicule les mêmes énoncés élémentaires, permission, interdiction, obligation, création, suppression, etc.

§ 2. — LES MESSAGES ASSOCIÉS À LA RÉALISATION DU DROIT

56. — Certains messages peuvent être dits juridiques, bien qu'ils ne président pas, principalement et directement, à la création du droit, du seul fait qu'ils concourent à la réalisation pratique de celui-ci.

Ces énoncés complémentaires entrent parfois, à titre d'appoint, dans la composition même de l'énoncé primordial. D'autres fois, ils forment distinctement des énoncés séparés. Le lieu importe peu.

Ces énoncés auxiliaires sont importants à un double titre, dans la réalisation du droit : Quant à la matière, parce qu'ils y introduisent des données non juridiques qui sont pourtant essentielles à cette réalisation ; quant à la façon, parce qu'ils correspondent à des démarches intellectuelles que l'esprit juridique doit nécessairement assimiler.

A. — LES APPORTS INTÉGRÉS À LA RÉALISATION DU DROIT

Certains énoncés sont auxiliaires en ce qu'ils introduisent, dans la réalisation du droit, des *données non juridiques,* sans lesquelles, pourtant, le droit ne pourrait se réaliser. Ces éléments complémentaires sont, pour l'essentiel, des apports factuels et des apports logiques. Les premiers sont introduits par des énoncés de fait, les seconds par le raisonnement.

a) *Les énoncés de fait*

Si le droit se construit par l'affirmation du droit, il ne peut s'appliquer que par la connaissance du droit et du fait. La connaissance du fait est une condition essentielle de la réalisation du droit (elle est même, en législation, une information nécessaire à l'élaboration du droit).

Certains énoncés sont précisément destinés à introduire le fait dans la mise en œuvre du droit. Il en existe une grande variété.

L'exposé de fait : C'est un énoncé *narratif,* le récit d'une histoire, une relation : la narration neutre et en principe objective (mais par déviance parfois tendancieuse) d'un fait ponctuel ou d'un ensemble de faits (les faits de l'espèce, dans un procès). « Il était une fois... »

Le constat de fait : C'est un énoncé *descriptif* à fin de preuve, l'enregistrement d'un fait : description, destinée à établir avec précision la preuve d'un fait douteux ou litigieux. La finalité probatoire renforce, en la constatation, l'exigence d'ojectivité. C'est la qualité attendue des constatations personnelles du juge (N.C.P.C., art. 182) ou du constat d'huissier (art. 249 et s.).

L'appréciation du fait : C'est une *pesée,* un exercice analytique de finesse : un énoncé destiné à caractériser un fait, par ailleurs certain, en mesurant sa valeur, son intensité, sa gravité, etc., opération qui introduit une certaine subjectivité de la part de l'auteur de l'appréciation.

L'évaluation : C'est l'énoncé qui tend à fixer la valeur pécuniaire d'un bien ou le montant d'un préjudice. Il introduit une expression chiffrée dans le discours.

La déclaration : C'est l'énoncé, par un tiers, de la connaissance personnelle qu'il a d'un fait douteux, ou litigieux (N.C.P.C., art. 199 et s.), ainsi les témoignages faits par écrit (attestation) ou par voie d'enquête. Énoncé probatoire, la déclaration constitue, pour celui qui la recueille, (par exemple le juge) une preuve indirecte, correspondant à une version des faits donnée par un intermédiaire.

L'aveu : C'est la reconnaissance d'un fait par la personne que ce fait concerne.

Le serment : C'est l'affirmation solennelle de la véracité d'un fait.

L'exposé analytique : C'est l'étude d'un ensemble de faits (économiques, sociaux, etc.), à des fins d'information.

b) *Le raisonnement*

L'application du droit aux faits a besoin de la logique, soit parce que le droit de référence est incomplet (intentionnellement ou non), soit parce que les données de fait sont insuffisantes, soit même, plus généralement, parce que le passage du fait au droit exige une opération de l'esprit. C'est le raisonnement qui assure toutes les jonctions, comblant les vides du droit ou du fait, ou articulant le fait au droit. Cet apport logique est vraiment, dans la réalisation du droit, le *liant universel* et nécessaire, car il s'applique aussi bien aux données juridiques qu'aux données factuelles, et aux rapports des unes et des autres.

Les énoncés logiques sont aussi dans une grande variété.

1° *Le développement des conséquences*. C'est l'énoncé déductif qui consiste à tirer d'un principe toutes les conséquences qu'il contient. L'application d'une règle qui se borne à énoncer un principe en passe nécessairement par ce moyen (d'où son importance capitale dans la réalisation du droit).

2° *L'interprétation*. C'est la recherche du sens véritable d'un acte obscur (que celui-ci porte une règle, une décision ou un accord) : Action explicative (par référence à l'esprit de l'acte) mais corrective (relativement à la lettre de celui-ci), qui apporte un remède à l'ambiguïté des textes.

3° *L'extension analogique*. C'est l'application par identité de raison, à un cas non prévu, d'une règle énoncée pour un cas semblable. Le raisonnement par analogie est le complément nécessaire des règles incomplètes.

4° *La présomption et la preuve indiciaire*. C'est le raisonnement inductif qui permet d'admettre un fait inconnu dont la preuve directe serait impossible ou malaisée, à partir d'un fait connu et prouvé, ou d'un indice qui rend vraisemblable le premier. L'induction compense l'imperfection des données de fait.

5° *La qualification.* : C'est l'opération intellectuelle qui consiste à reconnaître dans un fait brut ou un acte (à qualifier) les traits distinctifs qui correspondent aux critères d'une notion juridique de référence, dont la donnée à qualifier apparaît finalement, en cas de correspondance, comme une application. La qualification permet seule l'application du droit au fait, en retrouvant dans le concret du fait, l'abstrait de la notion. Elle seule permet d'appliquer une règle à un cas, en retrouvant dans ce cas, en particulier, les conditions générales mises par la règle à son application. Ces données factuelles et logiques, associées aux données juridiques, sont utilisées selon des démarches très diverses.

B. — LES DÉMARCHES APPLIQUÉES À LA RÉALISATION DU DROIT

57. — Ce sont les *démarches intellectuelles* qui président à l'application du droit. Elles mettent en œuvre les données juridiques, factuelles et logiques qui sont nécessaires à la réalisation du droit. Elles s'appuient donc sur des énoncés de droit, sur des énoncés de fait et sur des raisonnements, mais dans une mesure variable et surtout à des fins différentes.

Certaines démarches sont intéressées. Elles viennent de ceux qui réclament, revendiquent, demandent, sollicitent. D'autres émanent de ceux qui décident ou qui conseillent. Elles sont ou devraient être, par vocation, impartiales. Brochant sur le tout, la notification vient hors-série.

a) *La demande de droit*

Elle émane des sujets de droit, justiciables, administrés, contribuables qui invoquent le droit, exposent une situation et argumentent pour faire valoir leurs intérêts (avec la tentation d'infléchir la règle, la réalité ou la logique en leur faveur).

À chaque démarche correspond un *type d'énoncé.*

1. *La demande* : Au sens générique, c'est tout acte par lequel une personne sollicite d'une autorité administrative ou juridictionnelle, une autorisation, une aide, une assistance, une subvention, la reconnaissance d'un droit, ou même formule une revendication ou une réclamation.

La demande en justice est, plus spécifiquement l'acte par lequel un plaideur, émet devant un juge une prétention. C'est l'acte porteur (42).

---

(42) Qui revêt, sous des noms divers, des formes variées : requête, assignation, etc.

2. *La prétention* : C'est ce que le plaideur demande en justice, l'avantage qu'il sollicite du juge : attribution d'un bien ou d'une indemnité, annulation ou exécution d'un contrat, dissolution du mariage, etc. (très souvent la reconnaissance d'un droit de propriété, de créance, etc.).

3. *L'allégation* : C'est l'énoncé, par l'auteur d'une prétention, d'un fait propre à fonder cette prétention. L'allégation consiste à invoquer un fait à l'appui d'une prétention, c'est-à-dire à proposer un moyen de fait.

4. *La preuve* : C'est la justification du fait allégué. Elle consiste, pour l'auteur de la prétention, qui en a la charge, non plus seulement à exposer un fait, mais à le démontrer par l'un des modes de preuve admis (acte écrit, témoignage, constat, etc.).

5. *La justification juridique* : Elle consiste à établir le bien fondé en droit de la prétention, c'est-à-dire à invoquer le droit au soutien de cette prétention, c'est-à-dire à proposer un fondement juridique propre à la justifier, c'est-à-dire plus précisément, à choisir, dans l'ensemble des règles de droit, celle qui en fournit le moyen (on la nomme alors moyen de droit) : Ex. : invoquer au soutien de la demande en divorce, un cas de divorce, au soutien de la demande en annulation du contrat, un vice du consentement, etc.

6. *L'argumentation* : Elle consiste à développer par le raisonnement :

— soit un moyen de fait (par exemple en proposant d'interpréter un contrat dans tel ou tel sens, en discutant le résultat d'une expertise ou la gravité d'une faute).

— soit un moyen de droit (par exemple en proposant d'interpréter une règle de droit, ou de l'étendre à un cas non prévu, etc.).

Cette présentation analytique ne masque pas que tous les éléments de fait, de droit et de logique sont articulés, aux mêmes fins, dans un ensemble, et contribuent à constituer un « système de défense ». Ce n'est pas dire qu'ils soient partiaux, partiels ou partisans. Mais ils sont le fait de parties intéressées.

b) *La réponse du droit*

Elle est le fait d'autorités ou de tiers qui, n'étant pas personnellement concernés par la question en instance, interviennent dans l'exercice de leur fonction (juge, administration) ou dans l'accomplissement de leur mission (organe consultatif, expert, etc.).

Ces agents officiels de la réalisation du droit *mettent en œuvre les mêmes éléments de fait, de droit et de logique, mais dans l'esprit tout différent de donner à la question posée la réponse du droit ou de la justice, sous le sceau d'une impartialité de rigueur.*

Cette réponse est, finalement, dans la décision prise. Mais la décision est une conclusion. Elle est le produit d'une démarche justificative. Dans un état de droit, il est essentiel qu'en réponse à la demande qui propose sur un fondement prétendu, l'acte qui dispose énonce ce qui le justifie.

À l'établissement de ce bien fondé correspondent, des énoncés d'une importance capitale : les avis qui donnent à celui qui les sollicite des éléments de décision ; les motifs que la décision elle-même se donne pour se justifier.

1° *Les avis*

Ce sont des opinions éclairées — ou supposées telles — sur des questions de fait ou (et) de droit qui sont débattues ou mises à l'étude. L'originalité du donneur d'avis est qu'il n'est ni celui qui décide, ni celui que la question concerne : *ni partie ni juge.* Ceux qui se tournent vers lui attendent de lui les lumières qu'il est censé avoir sur le point à examiner. Produit d'une activité d'étude, de recherche et de conseil, l'avis est destiné à éclairer un débat par la communication d'un savoir.

2° *Les motifs*

Ce sont les éléments de fait, de droit et de logique sur lesquels la décision se fonde. Même s'ils se réfèrent à des autorités ou à des avis, les motifs sont énoncés par l'auteur même de la décision et incorporés à celle-ci dont ils constituent le fondement. La motivation est une autojustification. Mais les motifs de la décision répondent aussi aux moyens des parties.

D'où il ressort que, dans les discours juridiques relatifs à une même question, ce sont toujours les mêmes éléments du débat qui, au feu de la contradiction et des échanges, font l'objet de visions et de versions différentes. La pluralité des discours juridiques n'est pas seulement un signe de richesse. Dans le creuset de chaque cas, c'est une concurrence, source de vérité.

Hors série, la notification vient en dernier dans l'éventail des énoncés associés à la réalisation du droit.

c) *La notification*

58. — La notification, au sens large et étymologique (43) du terme, est l'action de faire connaîre à quelqu'un un fait qui le concerne. Ainsi entendue, elle peut être orale. La lecture d'un message ou d'un rapport à la tribune d'une assemblée, la lecture de l'acte d'accusation à l'audience sont, en ce sens, des notifications. Mais elle est le plus souvent écrite. C'est la forme ordinaire de la correspondance dans les relations d'affaires ou la pratique administrative. La pratique courante en connaît deux modalités. La notification est intégrée lorsque le fait qu'il s'agit de faire connaître à l'intéressé est incorporé à l'énoncé même de la notification écrite (par une conjonction de relation). Ainsi dans la formule consacrée : « j'ai l'honneur

(43) *Notificatio*, du v. *notificare, notum, facere.*

de vous faire savoir que... ». La notification s'opère moyennant un *dédoublement* dans le cas de la lettre d'accompagnement. On peut aussi écrire : « je vous prie de trouver sous ce pli copie de... » (suit la teneur intégrale du texte notifié).

C'est un tel dédoublement qui caractérise, entre autres traits, la notification, au sens strict et procédural du terme, dont le Code de procédure civile fait la théorie aux articles 651 et s. La notification devient alors, très précisément, *l'action de porter à la connaissance d'un intéressé un acte qui le concerne* (N.C.P.C., art. 651). Cette espèce de notification appelle quelques observations complémentaires, car elle correspond, sous des formes d'ailleurs variées, à un modèle très élaboré de communication juridique.

1° *Quelle que soit sa forme, la notification a pour objet de faire connaître un acte dont la teneur intégrale est reproduite par écrit. Elle est donc porteuse (au sens concret du terme) d'un texte correspondant à un énoncé indépendant et distinct de la notification. Il y a toujours un acte notifié*. Et comme l'objet particulier de cet acte est très variable (ce peut être une assignation à comparaître en justice, un commandement de payer, une injonction, une sommation, un avertissement, un congé, une décision de justice, etc.), il devient évident que la notification revêt une importance exceptionnelle, dans la réalisation du droit, en tant que support d'un autre message, qui est le message principal. La notification est au service des autres discours juridiques.

2° *En elle-même, la notification (l'action de notifier) peut s'opérer de plusieurs façons. Exceptionnellement, elle peut se réduire à la remise matérielle du document à notifier entre les mains du destinataire, ainsi dans la notification directe entre avocats (44). Mais le plus souvent, la notification donne lieu à la rédaction d'un acte écrit, nommé acte de notification* (45) qui accompagne et introduit l'acte notifié. Lorsque la notification est faite par un huissier de justice, l'acte de notification est un acte d'huissier de justice et la notification prend le nom particulier de signification (N.C.P.C., art. 651, al. 2). Cependant, il existe aussi (dans les cas où la loi le permet) une notification en la forme ordinaire qui consiste elle aussi à faire précéder l'acte notifié d'un acte qui annonce ce dernier (N.C.P.C., art. 665 et s.).

3° Dans tous les cas où il existe, sous une forme ou une autre, un acte de notification, la notification consiste donc, dans son ensemble, *à faire connaître à*

---

(44) Qui est, avec la notification par signification, l'une des deux formes de notifications entre avocats ou entre avoués (V. N.C.P.C., art. 671). Elle consiste à remettre l'acte à notifier en double exemplaire à l'avocat destinataire, lequel restitue aussitôt à son confrère l'un des exemplaires, après l'avoir daté et visé (art. 673).

(45) Ou parfois même notification. Le terme notification désigne donc toujours, quelle qu'en soit la forme, l'action de notifier (l'action de faire connaître, d'une manière ou une autre) et, en cas de notification par écrit, l'acte même de notification (la forme de la notification au sens 1).

un intéressé deux actes liés mais distincts. La décomposition de ce tout est importante dans la communication juridique. Si, en effet, l'acte de notification et l'acte notifié ont, par hypothèse, le même destinataire, ils se distinguent sous d'autres rapports :

— Ils correspondent à deux énoncés distincts (un énoncé principal, un énoncé porteur).

— Les deux énoncés n'ont pas nécessairement le même émetteur. Il en est ainsi lorsqu'un huissier de justice signifie une décision de justice. Cela se produit plus généralement chaque fois que l'auteur de la notification en la forme ordinaire n'est pas l'auteur de l'acte notifié.

— L'acte de notification est un acte très codifié en fonction de sa finalité. Sans doute doit-il contenir des mentions différentes selon qu'il s'agit d'un acte d'huissier de justice (N.C.P.C., art. 648) ou d'une notification en la forme ordinaire, et variable selon la nature de l'acte notifié (art. 666). Mais tout acte de notification doit au minimum désigner par son nom (46) la personne du destinataire et la personne dont elle émane (donc de l'huissier dans la signification, mais il faut alors l'indication de la personne au nom de laquelle la signification est faite, le requérant). Toute notification doit également énoncer sa fonction. Ainsi la notification apparaît-elle, tout à fait, dans la communication, comme l'élément porteur des autres messages juridiques : *Énoncé annonçant énoncé*.

Cette fonction gouverne le style de la notification. Elle en commande la clarté. Le message destiné à faire connaître un acte doit être aisément compréhensible. Cette exigence qui peut se heurter à des obstacles pour l'acte notifié ne devrait en connaître aucun pour l'acte même de notification, d'autant plus que s'agissant d'actes réceptices (47), on doit supposer que le destinataire n'a pas nécessairement de connaissances juridiques. Cette clarté devrait être souveraine.

SECTION III

LES MODES D'EXPRESSION

59. — Dans la communication juridique aussi, le message peut être pour l'oreille ou pour l'œil. L'énoncé peut emprunter le canal de l'oralité ou celui de l'écriture. La plaidoirie est orale. La loi est écrite. Certains messages sont dits pour être entendus, d'autres écrits pour être lus. L'expression orale et l'expression écrite sont les deux modes d'expression du langage du droit. Au moins les deux modes linguistiques.

---

(46) Ou sa dénomination sociale.
(47) V. plus haut n° 51.

À la vérité, les modes non linguistiques ont aussi leur part. Le droit « parle » par geste. L'expression corporelle occupe une place non négligeable dans la vie du droit. Le non dit, de son côté, peut être un langage. Certains silences sont éloquents, à considérer ce que le droit fait sortir de volontés tacites. Enfin, les signes, on l'a montré (48), ont d'importantes fonctions juridiques.

Cependant, les modes proprement linguistiques demeurent au premier rang, et leur dualité gagne à être réglée en tête-à-tête, car il existe entre l'écrit et l'oral, au sein de leur commun rapport à la langue, non seulement une rivalité évidente, mais un réseau de relations plus cachées.

À première vue, l'expression orale et l'expression écrite ne présentent, dans le langage du droit, *aucune spécificité*, parce qu'elles sont l'expression même de la langue naturelle à laquelle appartient le langage du droit. C'est dans la langue française que le droit français puise son expression orale ou écrite. Le message juridique s'exprime par les phonèmes et les graphèmes de la langue qui le porte. Il serait absurde d'imaginer que l'expression juridique a des particularités phonétiques ou orthographiques. Elle utilise purement et simplement les signes phoniques et graphiques de la langue dans laquelle elle se réalise.

Les stupéfiants progrès de la technologie ne changent rien à ce rapport. Ils pérennisent la course-poursuite plurimillénaire que la parole et l'écrit se livrent d'âge en âge, et dont chaque étape (alphabet, imprimerie, radiophonie, dactylographie) redistribue les forces. Les techniques audio-visuelles donnent une impulsion à l'oral, l'ordinateur et le traitement de texte à l'écrit. Chaque progrès exalte l'un ou l'autre mode. Le langage du droit enregistre les mêmes répercussions dans la mesure où il a recours à ces types de communication.

Plus radicalement, la pesée des mérites respectifs de l'oralité et de l'écriture ne semble pas s'opérer différemment dans l'expression juridique ou dans l'expression en général.

Dans le discours juridique aussi l'écrit a l'avantage de la pérennité. *Scripta manent*. L'écrit reste, quand les paroles s'envolent. Les enregistrements sonores ont, il est vrai, tempéré la différence. Mais il faut que l'enregistrement ait été préparé et qu'il ait eu lieu (49). La conservation de la parole est l'effet compensatoire d'un artifice. Inhérente à son support, la conservation est l'apanage naturel de l'écriture.

En revanche, l'expression orale est créditée d'un autre avantage. Ce serait le *langage de la spontanéité*, quand l'écrit est le fruit de la composition. Et la sponta-

---

(48) V. GRIDEL, th. préc. n° 2.

(49) Encore faut-il que l'enregistrement soit fidèle. Il est vrai que l'écrit aussi peut être, matériellement, un faux. Il semble cependant que le risque de manipulation des enregistrements soit considéré comme supérieur au risque d'altération ou de fabrication d'un écrit.

néité paraît être considérée non seulement comme un gage de sincérité, mais commme un mode de production de nature à imprimer au discours plus de liberté, plus d'animation, de vivacité et de rapidité, par l'effet naturel de succession et d'entraînement des échanges. C'est bien ainsi que le droit, pour une bonne part, accueille lui aussi l'expression orale, on le verra (50).

À partir de là, il serait cependant excessif d'imaginer que l'expression orale et l'expression écrite engendrent, dans le discours juridique, des énoncés radicalement différents. Par exemple, il y aurait quelque exagération à poser que le langage écrit, serré, dense, élaboré, correct, cohérent est seul organisé, quand le langage oral serait plus lâché, moins léché, improvisé ou bâclé, moins ordonné, moins construit, grammaticalement plus libre. En se gardant d'admettre, sans réserve et comme absolu, un tel contraste, on en vient à douter que les rapports qui existent en général, entre la parole et l'écriture, dans l'expression de la langue, se reproduisent, à l'identique, dans l'expression juridique.

De fortes raisons conduisent au contraire à penser que *la place respective de l'expression orale et de l'expression écrite* (leur situation relative) *n'est pas la même dans l'usage d'ensemble de la langue et dans le langage spécialisé du droit*.

La référence à la classification traditionnelle de ce que l'on appelle les genres (51), les styles ou « les niveaux de langage », en apporte une première preuve (car, même schématique, elle reste évocatrice). Dans son expression, même orale, le droit n'utilise :

— *ni le langage dit « populaire »*, langage — de milieu ou d'intention — en rupture de norme, à forte teneur argotique ;

— *ni le langage courant dit familier*, langage libre et non surveillé de conversations non soucieuses de contrôle.

L'expression juridique, même orale, s'efforce toujours d'accéder à l'un des deux autres niveaux du langage :

— *Le langage courant dit soigné*, dans les relations ordinaires : langage neutre et correct (ou du moins soucieux de correction), mais ordinaire et sans autre ambition ni prétention, héritier du genre moyen de la roue de Virgile (*mediocris*).

— *Le langage dit littéraire, ou oratoire*, héritier, dans la même roue, du genre noble (*nobilis*), produit d'une recherche, d'un effort de création dans le désir de raffiner le discours.

Ce n'est pas nier que, même dans leurs relations professionnelles, les sujets de la communication juridique aient des conversations courantes ou des libertés de langage. La « parlotte » est, dans chaque barreau, le lieu d'échanges familiers. Il existe un argot du Palais, un folklore de la basoche. Ce n'est pas davantage nier

(50) V. *infra*, n° 61.
(51) V. *infra*, n° 64.

que la justice ait le devoir d'entendre, dans le langage qui est le sein, le plus fruste des justiciables. Ces réserves sont cependant marginales. Pour l'essentiel, le discours juridique n'est pas composé de tels éléments. *Ses composantes essentielles sont des discours déterminés et finalisés dont chacun porte un nom :* plaidoirie, réquisitoire, rapport, avis, déclaration, constat, conclusions, convention, décision, loi, règlement circulaire, exposé des motifs, amendement, question écrite, réponse à une question écrite, aveu, serment, etc. À la différence du langage en général pris dans la totalité de ses expressions, le langage juridique n'est pas, en *continuum*, un tissu d'ensemble où l'on passe, par degré, du magma à la plus haute production littéraire. *Le langage juridique est constitué d'un assortiment défini de discours nommés.* Il en existe une grande variété, mais non pas en nombre illimité, et chacun est d'une certaine espèce. *Si le langage du droit est un langage spécialisé, c'est aussi parce qu'il repose sur une typologie de discours spécifiés* (52).

L'ensemble des considérations qui précèdent conduisent d'abord à marquer, ensuite à relativiser la distinction de l'écrit et de l'oral dans les discours du droit. L'opposition des deux modes existe dans l'expression juridique (§ 1), mais les particularités du langage du droit la tempère, sur divers points de rapprochements (§ 2).

§ 1. — L'OPPOSITION DE L'EXPRESSION ORALE ET DE L'EXPRESSION ÉCRITE DANS LE DISCOURS JURIDIQUE

60. — C'est l'opposition de base. Elle a laissé, pour marque, aujourd'hui symbolique, la trace originelle de la prééminence de la parole sur l'écriture. Elle est à l'origine de la distinction d'actes écrits et d'actes oraux.

A. — LA PRÉSÉANCE ORIGINELLE DE LA PAROLE

« *In principio...* ». Le verbe d'abord. Ce n'est ici qu'une image, et l'on ne voudrait pas se référer à cette vérité banale que, dans l'histoire de l'humanité, l'usage de la parole a précédé celui de l'écriture.

a) Il s'agit seulement de relever d'abord que cette *prééminence originelle* a laissé des *marques linguistiques* dans le langage du droit, et que celui-ci en fait des signes de supériorité, et pas seulement d'antériorité.

D'un mot, c'est par *référence à la parole* que le droit nomme tous les actes-clé de sa création et de sa réalisation. C'est bien la faculté de parler que le droit prête au législateur, au juge, aux parties, etc. Tous les protagonistes du droit sont bien

---

(52) V. *infra*, n° 61.

définis, dans leur action, comme des sujets parlants, et non comme des sujets écrivants.

Le législateur *parle* ; il *édicte* ; de lui viennent des *interdits ;* on relève son *silence.*

Le juge *dit* le droit (il fait acte de *juridiction*) ; il *prononce* sa sentence.

La force de la convention est fondée sur le respect de la *parole donnée* (parole d'honneur).

La référence à la parole est d'ailleurs omniprésente.

Chaque député est une *voix* dans l'assemblée, chaque électeur une *voix* dans l'élection. La coutume s'énonce en *dicton* ou en *proverbe.* À *l'audience*, le juge *entend* les avocats ou *écoute* le réquisitoire ; dans l'*auditoire* ou ailleurs, il provoque l'*audition* des parties. Plusieurs voies de droit ou de recours (on ne dira pas voix de recours) tirent leur nom de prestations vocales : *appel, contredit, plainte, complainte*, action de *jactance, clameur* de haro... Dans la saisie immobilière, les observations sont des *dires*. Le procès lui-même est *contradiction.*

La *personne* même, sujet de droit, est pour l'étymologie, dans sa capacité de faire sonner sa voix à travers son masque (*per sonare*), et l'*infans* (*in, fari*) est au niveau profond de l'incapacité parce qu'il est incapable de parler.

Tout se passe comme si la bouche était l'organe du droit, et la parole le droit en action. Plus précisément, ce vocabulaire accrédite l'idée que la parole est non seulement l'expression de la loi, de la décision ou de l'engagement, mais, par excellence, acte de législation, acte de décision, acte d'engagement. La parole est, une fois proférée et parce que proférée, ce par quoi, la loi, la décision ou l'engagement existe. La théorie des actes de langage confirmerait ce point de vue. « Quand dire c'est faire » : C'est dire qui fait. C'est dire cela qui fait que cela est. Trois raisons font que l'effet performatif est une vertu naturelle de la parole (53) :

1° La parole est personnelle. Émanation physique du corps de celui qui la prononce, elle sort signée de sa bouche. Celui qui parle est là. Il est, avec son pouvoir, dans ses paroles.

2° La parole est sonore. De ce son émis, elle tient son existence sociale.

3° La parole est irrévocable. Elle tombe irréversiblement de la bouche qui la jette (c'est le même sens que parabole : *Παϱα, бολείν*). Ce qui est dit est dit. Celui qui s'en repent peut tout essayer pour annuler l'effet de ce qu'il a dit. S'il a dit, il ne peut faire qu'il n'ait pas dit (54). L'acte est accompli.

---

(53) V. réflexion finale, p. 251, *in* théorie des actes de langage éthique et droit, publié sur la direction de Paul AMSELEK, P.U.F. 1986.

(54) Il pourra seulement prétendre, et montrer s'il le peut, qu'il ne l'a pas dit, ou encore qu'il n'a pas voulu dire cela. Sinon, il sera dans le cas de se dédire, de reprendre sa parole en la reniant.

Tout concourt à faire de la parole le symbole de la souveraineté, de l'autorité, de l'honneur, l'expression sublime. La tradition qui l'auréole a enraciné sa précellence. La Bible fait entendre la voix divine qui dicte sa loi, et c'est la main de l'homme qui l'écrit sur les tables (55). L'expression poétique perpétue l'idée que le seigneur parle et ne se soucie d'écrire : « Le messire châtelain laisse écrire le vilain... » (V. Hugo).

b) Le moment vient, cependant, de montrer *la limite actuelle* de la préséance de la parole.

D'abord, l'écriture a, depuis longtemps, conquis ses titres de noblesse ou, plutôt, de civilisation. Non seulement parce que, des scribes aux mandarins, elle consacre l'élévation de ceux qui la maîtrisent, victoire sur l'analphabétisme, mais parce que sa diffusion est la diffusion même de la culture. Pour aujourd'hui, il n'y a plus qu'à prendre acte de l'égale dignité de la parole et de l'écrit (56).

Cependant, l'essentiel est encore ailleurs. C'est jusque dans ses marques linguistiques que la prééminence originelle de l'acte oral s'est atténuée. Beaucoup de termes qui se référaient à la parole *renvoient aujourd'hui non plus seulement au seul langage parlé, mais à toute expression écrite ou orale*. Ils ont perdu leur notation spécifique pour revêtir un sens générique. La juridiction n'est pas nécessairement un acte verbal. Le juge dit le droit à la plume, dans le texte de sa décision. La contradiction peut être orale, mais elle s'opère aussi par échange de conclusions et communication de pièces. De nombreux termes ne sont plus attachés aux seuls signes phoniques, mais désormais branchés sur les deux modes d'expression : vote, voix, édit, interdit, édiction, silence, proclamation, appel, contredit, dires, dédit, etc. Enfin, il est aujourd'hui admis que l'effet performatif n'est pas le propre de l'expression orale mais que, moyennant certaines conditions, cette performance peut être celle de l'expression écrite. La préséance de la parole se laisse seulement reconnaître, jusque dans ses traces linguistiques, comme un symbole primitif, au sein d'une royauté désormais partagée.

B. — LA DISTINCTION DES ACTES ORAUX ET DES ACTES ÉCRITS

61. — L'opposition de l'expression orale et de l'expression écrite est importante parce qu'elle permet de repérer concrètement, dans le langage actuel du droit, des actes écrits et des actes oraux.

---

(55) Il est vrai que, dans la Bible, les tables de la loi sont « écrites du doigt de Dieu » (Ex., 24, 12 et 31, 18) : les premières (*loc. cit.* et Ex. 32, 16), et, après que celles-ci eurent été brisées, les tables qui les ont remplacées (Ex. 34, 1 et 27). Cependant Moïse aussi fut invité à les écrire (Ex. 24, 4 et 34, 27). Surtout, les dix commandements ont d'abord été des paroles prononcées (Ex. 20, 1). Elles sont nommées les *dix paroles* (Ex. 34, 28).

(56) La signature, on le verra, est elle-même devenue un symbole.

À la vérité cette distinction n'est pas ici envisagée, au moins de façon exhaustive, du point de vue juridique. Il appartient au droit du langage (57) qui régit la forme des actes de déterminer quels actes doivent, à peine de nullité, être rédigés, quels autres doivent être prononcés, quels autres enfin peuvent indifféremment revêtir une forme écrite ou orale. Les règles de preuve relèvent du même droit.

La distinction ici considérée n'est d'ailleurs pas propre aux actes juridiques proprement dits. Elle porte sur l'ensemble des actes du langage du droit, sur tout l'éventail des discours juridiques.

À ce niveau, l'opposition de l'oral et de l'écrit a pour principal intérêt de renvoyer à des modèles très contrastés. Elle fait voir que, dans l'ensemble des discours, il en est qui ont pour raison d'être d'être des *textes*, d'autres d'être des *paroles*. Elle invite à réfléchir sur la fonction des textes et des paroles dans le langage du droit.

a) *Les textes.*

Le droit se fonde sur nombre d'actes écrits. Il se fonde sur des actes dont l'élaboration donne nécessairement lieu à la rédaction d'un texte. La loi est au premier rang de ces actes, *la loi écrite*, dit-on justement. Il y a toujours un texte de loi. C'est plus généralement le cas de toutes les composantes de la hiérarchie des normes : Constitution, loi organique, loi ordinaire, ordonnance, décret, arrêté, etc. L'ensemble de ces éléments constitue le *droit écrit*, base du droit objectif (58). Les actes instrumentaires sont aussi au nombre de ces écrits : d'un côté les *actes notariés*, reçus par un notaire (vente ou donation d'immeuble, constitution d'hypothèse), d'un autre côté, les *actes de l'état civil*, reçus par les officiers de l'état civil (acte de naissance, de mariage, de décés).

Il serait insuffisant de noter, que la loi exige que de tels actes soient rédigés, « dressés », établis par écrit (59). La nécessité de l'écrit est aussi de fait. On n'imagine pas, dans notre société au moins, de loi sans texte, d'actes importants sans titre, d'état civil sans registres.

L'essentiel est de saisir la vertu de l'écrit.

Sa force probante apparaît en premier. De chacun de ces actes il existe un original. Or cet original est revêtu de l'authenticité : il a la force probante d'un acte authentique. Bien entendu cette force particulière ne lui vient pas seulement de la forme écrite. Elle lui vient de la qualité de la personne qui rédige ou reçoit l'acte, plus précisément de la parcelle de puissance publique que détient cette

(57) V. la deuxième partie de cet ouvrage.
(58) On y ajoutera les conventions internationales et les traités.
(59) Ce serait d'ailleurs partiellement inexact : un acte notarié peut être dressé même dans le cas où la loi ne l'exige pas.

personne et en vertu de laquelle elle a pouvoir pour authentifier l'acte. L'écrit est donc d'abord une preuve et une preuve éminente par la foi qui lui est attachée.

La valeur publicitaire de l'écrit est associée à sont intérêt probatoire, au moins pour deux des trois catégories d'actes considérés. À l'exception des actes notariés qui sont soumis à un régime spécial (60), les autres actes sont *publics* non seulement par leur réception mais par leur destination. La loi est l'objet d'une publication officielle. Elle est destinée à être connue de tous les citoyens qui peuvent effectivement en prendre connaissance par le journal officiel. Les actes de l'état civil sont inscrits sur des registres publics. Il en est délivré des copies ou des extraits (61). L'écrit permet donc d'assurer au texte une publicité totale ou partielle.

L'écrit a aussi, pourrait-on dire, une *valeur exégétique*. Le texte de la loi ou de l'acte est la base de son interprétation : non pas nécessairement d'une interprétation littérale. Toute interprétation part de la lettre du texte, même si elle a pour principe de s'élever à l'esprit de la loi ou de l'acte (méthode exégétique), ou pour audace d'aller par le texte au-delà du texte. Dans la perspective de la durée, l'écrit a une valeur historique. C'est, pour l'avenir, le support de l'exégèse.

L'essentiel reste encore à dire cependant. Si ce qui est écrit est écrit pour être conservé et donc, ensuite, pour prouver, pour être publié, pour être interprété et compris, c'est, à la racine, parce que l'écrit est écrit *pour fonder*. L'écriture n'est pas seulement *mémoire de la société,* mais *source de droit*, par seulement base du souvenir, mais charte de l'avenir. Les actes écrits sont des *actes-fondateurs, des actes-source* : fondateurs et source du droit objectif (loi), fondateur et source des droits privés et des situations particulières (actes instrumentaires). Les écrits sont donc des pièces, des pierres de l'ordre juridique (62).

Mais ce sont aussi des produits finis dans l'élaboration du droit. Les paroles interviennent autrement.

b) *Les paroles*

Elles sont essentielles dans la vie du droit : dans la vie législative (débats parlementaires, travaux en commission), dans la vie judiciaire (débats à l'audience, plaidoirie, conférences, entretiens, auditions, témoignage, aveu, serment, etc.) ou dans la vie des affaires (pourparlers, entretiens).

À la vérité certains de ces actes peuvent, à l'occasion, revêtir une forme écrite. Les déclarations du témoin peuvent être faites par attestation (v. par ex. : N.C.P.C., art. 199 et s.), l'aveu par lettre, le serment par écrit. Mais ces modalités sont secondes et dérivées. La forme première et pure est orale. Ces actes sont

(60) Loi du 25 ventose au XI, article 23 (l. 25 juin 1975).

(61) Il existe là aussi des règles particulières : Décret du 3 août 1962, art. 8 et s.

(62) Dans la tradition biblique, les tables de la loi sont bien le symbole de l'écrit fondateur, pierre angulaire.

primordialement oraux. L'oralité est tout à la fois leur vocation naturelle et la base de leur vertu.

Cette vertu tient d'abord à la *spontanéité de la parole* et au crédit de sincérité qu'on lui attache. La parole vient du cœur aux lèvres. Tout se passe comme si la parole était vérité, voie et voix de vérité. C'est pourquoi, dans l'enquête, le témoin ne doit lire aucun projet (N.C.P.C., art. 212). Cet optimisme est trop naïf, mais l'excés porte sur la sincérité, plus que sur l'aptitude de l'oralité à laisser filtrer la vérité. Car si la parole ment, son auteur, physiquement présent, peut être trahi devant celui qui l'écoute, par une hésitation, une inflexion de sa voix ou une ombre sur son visage. Mentir naturellement n'est pas donné à tous. La fraude est le quartier des parleurs endurcis. La vérité sort du trouble, quand ce n'est de la probité.

La valeur de la parole est surtout dans son *agilité*, plus précisément, dans *la vivacité des échanges* qu'elle suscite. La rapidité du débit, qui est son penchant naturel, crée, il est vrai, un risque de légéreté et de phraséologie. L'improvisation dit des choses faciles, superficielles ou aberrantes. (Si le parleur, entraîné par son verbe, ne retient sa langue). Mais si la parole répond à la parole, le visage au visage, si les orateurs s'affrontent, chacun a une chance de corriger l'autre. Par le jeu et le feu du face à face, c'est toute la vertu de la contradiction dont on attend que la lumière jaillisse. « Le premier qui parle paraît juste, vient son adversaire, on l'écoute » (63). Le débat oral a dans son pouvoir de faire avancer la discussion à vif et à chaud, d'aller, ensemble, plus loin plus vite.

Là encore, l'explication fondamentale vient en dernier. Bien entendu, la parole, comme l'écrit, peut-être fondatrice (lorsqu'elle est promesse ou sentence). Mais, dans toutes les applications considérées, elle est plutôt *préparatoire*. Ainsi, lorsqu'elle est débat, entretien, audition, conférence, rapport, avis, pourparlers, aveu, témoignage. En tous ces cas, la fonction principale de la parole est d'être *antérieure à l'acte fondateur*. Comme si le droit, avant la décision, avait besoin de mille bouches. Comme s'il fallait des torrents de paroles avant le dernier mot ou l'écrit. C'est en ce sens que, dans le parallèle, on peut considérer que les actes écrits sont les pièces de l'ordre juridique, quand les actes oraux sont plutôt des instruments de la réalisation du droit. Mais rien n'est tranché. Le moment vient de le montrer.

§ 2. — LE RAPPROCHEMENT DE L'EXPRESSION ORALE ET DE L'EXPRESSION ÉCRITE DANS LE LANGAGE DU DROIT

62. — Évidente, la distinction de l'écrit et de l'oral est loin d'être absolue dans l'expression juridique. Elle est largement tempérée. Le langage du droit unit de

(63) Proverbes, 18, 17.

deux manières l'expression orale et l'expression écrite. D'un côté, il les *associe dans l'élaboration d'un même acte.* D'un autre côté, il soumet à une *discipline intellectuelle commune,* même quand ils sont séparés, le discours verbal et le discours écrit.

A. — LA COMPLÉMENTARITÉ DE L'ÉCRIT ET DE L'ORAL DANS L'ÉLABORATION DES ACTES

C'est par commodité et pour simplifier que l'on oppose, en droit, les actes écrits et les actes oraux. L'opposition s'établit plutôt entre les actes principalement écrits (la loi par exemple) et les actes principalement oraux (la plaidoirie). Mais il est rare qu'un acte soit exclusivement écrit, ou exclusivement oral. Cela se produit. Une circulaire ministérielle prend corps et demeure sur le papier. Une convention purement verbale vient des lèvres et ne laisse aucune trace écrite. Mais le plus souvent, le *langage du droit marie les deux modes d'expression dans l'élaboration d'un même acte.* La plupart des discours juridiques demandent à chacun des deux modes de contribuer à leur formation. D'une manière générale, cette observation fait entendre qu'il existe trop d'interférences entre l'écrit et l'oral pourqu'il soit concevable de les étudier séparément. Plus précisément, l'essentiel est de comprendre que le droit établit entre l'expression écrite et l'expression orale une *complémentarité opérationnelle.* Le souci particulier du droit est clair : Puisque chaque expression a ses vertus propres et que celles-ci se complètent, la prudence du langage juridique est d'additionner leurs mérites, à la recherche d'une certaine perfection, au moins d'une plus grande sécurité.

Entre l'écrit et l'oral, la combinaison ne s'opère pas toujours dans le même ordre et, dans un même acte, la part de chacun est, en général, inégale. On peut essayer d'échantillonner leurs interférences.

a) *Les actes qui sont dits avant d'être transcrits*

Certains actes commencent par le prononcé de paroles. Ensuite, il en est « dressé acte » (par écrit). Ainsi, la célébration du mariage s'ouvre par la double déclaration orale des futurs époux. L'officier de l'état civil reçoit de chacun, l'un après l'autre, la déclaration qu'ils veulent se prendre pour mari et femme. Il prononce qu'ils sont unis par mariage et en dresse acte sur-le-champ (C. civ., art. 75, *in fine*). Plus généralement, les actes de l'état civil sont reçus (rédigés) à partir des déclarations orales des comparants (déclarants). Bien mieux, ces deux premières formalités sont suivies de trois autres : L'officier de l'état civil donne lecture aux « parties comparantes » des actes ainsi dressés (C. civ., art. 38), les invite à en prendre directement connaissance et à les signer enfin (*ibid*). La même succession d'opérations orales et écrites se déroule dans l'enquête. Les témoins sont entendus dans leur déposition orale sans pouvoir lire aucun projet (N.C.P.C., art. 208, 212). Puis, les dépositions sont consignées dans un procès verbal (art. 219). Chaque partie est enfin appelée, après lecture du procès-verbal de sa déposition, à signer celui-ci (art. 220, al. 2). Le témoignage comprend donc dans l'ordre : audition, consignation, lecture (sonore), signature. Les jugements rendus séance tenante après délibération sur le siège sont également prononcés avant d'être rédigés. Le procès-verbal des débats parlementaires est de même établi à partir des interventions orales des orateurs.

Quelques observations simples :

1. Première, dans l'ordre chronologique, la parole paraît avoir, dans ces combinaisons, le rôle primordial : acte d'engagement (mariage) ou de décision (sentence). L'écrit, acte authentique, revêt cependant aussi une importance capitale.

2. On aura remarqué que la rédaction suit aussitôt la déclaration. L'acte est dressé « sur-le-champ », c'est l'une des garanties de son authenticité.

3. Normalement, le texte écrit reproduit exactement les énonciations orales. C'est bien le même énoncé qui est l'objet de deux expressions différentes successives. Toute la valeur du procès-verbal d'enquête est dans sa fidélité au témoignage recueilli. C'est d'ailleurs pourquoi la personne entendue est appelée par la lecture à contrôler cette conformité (« oui, c'est bien ce que j'ai dit ») avant de la reconnaître par sa signature.

Linguistiquement, cette conformité est cependant loin d'être parfaite. Parfois, le récit remplace la citation. Les futurs époux ont dit : « oui ». L'acte mentionne qu'ils « ont déclaré vouloir se prendre pour mari et femme ». Ce sont deux énoncés différents. D'autres fois — c'est autre chose et c'est plus grave — la transcription fait place à la transposition. Sous couleur de correction, la déposition du témoin est tournée, par le rédacteur du procès-verbal, dans le style administratif qui est le sien. La déclaration brut y perd sa spontanéité. Elle risque surtout d'être trahie par cette traduction officielle (d'où la nécessité renforcée du contrôle).

b) *Les actes qui sont rédigés avant d'être lus*

Certains actes commencent par être rédigés. Ils sont ensuite lus, ou au moins dits. L'expression écrite précède l'expression orale. Ainsi en est-il du rapport écrit que le juge de la mise en état peut être chargé d'établir et de présenter à l'audience avant les plaidoiries (N.C.P.C., art. 785). C'est aussi le cas, lors des travaux préparatoires, du rapport soumis à l'Assemblée parlementaire par un membre de la commission des lois. Lorsqu'ils sont rendus après délibération en la chambre du conseil, les jugements sont rédigés avant d'être prononcés. Les actes notariés sont rédigés avant que lecture en soit donnée aux parties (d. 26 nov. 1971, art. 7). Dans les campagnes, certains arrêtés municipaux étaient naguère proclamés par le garde-champêtre, aux carrefours du bourg (avec ou sans roulement de tambour ou son de corne). Plus généralement, la plupart des discours (conférence, exposé, allocution) sont dits à partir d'un texte. Telle est aussi, en général, la tradition du cours magistral, dans l'Université.

Dans tous ces cas, l'écrit et l'oral sont loin d'être dans le même rapport. La fonction constante de l'écrit, expression première, est toujours d'être l'expression de base, en tant que celle-ci est tout à la fois, pour son auteur, le produit élaboré et longuement mûri de son étude (64) et, pour celui auquel elle est communiquée, l'expression de référence. Mais ce que la voix apporte au texte est variable. La lecture se borne parfois à en publier la teneur. Pour l'écrit, elle n'est alors qu'un mode de diffusion (lecture d'un rapport) ou qu'une formalité de publicité (lecture de l'acte notarié afin de contrôle). D'autres fois, la parole marque le passage à l'acte. C'est la parole qui donne à l'écrit préparatoire son existence sociale et parfois même juridique. L'acte essentiel se produit au cours magistral, quand il est dit. La date du jugement est celle à laquelle il est prononcé (N.C.P.C., art. 453).

Cependant, ici encore, la coïncidence n'est pas toujours parfaite entre l'énoncé oral et l'énoncé écrit. Elle l'est lorsque la voix se borne à donner la lecture intégrale du texte. Mais il y a loin souvent des notes de cours au cours. Le prononcé du jugement peut se limiter au dispositif de celui-ci (N.C.P.C., art. 452, al. 2). Cette dernière éventualité conduit à envisager d'autres figures d'articulation entre l'expression écrite et l'expression orale.

c) *Autres combinaisons entre l'écrit et l'oral*

Elles paraissent plus complexes parce que, si les deux modes d'expression demeurent complémentaires, chacun a, par hypothèse, son énoncé propre. Le principe du second en date, n'est pas d'être la reproduction du premier. Si l'écrit vient en second, il ne se donne pas comme la transcription de ce qui a été dit. Si la parole vient en second, elle ne se donne pas comme la lecture de ce qui a été écrit. Toujours auxiliaire, l'expression seconde est destinée à apporter quelque chose de plus à l'énoncé originaire.

1° *Le résumé*

L'énoncé 2 peut avoir pour objet de résumer l'énoncé 1. Il en est ainsi de la présentation orale abrégée d'un rapport écrit : Dans les colloques, la présentation orale des contributions écrites est, en général, soumise à cette règle. Il en va de même, *vice versa*, de la note de synthèse qui résume un discours ou les interventions orales d'un débat.

Que l'expression écrite précède ou suive l'expression orale n'importe guère. Le défi est le même et l'exercice toujours stimulant : Extraire l'essentiel d'un énoncé antérieur. Réduire l'énoncé linguistique sans réduire le message intellectuel.

(64) Et le support sécurisant de son expression orale.

La succession des deux expressions répond ici à une intention très précise : Disposer deux versions différentes d'un même thème — l'une intégrale, l'autre succinte — afin de satisfaire le double besoin qu'éprouve l'esprit, tour à tour, celui de connaître le tout dans le détail, et celui de saisir l'essentiel dans cet ensemble.

La complémentarité intéressante n'est pas nécessairement ici, celle de l'oral et de l'écrit (dans un ordre ou un autre), mais celle du plein texte et de l'abrégé (qui pourraient être tous deux écrits ou tous deux oraux). Cela relativise l'importance du mode d'expression.

2° *Le développement*

L'énoncé 2 peut avoir pour objet de développer l'énoncé 1. L'intérêt de l'énoncé 2 relativement à l'énoncé 1, est de combler les lacunes de celui-ci en fournissant des précisions de fait ou en proposant de nouveaux arguments, ou encore d'en dissiper l'obscurité en apportant des éclaircissements, ou même simplement d'en proposer un exposé plus détaillé, plus explicite.

Ainsi l'avocat peut-il développer à la barre, dans sa plaidoirie, tel ou tel moyen de ses conclusions (écrites). Une note en délibéré peut réciproquement développer un point du débat (si l'on suppose respecté le principe de la contradiction).

Le juge peut toujours procéder, par voie d'enquête, à l'audition de l'auteur d'une attestation (écrite) (N.C.P.C., art. 203). Il peut toujours inviter le technicien à compléter, à préciser ou expliquer, soit par écrit, soit à l'audience, ses constatations ou ses conclusions (N.C.P.C., art. 245). Il peut toujours inviter les parties à fournir les explications de fait ou de droit qu'il estime nécessaires à la solution du litige (N.C.P.C., art. 8 et 13). À la vérité, il n'est pas exclu que l'énoncé 2 emprunte le même mode d'expression que l'énoncé 1 (écrit complétant écrit, oral sur oral). Mais il est également fréquent que l'écrit et l'oral se succèdent et se relaient, s'épaulant, se complétant l'un l'autre. Ces deux observations confirment l'idée qu'il y a trop d'interférences entre l'expression orale et l'expression écrite dans l'accomplissement d'un même énoncé, ou dans la succession d'énoncés complémentaires, pour qu'il soit possible et fructueux de séparer les deux modes d'expression dans le discours juridique.

B. — LA DISCIPLINE COMMUNE DE L'EXPRESSION ORALE ET DE L'EXPRESSION ÉCRITE DANS LE DISCOURS JURIDIQUE

63 — Si l'expression orale et l'expression écrite sont si proches dans le langage du droit, ce n'est pas seulement parce qu'elles participent, à tour de rôle, à la production d'un même discours. Qu'il soit écrit ou oral, le discours juridique obéit partiellement aux mêmes normes. Ne disons pas que le discours verbal et le discours écrit soient toujours et en tous points façonnés de la même manière. Ce serait tomber d'un excés dans l'autre. Justement, il est excessif de poser à l'inverse que la parole et l'écrit sont gouvernés par deux arts poétiques différents. Le fossé n'est pas aussi profond, sous le rapport de leur création, entre l'écrit et l'oral. En droit, il n'y a pas, d'un côté, un langage parlé, d'un autre côté une langue écrite, qui auraient leur secret de fabrication respectif.

Le propre du langage du droit est de soumettre en partie l'expression écrite et l'expression orale à *la même discipline intellectuelle.*

Sans doute est-ce, à la racine, parce que le langage juridique, on l'a vu (*supra,* n° 59), est un *ensemble de discours spécifiés.* Ces particularités apparaîtront mieux en analysant les éléments de cette discipline commune. Écrits ou oraux, les discours juridiques obéissent ensemble à la rhétorique et à la loi du genre.

a) *La rhétorique (65)*

Depuis la haute antiquité (Ve siècle avant J.-C.), la rhétorique s'érige en école du « bien parler ». Qu'on la nomme art, science ou technique, c'est une branche du savoir humain qui propose à ceux qui la cultivent la maîtrise du discours. Elle tend à la connaissance théorique et pratique du « beau discours » :*λογος* du *λογος.*

On ne rouvrira pas ici la controverse toujours renaissante sur la rhétorique. D'abord parce qu'elle a pour centre les abus de la rhétorique, ses déviations, ses prétentions, ses sous-produits. Si l'art de persuader devient l'art de feindre et de farder, de séduire, de troubler, de cultiver le sophisme, de fuir ou de masquer le vrai pour rendre aimable le faux, de disperser l'attention, d'assoupir la conscience, bref de tromper, cette fin pervertit le moyen. Son intention la comdamne. Si la science du discours, se disant souveraine et se faisant tyrannique, forge comme des lois un carcan de règles rigides, l'esprit n'accepte pas qu'elle étouffe, dans la parole, la création. Son intransigeance la disqualifie. Elle se ravale elle-même à un livre de recettes, si enfin elle s'abaisse à proposer des procédés et des « trucs » pour apprendre à bien écrire ou à parler en public, artifices de pacotille. Sur de

---

(65) La rhétorique est florissante, à considérer les études qui lui sont consacrées, soit directement (Olivier REBOUL, La rhétorique, « Que sais-je ? », 1986), soit au sein de la stylistique (Georges MOLINIÉ, Éléments de stylistique française, P.U.F., 1986, coll. Linguistique nouvelle ; Pierre GUIRAUD, La stylistique, « Que sais-je ? »). Plus spécialement, les figures de style sont, elles aussi, à l'honneur (Henri SUHAMY, Les figures de style, « Que sais-je ? », 3e éd. 1988 ; Irène TAMBA-MECZ, Le sens figuré, vers une théorie de l'énonciation figurative, P.U.F.). Les grandes références demeurent (Aristote, Rhétorique, vol. 1, 1932, vol. 2, 1938, Paris, Les Belles Lettres ; Cicéron, *Brutus,* écrit dans sa retraite en 46 av. J.-C. comme une suite et une justification du *De oratore* écrit en 55, Budé). Nous avons surtout utilisé Quintilien *De institutione oratoria,* Paris, Volland, 1810 ; Belles-Lettres 1980). L'ouvrage de DU MARAIS (Paris, chez David, 1757) conserve sa saveur « Les tropes ou les différents sens dans lesquels on peut prendre un même mot dans une même langue » (trésor de beaux exemples de catachrèse, métonymie, métalepse, synecdoque, antonomase, hypotypose, hypallage et autres simplicités ; on y trouve aussi la périphrase, l'antiphrase, l'euphémisme, l'allégorie, la métaphore, l'ironie, l'allusion et l'onomatopée).

tels excès, la cause est entendue. Le discrédit qui règne, par période, sur la rhétorique tient à la conscience de ces excés. Pour montrer que la rhétorique n'est nécessairement ni cette perversion (cette fausse monnaie), ni cet impérialisme, ni ce vulgaire *vade-vecum*, il faudrait plus de place, tant il est vrai que ces altérations sont et ont toujours été les risques et les tentations naturelles de la rhétorique. La défense est plus difficile que la critique. Une autre raison nous invite à ne pas l'entreprendre ici. La controverse a pour lieu l'ensemble des discours. Cette généralité est dissuasive. Le procès de la rhétorique ne peut être instruit globalement pour toutes les œuvres de l'esprit. Il gagne à être approfondi dans chaque champ de la création, à l'idée que la juste place de la rhétorique peut n'être pas invariablement la même dans tous les discours, mais trouver différemment sa mesure dans la fiction, l'essai, le récit, la poésie, le ou les genres historiques, l'étude, le discours politique, etc., et... le discours juridique. Or, sans abandonner l'idée d'une défense générale, c'est précisément *la rhétorique dans le langage du droit* qu'il s'agit d'évoquer ici, au-delà de toute controverse, pour une constatation et une explication.

1° *Constatation*

Le fait est que la rhétorique, à la considérer dans deux au moins de ses compartiments traditionnels, gouverne aussi bien l'expression écrite que l'expression orale du discours juridique. On peut en effet admettre, suivant l'analyse classique, que la rhétorique comprend *l'inventio*, la *dispositio*, l'*elocutio* et l'*actio*.

Or, bien entendu, l'*actio* est propre au discours verbal. C'est la partie de la rhétorique qui règle la production vocale et l'attitude corporelle de l'orateur. Elle intéresse la maîtrise de la voix, la diction (prononciation, articulation, débit), le geste joint à la parole. Fondée sur la prestation — sinon la prestance — physique de l'orateur, l'action oratoire est sans équivalent dans l'expression écrite (66).

Une autre raison conduit à mettre hors série l'*elocutio*. C'est la manière de parler. Mais cette façon est traditionnellement conçue comme l'étude des figures de langage : la métaphore, la métonymie, l'euphémisme (figures sémantiques), l'anacoluthe, l'ellipse, (figures syntaxiques), etc. Ces figures ne sont pas propres à l'expression orale. On les rencontre dans des écrits. Mais, ici ou là, elles ne sont nullement représentatives du langage du droit en général. Ce sont des effets de style qui ont leur place dans les discours, oraux ou écrits, où il est de bon ton de cultiver les fleurs de la rhétorique (plaidoirie de facture traditionnelle, écrits polémiques et civiques, etc.) et non pas nécessairement dans tous les discours juridiques. Les figures de rhétorique relèvent en vérité du style. Mais la stylistique n'est pas la même selon qu'elle s'applique à la loi, au jugement, à la convention, etc. Ici et là, elle règle de façon variable sa différence relativement à l'expression

(66) Si ce n'est pour les verbomoteurs qui ont besoin de déclamer en écrivant.

ordinaire. La science des ornements est une toilette à falbalas, non une discipline commune.

La discipline commune est dans les deux premiers fondements de la rhétorique : *l'inventio* et la *dispositio*.

L'inventio est la découverte des éléments du discours. Au moins est-elle fondée sur la recherche des données à mettre en œuvre dans le discours. Elle vient donc d'abord, et son importance capitale tient à la variété des éléments sur lesquels se fonde tout discours juridique, écrit ou oral : éléments de fait (circonstances d'une espèce, mais aussi données générales d'ordre social, économique, démographique, sociologique), éléments de droit (données législatives, jurisprudentielles, doctrinales, historiques, comparatives, etc.). Dans le discours juridique aussi il y a une part de jeu (*elocutio, actio*). L'*inventio* est fondamenale parce que tout discours juridique est sérieux. Sa légitimité est d'être juste et fondé. Cela ne signifie pas que l'*inventio* soit seulement accumulation. Exploratoire, elle est aussi sélective. Elle choisit, elle trie, elle retient. Elle est le discernement de ce qu'il y a lieu de dire. Dans sa meilleur inspiration, l'*inventio* est même inventive, créative. Elle rassemble le contenu.

La *dispositio* l'organise. C'est l'art de la composition. Elle ordonne les éléments du discours. Elle classe, elle regroupe, elle divise, elle construit. C'est l'ordre du discours. Mais l'ordre en marche, car le discours avance, il progresse. Oral ou écrit, tout discours juridique lui demande une partie de sa force. Elle peut être artifice, mais sa vocation est de donner au discours ses fondations. Distinguer pour développer, au clair des idées et sans amalgame. L'exercice n'est pas formel. La *dispositio* est la démarche même de la pensée, le chemin du raisonnement, le fil de la démonstration, le développement de l'argumentation. Ce n'est pas seulement en architecture que le plan règle l'ouvrage. Le discours juridique est composé.

Du coup, la controverse sur la rhétorique est dépassée. Par l'*inventio* et la *dispositio*, la rhétorique ouvre au discours juridique les voies de sa création. La première nourrit, la seconde ordonne. La rhétorique est la mère du discours juridique. Elle tend à la maîtrise du fond et de la forme. C'est la matrice de la pensée.

2° *Explication*

IL reste à comprendre pourquoi, dans le langage du droit, l'expression orale et l'expression écrite sont sous le même joug. À considérer les formes actuelles du discours juridique, l'explication première est que l'organisation du discours est aussi poussée dans le mode oral que dans le mode écrit. Sans doute faut-il réserver, dans l'expression orale, les entretiens informels et les débats improvisés (de même faudrait-il mettre à part, pour l'écrit, les notes brèves et les observations cursives). Mais, à considérer les modèles principaux de discours juridiques, leur facture est la même. Qu'ils soient oraux ou écrits, ce sont des produits élaborés, des discours organisés. On retrouve ici l'idée que le langage du droit est constitué de discours spécifiés (67) qui ont, chacun, un statut (68). Cette présentation est cependant imparfaite. Elle pourrait accréditer l'idée que l'expression orale s'est alignée sur l'expression écrite. Dans l'histoire de l'expression juridique, c'est le contraire qui s'est produit. La conquête première du langage du droit a été la maîtrise de la parole. La rhétorique est d'abord un art oratoire. Et cet art de parler se forge en bonne part, dans le procès ou pour le procès. C'est l'art de gagner une cause. L'éloquence est judiciaire. Elle est aussi philosophique. Mais l'éloquence judiciaire a été, dès le début, un modèle, et Ciceron lui donne pour longtemps son éclat.

C'est ici que son influence fait apercevoir une distinction. Une première veine risque toujours de discréditer ensemble la rhétorique et l'éloquence et a sa part dans leur mauvaise réputation. Non pas du tout parce que la véritable éloquence se moque de l'éloquence : cet autre débat du don et de l'école est toujours ouvert (Picasso éclate dans sa chèvre et ses taureaux après avoir savamment dessiné des portraits). Mais parce que ce n'est pas toujours la meilleure partie de la rhétorique qui recueille les plus amples échos. À l'école de l'éloquence, le mauvais goût et la facilité retiendront surtout les artifices, les ficelles et les fioritures qui font l'emphase et l'académisme du discours, sa vanité.

La rhétorique fondamentale, celle de l'*inventio* et de la *dispositio*, a un autre destin, moins éclatant et plus fécond. L'art de bien dire y est d'abord un art de bien penser. Et c'est précisément, dans le langage du droit, un legs de la parole à l'écrit. Le discours juridique en reçoit une part de sa spécificité, relativement aux positions respectives de l'oralité et de l'écriture dans l'usage général de la langue (69). La division majeure qui, dans le langage spécialisé du droit, regroupe les différents types de discours qui le constituent, ne passe pas par l'opposition d'une expression écrite organisée et d'une expression orale plus libre et surtout perçue comme un langage familier et courant. *L'originalité du discours juridique est d'avoir pour modèle historique un acte oral élaboré.* En droit, la science du discours a commencé par la maîtrise de la parole. L'écrit a adopté la même discipline. Les distinctions se sont déplacées.

b) *Le genre*

64. — La littérature juridique n'est pas une. Elle comprend plusieurs genres et chaque genre a sa loi. Le rapprochement de l'expression orale et de l'expression écrite, dans le langage du droit, est aussi le fait de leur sujétion commune à la loi de chaque genre (dès lors qu'il existe, dans chaque genre, des versions orales et des versions écrites).

---

(67) V. plus haut, n°s 59 et 63.
(68) V. ci-dessous n° 64.
(69) V. plus haut, n° 59.

Or, bien entendu, la loi d'un genre vient d'abord de sa fin : établir, promettre, convenir, trancher, constater, apprécier, émettre un avis, rapporter, déclarer, avouer, jurer, aviser, convoquer, notifier, menacer, combattre, convaincre sont autant d'actions qui impriment au discours sa direction. La typologie des discours est d'abord finaliste. Indivisiblement, c'est aussi le destinataire du message qui dicte sa loi à l'émetteur, car c'est en général de lui que celui-ci attend l'efficacité de son discours.

Sur l'expression même du discours, ce sont pourtant encore d'autres contraintes qui exercent l'influence la plus déterminante : les contraintes extérieures du temps (et donc de l'espace, pour l'écrit). *La limite à l'intérieur de laquelle le discours doit se développer est le défi premier qui façonne le discours.* L'expression dépend, pour l'essentiel, du temps de parole ou du volume de l'écrit. Sous ce rapport, le langage du droit, connaît trois familles de discours. Pour la parole ou pour l'écrit, le temps forge trois ordres d'expression.

1° *L'expression brève*

C'est d'abord celle de la loi. C'est aussi celle, en général, du dispositif de la sentence et du dicton. Dans l'ordre doctrinal, la définition lexicale est de la même veine. Ramenées à la pureté de leurs premiers modèles, les notes et les chroniques de jurisprudence ne devraient pas avoir d'autre règle. Un état des questions y est assujetti. C'est aussi le module des communiqués, des messages, des observations, des déclarations.

Ce sont, dans le langage du droit, tous les *discours de la concision.* En eux, pourrait-on espérer, le sel, le ferment, le levain, les perles et autres trésors de la création. *Multa paucis. Auréa brevitas.* Seul l'or du silence est plus fin.

2° *L'expression fleuve*

Elle prend son temps et ses distances. À elle la majesté, la science déployée et l'ordonnance, les horizons qui changent, les vastes compositions, les amples développements, le voyage des origines au futur, les fresques comparatives, le dialogue de la loi et de la morale, de la doctrine et de la jurisprudence, de la théorie et de la pratique, du droit et du fait, de la légalité et de l'opportunité, du pour et du contre.

Le cours magistral, l'ouvrage de doctrine sont les modèles de ce discours.

3° *Les canons oratoires*

Ils sont divers mais consacrés : La leçon d'agrégation (30 minutes ou 45 minutes), le discours d'usage (60 minutes environ), l'article à la revue trimestrielle (20 pages au maximum) la chronique doctrinale (6 à 10 pages).

Chaque exercice est, dans son ordre, un produit de l'art. Chacun a son harmonie, son équilibre, son ton, son nombre d'or (70).

Bien entendu, la personnalité est là pour bousculer tout cela, pour renouveler ou faire éclater les genres. La liberté d'abord, ou plutôt encore et enfin (mais peut-être aussi, de préférence, après la connaissance des règles et conventions : les grands compositeurs sont des athlètes de solfège...).

On voulait seulement suggérer ce qui rapproche l'écrit de l'oral dans le langage du droit. Ne soyons pas démagogues. Les plus purs chants de la création montent de champs labourés.

(70) En vérité, ce sont autant de rhétoriques spécifiques marquées, en chacun, par *inventio* et *dispositio*.

CHAPITRE I

LE DISCOURS LÉGISLATIF
(le texte de loi)

65. — Il s'agit des dispositions légales qui émanent du pouvoir législatif (loi au sens organique et formel), au moins de celles, ce qui est le cas ordinaire, qui énoncent une règle (loi au sens matériel), et dont la teneur nous est connue dans son expression écrite par la publication qui en est faite au *Journal Officiel* (source écrite).

Ainsi défini, le texte de loi est un modèle de discours. L'énoncé de la règle légale porte, dans sa structure, les marques de la fonction législative. Dans son expression, il demande sa valeur, à une recherche de style. La spécificité du discours législatif est fonctionnelle et stylistique.

Sous ce double rapport, les actes constitutionnels s'apparentent au texte de loi. Sur certains points, les actes réglementaires aussi. Mais il est plus clair de chercher les marques fonctionnelles et le style législatif dans la *loi ordinaire,* sauf à relever les transpositions ou oppositions qu'appellent le discours constitutionnel ou le discours réglementaire.

Section I : Les marques fonctionnelles.

Section II : Le style législatif.

SECTION I

LES MARQUES FONCTIONNELLES

Si la législation crée son langage, si l'activité législative engendre une certaine façon de parler, c'est parce qu'il appartient au législateur d'édicter des règles à l'intention des sujets de droit. La loi est un message étatique et solitaire. Seule à se faire entendre, la voix du législateur tombe de haut et vient de loin. Dans ce monologue du pouvoir à des destinataires absents et muets, le message émane d'un émetteur maître et distant.

Le discours du législateur porte au moins deux marques de la fonction législative : c'est un *discours normatif,* un *discours à distance.*

§ 1. — UN DISCOURS NORMATIF

66. — Le discours est normatif en ce qu'il révèle les caractères inhérents à la norme légale. Il porte les marques de la souveraineté, de la généralité et de la détermination de la loi.

A. — LES MARQUES DE SOUVERAINETÉ

Le texte de loi révèle par lui-même qu'il porte une loi. L'énoncé législatif est conçu de manière à faire reconnaître la souveraineté de celui dont il émane, et le caractère obligatoire de ce qu'il édicte. La manifestation intrinsèque de cette force est si nécessaire que, sous des modalités variables sans doute, elle revêt, cumulativement, plusieurs formes.

a) *Les marques de souveraineté incorporées à la teneur de la loi.*

Ce sont celles qui entrent dans l'énoncé même de la règle. Elles tiennent, pour l'essentiel au vocabulaire et à la construction de la phrase. Dans cette voie, le choix et l'emploi des verbes jouent un rôle primordial. La souveraineté du législateur est dans le verbe, pourrait-on dire. Mais les verbes qui explicitent la force légale ne le font pas toujours de la même manière, et certaines conventions de langage ont aussi un rôle.

1° *Les verbes explicites*

Certains verbes, en petit nombre, expriment la contrainte. Plus nombreux, d'autres expriment le droit.

α) *Le noyau des verbes qui expriment la contrainte.*

Il comprend les termes : devoir, obliger, falloir, (ne) pouvoir, défendre, interdire, prohiber, ordonner, commander, gouverner, enjoindre, prescrire, tenir, exiger, poursuivre, forcer, contraindre.

— *Devoir :*

• « Les enfants *doivent* des aliments à leurs père et mère ou autres ascendants qui sont dans le besoin » (C. civ., art. 205),

• « Les époux *se doivent* mutuellement fidélité secours, assistance » (C. civ., art. 212),

• « Le juge *doit*, en toutes circonstances, faire observer et observer lui-même le principe de la contradiction. » (N.C.P.C., art. 16, al. 1) ;

— *Obliger* :

• « Les époux *s'obligent* mutuellement à une communauté de vie » (C. civ., art. 215, al. 1),

• « Les conventions *obligent* non seulement à ce qui y est exprimé, mais encore à toutes les suites que l'équité, l'usage ou la loi donnent à l'obligation d'après sa nature » (C. civ., art. 1135) *adde* C. civ., art. 1626 ;

— *falloir* : « *Il faut* que l'obligation ait pour objet une chose au moins déterminée quant à son espèce » (C. civ., art. 1129, al. 1 ; *adde*, art. 901, 1238, 1475, 2229, etc.) ;

— (ne) *pouvoir* : « *On ne peut* déroger, par des conventions particulières aux lois qui intéressent l'ordre public et les bonnes mœurs » (C. civ., art. 6 ; *adde* art. 215, 1388, 1442, etc.) ;

— *défendre* : « Il est *défendu* aux juges de prononcer par voie de disposition générale et réglementaire sur les causes qui leurs sont soumises » (C. civ., art. 5) ;

— *Prohiber* : « En ligne directe, le mariage *est prohibé* entre tous les ascendants et descendants légitime ou naturels, et les alliés dans la même ligne. » (C. civ., art. 161 ; *adde*, art. 163) ;

— *ordonner* : « Les parties choisissent librement leur défenseur soit pour se faire représenter soit pour se faire assister suivant ce que la loi permet ou *ordonne* ». (N.C.P.C., art. 19) ;

— *Autres exemples* : Enjoindre (N.C.P.C., art. 11, al. 2) ; prescrire (C. civ., art. 220-1) ; tenir, être tenu (C. civ., art. 1641 et s.) ; exiger (C. civ., art. 1617) ; poursuivre (C. civ., art. 1413) ; forcer (C. civ., art. 1244, al. 1) ; contraindre (C. civ., art. 1243).

Au groupe des verbes qui expriment l'obligation, doit évidemment être rattaché celui des *verbes qui expriment la sanction* (car ils impliquent ou explicitent l'obligation). Ainsi pour les tournures : sera puni, sera condamné, est déchu, est privé, sont nulles, sont indignes, est réputée non écrite, etc., formules que l'on trouve non seulement dans le Code pénal où elles reviennent constamment pour l'édiction des sanctions répressives, mais aussi dans les lois civiles pour l'application des sanctions civiles (dommages-intérêts, déchéance, forclusion, pénalités civiles ex. : C. civ., art. 792, 801, 1477, etc.).

Ces verbes « contraignants » ou « sanctionnateurs » sont d'évidents repères de la règle de droit. Ce sont des témoins très voyants de la souveraineté étatique.

Ils sont cependant doublement trompeurs. D'abord ils paraissent exprimer le caractère impératif de la règle légale. Or, si cette indication est souvent exacte (elle l'est dans les expressions les plus énergiques : est prohibé, est réputée non écrite, etc.), certaines formules (est *obligé,* est *tenu* annoncent des obligations légales qui acceptent une dérogation conventionnelle (ex. : C. civ., art. 1626, 1627).

Le témoignage de ces verbes est surtout trompeur en ce qu'il pourrait accréditer que toute règle de droit énonce une interdiction, une injonction ou une sanction. Cette identification va être démentie.

β) *Le faisceau des verbes qui expriment le droit*

D'autres verbes, en beaucoup plus grand nombre, expriment, dans la loi, des règles juridiques qui ne se ramènent directement ni à des obligations de faire, ni à des prohibitions, ni à des sanctions. Ces verbes expriment d'autres actions de la loi. Ils font voir que l'éventail des objets de la règle est largement ouvert. La loi permet, confére ou reconnaît des droits, des pouvoirs, des libertés, elle ouvre des facultés, des options, des choix, etc. Ces verbes sont clairs. Car les permissions les collations, les consécrations sont aussi des actes de souveraineté, et les verbes qui les expriment sont aussi des marques intrinsèques de souveraineté.

— *Permettre* : « *Il est permis* de stipuler des intérêts pour simple prêt, etc. » (C. civ., art. 1905 ; *adde* : C. civ., art. 530, 686) ;

— *Avoir droit* : « Chacun *a droit* au respect de sa vie privée » (C. civ., art. 9, al. 1 ; comp. les formules voisines ; le droit appartient, donne droit, etc. C. civ., art. 172, 397, 1014) ;

— *Pouvoir* ou *avoir le pouvoir* : « Le juge *peut* toujours entendre les parties elles-mêmes » (N.C.P.C., art. 20) ; Le juge a le *pouvoir* d'ordonner d'office les mesures d'instruction légalement admissibles (N.C.P.C., art. 10 ; *adde* C. civ., art. 217, 221, etc. ; c'est une formule très fréquente).

Dans l'ordre des options, des facultés, des libertés, des pouvoirs d'appréciation, les tournures les plus diverses font fleurir des nuances : *Il est au choix* du débiteur de payer à l'un ou l'autre des créanciers solidaires, etc. » (C. civ., art. 1198, al. 1) ; « *Nul ne peut être contraint* à demeurer dans l'indivision... » (art. 815) ; « *Nul n'est tenu* d'accepter une succession qui lui est échue » (art. 775, comp., art. 789). « *Il est loisible* au Président de la République, etc. » (C. civ., art. 164 ; comp., art. 2152). Parfois la loi affirme la validité d'un acte (« Le mariage..., *sera valable*, etc. », art. 170) ou pose un minimum d'exigence (« Pour être capable de recevoir entre vif, *il suffit* d'être conçu au moment de la donation ») (C. civ., art. 906, al. 1) ou encore affirme une vocation : « *Il entre dans la mission* du juge de concilier les parties ». (N.C.P.C., art. 21).

L'analyse des actions qu'expriment ces verbes porte un double enseignement :

1. En la forme, le caractère impératif d'une règle n'est pas lié aux verbes « contraignants » ou « sanctionnateurs ». Les droits, les facultés, les permissions peuvent aussi être d'ordre public. Plus généralement, le repérage d'un tel caractère est une question délicate que l'emploi du verbe laisse souvent ouverte.

2. Au fond (c'est une confirmation), le critère de la règle de droit n'est pas lié au caractère impératif de celle-ci. Tous les verbes qui expriment des règles supplétives, dispositives, optatives, etc., expriment le droit. Un résultat essentiel : Si toute règle de droit repose, potentiellement, sur la contrainte étatique, l'expression du droit ne passe pas nécessairement par l'expression de la contrainte : ce qui confirment les observations qui suivent.

2° *Les conventions de langage*

67. — Elles ne sont écrites nulle part, mais tout le monde les admet. Ce sont des conventions tacites coutumières de lecture de la loi. Leur trait commun, non sans lien, est d'être des marques invisibles de souveraineté. Elles font entendre que l'énoncé est celui d'une règle de droit. Et si ces sous-entendus sont si bien entendus c'est parce que leur simplicité les rend évidents et naturels.

α) *L'emploi de l'indicatif présent (1)*

L'emploi du présent de l'indicatif dans l'énoncé de la règle légale est presque généralisé. On trouve dans toutes les lois l'équivalent des quelques exemples qu'il suffit de tirer du Code civil :

— Article 213 : « Les époux *assurent* ensemble la direction morale et matérielle de la famille. Ils *pourvoient* à l'éducation des enfants et *préparent* leur avenir ».

— Article 235 : « Si l'autre époux ne reconnaît pas les faits, le juge *ne prononce pas* le divorce ».

— Article 248 : « Les débats sur la cause, les conséquences du divorce et les mesures provisoires *ne sont pas* publics. »

— Article 272 : « Dans la détermination des besoins et des ressources, le *juge prend en considération* notamment : etc. »

— Article 276 : « À défaut de capital, etc. la prestation compensatoire *prend la forme* d'une rente. »

— Article 276-1 : « [La rente] *est* indexée. »

— Article 2179 : « Le tiers détenteur qui veut purger sa propriété en payant le prix, *observe* les formalités qui sont établis dans le chapitre VIII du présent titre. »

Dans tous ces énoncés, il est manifeste qu'à lui seul, sans le secours d'aucun verbe explicite, l'indicatif présent suffit non seulement à exprimer le droit mais, plus spécifiquement, à marquer l'obligation. Chacun entend : Le juge ne doit pas prononcer le divorce, la rente doit être indexée. Le verbe devoir — le devoir — est sous-entendu.

Cette valeur, qui est ici évidente, est cependant insolite dans la grammaire française. Normalement l'indicatif présent exprime ce qui est, non ce qui doit être. Il exprime un fait (qui se produit, se poursuit ou est hors du temps), non un

---

(1) V. Michel VILLEY, De l'indicatif dans le droit, Arch. phil. 19, p. 33 s. *adde* les pénétrantes observations de Jean RAY sur l'emploi de l'indicatif et du futur (équivalent de l'impératif, Essai sur la structure logique du Code civil français, Paris, 1926, p. 41 et s. et p. 50 et s.

ordre de la loi. Ici, l'indicatif remplace l'impératif grammatical. L'indicatif vaut l'impératif. C'est une particularité de l'énoncé législatif.

À la vérité, le présent de l'indicatif n'est pas le seul substitut de l'impératif. Le futur l'est aussi, assez fréquemment. (Ex. : C. civ., art. 11 : « L'étranger jouira en France des mêmes droits civils que ceux qui sont ou seront accordés aux Français par les traités de la nation à laquelle cet étranger appartiendra. »). Mais il semble que, dans la pratique actuelle de la rédaction législative, le présent tende à évincer le futur dans la fonction impérative (2).

Psychologiquement, l'indicatif présent offre d'ailleurs des avantages. Il occulte celui qui donne l'ordre et ne brandit pas le pouvoir d'ordonner. C'est une façon plus discrète, plus douce et plus diplomatique de commander. La référence à ce qui est pourrait même faire imaginer que la règle énoncée n'est pas arbitrairement imposée, mais naturellement fondée, que le droit est proche de la nature des choses. Dans la même voie, la référence à ce qui se passe montre le sujet de droit agissant, dans le respect de la loi, conformément à la règle, transformant en somme le droit en fait, traduisant la règle dans la réalité : « Les époux assurent ensemble la direction de la famille... » (3). L'indicatif présent anticipe le respect. Ainsi, favoriserait-il la réception du droit. Son emploi est peut-être, en cela, intentionnel.

Mais il faut bien comprendre que, si l'indicatif évince l'impératif dans l'énoncé législatif, c'est que, paradoxalement, l'impératif n'est pas le mode approprié du discours normatif, au moins dans la loi. L'impératif n'a pas sa place dans le discours législatif, tel qu'on le conçoit aujourd'hui (à l'échelle d'une nation). Ce mode déficient ne compte que deux personnes (ou trois lorsque l'auteur de l'ordre s'englobe dans celui-ci) : Donne ! donnez ! donnons ! Il est aussi trop personnel et trop absolu. Dans cette communication, l'émetteur parle directement et s'adresse à des interlocuteurs déterminés (la 2e personne du singulier ou la 2e personne du pluriel). Il ne serait certes pas exclu que, par des vocatifs, le législateur déterminât ses interlocuteurs.

« Époux, soyez fidèles ! », « Enfants, respectez vos parents ! » « Parents, élevez vos enfants ! », « Juges, ne refusez pas de juger, etc. ! ». Certains ordres pourraient exprimer la généralité désirable « Soyez de bonne foi ! », « Respectons la parole donnée ! ». Mais il est à peine besoin de dire que ces messages personnalisés seraient incapables d'exprimer tous les objets de la règle de droit et surtout,

---

(2) Il faut mettre hors série les cas où, selon sa fonction première, le futur exprime ce qui sera, dans l'avenir. De nombreuses dispositions marquent, par le futur, un décalage chronologique proche (art. 420, al. 1) ou plus lointain (art. 425).

L'avantage de l'indicatif présent qui peut, on le sait, exprimer l'instantané, le continu, le durable, etc., est d'actualiser ce qui est instantané (le juge tranche...) et le commencement de ce qui dure (les parents pourvoient à l'éducation des enfants...). Il est aussi bien entendu d'exprimer une proposition, une vérité, qui est hors du temps : Chacun a droit au respect de la vie privée.

(3) Ils le doivent... ils le font.

plus radicalement, que l'impératif grammatical, seulement capable d'exprimer l'impératif juridique, ne saisirait qu'un pan du droit.

La valeur de l'indicatif s'appuie au demeurant sur une autre convention de langage.

β) *La référence implicite à l'émetteur de l'énoncé législatif*

Toutes les dispositions écrites dans la loi émanent de l'organe législatif. Elles ont toutes un seul et même auteur, le législateur. C'est à sa volonté que, d'emblée, citoyens et interprètes rapportent la règle. Devant chaque article, ils sous-entendent : La loi dispose : « ... », le législateur dit : « ... ». Nul ne s'y trompe. Nul ne s'y arrête. Si l'on rétablit cette référence implicite, il apparaît que tout énoncé législatif a pour auteur un émetteur qui ne se montre pas, qui ne se déclare pas, dans la disposition même, comme sujet parlant (« Moi, législateur, j'ordonne que... »).

Rétabli dans son entier, l'énoncé législatif repose toujours sur le même verbe principal (disposer ou un équivalent) qui a toujours le même sujet. Il est remarquable que, dans l'énoncé, l'une des marques essentielles de souveraineté soit la référence implicite au législateur souverain en coulisse.

À la vérité, il arrive que, dans tel ou tel article, le législateur se dévoile. Dans l'énoncé de l'article, la loi devient expressément le sujet du verbe.

Article 311 : « La loi présume que l'enfant... ».

Article 732 : « La loi ne considère ni la nature ni l'origine des biens pour en régler la dévolution. »

Article 1387 : « La loi ne régit l'association conjugale quant aux biens, qu'à défaut de conventions spéciales. »

Article 1965 : « La loi n'accorde aucune action pour une dette du jeu ou pour le paiement d'un pari. » (*adde* C. civ., art. 651). Dans ces cas, le législateur se met en scène lui-même. L'énoncé complet devient : Le législateur dit : la loi dispose. Précisément, cette insistance particulière qui rappelle César proclamant : « César ordonne... », rehausse la solennité du message (la haine du jeu, la liberté des conventions matrimoniales, l'unité de la masse successorale, le secours nécessaire de la présomption légale). Ces effets de valeur sont exceptionnels. Ils sont éloquents et rares.

Dans l'ordinaire, la reconnaissance de l'auteur souverain se passe de ce signe dont la répétition, lassante et superflue, alourdirait la loi. Le sous-entendu simplifie l'énoncé, et tout s'éclaire. Si l'indicatif présent exprime le devoir, on l'a vu, c'est aussi parce que le texte de la disposition est nécessairement introduit par la formule sous-entendue : La loi dispose : « ... ».

C'est aussi, on va le voir, parce qu'à l'origine, la loi est présentée sous une forme qui l'accrédite une fois pour toutes comme telle.

b) *Le conditionnement législatif*

68. — Le texte intégral de la loi, tel qu'il est publié au *Journal Officiel*, ne comprend pas seulement l'énoncé des règles qui font la teneur de la loi. Il enchâsse l'énoncé principal entre des formules consacrées, et leur adjoint, en général, sur la fin, des dispositions diverses. Ces éléments d'encadrement et d'accompagnement assument la même fonction : Ce sont des marques additionnelles de souveraineté. Textuelles et historiques (elles figurent dans le texte originel officiellement publié), ces marques sont cependant extrinsèques (relativement à l'énoncé principal dont elles se détacheront en partie).

1° *Les formules d'encadrement (promulgation)*

Elles sont liées à la promulgation de la loi qui incombe au Président de la République et sont, à quelques nuances près, invariables.

Sous son titre, toute loi est publiée avec la mention de tête suivante :

« L'Assemblée nationale et le Sénat ont adopté, le Président de la République promulgue la loi dont la teneur suit :

Art. 1er — … ».

Toute loi se termine par la formule :

« La présente loi sera exécutée comme loi de l'État. »

Associés, l'annonce liminaire et l'envoi final contiennent quatre précisions :

— L'indication de l'auteur de l'énoncé législatif. C'est le Parlement (« L'Assemblée nationale et le Sénat… »).

— L'attestation par le Président de la République qui promulgue (le verbe est au présent, car c'est lui qui intervient comme premier magistrat et garant suprême) que la procédure législative a été régulièrement suivie : « ont voté » (c'est le passé, le vote est accompli).

— L'attestation par le Président de la République de l'authenticité du texte de loi. En révélant (c'est le sens étymologique de promulguer, *provulgare*) la teneur de la loi, le Président de la République certifie, dans sa magistrature, que le texte promulgué est exactement le texte voté (« la loi dont la teneur suit » est le complément direct commun aux verbes voter et promulguer).

— L'ordre de considérer le texte présenté comme loi d'État et de l'exécuter comme telle (« sera » : le futur est impératif, mais il marque aussi l'avenir, car la loi n'est pas encore publiée).

De l'incipit au « desinit », l'enveloppe de l'énoncé principal en est tout à la fois le cadre porteur et le dispositif de lancement. C'est le message originel qui préside au lancement législatif.

Remarque I. Ces indications expresses sont le fondement des marques intrinsèques de souveraineté. L'imputation de l'énoncé au Parlement, l'ordre de le considérer comme un acte souverain sont explicites. Rétrospectivement, tout s'explique : L'emploi de l'indicatif présent et la référence implicite au législateur sont introduits par une annonce inaugurale unique et globale qui commande tout le texte. C'est devant tout le texte que se trouve placée, par la ponctuation appropriée (les deux points, « la loi dont la teneur suit :) la phrase-clé équivalent du discours direct « la loi dit : ».

Pour autant, les marques intrinsèques ne sont pas superflues. Car le destin de l'enveloppe de lancement est d'être ensuite abandonnée. La formule de promulgation tombe. Elle n'est plus reproduite dans les éditions ultérieures de la loi (éditions privées sans doute, mais seules utilisées en pratique). Du texte intégral de la loi, l'usager du droit ne connaît en définitive que la teneur même de la loi.

Remarque II. En matière réglementaire, la formule de promulgation est remplacée par des indications appropriées. L'enveloppe de lancement (elle aussi vouée à disparaître) devient :

— Pour un décret, sous le titre de celui-ci,

« Le Premier ministre,
Sur le rapport du ministre...,
Vu la loi du (date)...,
Décrète :
Art. 1er. — .... . »

Un article final précise : « Le ministre... et le ministre... sont chargés, chacun en ce qui le concerne, de l'exécution du présent décret qui sera publié au *Journal Officiel* de la République française. »

— Pour un Arrêté,

« Le ministre...
Vu le code...
Vu le décret...
Arrête :... . »

in fine, un article dispose : « Le directeur (4)... est chargé de l'exécution du présent arrêté, qui sera publié au *Journal Officiel* de la République française. »

On y retrouve :

— L'indication de l'auteur de l'énoncé (le Premier ministre, le ministre) ;

— le commandement (« décrète », « arrête »).

L'imputation de l'énoncé réglementaire à son auteur est plus directe. Surtout, l'enveloppe de lancement porte les marques spécifiques de la fonction exécutive

(4) Ou tel autre fonctionnaire ou service désigné.

(d'où la mission personnelle d'exécution confiée dans l'article final à un organe spécifié) et de la subordination du pouvoir exécutif (d'où, en tête, dans les visas, la référence aux sources qui fondent son intervention).

2° *Les dispositions d'accompagnement (dispositions diverses)*

Présentées après les dispositions principales et regroupées sous le titre « dispositions diverses », elles varient d'une loi à l'autre.

Sont fréquemment associées :

— Des *dispositions pénales* (ex. : art. 46 loi du 23 déc. 1988 relative aux organismes de placement collectif en valeurs mobilières et portant création des fonds communs de créance : « seront punis d'un emprisonnement, les dirigeants de la société de gestion, etc. »).

— Des dispositions de *droit transitoire* (ex. : art. 23, loi du 11 juillet 1975 : « Le divorce et la séparation de corps peuvent être demandés dans les cas prévus par la présente loi, même si les faits se sont produits avant son entrée en rigueur. »).

— Une disposition annonçant un *décret d'application* (Ex. : art. 49 de la loi préc. du 23 déc. 1988 : « Un décret en Conseil d'État fixe les conditions d'application de la présente loi. »).

— Une disposition fixant la *date d'entrée en vigueur* de la loi (ex. : art. 50 de la loi précitée : « Les dispositions des chapitres 1er à VI entreront en vigueur le 1er octobre 1989).

— Des dispositions *d'abrogation* (ex. : art. 51, même loi : « L'article 30 de la loi n° 88-70 du 22 janvier 1988 sur les bourses de valeur est abrogé. »).

— Des dispositions déterminant le *domaine d'application territoriale* de la loi (ex. : art. 67, loi du 30 déc. 1988, relative à l'adaptation de l'explication agricole à son environnement économique et social : « L'article 8 et le chapitre II de la présente loi à l'exception de l'article 32, sont applicables dans les territoires d'outre-mer et dans la collectivité territoriale de Mayotte. »

Toutes ces dispositions sont aussi, à leur manière, des marques de souveraineté.

3° *Observations*

L'ensemble des éléments d'encadrement et d'accompagnement constitue en somme le « *conditionnement* » de la loi, son enveloppe auxiliaire.

Ils ont pour trait commun :

1. De se démarquer de l'énoncé principal ;

2. De dénoter le caractère obligatoire de celui-ci.

En quoi tous sont des marques extrinsèques de souveraineté. Ces formules et dispositions constituent, chacune, un énoncé sur un énoncé, plus spécifiquement l'énoncé auxiliaire d'un énoncé principal.

Dans l'accomplissement de cette fonction, les deux catégories d'auxiliaire diffèrent cependant.

Les dispositions diverses, surtout les dispositions pénales et transitoires, sont de véritables règles : *Jura supra jura* (du droit sur du droit).

Les formules de promulgation ont sans doute un effet juridique (elles rendent la loi exécutoire). Mais la fonction linguistique qu'elles remplissent est au premier plan. Extérieures au discours législatif, elles le mettent en valeur, en l'introduisant et en le soulignant. Elles parlent de lui aux destinataires du message. « Allo, vous m'entendez ? ». Tout se passe comme si le Président de la République, alertant les citoyens, leur tenait à peu près ce langage (ce métalangage). « Attention, il faut observer ce que vous lirez dans le *Journal Officiel*, car c'est une loi, j'atteste qu'elle a été votée par le Parlement. »

B. — LES MARQUES DE GÉNÉRALITÉ

69. — La généralité inhérente à toute règle de droit trouve aussi à s'exprimer dans le texte même de la loi. L'énoncé législataif en porte des marques. Certaines sont manifestes. Leur mise en valeur ne doit cependant ni éclipser des signes plus neutres, qui sont même les signes ordinaires de la généralité, ni faire oublier le caractère relatif de celle-ci.

Les marques de généralité sont ici liées au choix du sujet et à l'emploi du verbe (surtout de sa voix).

a) *Les marques ostensibles*

Elles s'affirment dans l'emploi de *termes indéfinis*. Pronoms ou adjectifs, les indéfinis mettent la généralité en pleine évidence, soit dans l'affirmation, soit dans la négation, soit dans l'indétermination.

Employés pour le nom ou comme épithète du nom, ils impriment à celui-ci, pris le plus souvent comme sujet (5) une valeur générale, et la généralité du nom (qui peut être personne, chose, acte, action, etc.) marque, en se communiquant à l'action, l'application générale de la règle quant aux personnes, aux choses, etc. La généralité y est toujours soulignée.

1° *Les affirmatifs*

Les principaux sont, d'une part « tout » (placé devant le nom dont il est l'épithète), d'autre part, « chacun » (pronom) ou « chaque » (adjectif épithète). Tous ces termes expriment positivement la totalité. Mais « chacun » et « chaque », en

---

(5) Plus rarement comme complément. Ex. : C. civ., art. 102 : « Le domicile de tout français... ». Comp., art. 1148.

tant que distributifs, désignent tout élément, pris isolément, d'un groupe (plus ou moins large : les citoyens ou les époux). « Tout », ayant repris la valeur du latin *ommis* supplanté par *totus*, exprime la totalité globalement, sans l'individualiser.

TOUT (6).

C. civ., art. 8 : « Tout français jouira des droits civils. »

Art. 58 : « Toute personne qui aura trouvé un enfant nouveau-né, etc. »

Art. 516 : « Tous les biens sont meubles ou immeubles. »

Art. 1126 : « Tout contrat a pour objet une chose, etc.

Art. 1142 : « Toute obligation de faire ou de ne pas faire se résout... »

Art. 1382 : « Tout fait quelconque de l'homme... »

N.C.P.C.

Art. 48 : « Toute clause qui, directement ou indirectement, déroge aux règles de la compétence territoriale est réputée non écrite, etc. ».

CHACUN, CHAQUE

C. civ., art. 9 : « Chacun a droit au respect de sa vie privée. » (*adde*, art. 10, 1383).

Art. 216 : « Chaque époux a la pleine capacité de droit » (*adde*, art. 1428).

Art. 220 : « Chacun des époux a pouvoir pour passer seul les contrats qui ont pour objet l'entretien du ménage... » (*adde*, art. 221, 225, N.C.P.C., art. 465).

Placée en tête de la phrase, la marque de généralité a tout son relief.

2° *Les négatifs*

« Nul » employé comme pronom (du masculin singulier seulement) ou comme adjectif devant le nom (nul, nulle), « aucun » (adjectif épithète) sont les négatifs de « un » : Ils marquent la généralité dans l'exclusion.

NUL

C. civ., art. 322 : « Nul ne peut réclamer un état contraire à celui qui lui donne son titre de naissance et la possession conforme à ce titre » (V. aussi, art. 194, 346).

N.C.P.C., art. 14 : « Nulle partie ne peut être jugée sans avoir été entendue ou appelée. »

---

(6) *Adde* aux exemples cités : C. civ., art. 1172, 1174, 1394, 1402. N.C.P.C., art. 49, 648, etc. L'emploi du terme est fréquent.

AUCUN

C. civ., art. 311-4 : « Aucune action n'est reçue quant à la filiation d'un enfant qui n'est pas né viable. »

N.C.P.C., art. 114 : « Aucun acte de procédure ne peut être déclaré nul pour vice de forme, si la nullité n'est pas expressément prévue par la loi, etc. »

3° *Les indéterminés*

Les deux plus importants, « on » (pronom personnel indéfini) et « quiconque » (pronom employé absolument), marquent l'application de la règle à toute personne quelle qu'elle soit.

ON

C. civ., art. 6 : « On ne peut déroger, par des conventions particulières, aux lois qui intéressent l'ordre public et les bonnes mœurs. »

L'emploi de « on » est fréquent dans le Code civil (V. not. les art. 147, 543, 1384, 1713, 1802). Le terme vient parfois en série (art. 1119, 1120, 1121 ; art. 1156, 1157, 1160 ; art. 2220, 2226, 2230, 2231, 2235, 2240, 2241).

QUICONQUE

C. civ., art. 2092 : « Quiconque s'est obligé personnellement, est tenu de remplir son engagement sur tous ses biens mobiliers et immobiliers, présents et à venir. »

N.C.P.C., art. 416 : « Quiconque entend représenter ou assister une partie doit justifier qu'il en a reçu le mandat ou la mission. »

Aux indéterminés se rattachent d'autres termes qui sont aussi des marques de généralité :

TEL (telle garantie qu'il lui plaira de donner, *id est* n'importe laquelle) ;

AUTRUI (ex. : C. civ., art. 1382 : « Tout fait quelconque qui cause à autrui un dommage... » : à qui que ce soit) ; et même les démonstratifs *Celui qui, Ceux qui* (C. civ., art. 489-2, 1299, 1315, 1323, 1376, 1381, 1382, 1477, 1489, 1977, 2011, 2125, 2236, 2239, N.C.P.C., art. 32-1) *Ce qui* (art. 1159).

Observations

Ces marques manifestes sont, sous maints rapports, trompeuses.

1. Ce ne sont pas des *marques banales* de généralité. Elles ne se bornent pas à exprimer la généralité, mais tendent à faire ressortir l'importance exceptionnelle que celle-ci revêt en certaines matières, par exemple pour la jouissance d'un bienfait de la loi (la légitimation des enfants naturels, C. civ., art. 329, 331, l'action à fins de subsides, art. 342) ou l'affirmation d'une liberté de principe (V. en parallèle, art. 580, 581, 1598, 1713, 1802, 1878, litanie de la liberté du commerce).

2. Pourtant, ce ne sont pas toujours des marques de *généralité absolue*. L'emploi des termes « Tout » « Nul », « On », etc., marque l'établissement d'un principe. Mais parfois ce principe souffre des exceptions (qui sont souvent aussitôt énoncées dans la suite du texte. Ex. : C. civ., art. 545, 1123, 1594 ; N.C.P.C., art. 48, 114, 416). En ces cas, l'intérêt de ces termes est de mettre en valeur le principe.

Il arrive d'ailleurs que, lorsqu'elle entend marquer le caractère absolu de la généralité, la loi prenne précisément la précaution de lever toute équivoque par une insistance particulière. Celle-ci consistera par exemple (7) en une incise d'explication :

C. civ., art. 1346 : « Toutes les demandes, *à quelque titre que ce soit*, qui ne seront pas entièrement justifiées par écrit. »

Art. 2262 : « Toutes les actions, *tant réelles que personnelles*, sont prescrites par trente ans, etc. », ou par l'emploi solennel des termes « *toujours* » ou « *jamais* » (C. civ., art. 1096, 1187, 1519, 377-3, 923, 956 ; N.C.P.C., art. 20, 41, 129, 163, 188, 809, 826, 849, etc.).

3. Réciproquement, les termes absolus (tout, nul, etc.) ne sont pas *les marques exclusives* de la généralité. Saillants et remarquables, ils demeurent rares dans l'ensemble des dispositions légales. Ce serait une erreur grave de croire que les énoncés qui ne les contiennent pas manquent, par le fait, de généralité. Celle-ci peut y être exprimée plus sobrement, sans effet de valeur.

b) *Les marques ordinaires*

70. — Elles sont tout à la fois moins voyantes et plus courantes. Cependant leur banalité n'ôte rien à leur efficacité. Elles expriment sans équivoque la généralité. Elles tiennent au choix de la voix, de la personne et du nombre.

1° *La voix impersonnelle*

Dans ce type de conjugaison, le verbe a bien un sujet grammatical, le pronom « il ». Mais celui-ci a une valeur neutre. Il ne désigne personne. Par où l'action vaut pour tous. La voix impersonnelle marque justement le caractère impersonnel de la règle. La règle est posée dans l'abstrait, sans référence à un sujet logique. La voix impersonnelle exprime une réalité objective, et donc une sorte de vérité générale.

Son emploi est fréquent dans le discours législatif.

— *Il est* (emplois divers) :

---

(7) Paradoxalement, l'emploi d'une répétition, pourtant remarquable, introduit un principe qui souffre exception (ex. : C. civ., art. 376 : « Aucune renonciation, aucune cession... », N.C.P.C., art. 502 : « Nul jugement, nul acte, etc. » que suivent les formules « Si ce n'est... », « à moins que ».

« Il est des choses qui n'appartiennent à personne et dont l'usage est commun à tous » (C. civ., art. 714).

« Il en est de même des tableaux et autres ornements » (C. civ., art. 525, al. 3, V., art. 541, 238).

« Il est établi au nom de chaque époux, un compte des récompenses, etc. » (C. civ., art. 1468).

« Il sera fait mention du jugement en marge de l'acte de mariage, etc. » (C. civ., art. 1445, *in fine*) (8).

« Il est permis... » (C. civ., art. 530, 686, 1905).

« Il est défendu... » (C. civ., art. 5).

« Il est loisible... » (C. civ., art. 145, 164).

« Il est au choix du débiteur... » (C. civ., art. 1198).

— *Il y a* (emplois divers) :

« Il n'y a pas de mariage, lorsqu'il n'y a point de consentement » (C. civ., art. 146).

« Il n'y a de possession d'état d'enfant légitime qu'autant qu'elle rattache l'enfant indivisiblement à ses père et mère » (C. civ., art. 321).

« Il n'y a point de consentement valable, etc. » (C. civ., art. 1109).

« Il n'y a que les choses qui sont dans le commerce, etc. » (C. civ., art. 1128).

« Il y a solidarité... » (C. civ., art. 1200).

« Il y a lieu ensuite à la liquidation de la masse commune, etc. » (C. civ., art. 1467, al. 2). V. aussi C. civ., art. 1148.

— *Il peut, il ne peut* :

« Il ne peut y avoir lieu à la continuation de la communauté, etc. » (C. civ., art. 1442).

« Il ne peut être statué... » (C. civ., art. 311-6)

— *Divers* :

« *Il incombe* à chaque partie de prouver, etc. » (N.C.P.C., art. 9). V. aussi, art. 223.

« *Il appartient* au juge, etc. » (N.C.P.C., art. 222, 288, 461).

« *Il entre* dans la mission du juge de concilier les parties » (N.C.P.C., art. 21).

Et, bien entendu, « *Il faut...* » (qui est uniquement impersonnel). V. C. civ., art. 901, 1129, 1238, ect.).

---

(8) Il en sera fait mention, il en sera dressé acte, il en sera donné avis, ces tournures sont très fréquentes. V. not. C. civ., art. 84, 85, 86, etc.

C'est le langage de l'établissement objectif.

2° *La voix passive*

Par définition, elle met en valeur, en en faisant le sujet du verbe, ce qui, dans la construction normale, serait le complément d'objet. Précisément, cette promotion d'objet à sujet est souvent le moyen de marquer la généralité de la règle. Celle-ci prend un tour objectif impersonnel. La personnalité du sujet ordinaire s'efface. Très souvent elle n'est même plus indiquée.

« Les faits invoqués en tant que causes de divorce, etc., peuvent être établis par tout mode de preuve... » (C. civ., art. 259) : La règle vaut pour tous.

S'il y a eu violation de domicile ou atteinte illicite à l'intimité de la vie privée, « les constats dressés à la demande d'un époux sont écartés » (C. civ., art. 259-2). Dans le cas spécifié au texte (C. civ., art. 313-1), « la présomption de paternité est écartée ». Par qui ? Par le juge, s'il le faut, mais la loi objective la règle. Quand l'article 236 du Code civil énonce : « Les déclarations faites par les époux ne peuvent être utilisées comme moyen de preuve, etc. » Il faut entendre : Par qui que ce soit. Et quand l'art. 1395 dispose : « Les conventions matrimoniales doivent être rédigées avant la célébration du mariage, etc. », c'est, en elle-même, cette antériorité chronologique qui lui importe, exigence objective qui s'adresse à tous, époux, notaire, etc.

3° *La troisième personne du singulier*

La loi ne dit jamais ni « je », ni « tu ». Tous les verbes sont à la troisième personne. Le plus souvent, ils sont à la troisième personne du singulier. Le verbe est commandé par un sujet qui est un nom singulier, plus rarement un pronom, il ou elle (9).

Ce choix législatif — qui constitue la norme — s'explique parce qu'il associe deux critères de généralité :

— La généralité qui tient à la personne : la troisième personne est la plus apte à se dépouiller de personnalité ;

— la généralité qui tient au nombre : Le singulier a la capacité d'exprimer l'unité générique et, pas seulement l'unité d'objet. Le propriétaire désigne tous les propriétaires.

En vérité, la généralité de l'énoncé législatif repose aussi sur deux autres critères associés :

(9) Parfois même, en tête d'articles. V. C. civ., art. 1103, 1104, 1359, 1360 (mais il s'agit d'un enchaînement de dispositions brèves et semblables : V. not. « Elle ne court point entre époux » C. civ., art. 2253 et encore, art. 2259 et 2261 au sein d'un tissu de propositions débutant par le même sujet, la prescription).

— L'emploi de l'article défini : Le, la, les. Il est remarquable que, dans une disposition législative, l'usage de l'article défini marque sans équivoque « l'universalité d'application » (10).

— L'emploi du genre masculin (seul, c'est-à-dire lorsqu'il existe un féminin), le masculin désignant, en ce cas, toute personne de l'un ou l'autre sexe et toute personne physique ou morale (11).

Simple, mais synthétique, cette convention de langage est, en définitive l'un des facteurs essentiels qui impriment à l'énoncé législatif sa généralité. À ne considérer que les personnes (12), cette façon coutumière de les désigner en fait des personnages. Le propriétaire, l'usufruitier, le possesseur, le détenteur, le créancier, le débiteur, le bailleur, le preneur, le prêteur, l'emprunteur, le cédant, le cessionnaire, le vendeur, l'acquéreur, le maître, le gérant d'affaires, l'employeur, le salarié, le mandant, le mandataire, le donateur, le donataire, le testateur, le légataire, le déposant, le dépositaire, le mineur, le majeur, l'avocat, le témoin, l'expert, le juge, le justiciable, l'administré, le citoyen... Chacun soutient un rôle. Ce sont les acteurs du théâtre juridique. Chaque acteur représente une entité symbolique.

Cette présentation est capitale. Elle fait comprendre que la généralité qui caractérise la règle de droit est relative. Une règle de droit n'a pas besoin pour être générale de s'appliquer à toute personne (certaines le sont aussi). Pour être générale, il faut mais il suffit qu'elle s'applique à toute personne placée dans la même situation déterminée : la situation de propriétaire, de créancier, de débiteur, etc.

Observations complémentaires

1° *Sur le singulier et le pluriel*

Si le singulier a une valeur générique qui en recommande l'emploi pour l'énoncé d'une disposition générale, il n'a pas le monopole de cette fonction. Le pluriel peut aussi l'avoir. La difficulté est que le pluriel est porteur d'indications variables.

• Quand il exprime une pluralité (13), il désigne parfois un groupe défini, un ensemble de personnes déterminées : les indivisaires, les associés, les époux. Il y en a nécessairement plusieurs (14). Mais le pluriel peut aussi désigner un groupe

---

(10) V. TREMBLAY, JOURNEAULT-TURGEON et LAGAGÉ, guide de rédaction législative, gouvernement du Québec, Direction générale des affaires législatives, 1986, p. 46.

(11) Dans un texte, les termes, « le créancier », s'appliquent à une femme créancière ou à une société créancière.

(12) On pourrait faire une démonstration semblable pour les choses.

(13) Ce qui est le cas ordinaire, si l'on néglige les collectifs au pluriel.

(14) Si l'on excepte le cas marginal de la société unipersonnelle.

indéfini : les créanciers, les tiers, les ayants-cause, etc. Il est alors possible qu'il n'y en ait qu'un seul. Lorsque l'article 881 du Code civil énonce « Les créanciers de l'héritier ne sont point admis à demander la séparation des patrimoines contre les créanciers de la succession », il n'est pas exclu que l'héritier n'ait qu'un créancier et/ou la succession aussi. L'emploi du pluriel a plutôt ici une valeur stylistique, par l'évocation d'une situation obérée.

• Que le groupe soit défini ou indéfini, le pluriel n'exclut pas (il implique même) que la règle soit applicable à chacun des éléments du groupe. « Les enfants doivent des aliments à leurs père et mère, etc. » Signifie : « Chaque enfant doit des aliments... » (C. civ., art. 205). « Les associés ont le droit d'obtenir... communication... des documents sociaux, etc. » se lit : « Chaque associé a le droit... » (C. civ., art. 1855). L'action oblique offerte aux créanciers (C. civ., art. 1166) est ouverte à chacun agissant isolément. Ce n'est pas une action collective. Pour que la règle soit collective le pluriel ne suffit pas. Il doit être appuyé d'indications expresses : « Les époux doivent *l'un et l'autre* », « les actes de dispositions requièrent le consentement de *tous* les indivisaires... » En dehors de ces cas spécifiés, le pluriel a la valeur du singulier. On peut dire en ce sens que « le pluriel comprend le singulier ».

2° *Sur l'article défini et l'article indéfini*

La mutation linguistique qui, relativement à l'ancien français, a fait passer l'article défini (le, la, les) du particulier à l'universel, est très accentuée dans le discours législatif. L'article défini a le pouvoir de conférer une valeur générale au substantif (sujet ou objet) qu'il précède.

Dans l'expression de la généralité, l'article indéfini (un, une, des) a cependant sa place. Il a d'abord la propriété de désigner un élément quelconque (ex. : tout fait quelconque de l'homme qui cause a autrui *un* dommage, etc.). Pour désigner l'un des éléments d'un groupe (par ex. : un indivisaire V. C. civ., art. 815-5) un est l'équivalent de chaque, chacun, tout. Non sans quelque paradoxe (mais c'est affaire d'oreille et de sensibilité), l'article indéfini — bien qu'indéterminé — individualise davantage que l'article défini (vestige de sa valeur numérale sans doute). L'article défini demeure donc, par excellence, l'indicatif de généralité.

C. — LES MARQUES DE DÉTERMINATION

71. — Une règle est une règle en ce qu'elle détermine. Son objet est de rendre applicable la solution qu'elle pose au problème qu'elle suppose. *Toute règle est en soi, la réponse (15) à une question.* Toute règle de droit répond à la question « *quid*

---

(15) Elle est obligatoire et générale on l'a vu. Ces deux caractères sont les attributs de la détermination.

juris in casu ? » (16). Toute règle énonce le droit dans une hypothèse. Cette double détermination correspond à la distinction de la « présupposition » (*voraussetzung*) et de l'« effet juridique » (*Rechts folge*), que propose Stammler et que retient H. Motusky (17). L'énoncé législatif porte, dans sa structure même, les marques de cette double détermination normative.

a) *Décomposition, dans l'énoncé législatif, des deux éléments de détermination normative.*

« En cas de naissance pendant un voyage maritime, il en sera dressé acte dans les trois jours de l'accouchement sur la déclaration du père, s'il est à bord (C. civ., art. 59, al. 1). »

Très souvent, l'énoncé législatif contient ainsi la détermination du cas, et celle de la conséquence, la naissance en mer..., et l'établissement du titre (18).

1° *La détermination du cas*

C'est l'hypothèse de base (19), le présupposé législatif : acte de prévision, d'imagination, d'anticipation, non de constatation. Supposé, le cas est posé *in abstracto* (20). C'est l'hypothèse qui fait problème, la question à résoudre.

---

(16) Il n'est pas interdit de penser que, par là, le législateur va au devant de la demande de droit qu'il peut imaginer de la part des sujets de droit, ou des praticiens du droit. En ce sens le législateur répondrait à la question hypothétique qu'il prêterait aux demandeurs de droit. Mais il faut beaucoup d'imagination pour comparer cette question supposée à la question posée par le justiciable au juge. A la différence du juge, le législateur ne répond qu'aux questions qu'il veut bien se poser. Linguistiquement, c'est lui qui détermine le cas, la présupposition. Exceptionnellement, le législateur énonce même *en forme de question* le problème à résoudre (ex. c. civ. art. 1624 : « *La question de savoir* sur lequel du vendeur ou de l'acquéreur, doit tomber la perte, etc. » ; *adde,* art. 1639). Mais presque toujours la question est seulement impliquée dans la « présupposition ».

Sur un tout autre plan, une analyse sociologique de l'élaboration de la loi pourrait montrer que, si elle est nécessaire, la loi répond à un besoin de société et que, si elle n'y répond pas, il peut y avoir déni de législation, comme il y a déni de justice. Mais on est loin de l'énoncé législatif.

(17) Dans ses « principes d'une réalisation méthodique du Droit privé », SIREY, 1948, n° 16, p. 18. V. aussi Jean DABIN, théorie générale du Droit, n° 42, p. 55, 2e éd. 1953.

(18) Le cas, c'est assez souvent, le rêve, le défi, l'invraisemblable, le pire. La réponse est plus prosaïque.

(19) Et parfois d'école.

(20) Il s'agit du cas de figure, non du cas d'espèce. Mais il est évident que lorsque, dans la réalité, le cas « se présente », l'hypothèse « se réalise » (c'est-à-dire lorsqu'un cas particulier concrètement démontré correspond à la définition du cas prévu par la loi) c'est alors qu'il y a lieu de lui appliquer la conséquence que la loi attache à des cas de ce genre.

α) Fréquemment, cette détermination prend, dans l'énoncé législatif, *des formes évidentes* (21).

• *En cas*... (ou « dans le cas... », « dans tous les cas », « dans tous les autres cas », « hors ce cas », etc.).

Exemples : « En cas d'opposition... » (C. civ., art. 68) ; « En cas de décès dans les prisons ». (C. civ., art. 84) ;

« Dans tous les cas de mort violente... » (C. civ., art. 85) ; « En cas de décès pendant un voyage maritime... » (C. civ., art. 86). « En cas de divorce pour faute... » (C. civ., art. 248-1) ; « En cas de divorce sur demande conjointe... » (C. civ., art. 292) ; « Dans le cas même où l'inexécution de la convention résulte du dol du débiteur... (C. civ., art. 1151).

La loi agence parfois ces formules en série dans des combinaisons remarquables de cas complémentaires ou de sous-cas (V. par ex. : la suite des article 1617 à 1621 du Code civil). Les cas prévus ou spécifiés par la loi sont Kyrielle. Voir notamment les articles 175, 187, 229, 253, 301, 307, 311-6, 311-13, 313, 334-3, 334-7, 340, 348-5, 353-1, 374-2, 375-4, 391, 1629, 1637, 1644, 1670, 2108-1, etc. Ce n'est qu'un échantillonage.

• *Si*... cette conjonction de subordination dont la fonction principale est, on le sait, d'introduire une proposition hypothétique est, comme il est naturel, l'un des principaux moyens d'énoncer la présupposition.

« Si l'absent reparaît... » (art. 129, C. civ.) ; « Si le père et la mère sont morts... » (art. 150 C. civ.) ;

« Si l'un des époux se trouve hors d'état de manifester sa volonté ». (C. civ., art. 219, 1426, 1429).

« Si la santé, la sécurité ou la moralité d'un mineur... sont en danger... » (C. civ., art. 175).

Les « si » viennent parfois en série : C. civ., art. 1378, 1379, 1380 ; C. civ., art. 1633 et 1635 à 1638, 1651 et s., 1667 et s. Ils couvrent un éventail de situations et forment un champ systématique, parfois au sein d'un même article (C. civ., art. 2247). Le Code civil fourmille de ce genre de propositions (art. 210, 214, 217,

---

(21) Il n'est non moins évident que les formulations courantes qui suivent — et semblablement celles plus particulières qui leur sont parfois préférées — ne contiennent pas toujours en elles toutes les conditions d'application de la solution juridique. Il arrive que certaines de celles-ci soient incorporés à d'autres éléments de l'énoncé législatif. Il arrive même que certaines de ces conditions, rajoutées par l'interprétation, ne soient pas dans le texte. L'énoncé « En fait de meubles, la possession vaut titre » est l'illustration de cette double imperfection (V. plus bas, n° 72). L'essentiel est de comprendre que, même si toutes les marques de détermination (si, quand, etc.) ne couvrent pas toutes les conditions d'application de l'effet (et donc ne contiennent pas, à elles seules, la présupposition) elles participent en tout ou en partie à la détermination du cas.

222, 234, 235, 240, 263, 275-1, 285-1, 294-1, 316-1, 333, 333-2, 333-5, 334-10, 340-1, 368-1, 370, 373, 373-1, 373-5, 375-3, 389, 392, 394, 404, 413, 433, 438, 439, 440, 446, 447, etc.), le Code de procédure civile aussi (art. 145, 468, 469, 470, 472, etc.).

• *Quand*... Ce terme dont la fonction, comme conjonction de temps, est d'introduire une subordonnée circonstancielle, est également d'emploi très fréquent.

« Quant le divorce est demandé pour rupture de la vie commune... » (C. civ., art. 251) ; « Quand l'un des époux prend en mains la gestion des propres de l'autre,... » (C. civ., art. 1432) ; « Quand l'hypothèque légale a été inscrite... » (C. civ., art. 2139). Des séries de « quand » égrenent des hypothèses parallèles : C. civ., art. 266, 267, 267-1, 268, 268-1, 269 (V. encore C. civ., art. 281, 342-3, 1447, etc.).

• *Lorsque*... Cette conjonction composée (lors, adverbe de temps) qui a la même valeur que la précédente et dont on dit parfois qu'elle est moins fréquente dans le langage courant tendrait plutôt, au contraire, à supplanter « quand » dans l'énoncé législatif.

« Lorsqu'une personne a cessé de paraître à son domicile... » (C. civ., art. 112) ; « Lorsque les époux demandent ensemble le divorce... » (C. civ., art. 230) ; « Lorsqu'une clause est susceptible de deux sens... » (C. civ., art. 1157). Les propositions introduites par « lorsque » sont innombrables dans la loi (C. civ., art. 111, 252, 252-2, 258, 270, 274, 294, 313-2, 340-5, 348, 348-1, 348-2, 373-4, 402, 479, 490, 491-3, 572, 1152, 1372, 1377, 1630, etc.).

• *Combinaisons*... Si des nuances de valeur ou des raisons euphoniques commandent de choisir l'une de ces formules de préférence aux autres, dans tel ou tel cas, il est remarquable que, par variation littéraire et rupture de monotonie, ces outils grammaticaux à peu près équivalents entrent parfois en combinaison dans l'énoncé de séries de cas : V. typiquement C. civ., art. 566 à 576 (lorsque, quand, si, dans tous les cas...) ; 1617 et s. ; 1630 et s.

β) La détermination du cas est présente, dans l'énoncé législatif, sous une multitude d'autres formes, parfois plus voilées :

• « Dans le doute,... » (C. civ., art. 1162).

• « En fait de meubles,... » (C. civ., art. 2279).

• « En matière gracieuse,... » (N.C.P.C., art. 434).

• « À défaut de capital,... » (C. civ., art. 276 ; comp., C. civ., art. 105, art. 320).

• « En rejetant la demande,... » (C. civ., art. 340-7).

• « En prononçant le divorce,... » (C. civ., art. 264-1, comp., art. 380).

• « Pendant le mariage,... » (C. civ., art. 372).

- « À la suite du divorce,... » (C. civ., art. 264).
- « À la mort de l'époux débiteur,... » (C. civ., art. 276-2, 284).
- « Dans toute tutelle,... » (C. civ., art. 420).
- « L'époux qui veut... » (N.C.P.C., art. 1106).

Dans certains de ces cas, la détermination de l'hytophèse va jusqu'à régler ses rapports avec les autres cas, en marquant, par exemple, son caractère subsidiaire (« À défaut de... ») ou, au contraire, sa vocation générale. (« Chaque fois qu'il est possible,... Ex. : C. civ., art. 375-2). Certaines formules ont également la capacité supplémentaire de déterminer comment agit la condition. « À la suite du divorce », ne signifie pas seulement « lorsque le divorce est prononcé » mais « par le seul effet du divorce » (même si la décision de divorce n'en dit rien, de plein droit). Cependant, toutes ces propositions ont, au moins pour objet de déterminer l'hypothèse ou, au moins d'y contribuer.

2° *La détermination de la conséquence*

72. — C'est l'effet de droit attaché par la loi à la situation que détermine l'hypothèse.

C. civ., art. 249-1 : « Si l'époux contre lequel la demande est formée est en tutelle, *l'action est exercée contre le tuteur,...* » : Dans ce cas, c'est contre le tuteur — et le tuteur seul — que l'action doit être exercée.

C. civ., art. 250 : « En cas d'interdiction légale..., *l'action ne peut être exercée* par le tuteur qu'avec l'autorisation de l'époux interdit ». En ce cas, l'exercice de l'action est subordonné à une double condition (l'initiative du tuteur et l'autorisation de l'époux).

C. civ., art. 251 : « Quand le divorce est demandé pour rupture de la vie commune ou pour faute, *une tentative de conciliation est obligatoire* avant l'instance judiciaire. »

Dans ces deux cas de divorce, l'instance doit être précédée d'un préliminaire de conciliation.

C. civ., art. 320 : « À défaut de ce titre, *la possession de l'état* d'enfant légitime *suffit*. » Dans ce cas (où manque l'acte de naissance), la preuve de la filiation légitime résulte suffisamment de la possession d'état d'enfant légitime, mode distinct et autonome de preuve.

Il serait superflu et fastidieux de multiplier les exemples. La détermination de la conséquence juridique correspond, dans l'ensemble des effets de droit imaginables, vaste carrière, à celui que la loi, dans le cas, a choisi : ouverture d'une action, détermination de ses titulaires ou du temps d'agir, valeur donnée à un mode de preuve, pouvoir conféré ou devoir imposé au juge, exigence d'une formalité, affirmation d'un droit, d'une liberté, d'une faculté, permission, interdiction, présomption, etc.

L'essentiel — quand on examine, comme ici, la question dans l'énoncé législatif — est de comprendre :

1. que la détermination de la conséquence revêt, dans les dispositions de la loi, des formulations très variables, puisque celles-ci tendent à exprimer l'objet concret de la solution juridique qu'arrête la loi, dans l'infini diversité des effets de droit concevables.

2. que, sous une forme ou une autre, la détermination de la conséquence est toujours présente dans l'énoncé législatif.

Il arrive même, qu'au moins à première vue, cette détermination y soit seule présente, éventualité qui conduit à régler plus précisément les rapports des deux éléments de la détermination normative.

b) *Observations complémentaires*

Si l'on raisonne, fondamentalement, sur la définition même de la règle, il est certain qu'il n'y a de règle que s'il y a détermination du cas et détermination de la solution qui lui est applicable, double détermination de la situation et de l'effet de droit qui lui est attaché. *La règle n'est pas seulememt dans la solution ; elle est aussi dans la condition.* C'est par commodité et sans rigueur que l'on présente la détermination du cas comme la condition d'application de la règle. Il est bien vrai que la détermination du cas rassemble les conditions d'application de la solution juridique. Mais ce sont les conditions de la conséquence, et, en tant que telles, elles font partie de la règle. Une règle de droit est formée de l'ensemble : situation, effet de droit. *La norme naît de cette double détermination.*

Lorsque celle-ci apparaît expressément dans l'énoncé législatif, cet énoncé porte en plénitude la double marque de la détermination normative. Cette présentation est plus fréquente qu'il ne paraît (22). Mais la coexistence des deux éléments n'est pas toujours aisément perceptible, et l'ordre de présentation varie.

1° *Coexistence des deux éléments de la détermination normative*

Il arrive que la détermination du cas ne donne corps à aucune proposition distincte dans l'énoncé législatif. Est-ce à dire que la règle se réduise alors à une solution ? Ce serait une vue abusivement réductrice. Lorsque la détermination du cas n'est pas exprimée, elle est implicite.

Le plus souvent elle est implicitement mais nécessairement contenue dans l'un des termes de la proposition unique.

Lorsque l'article 334 du Code civil énonce : « l'enfant naturel a en général les mêmes droits et les mêmes devoirs que l'enfant légitime... », la proposition norma-

---

(22) Comp. H. MOTULSKY, *op. cit.*, n° 17.

tive complète est, à l'évidence : « Lorsque la filiation naturelle d'un enfant vient à être établie par l'un des modes légalement admis, cet enfant a, en général, etc. » De même, quand il est écrit à l'article 332-1 : « La légitimation confère à l'enfant légitimé des droits et les devoirs de l'enfant légitime », faut-il rétablir : La légitimation, lorsqu'elle s'est opérée conformément à la loi (ici par mariage), confère à l'enfant, etc. » On pourrait multiplier les exemples. La substitution de nom dont il est dit à l'article 334-4 C. civ. qu'elle s'étend de plein droit aux enfants mineurs de l'intéressé, est de toute évidence celle que la loi suppose s'être réalisée en vertu des deux dispositions qui précèdent (art. 334-2 ou art. 334-3), dans les cas prévus par ces textes.

Il arrive même que le cas soit doublement déterminé, de façon toute implicite, et par un mot du texte et par une proposition qui est évidemment sous-entendue.

L'article 341 du Code civil énonce : « La recherche de la maternité est admise. » Il faut lire : Lorsqu'un enfant demande au juge de déclarer que la femme qu'il désigne est sa mère naturelle, cette recherche judiciaire (23) est admise, *dans tous les cas* (24) : À la différence de la paternité naturelle, elle n'est pas enfermée dans certains cas d'ouverture (comp., l'art. 340). Lorsque l'article 359, lapidaire, énonce en quatre mots : « l'adoption est irrévocable », il faut rétablir : Lorsque l'adoption plénière est prononcée par une décision qui est passée en force de chose jugée (comp., art. 354), en aucun cas elle n'est révocable (25). On imagine ce que serait la lourdeur des dispositions légales s'il fallait que l'énoncé législatif, assurant toutes les répétitions, détaille toujours en deux propositions distinctes la présupposition et la solution (26). La concision du style législatif justifie la contraction et le sous-entendu quand la précision du texte n'est pas compromise.

Explicite ou implicite, la double détermination normative est donc toujours présente. Il faut seulement reconnaître (mais qui voudrait soutenir le contraire sans sombrer dans un littéralisme que chacun repousse) que la détermination légale du cas (ou même de la solution) peut être incomplète ou imparfaite (c'est un tout autre problème).

L'article 2279 énonce : « En fait de meubles, la possession vaut titre ». L'interprète lit : « En fait de meubles *corporels* (c'est une restriction d'évidence), la possession (si elle est constituée *corpore et animo*, c'est une condition implicite que chacun peut suppléer), vaut titre de *propriété* (c'est une autre évidence), mais

(23) Tout le développement est dans le mot « recherche ».

(24) C'est la proposition générale qui est, de toute évidence, sous-entendue.

(25) En admettant que la volonté d'adopter peut être rétractée tant que la décision n'est pas passée en force de chose jugée, un arrêt de la première Chambre civile (7 mars 1989, J.C.P., 1989, IV, 169) en donne la contre-épreuve.

(26) Il faudrait alors écrire ainsi le premier alinéa de l'article 334-4 : « Lorsque la légitimation intervient par autorité de justice, elle prend effet à la date de la décision qui la prononce définitivement. »

à la condition (et voilà bien ce qu'il faut rajouter à la loi) que la possession soit de bonne foi.

2° *Ordre des deux éléments de détermination*

Lorsque les deux éléments coexistent dans l'énoncé législatif, ce n'est pas toujours dans le même ordre. Le plus souvent, la détermination du cas vient en tête. La loi la met en relief. Elle veut d'abord faire naître l'image de la situation : « En cas d'urgence,... » ; « Si l'absent reparaît,... » (C. civ., art. 129) ; « Si l'autre époux reconnaît les faits... » (art. 234) ; « S'il apparaît que le mariage est impossible... ». L'accent est sur le cas. La mise en place est faite. C'est un effet de valeur. Et c'est aussi la logique, puisque c'est la chronologie : la conséquence suit. L'effet de droit vient après la cause.

L'ordre des propositions est cependant parfois inversé. L'accent mérite d'être placé sur l'effet. « Pour faire un acte valable, il faut être sain d'esprit » (C. civ., art. 489). À bon entendeur, salut : « Toute reconnaissance est nulle, quand l'enfant a une filiation légitime déjà établie par la possesssion d'état. » (C. civ., art. 334-9). La conséquence est mise en vedette. Il arrive qu'elle soit portée en tête pour une raison plus prosaïque de clarté et de légèreté. Ainsi lorsque l'effet est plus vite dit que la condition (Ex. : « Forment des propres par leur nature, etc... » suit l'énumération C. civ., art. 1404., comp., l'art. 727 C. civ. où l'effet de valeur et l'économie de la phrase vont dans le même sens).

§ 2. — UN DISCOURS À DISTANCE

73. — Le discours législatif se caractérise, dans la communication, par la distance qui sépare l'émetteur du destinataire. Le législateur, seul, parle. Son monologue n'est ni dit ni entendu. À la différence d'une décision de justice, la loi n'est prononcée à aucune audience. Elle n'est pas diffusée. La loi est un écrit. Par une autre opposition à la décision de justice, la loi n'est ni une réponse, ni un acte réceptice. Le législateur ne répond pas à une question réelle que poserait un sujet de droit, et son texte n'est pas individuellement notifié à ceux qu'il intéresse (27). C'est une initiative à tout vent, un message autonome à tout entendeur. Le langage législatif ne peut avoir une fonction phatique, au sens où l'entend Jakobson (28).

---

(27) Il ne leur est pas davantage expliqué (tandis que l'avocat peut expliquer à son client le jugement rendu). Quant à la question à laquelle répond le législateur, c'est lui-même qui se la pose, sauf à imaginer qu'elle correspond à la question hypothétique qu'il prête aux citoyens. V. *supra,* n° 71.

(28) Après MALINOWSKI. V. Essais de linguistique générale, 1. Les fondations du langage, p. 217. Il n'est cependant pas exclu que certaines marques du discours législatif soient comme des substituts de contact. Les articles numérotés qui coiffent les dispositions de la loi sont un peu, de la part du législateur, comme une invitation à prêter attention à ce qui

Dans la communication législative, le seul contact entre l'émetteur et le destinataire est escompté de la publication de la loi au *Journal Officiel*. La distance ne peut que s'accroître avec le temps. La loi, régissant l'avenir, est dans le cas d'avoir à parler aussi aux générations qui viennent.

Le discours semble avoir été forgé pour relever le défi de l'éloignement du législateur : c'est un discours à distance, un *télélangage*.

On pourrait aussi bien dire que le discours législatif est un discours *explicatif*. Ce serait sans doute dangereux car on imaginerait sous ce mot que le législateur raisonne, démontre, commente, ce qui n'est pas sa fonction. Mais le mot aurait ici un autre sens, juste, en termes de communication. Dire que les règles sont *expliquées* par les dispositions de la loi, comme le précisent heureusement divers articles (29), c'est seulement une façon révélatrice d'affirmer que les règles ont a être énoncées par la loi *de manière à se faire, d'elles-mêmes, comprendre*. Expliquer est exposer clairement et suffisamment (30). La solitude du législatateur le voue à cette nécessité d'autosuffisance. L'énoncé n'a que lui pour être compris.

C'est par des marques plus spécifiques que le discours législatif est un télélangage : À la base, par le recours systématique à une unité d'énoncé, l'article de loi (A) ; globalement, par l'incorporation des articles à un ensemble (B).

A. — L'ÉNONCÉ ARTICLE PAR ARTICLE

74. — Le discours législatif n'est pas un texte compact. Il n'est pas délivré en bloc. Les phrases qui le constituent ne sont pas écrites à la suite. Elles ne sont pas séparées par la seule ponctuation ordinaire, ni seulement présentées, moyennant des renvois à la ligne, en paragraphes successifs. *Les phrases du texte législatif sont présentées par article.*

Formellement, un article est le lieu d'une disposition légale, la loge, la case destinée à recevoir une partie du texte de la loi, nommée disposition. Cet emplacement réservé s'annonce en tête du fragment par un signe composé d'un terme constant, le mot article, et d'un numéro propre à chaque article qui sert à l'identifier dans la loi : Article 1134 (du Code civil). C'est le signal de reconnaissance de la disposition qui est placée sous sa bannière. La disposition que reçoit chaque article est citée par le numéro de l'article qui la contient.

Ainsi la loi est-elle constituée par une succession d'articles. Cette convention est aussi typographique. Dans la page qui reçoit le texte de loi, chaque article se détache par un blanc de celui qui le suit, et tous forment une série verticale.

---

va être dit : Ce sont des signaux d'avertissement par lesquels il semble dire « allo, vous m'entendez ? »

(29) V. notamment, dans le Code civil, les articles 1117, 1400, 1688, 2264. Comp. pour un titre (un acte juridique) C. civ., art. 629.

(30) Que l'explication postule la clarté, c'est ce que dit bien l'article 1602 du Code civil.

Portée par une coutume quasi universelle (31), cette présentation formelle, aveuglante et banale, est tellement enracinée qu'on ne la remarque plus.

Il est pourtant capital d'observer que l'énoncé article par article est une *marque essentielle de l'émission du discours législatif* et de comprendre pourquoi le procédé de l'articulat est inhérent à la communication législative.

Son utilité pratique est évidente : La numérotation des articles est le moyen commode de se référer aux dispositions sans les confondre (de les « invoquer » par leur numéro). Sa valeur mnémotechnique n'est pas négligeable : l'énoncé de propositions séparées est ami de la mémoire. Plus radicalement, l'énoncé article par article est déterminé par la nécessité de relever le défi de la distance : C'est le moyen de faire passer un message essentiel qui vient de loin.

L'énoncé article par article est capable de remplir cette fonction parce que ce n'est pas seulement une présentation formelle, mais une *création intellectuelle*, une façon d'écrire. Il s'agit de forcer le secret poétique de cette composition. On l'approche en considérant d'abord l'article, isolément, comme entité distincte des autres éléments du texte. On le découvre mieux en replaçant l'article dans son contexte (immédiat), comme élément d'un ensemble cohérent.

a) *L'article considéré isolément*

Pris *ut singuli*, comme unité de base du texte législatif, l'article obéit à certaines règles de composition dont la vertu paraît générale. Mais il existe, dans les textes (par exemple dans le Code civil), tant d'espèces différentes d'articles, quant à la rédaction, que la diversité de ces compositions met à l'épreuve les règles idéales.

1° *Les règles de l'art.*

L'art législatif forge ses articles selon des règles. L'article est le produit d'une discipline qui s'exerce sur la plume et la pensée du rédacteur. La tradition nous transmet deux règles principales de rédaction (32).

---

(31) Elle est seulement exclue (ou plus précisément transposée), dans certaines langues (comme au Japon), par le système d'écriture qui leur est propre.

(32) BENTHAM en prescrit quatre. Les deux premières (1° La brièveté dans les articles. 2° La simplicité dans les propositions) correspondent aux règles qui sont exposées au texte. Il y ajoute : 3° La pure expression de la volonté. 4° L'exposé complet de toutes les clauses que la loi doit renfermer. Le quatrième point est plutôt une recommandation pour la présentation des projets ou des propositions de loi. Celui qui soumet un texte à la délibération et au vote ne doit pas laisser en blanc (entre crochets dans son texte) les indications chiffrées sur lesquels « il y a une grande latitude de choix » : Le montant d'une amende, la durée d'un emprisonnement, la durée d'un délai. Même si l'auteur du projet est ouvert à la discussion sur ces points, la discussion gagne, « lorsqu'elle a une base déterminée ». C'est plus clair et plus raisonnable : ces chiffres seraient-ils des détails ?

Le troisième point intéresse plutôt le style de la loi. « On doit se tenir à une déclaration pure et simple de volonté, sans y entremêler des raisons, des opinions ou des affections, α) *La concision*. Les dispositions qui ont leur place sous un article sont des messages brefs et substantiels.

Aurea brevitas. Plus qu'à la brièveté simple, la concision demande sa valeur à la densité, fruit d'un rapport entre la forme et le fond.

Multa paucis. La règle d'or est de placer le maximum de charge intellectuelle sur le support le plus dépouillé, de dire en peu de mots le plus possible. Avare de mots, riche de matière, telle est l'économie de l'article.

β) *L'unité intellectuelle*. Un article, une idée. C'est le vœu qui préside, théoriquement, à la détermination du contenu de chacun des articles de la loi. Chaque article est consacré au développement d'une seule idée. Chacun est le lieu d'une proposition unique.

Benthan faisait de cette exigence une condition de la clarté du vote. La loi étant destinée à être votée article par article, un même article (33) ne doit pas amalgamer deux propositions différentes, dès lors que l'examen des mérites respectifs de chacune de celles-ci doit pouvoir conduire à l'adoption de l'une et au rejet de l'autre. C'est le point principal de « la simplicité dans les propositions » (34). Cependant, le jeu des amendements et l'introduction éventuelle d'alinéas au sein d'un article permettent de dissocier des propositions complexes (maladroites ou perverses). En fin de compte, l'unité de proposition est surtout la condition, à l'autre bout de la communication législative, de la clarté du message, de sa bonne compréhension par son destinataire.

Il reste que la notion d'unité de proposition n'est pas claire. Il faut retourner à ce problème par des exemples. L'examen, par échantillon, de certains articles rédigés, donne une idée de la façon dont les règles idéales de l'article législatif peuvent être respectées.

---

distinctes de cette volonté même. »

Ce conseil se divise et se discute. Sa première branche est incontestable. Normatif, le discours législatif n'est pas un raisonnement. Il décide sans argumenter. À la différence du juge, le législateur ne motive pas ses dispositions. Ses propositions ne sont que dispositives. Ne pas marquer ses opinions et ses affections, le conseil tombe encore juste, s'il s'agit d'entendre que les dispositions de la loi ne sont pas de simples avis, et qu'elles doivent montrer, sans passion ni arbitraire, sérénité, neutralité, objectivité, impartialité. Mais il entre dans la mission du législateur de montrer dans l'énoncé même de ses propositions qu'il est favorable ou défavorable à tel ou tel agissement : qu'il encourage, le permet, le tolère ou l'interdit. V. plus loin, n° 82. Comp. Tactique des assemblées législatives, ouvrage extrait des manuscrits de Jérémie BENTHAM, par DUMONT, 2e éd., t. I, 1822. P. 102 et s.

(33) « Un article, c'est autant de matière qu'on se propose de mettre aux votes à une seule fois » *op. cit.*, p. 103.

(34) « Chaque article doit être réduit à une proposition pure et simple : ou du moins un article ne doit jamais renfermer deux propositions complètes et indépendantes, de telle nature que le même individu puisse approuver l'une et rejeter l'autre. » *op. cit.*, p. 105.

2° *La diversité des applications*

L'étude concrète, dans les lois (par exemple dans le Code civil ou le Code de procédure civile), d'un choix d'articles fonde deux séries d'observations.

α) *Étude formelle*

— *La longueur des articles* est très variable. De très rares sont d'une extrême brièveté : « L'adoption est irrévocable » (quatre mots, C. civ., art. 359 ; « Tout français jouira des droits civils » (six mots, C. civ., art. 8) ; « Elle ne court point entre époux » (six mots, C. civ., art. 2253) ; « Le juge peut se prononce sans débat » (sept mots, N.C.P.C., art. 28 V. également, art. 335, 348, 448). D'autres, en beaucoup plus grand nombre, sont encore très brefs (moins de 20 mots. Il y en a ainsi 58 dans les 772 premiers articles du N.C.P.C.).

À l'opposé certains articles sont interminables : L'article 2101 C. civ. compte 462 mots (V. aussi les articles 2102, 2103, 2104). Mais ils sont exceptionnels. Entre les deux extrêmes, toutes les dimensions se rencontrent. Les plus nombreux articles sont dans la tranche de 10 à 50 mots et de 50 à 100 mots (dans le C. civ. et le N.C.P.C.) (35).

— L'article n'est pas une *unité indivisible.*

Certains articles, en grand nombre, ne comportent qu'une phrase. Ce sont des modèles (C. civ., art. 212, 225, 233, 237 à 237, 299, 319, 320, etc.). D'autres, relativement moins nombreux, associent deux ou plusieurs phrases (que séparent un point, ou un point virgule) mais dans un même développement (un seul alinéa. C. civ., art. 2, 216, 249-1, 273, 1120, 1121, etc.). Quantité d'articles sont divisés en plusieurs alinéas dont chacun contient une ou plusieurs phrases. Faut-il dire une majorité ? La proportion serait simple à calculer dans le Code civil ou le Code de procédure civile. il suffit d'observer que le volume de ces dispositions composées est énorme. Mais les articles, même les plus lourds, ne se « pèsent » pas.

β) *Analyse intellectuelle*

L'analyse qualitative du contenu de l'article apporte quelques premières explications.

— *Objet de la disposition.* C'est avec cet objet que doit être mise en correlation la longueur de l'article. Or il existe une grande variété d'objet. Une disposition peut avoir pour objet d'édicter un principe, une exception (36), une condition,

---

(35) 100 mots, c'est la limite supérieure que BENTHAM voulait imposer à toute proposition, *op. cit.*, p. 103.

(36) Ou semblablement un tempérament, une restriction, une réserve. Dans le Code civil, de nombreux articles commencent ainsi par « néanmoins » (art. 145, 164, 185, 1120, 1155, 1166, 1889, 2053, 2275) ou par « toutefois » (art. 332-1). Plus rares certains commencent par « mais » (qui marque à la fois une opposition et une compensation) : C. civ., art. 1632, 1670. Il est cependant fréquent que l'exception (ou le tempérament) soit énoncée,

une conséquence, une sanction, une règle de preuve, de compétence, de procédure, etc. Il devient alors évident que la longueur d'une disposition est fonction de son objet. L'énoncé d'un principe (37) appelle une extrême brièveté (C. civ., art. 1123 « Toute personne peut contracter, si elle n'en est pas déclarée incapable par la loi ». N.C.P.C., art.14 : « Nulle partie ne peut être jugée sans avoir été entendue ou appelée »). L'énoncé d'une condition (C. civ., art. 146) ou d'une conséquence (C. civ., art. 286) ou même d'une règle de procédure (C. civ., art. 248) s'y prête aussi parfois. Mais l'établissement de formalités (C. civ., art. 2246) ou de règles de compétence (C. civ., art. 247) exige souvent de plus longs développements, et il faut nécessairement plus de précisions dès que la loi entre dans le détail, des applications, en spécifiant, dans leur diversité, des éléments d'appréciation (C. civ., art. 272), des mesures à prendre (C. civ., art. 255), des modalités d'exécution (C. civ., art. 275). Que dire du classement des privilèges (C. civ., art. 2101) ?

L'appréciation de la brièveté d'un article est relative, et donc le jugement sur la valeur de sa composition. Ce pourrait être l'objet d'un jeu : Pourrait-on ôter un seul mot à l'article 1396 du Code civil sans le priver d'une précision nécessaire ou, au moins utile ? L'essentiel est que le texte dise clairement tout ce qu'il doit dire. Ces observations conduisent à déplacer les critères de l'art législatif, et à relativiser l'idéal de brièveté. La brièveté n'est pas une fin en soi, mais la clarté dans l'énoncé de ce qui est nécessaire. La brièveté — qui demeure bien entendu souhaitable — n'est pas davantage le seul moyen de faire régner la clarté dans la précision (38). La seule règle ferme est qu'il n'y a pas de règle absolue.

— *Pluralité des propositions au sein d'un seul article.*

Il est frappant — et fréquent — qu'un même article associent plusieurs propositions distinctes, dérogeant ainsi, à première vue, à l'unité de proposition.

Il arrive notamment que les deux propositions incorporées au même texte forment un couple.

L'article énonce :

---

non dans un article distinct, mais dans l'alinéa d'un article qui commence par l'énoncé du principe. V. ci-après.

(37) Ainsi treize des vingt quatre dispositions liminaires qui énoncent, dans le Code de procédure civile, les principes directeurs du procès comprennent vingt et un mots ou moins.

(38) Sans avoir même à rappeler que la clarté résulte d'abord du respect de la grammaire et de la valeur du style (d'où la limpidité de phrases longues), de nombreux moyens permettent au législateur d'aérer, au sein d'un article, des développements substantiels. Ils relèvent pour l'essentiel de la ponctuation et de la présentation formelle (et typographique) de l'article.

Il s'agit plus spécialement de l'emploi : des : (suivis ou non d'un renvoi à la ligne), de tirés (—), de numéros.

— Un principe et une exception (C. civ., art. 264, 280-1, 312, 313, 314, 1377, 1690, 1966, 2007) (39).

— Un principe et sa conséquence (C. civ., art. 1602).

— Un principe et ses applications principales (C. civ., art. 456).

— Un principe et sa sanction (C. civ., art. 9, 10).

— Un principe et son corollaire (C. civ., art. 1134. C'est même une trilogie, puisque le principe de bonne foi, corollaire du principe d'autonomie, est séparé de celui-ci par la réserve des causes de révocation).

— Un principe et son complément explicatif (C. civ., art. 1290. C'est une description merveilleuse).

Le couple de propositions prend une valeur remarquable lorsqu'il correspond à une opposition, parfois même triangulaire (C. civ., art. 1227, 1287, 1294, 1304) ou à l'énoncé de la réciproque (C. civ., art. 322, 1315, 2083) (40).

D'autres propositions complexes correspondent à d'autres combinaisons. À propos de la déclaration judiciaire de la maternité naturelle, l'article 341 C. civ. énonce, dans son premier alinéa, le principe de l'ouverture de l'action (la recherche est libre), dans son alinéa 2 l'exigence de la preuve de la maternité avec indication de la charge de la preuve et, dans ses alinéas 3 et 4, la détermination des modes de preuves (le principal et le subsidiaire).

Est-ce à dire que de telles compositions (dont on pourrait multiplier les exemples) manquent aux règles de l'art législatif ? La satisfaction intellectuelle que procure leur lecture le dément.

Les propositions associées sont unies, dans tous les cas de ce genre, par un lien logique qui en fait les éléments d'un ensemble cohérent. Elles se font, mutuellement, valoir. Elles se complètent. Elles s'éclairent l'une l'autre. L'essentiel est de saisir la raison de leur rapprochement. Certains articles sont des sommes. L'article 341 dit tout sur la recherche de la maternité naturelle, l'article 524 est le siège des immeubles par destination, l'article 491-2, règle, dans tous ses contours, les pouvoirs du majeur placé sous sauvegarde de justice. La plupart des articles composés sont des vues d'ensemble qui, présentant la règle soit avec les restrictions qui la tempèrent, soit avec les moyens de sa mise en œuvre, font naître du concours des propositions, l'exacte portée de cette règle. Les articles composés sont des unités de synthèse.

Cette observation conduit à réviser et à assouplir l'exigence d'une unité de proposition. Il ne s'agit pas toujours d'une unité litterale, mais d'une *unité concep-*

(39) Ainsi coéxistent, pour l'énoncé d'une exception, deux lieux d'accueil : article distinct ou alinéa couplé avec la disposition de principe. Le contexte dicte le choix. L'association du principe et de l'exception, plus cohérente, paraît, en général, préférable.

(40) V. toute la valeur du « Si au contraire », en tête de l'article 1586 du Code civil.

tuelle, générique. *Chercher en quoi l'article forme un tout* et sur quel principe d'unité, voilà un bon exercice de lecture. La démarche qui suit l'éclaire tout à fait.

b) *L'article en son contexte*

75. — L'épreuve décisive consiste à replacer l'article dans son contexte immédiat. L'article est une entité distincte, mais non isolée ni indépendante (41). L'article est l'élément d'un ensemble qui peut correspondre soit à une division de la loi (chapitre, section, etc.) soit à une liaison plus limitée. Quand l'ensemble a été repéré, chaque article apparaît comme le maillon d'une chaîne logique. De même qu'il est essentiel de saisir l'articulation interne d'un article composé, de même, et par le même exercice, il est essentiel de recomposer l'articulation des articles qui se suivent. Il devient alors tout à fait clair que l'article n'est pas un tout indépendant, mais le *produit d'une division.* La loi n'est pas écrite article par article. Elle est divisée en articles. Au début est l'ensemble des règles relatives à un point. La césure vient ensuite. La science de l'articulat est celle de la division. La recherche des liaisons d'articles fait, en sens inverse, le chemin législatif.

L'intérêt principal de cette méthode est de faire ressortir la *fonction de chaque article dans l'ensemble auquel il appartient.* Comme celles qui s'unissent en un article, les propositions qui s'égrènent d'article en article s'épaulent. L'essentiel est de découvrir quel rapport existe entre les articles.

Entre beaucoup d'autres sans doute, nous avons retenu deux types de rapport.

1° *Les articles de commande*

Certains articles singuliers assument, le plus souvent en tête de la série qu'ils introduisent, une fonction en quelque sorte stratégique. Ils commandent une série d'articles. Ils ont, en un sens, un caractère auxiliaire, qui a pu faire douter, pour certains d'entre eux, de leur nature de règle de droit. Leur rôle est malgré tout éminent, parce qu'ils apportent des propositions-clé. Ce sont des figures spécifiques.

α) *Les articles de définition* (42)

Certains articles ont pour objet — et pour seul objet — de donner la définition d'une notion (le droit de propriété, les fruits, la possession, le contrat de dépôt, etc.) ou d'un terme (les mots « meubles meublants » ou « effets mobiliers », C. civ., art. 534, 535). Nombreux dans le Code civil, le Code de procédure civile ou

(41) « La clarté serait portée au plus haut degré possible si chaque article pouvait présenter un sens complet, sans se référer aux autres » (BENTHAM, *op. cit.*, p. 105). L'auteur reconnaît que « ce genre de perfection est impossible » (*ibid.*). Mais on ne peut souscrire à son vœu. Cette indépendance n'est pas souhaitable. Elle méconnaît l'articulation nécessaire… des articles.

(42) V. plus haut, n° 22.

les lois récentes, ces définitions légales seront principalement étudiées plus loin. Il s'agit seulement ici de marquer leur fonction en contexte. L'article de définition établit une proposition de base qui commande nécessairement l'application des autres dispositions relatives à ce qui est défini. La définition posée est comme incorporée à toutes les dispositions qui se rapportent à son objet. Cela est vrai non seulement des définitions terminologiques qui ont une valeur pré-interprétative (surtout si elles énoncent le sens d'un mot pour l'application du texte auquel la définition est attachée), mais aussi pour les définitions réelles qui projettent la catégorie juridique qu'elles caractérisent dans l'ensemble du système juridique, et pas seulement dans le contexte.

β) *Les articles de synthèse*

Si tous les articles composés constituent de petites unités de synthèse (V. plus haut, n° 74), certains articles ont, ouvertement pour fonction — et pour unique fonction — de donner une vue d'ensemble de tout un pan du droit. Ces articles sont rares. Ils sont très précieux. De métaphore en métaphore, on pourrait aussi bien dire que ce sont des tables d'orientation, des phares, des plaques tournantes, des nœuds, des articulations. Nous en donnerons trois exemples dans le Code civil (43).

L'article 1370 du Code civil fait la synthèse de tous les engagements qui se forment sans convention. Il règne sur tout le titre correspondant et gouverne les deux chapitres qui divisent ce titre (44). Mais, c'est plus qu'un article d'annonce. Après avoir lié toutes les sources extracontractuelles par leur commun caractère négatif (elles se forment sans convention), l'article 1370 les divise et les subdivise selon leur source. Aux obligations purement légales qui résultent de l'autorité *seule* de la loi, il oppose celles qui résultent d'un fait juridique (fait que la loi prend en considération pour y attacher des effets de droit) au sein desquelles se distinguent d'un côté les obligations quasi-contractuelles, de l'autre les obligations délictuelles. Ce tableau récapitulatif n'est pas seulement descriptif. Il préside substantiellement à la définition même du fait juridique. C'est la pierre de touche de toute la théorie du fait juridique.

L'article 1569 est comme l'épitomé du régime de participation aux acquêts. À lui seul, il donne une idée complète de ce nouveau type de régime, et toutes les dispositions qui suivent ne sont que le développement d'un fragment des propositions qu'il rassemble. Cet article panoramique livre en bloc la conception originale française de la participation aux acquêts. Il est à la fois le manifeste et le plan de masse du régime.

---

(43) On pourrait en trouver des illustrations dans le Code de procédure civile. En embrassant tout le premier livre dont il constitue la disposition finale, l'art. 749 contient l'indication et l'explication du plan du code.

(44) Chap. I : Des quasi-contrats, chap. II : Des délits et des quasi-délits.

Article de transition, l'article 1396 ne fait pas d'emblée aussi grande figure. Dans sa partie finale, il forme charnière entre les changements apportés au contrat de mariage avant la célébration du mariage et les changements apportés au régime matrimonial, une fois le mariage célébré, notamment grâce à la mutation judiciairement controlée sur requête conjointe des époux. Mais, à cette occasion, et par un vaste regroupement, il fait la gerbe de toutes les interventions judiciaires dans le fonctionnement du régime matrimonial, séparation judiciaire de biens, ou autres mesures judiciaires de protection (art. 217, 219, 1426, 1425, 220-1). Sa place atteste qu'un article de synthèse peut n'être pas un article de tête. Il peut venir comme un grand geste de rappel. L'article 1396 jette un pont entre les régimes matrimoniaux et le régime matrimonial primaire. Il coordonne l'ensemble des mesures judiciaires d'intervention et forme la pierre angulaire de la mutabilité du régime. Ces articles de synthèse sont des sommets. Ils ont une valeur tout à la fois positive, didactique et scientifique.

γ) *Les articles d'annonce*

Ce sont ceux qui ont pour fonction d'annoncer les articles qui les suivent. Ex. : Article 1603 du Code civil : « Il(le vendeur) a deux obligations principales, celle de délivrer et celle de garantir la chose qu'il vend ». L'article est immédiatement suivi d'une section consacrée à la délivrance (C. civ., art. 1604 à 1624 et d'une section consacrée à la garantie) (C. civ., art. 1625 à 1649).

Assez souvent, l'annonce est énoncée sous forme d'énumération (au sens large du terme), que celle-ci comporte une numérotation (45), des tirés (46) ou un mode équivalent de présentation (47). Mais, il est fréquent que l'annonce tienne dans le simple énoncé d'une division (48). Réciproquement, toute énumération ne correspond pas à un texte d'annonce. Les énumérations légales ont d'autres fonctions.

Ce qui, sous une forme ou une autre, caractérise un article d'annonce est sa fonction apéritrice. Un tel article pose une distinction et commande la division a laquelle il introduit, qu'il s'agisse d'une division en chapitre (ex. : art. 1874, art. 2094), en sections (art. 1603, 1920) en paragraphes (art. 517 s., 527 s., 1249,

---

(45) C. civ., art. 227 (énumération des causes de dissolution du mariage) ; art. 1357 (distinction des deux espèces de serment judiciaire) ; art. 1779 (énoncé des trois espèces principales de louage d'ouvrage et d'industrie).

(46) C. civ., art. 229 (présentation des cas de divorce).

(47) C. civ., art. 1234 (énumération des causes d'extinction des obligations) ; art. 1711 (subdivision des deux genres de louage en espèces particulières) ; art. 1801 (diverses sortes de cheptels) ; art. 1708, 1874.

(48) Du genre « Le dépôt est volontaire ou nécessaire » (C. civ., art. 1920). V. aussi C. civ., art. 330, 517, 527, 1249, 1349, 1354, 1955, 2094, 2116.

1354). Inaugural, il précède, dans le texte, le développement qu'il divise. Il est la tête d'un ensemble ordonné (49).

— Envisagé dans cette seule fonction, le texte apériteur pourrait être considéré comme un tissu doctrinal cousu au tissu législatif. Ne retrouverait-on pas dans Pothier ou dans Domat des annonces correspondantes qui, du Code civil où elles auraient été reçues, seraient ensuite passées comme modèle dans d'autres lois ? Le fait est que, de son côté, l'enseignement pratique et cultive l'annonce du plan. Qu'il y ait intéraction ou convergence, le procédé a une valeur pédagogique. Il est clair. Justement, son intérêt didactique prend tout son sens dans le discours législatif. L'article d'annonce est l'un des instruments de communication grâce auquel ce télélangage s'adapte à sa distance. De telles annonces ne sont nullement déplacées dans la loi. Ce serait même un contresens de n'y voir qu'une pièce doctrinale rapportée. C'est un mode législatif naturel.

— Faudrait-il tirer de là (c'est une autre question) que, renfermé dans cette fonction de communication, l'article d'annonce n'est pas une véritable règle de droit ? Ce serait une autre vue hâtivement réductrice. Il est seulement vrai qu'une annonce, en tant qu'elle est introductive, a toujours besoin du développement qui la suit. Mais, à elle seule, la division est fondatrice et stimulatrice (50). Elle induit le critère et l'intérêt de la distinction qu'elle pose, invite à éprouver qu'il s'agit d'une *summa divisio* (51). Parfois elle est associée à une définition qui contient l'indication des caractères qui sont communs (52) aux diverses espèces qu'elle distingue (Ex. : l'art. 1349 pour la présomption, l'art. 1964 pour le contrat aléatoire). Les annonces forment dans le texte législatif un utile tissu conjonctif.

Il reste que les articles de commande (de définition, de synthèse ou d'annonce) n'assurent que des fonctions auxiliaires spécifiques.

2° *Les formations logiques*

76. — C'est dans le corps même du texte, au sein des divisions qui y sont marquées, que s'animent parfois des séries d'articles. Les articles qui se suivent forment une suite logique. Le contexte révèle le lien qui les unit et, dans l'ensemble qu'ils constituent, la fonction qu'assume chaque élément.

---

(49) Exception apparente, l'art. 543 est inhabituellement placé à la fin d'un titre (où il est injustement oublié). Mais il commande les trois titres qui suivent (art. 544 à 710).

(50) Elle a parfois une valeur symbolique. Sortant de l'ancien divorce pour faute, cause unique, l'art. 229, article de tête de tout le divorce, problame d'emblée la pluralité des cas.

(51) C'est presque toujours le cas. V. cependant C. civ., art. 1964 (c'est une combinaison particulière).

(52) « Quatre conditions sont *essentielles* pour la *validité* d'une convention » voilà une affirmation non négligeable dans l'art. 1108 C. civ.

α) *Les parallèles*

Beaucoup de propositions similaires sont énoncés dans des dispositions qui se suivent et qui se ressemblent, mais *chacune en son domaine.* Ainsi les suites propres aux différents cas de divorce sont-elles exposées, cas par cas, dans la série impressionnante des articles 266 à 269. Le régime de l'administration légale pure et simple et celui de l'administration légale sous contrôle judiciaire sont également traités en paralléle (C. civ., art. 389-4 à 391). La loi saisit distinctement des situations de droit ou (et) de fait qu'elle rapproche (Ex. : C. civ., art. 249-1 à 250 ; art. 1429 à 1432 ou semblablement art. 1539-1540).

Ces formations paralléles ne sont pas seulement claires. Elles sont fécondes parce qu'elles sont comparatives. Les dispositions rapprochées répondent à la même question, mais chacune donne à celle-ci, dans le domaine qu'elle gouverne, la solution qu'elle choisit. La différence ou la similitude des solutions s'en dégagent d'elles-mêmes.

β) *Les développements*

Ce sont les formations les plus fréquentes, les plus riches et les plus variées. Il existe entre des articles qui se suivent (comme entre les alinéas d'un même article), d'innombrables types de rapport. L'essentiel, à la première lecture du texte, est de saisir ce genre de rapport. Car l'intelligence d'un article ressort d'emblée en général du lien qui l'unit à celui qui le précède ou (et) à celui qui le suit.

— *Élémentaires*, certains rapport sont aisément repérables. Certains articles forment des *couples* classiques.

• L'un énonce le principe, l'autre l'exception, ou le tempérament. Ex. : C. civ., art. 1142 et 1143 ; art 144 et 145.

• L'un énonce le principe, l'autre détermine les cas de son application. Ex. : C. civ., art. 1123, 1124.

• L'un énonce un principe, l'autre illustre par des exemples, son application. Ex. : C. civ., art. 254, 255 (l'articulation est particulièrement nette).

• L'un définit une institution ou une situation (ex. : C. civ., art. 311-1, la possession d'état), l'autre développe les éléments concrets qui permettent de la reconnaître (art. 311-2).

• L'un fait suivre une règle de fond (C. civ., art. 1401, définition des acquêts) d'une règle de preuve (art. 1402, présomption d'acquêts).

• L'un exige un mode de preuve (C. civ., art. 323), l'autre définit ce mode de preuve (art. 324).

• L'un confère une mission (art. 289), l'autre mentionne, pour l'accomplissement de celle-ci, des éléments d'appréciation (art. 290).

— La même analyse mérite d'être appliquée à des *séries* plus longues (de 5 ou 6 articles ou davantage). Elle permet d'opérer la première mise en place des articles dans ces *suites*.

Premier exemple :

§ 3. — DES PRESTATIONS COMPENSATOIRES (art. 270 à 280-1)

• l'article 270 institue la prestation compensatoire et la définit en la finalisant.

• L'article 271 détermine selon quels critères la prestation compensatoire doit être fixée (pour le calcul de son montant).

• L'article 272 indique les éléments concrets à prendre en considération dans la détermination de ces critères (règle complémentaires de la précédente).

• L'article 273 fixe le caractère fondamental de la prestation compensatoire (son caractère forfaitaire).

• L'article 274 détermine la forme que doit en principe revêtir la prestation compensatoire (un capital).

• L'article 275 énumère les modalités d'exécution de la prestation compensatoire, lorsque celle-ci prend la forme d'un capital.

• L'article 275-1 admet un allégement d'exécution dans les cas précédents.

• L'article 276 admet subsidiairement que la prestation prenne une autre forme (une rente).

• Les articles 276-1 et 276-2 déterminent le régime de cette rente.

• L'article 277 institue des garanties facultatives de paiement de la rente.

• Les articles 278 et 279 gouvernent la détermination de la prestation compensatoire dans le divorce sur demande conjointe.

• L'article 280 affirme la nature juridique des transferts et abandons compensatoires.

• L'article 280-1 fixe (par exclusion et consolation) le sort de l'époux aux torts exclusifs duquel le divorce a été prononcé.

L'ordre des articles est ici très instructif :

1. Principe.
2. Montant : { critères,
éléments.
3. Caractère.
4. Forme principale : { définition,
mise en œuvre.
5. Forme subsidiaire : { définition,
régime.

6. Hypothèses particulières : { divorce d'une demande conjointe, époux coupable.

Il serait excessif de systématiser. Le développement législatif suit cependant, en général, un *ordre naturel*. L'ordre des articles combine, le plus souvent, deux mouvements :

1. La loi va *de la règle à son application*. Elle énonce en premier le principe, puis les directives de la mise en œuvre : les conditions, les preuves, les sanctions.

Elle procède *du général au particulier*. Elle règle les cas ordinaires, puis envisage les hypothèses spéciales.

Deuxième exemple : Chapitre premier *De la présomption d'absence* (C. civ., art. 112 à 121).

- L'article 112 détermine (en en livrant les critères) l'établissement de la présomption d'absence.
- L'article 113 prévoit, en conséquence, l'établissement judiciaire de la représentation du présumé absent.
- L'article 114 règle la vie quotidienne de ceux qui restent.
- L'article 115 marque le caractère provisoire des mesures prises.
- L'article 116 règle le cas particulier du partage.
- L'article 117 fixe la mission du ministère public.
- Les articles 118 et 119 envisagent la fin de la présomption d'absence (retour ou décès du présumé absent) et les conséquences de chaque éventualité.
- L'article 120 étend ce régime de protection aux non-présents.
- L'article 121 exclut ce régime dans deux cas spécifiés (en marquant son caractère subsidiaire).

Le développement des propositions suit ici aussi l'ordre naturel exposé plus haut. Il va du principe aux conséquences et du général au particulier (notamment à l'hypothèse spéciale du partage). Mais il y ajoute une note intéressante. Il suit un ordre chronologique, qui est l'ordre le plus logique dans une matière où le temps est le maître du droit : Constatation de la situation de base, mesures judiciaires à prendre, renversement de la situation (le présumé absent reparaît ou donne de ses nouvelles). Cet ordre est particulier à la matière. Mais il en livre l'intelligence. L'essentiel est de chercher le fil conducteur dans toute suite de cette nature.

Conclusion

1. Les articles sont des entités distinctes mais liées. L'essentiel est d'abord de saisir le lien logique qui les unit.

2. Une discipline amusante consiste, en toute analyse d'article (53), à *énoncer en une seule phrase l'objet de la disposition* qu'il porte, de manière à en livrer aussitôt le panorama, par une présentation globale de ce qu'il a d'essentiel.

Les dispositions apparemment les plus techniques et les plus complexes se prêtent à cet exercice.

Exemples : L'article 255 du Code civil énumére les principales mesures provisoires que peut prescrire le juge, dès le début de l'instance en divorce et pour la durée de celle-ci, afin d'assurer, pendant toute cette période, l'existence des époux et des enfants (logement, subsistance, etc.).

L'article 1396 soumet à de rigoureuses conditions les changements apportés aux conventions matrimoniales avant la célébration du mariage et synthétise toutes les interventions judiciaires, contentieuses ou gracieuses, dont le régime matrimonial peut être l'objet, une fois le mariage célébré.

3. Dans la recherche de la quintessence de la proposition législative, le jeu peut être poussé plus loin : Donner *un titre* à chaque article ; faire précéder ou suivre le numéro de chaque article de l'énoncé synthétique de son objet, de manière à en avoir tout à la fois une référence numérique et une désignation « analytique ». Ce jeu pourrait être aussi un exercice législatif (54).

Exemple : Chapitre premier de la présomption d'absence.

Article 112. Constatation de la présomption d'absence.

Article 113 : Représentation du présumé absent.

Article 114 : Mesures en faveur de la famille.

Article 115 : Caractère provisoire.

Article 116 : Partage.

Article 117 : Ministère public.

Article 118 : « Retour » du présumé absent.

Article 119 : Décès du présumé absent.

Article 120 : Non présents.

Article 121 : Subsidiarité du régime de protection.

(53) Notamment dans un commentaire de texte.
(54) C'est la discipline que s'est imposée le rédacteur du Code civil éthiopien de 1960 (v. l'édition française avec une note introductive de René David, L.G.D.J., 1962).

B. — L'INCORPORATION À UN ENSEMBLE

77. — Unité de base du discours législatif, l'article est l'élément d'un corps de dispositions : un article de loi (55), un article de code (56).

Précisément, certaines des marques du discours législatif ressortent de la façon dont les éléments sont incorporés au tout. Un code (57) n'est pas un magma d'articles. Ce n'est pas un chaos, mais un ordre, une présentation ordonnée d'un pan de l'ordre juridique. Cette volonté d'ordre est un autre moyen, dans la communication législative, de relever le défi de la distance. Autant que l'unité élémentaire, le législateur soigne l'unité globale de son discours. Là encore le texte, livré à tous, est seul à se défendre. L'unité de l'ensemble peut être obtenue, ou au moins recherchée, par divers moyens, principalement par l'agencement de divisions et d'éléments de cohésion.

a) *Les divisions d'ensemble*

Elles existent souvent dans les lois. Nous les saisirons dans les codes qui sont systématiquement divisés (58).

1° *Vue descriptive*

Elle livre deux enseignements principaux.

α *Tableau de divisions*

Un code est divisé en plusieurs parties dont chacune se subdivise à son tour et ainsi de suite. Le nom et l'agencement de ces divisions sont traditionnels et normalisés. Ils relèvent de la coutume législative (59), sous réserve de quelques variations mineures entre le Code civil et le Code de procédure civile :

Le Code civil est divisé en :

- Livre
  - Titre
    - Chapitre
      - Partie (60)
        - Section
          - § (Paragraphe)

---

(55) S'il s'agit d'une loi spéciale non incorporée à un code.

(56) Dans un système juridique qui comporte de multiples codes et lois, un article est même l'unité élémentaire de l'ensemble de l'ordre juridique.

(57) On devrait pouvoir le dire aussi de toute loi, mais il y a trop d'exemples du contraire, même en dehors des lois de finances.

(58) Là encore, nous prendrons pour exemple, le Code civil et le Code de procédure civile. Mais l'emploi des mêmes divisions est général.

(59) En quoi ils pourraient être rattachés au droit du langage.

(60) C'est une division exceptionnelle qui subdivise le chapitre du régime en communauté : art. 1400 et 1497.

Le Code de procédure civile en :
Livre
Titre
Sous-titre
Chapitre
Section
Sous-section Chaque code dispose ainsi de six divisions, mais l'usage du sous-titre est plus fréquent dans le Code de procédure civile que celui de la partie dans le Code civil (et pour cette raison préféré au terme plus vague de partie). Si le paragraphe (§), initialement adopté dans le Code de procédure civile, a fait place à la sous-section après la lecture des décrets en Conseil d'État, c'est en raison de l'opposition que cette division, pourtant retenue par le Code civil, y a rencontrée.

β) *Titres associés aux divisions*

Dans les deux codes, toutes les divisions, de la plus haute à la dernière, sont accompagnées d'un titre. À chaque livre, à chaque titre, etc. et même à chaque paragraphe est accolé un énoncé analytique qui se rapporte à la matière que contient la division.

Exemple :
Livre premier des personnes.
Titre sixième : Du divorce.
Chapitre premier : Des cas de divorce.
Section première : Du divorce par consentement mutuel.
§ 1. Du divorce sur demande conjointe.
§ 2. Du divorce demandé par un époux et accepté par l'autre.

Ainsi chaque division peut-elle être désignée non seulement par une référence numérique (chap. I du titre VI du livre I du Code civil), mais par la désignation spécifique de son contenu ramassé en énoncé synthétique (§ 1 Du divorce sur demande conjointe).

Repères internes, les titres qui sont attachés aux divisions du code ou d'une loi ne doivent pas être confondus avec le titre sous lequel toute la loi doit être présentée et votée (61). Entre les titres dans la loi et le titre de la loi, il existe cependant des similitudes qui seront signalées.

2° *Utilité des divisions et des intitulés*

— Les divisions et les titres ont pour *fonction primordiale* de morceler le bloc de la loi en unités reconnaissables.

---

(61) V. plus loin (avec l'étude du droit du langage).

Ce sont des *signes de reconnaissance*, des repères qui permettent d'aérer la présentation de la loi et de regrouper, en les identifiant, les ensembles et les sous-ensembles qui se tiennent : Diviser pour éclairer (62).

À quoi correspond un titre, un chapitre, une section ? On remarque que, dans le Code civil, le mariage, le divorce, l'autorité parentale occupent, chacun, un titre. Faudrait-il poser que chaque institution a son titre ? Il n'y a pas de règle. Le calibre de chaque division doit beaucoup à l'intuition.

— Les titres (les énoncés analytiques) qui accompagnent les divisions ont aussi, secondairement, *une valeur juridique*. On en discute pour le titre de la loi (63). Mais les titres qui sont dans la loi font partie de la loi. Ils sont parfois porteurs, à eux seuls, de la règle de droit. Les dispositions qui sont regroupées aux articles 232 à 284 N.C.P.C. sous le titre « dispositions communes », avant les règles qui gouvernent particulièrement les constatations, la consultation et l'expertise, ne sont communes à ces trois espèces de mesures qu'en vertu du titre qui les couvrent (aucun article ne l'énonce). Le procédé est fréquent dans le Code de procédure civile (64). De même, c'est le titre du chapitre II des dispositions liminaires « les règles propres à la matière gracieuse » qui (65) fait comprendre que, si ces règles ne s'appliquent qu'en cette matière (et non en matière contentieuse), les règles du chapitre I « les principes directeurs du procès » ont au contraire vocation à s'appliquer en matière gracieuse, pour autant que le chapitre II ne les écarte pas. En des cas de ce genre, les titres sont l'équivalent d'un texte d'annonce ou d'application. Ils suffisent à régler l'application des dispositions qu'ils recouvrent.

— Les divisions et les titres assument également une *fonction didactique* qui a, tout à la fois, son côté pratique et son côté scientifique. Ce sont des moyens commodes et souvent éclairants :

• De marquer des oppositions (demande initiale, demande incidente, N.C.P.C., art. 53, 63 ; contentieux, gracieux, art. 53, 60 ; intervention volontaire, intervention forcée, art. 328, 331 ; ministère public partie principale, ministère public partie jointe, art. 422, 424, etc.).

• De distinguer des *espèces* (défenses au fond, exceptions de procédure, fins de non recevoir, art. 71, 73, 122 ; constatations, consultation, expertise, art. 249, 256, 263, etc.).

• De regrouper des dispositions sous un *terme générique* qui n'apparaît que dans le titre et qui permet ensuite de faire connaître le groupe sous ce nom, et de charger celui-ci des traits qui lui sont essentiels : c'est le cas des « principes

(62) Et donc pour... régler !
(63) Question à étudier avec le droit du langage.
(64) V. N.C.P.C., art. 49 s., 95 s., 331 s.
(65) Rapproché du titre du chapitre I.

directeurs du procès » (en tête des dispositions liminaires du N.C.P.C.) et des « vérifications personnelles du juge » (N.C.P.C., art. 179).

• De classer les règles et les institutions en faisant apparaître, par la combinaison des divisions qui s'emboitent, un rapport du genre à l'espèce, ou un ordre décroissant de généralité. Entre beaucoup d'exemples, le sous-titre des mesures d'instruction reproduit plusieurs fois ce modèle (N.C.P.C., art. 143 à 284).

On dit volontiers que les divisions de la loi se rattachent à la présentation formelle de la loi. C'est incontestable. Ces divisions gouvernent jusqu'à la présentation typographique de la loi. Mais, ici comme souvent, la forme est indétachable du fond. La division formelle est l'expression dernière d'une opération intellectuelle. La division d'un code est chargée d'idées. Toutes les observations qui précèdent le confirment. Le plan d'un code trahit l'esprit de ses auteurs (66) ou certains de leurs intentions maîtresses (67).

b) *Les éléments de cohésion*

78. — Tout le droit n'est pas dans la loi. Mais l'ensemble des lois et des codes forment un tout qui est, en chaque système juridique, l'expression formelle d'un pan de l'ordre juridique.

Travailler à la cohérence de cet ensemble de textes, c'est œuvrer à la qualité du discours législatif. Au sein d'un code, le législateur est mieux placé pour s'y appliquer. La codification favorise l'unité. Mais c'est toujours avec l'ensemble de l'ordre juridique (et donc même au delà d'un code) que la cohésion doit être cherchée, et elle doit l'être en toute loi (même non intégrée à un code). S'ils trouvent un milieu privilégié d'épanouissement dans un code, les moyens de la cohésion sont partout les mêmes. On peut les classer par leur fin : coordonner, simplifier, clarifier, sont trois voies vers l'unité et la cohérence. Dans chaque voie, ces moyens sont inséparablement présentés, sous leur double face, comme procédé intellectuel de technique législative et comme mode linguistique d'énoncé au sein du discours législatif.

1° *Les éléments de coordination*

Coordonner signifie ici ordonner la pluralité, plus précisément, régler l'application respective de dispositions différentes. La technique législative dispose à cette

---

(66) La valeur de la propriété est dans le titre donné au livre III du Code civil.

(67) Séparer enfin des règles gouvernant la procédure devant le tribunal de grande instance, les règles communes à toutes les juridictions, portées en tête du code, est une idée directrice : Faire émerger, contrairement à l'enseignement traditionnel antérieur, ce droit commun du procès civil dont la procédure devant le tribunal de grande instance n'est qu'une application et une adaptation parmi les autres.

fin de moyens éprouvés. Ils tendent tous à mettre en place des dispositions diverses dans la hiérarchie des normes.

α) *Les renvois*

Une disposition de renvoi est un texte d'application (un article d'aiguillage) qui renvoie la règlementation d'une matière qu'elle désigne à d'autres dispositions qu'elle indique plus ou moins précisément. C. civ., art. 636 : « L'usage des bois et forêts est réglé par des lois particulières ». Le renvoi est bien, par son double aspect négatif et positif, une mesure de coordination. Il exclut l'application des dispositions auxquelles il appartient. Mais il se défausse sur autre source vers laquelle il dirige le lecteur. Il règle l'application distributive de dispositions complémentaires.

Le procédé est courant. Le renvoi peut être fait de l'article d'un code à un autre code globalement désigné (du Code civil au Code de procédure civile : C. civ., art. 396, 1397, 1445, 2283), ou à l'article déterminée d'un autre code (C. civ., art. 243 à l'article 7 du Code pénal). Il est fait à des lois particulières, sans autre précision (C. civ., art. 636, 715) ou, plus souvent, avec la mention de leur domaine (lois relatives au commerce, C. civ., art. 1107, lois de procédure, C. civ., art. 2218).

Plus concrètement, le renvoi règle souvent la complémentarité du droit substantiel (droit civil) et d'un droit sanctionnateur ou réalisateur (droit pénal, procédure civile). Plus souvent encore, il préside à l'articulation d'une règle générale et d'une règle spéciale. Il marque alors que, dans son domaine, la règle spéciale l'emporte sur la règle générale. Mais, dans le droit fil de sa vocation, il réserve parfois l'application résiduelle du droit commun (c'est tout le sens du « aussi » dans l'art. 717 C. civ. : aussi et d'abord par des lois particulières...). Il est plus rare, que le texte renvoie expressément au droit commun (C. civ., art. 1624), et s'il le fait, c'est parfois pour y ajouter une particularité (V. l'intéressant montage de l'art. 303, al. 3, C. civ. : il branche l'éventualité de la constitution d'un capital sur le droit commun de l'obligation alimentaire).

β) *Les réserves*

Insérées, sous une forme consacrée, dans une disposition, les réserves ont pour objet de subordonner l'application de cette disposition à l'application préalable et prioritaire d'une autre disposition qu'elle désigne. « Le tout sous réserve des articles 1422 à 1425 ». Cette réserve insérée au troisième alinéa de l'article 1421 marque que l'exigence d'une gestion conjointe doit être d'abord et pleinement respectée pour tous les actes spécifiés aux articles 1422 à 1425, et que les modes de gestion institués au premier et au deuxième alinéa de l'article 1421 se partagent les autres actes (le « tout » se partage le reste).

La réserve se réfère, comme un renvoi, à une autre disposition et c'est un moyen très proche de coordination. Mais elle combine de façon précise l'application des dispositions. En réservant l'application prioritaire d'une règle, elle réserve aussi l'application résiduelle de l'autre règle. Elle préfère une règle, mais sans jamais exclure l'autre. En donnant d'abord à une disposition sa pleine application, elle marque la place qui reste à l'autre. Elle établit entre la première et la seconde un ordre prioritaire d'application. Elle marque une hiérarchie et règle le passage.

Le recours à cette technique est fréquent (C. civ., art. 286, 304 ; N.C.P.C. art. 749). La disposition dont l'application plénière est réservée correspond souvent à ce qui est spécifique (dans la situation après divorce, art. 286, dans les conséquences de la séparation de corps, art. 304).

Des réserves proprement dites qui s'annoncent par la formule « sous réserve de... », on peut rapprocher des références qui ne se confondent cependant pas avec les premières. Il arrive que le législateur érige une règle « *sans préjudice* » de l'application d'une autre règle ou du jeu d'une autre institution : « sans préjudice des libéralités, qui pourrait avoir lieu selon les formes, etc. les époux ne peuvent faire aucune convention ou renonciation... » (C. civ., art. 1389). Une telle restriction constitue bien, *lato sensu*, un renvoi ou une réserve. Mais le souci spécifique qui l'anime est de marquer que la disposition à laquelle elle est attachée n'affecte pas l'application de la disposition protégée. La règle érigée « sans préjudice » laisse jouer l'autre (dans son domaine, ou sur un autre plan). Elle ne lui porte pas atteinte. Telle est d'ailleurs la formule que préfèrent certaines dispositions : les règles qui permettent de constater que la femme et le mari ont, dans certaines circonstances, un domicile distinct ne portent pas pour autant atteinte aux règles relatives à la communauté de vie (art. 108, al. 1, C. civ.). Il s'agit, non d'un réglage précis comme dans une réserve *stricto sensu*, mais d'une précaution législative.

γ) *Autres articulations*

Plus rarement, la coordination de dispositions diverses prend des formes plus directes et très appuyées :

Exclusion : Certaines dispositions ont pour objet exclusif ou principal d'exclure une matière qu'elle spécifie du champ de leur application. Pour marquer la différence capitale entre un acte juridictionnel et les actes d'administration judiciaire, l'art. 499 du Code de procédure civile procède à cette éradication. Comp. C. civ., art. 1397-1 où l'exclusion s'accompagne d'une proposition positive.

Subsidiarité : Un autre réglage consiste à rendre subsidiaire, relativement à d'autres, l'application de certaines dispositions, notamment à écarter leur application lorsqu'un résultat équivalent peut être obtenu par un moyen plus simple (ex. : C. civ., art. 121, al. 2 et 498). C'est déjà une simplication.

2° *Les facteurs de simplication*

79. — Certains procédés tendent à simplifier l'ordre juridique en l'unifiant. Ils travaillent à l'économie du droit. Ils s'attachent non plus à coordonner des règles diverses, mais à réduire la diversité. Ils unifient les régimes ou, au second degré, les façons de régir.

α) *Les alignements (emprunts ou extensions)*

Certaines dispositions ont pour objet *d'étendre* les règles énoncées par l'ensemble auquel elles appartiennent à un autre domaine qui n'entrerait pas dans leur champ naturel. L'art. 120 C. civ., étend aux non présents la protection établie en faveur des présumés absents par les art. 113 à 119. Par la vertu d'un mot (68), la protection possessoire est étendue du possesseur au détenteur précaire par l'art. 2282, al. 2 C. civ. (69).

D'autres dispositions, plus nombreuses, ont objet *d'emprunter* les règles qui gouvernent une matière pour les appliquer à une autre matière. L'emprunt est plus ou moins large. il peut porter sur une disposition spécifiée (C. civ., art. 342-5), ou sur une série de dispositions (C. civ. art. 342-6, 342-7 et 361). Mais il se fait parfois par masse. La séparation de corps emprunte purement et simplement ses causes au divorce (C. civ., art. 296). Le plus souvent, l'emprunt vient après des dispositions particulières à la matière « emprunteur » et soumet celle-ci, par le surplus, pour tout le reste, à la source d'emprunt (ex. : C. civ., art. 389-7, 1707, 1820, 1830). Ce qui est remarquable, dans cette démarche, est que des institutions mineures (sans note préjorative), des diminutifs, ou des modalités nouvelles viennent s'appuyer sur des modèles plus forts, plus complets (plus lourds aussi), sans perdre leur originalité, pour leur emprunter tout ce qui est compatible avec leurs caractères spécifiques : l'adoption simple sur l'adoption plénière (art. 361), l'administration légale ou la curatelle sur la tutelle (art. 389-7, 509), la séparation de corps sur le divorce (art. 296, 298, 304), l'échange sur la vente (art. 1707), l'usage et l'habitation sur l'usufruit (art. 625), des cheptels particuliers sur le cheptel simple (art. 1820, 1830), ect.

Que la loi procède par extension ou par emprunt, le résultat est le même : la soumission simple ou limitée d'une matière aux règles qui régissent une autre matière. Cet alignement opère, dans la mesure qui est la sienne, une assimilation (70) quant au régime. Au total, une mesure de ce genre réalise une *économie de droit* qui porte ici, directement, sur les règles.

β) *Les canons législatifs*

C'est le nom que l'on peut donner, dans la loi, à des modèles de règle (71). Le canon législatif n'est pas, en lui-même une règle, mais un type de règle érigé en

---

(68) Pareillement.

(69) Mais seulement contre les personnes autres que son auteur.

(70) V. Droit civil, t. I, introduction, les personnes, les biens, n° 215. Montchrestien, 1989. Vocabulaire juridique, v° Assimilation.

(71) V. Droit civil I, introduction, n° 222, Montchrestien, 1988 et Vocabulaire juridique, v° Canon législatif.

modèle, dont le législateur fait des applications distinctes en diverses matières. À partir des présomptions du régime matrimonial primaire (C. civ., art. 221, 222), la technique de la présomption légale de pouvoir (ou d'entente) s'est propagée dans l'autorité parentale (C. civ., art. 372-2, 389-4) et dans l'indivision (C. civ., art. 815-2, al. 2, 815-3, al. 2). Le canon des autorisations ou des habilitations judiciaires est lui aussi richement représenté (C. civ., art. 217, 219, 1426, 1429). Le canon des palettes d'intervention dans les affaires d'autrui a, en divers lieux, des prolongements parallèles (C. civ., art. 1431 et 1432, 1539 et 1540). Les multiples applications d'un canon ne sont pas exactement semblables. Le repérage et l'explication des particularités de chacune est l'un des intérêts de les rapprocher toutes. Dans cette comparaison, la recherche et l'explication des éléments génériques primordiaux, qui leurs sont communs fait, précisément émerger le modèle et comprendre sa valeur législative. Le canon législatif, unifie, normalise, simplifie. Il réalise lui aussi une économie de droit.

L'énoncé des diverses applications d'un même canon n'est pas identique. Mai on y retrouve des éléments constants qui, par leur association, constituent l'armature essentielle du canon législatif, sa structure. Toutes les présomptions légales de pouvoir comprennent les mots suivants : « est réputé », « pouvoir » « faire seul » « acte » (ou des termes équivalents : censé, disposition, mandat). En quoi, la technique législative du canon est un procédé linguistique. Mais, il existe, dans cette voie, des performances.

3° *Les éléments de clarification*

80. — Ils sont dans l'usage même de la langue. Ils sont dans le choix des termes de l'énoncé législatif. En quoi ils sont purement linguistiques. Ils contribuent à rendre un énoncé plus intelligible, en le reliant à un ensemble. En quoi ce sont bien des éléments de cohésion.

α) *La discipline de langage*

Elle consiste, dans une même loi, dans un même code ou même d'une loi à l'autre (72), à employer toujours le même mot dans le même sens ; à toujours retenir le ou les mêmes termes, quand il s'agit de désigner le même concept, et donc à créer une association fidèle entre un terme et un sens, de manière à réduire, autant qu'il est possible les risques d'équivoque.

Le Code de procédure civile donne des exemples d'un effort déployé en ce sens. Il désigne toujours par le terme « action » le droit d'agir en justice (N.C.P.C, art. 30), par le terme « demande », l'acte juridique par lequel une personne formule une prétention qu'elle soumet au juge, par les termes « assignation »,

---

(72) Dans cette mesure, une telle contrainte rédactionnelle introduit un élément d'ordre dans l'ensemble de l'ordre juridique. Il demeure qu'elle est surtout à l'aise au sein d'un même code, effet typique de codification.

« requête », « déclaration », la forme que revêt, selon les cas, la demande. De façon comparable, les deux compartiments de la juridiction gracieuse s'y reconnaissent par les mêmes expressions. Est-il écrit qu'un type d'affaire « relève de la matière gracieuse » (V. N.C.P.C., art. 1088, 1151, 1153, 1167, 1307) ? Il y a lieu d'entendre que le type désigné (divorce par consentement mutuel, changement de régime matrimonial, etc.) appartient à la juridiction gracieuse par nature, en ce qu'il associe à l'état pur les critères dont la réunion fait reconnaître la juridiction gracieuse proprement dite (acte de volonté privée, contrôle judiciaire). Toutes les affaires dont il est dit qu'elles sont jugées « comme en matière gracieuse » (N.C.P.C., art. 496, 896, 1054, 1067, 1069, 1145, 1287, 1289, 1433, 1437) suivent les règles de la procédure gracieuse en vertu de la disposition expresse qui les y rattache, même si, en elles-mêmes, elle ne réunissent pas tous les critères de la juridiction gracieuse par nature (elles constituent la juridiction gracieuse par rattachement). Dernier exemple : ce sont toujours les mêmes quatre qualificatifs qui servent à désigner quatre catégories de règle qui se combinent dans une procédure. La demande est « *formée* » signifie : doit être formée suivant les règles qui déterminent, en la matière, la forme de la demande (par assignation, requête, etc.). La demande ou l'affaire est « *instruite* » : son instruction obéit à telle ou telle règle. La demande ou l'affaire est « *jugée* » : Les débats et le prononcé du jugement se déroulent de telle manière (en chambre du conseil ou en audience publique). On trouve ces trois qualificatifs isolément en associés : La demande (ou l'appel, le pourvoi) est formée (art. 750, 829, 830, 900, 974, etc.) ; l'affaire est instruite (art. 763, 930) ; l'affaire (ou l'appel) est instruite et jugée (art. 953, 1189, 1208, 1251) ; La demande (ou l'appel) est formée, instruite et jugée (art. 496, 896, 1054, 1067, 1287, 1433, etc.). Lorsqu'enfin il est écrit « l'affaire est instruite et *débattue* (en chambre du conseil, art. 1149, 1161, 1170, 1177, etc.), l'apparition de ce quatrième qualificatif signifie que les débats et le prononcé ne suivent pas le même régime (le jugement est prononcé en audience publique). Il faut bien alors abandonner la formule (l'affaire est jugée) qui réunissait les débats et le prononcé, pour une distinction (affaire débattue, jugement prononcé).

Cette résolution prend toute sa valeur lorsqu'il s'agit de désigner des notions techniques de précision. Quand elle est respectée, cette discipline d'écriture permet d'être assuré que toutes les dispositions qui contiennent le même mot se réfèrent à la même notion. Quand il est question, dans le Code de procédure civile ou même dans le Code civil (ex. : art. 254) d'un jugement qui « prend force de chose jugée », il est important de penser que toutes les dispositions se réfèrent à la définition qu'en donne l'article 500 du Code de procédure civile ; important de supposer que les formules « le litige né », « à peine de nullité », « en cas d'urgence » « droit dont on a la libre disposition » (ex. : N.C.P.C. art. 12, 408, 556) ont, partout, le même sens.

Un tel parti pourrait ne pas avoir du bon. Il entend normaliser. Il pourrait figer. L'habitude risque de pérenniser des formules toute faites qui ne sont pas nécessairement heureuses : on pourrait ne plus accepter volontiers :

— péril en la demeure (C. civ., art. 1991) ;

— qui de droit (C. civ., art. 1663) ;

— dûment accepté (C. civ., art. 958).

Mais les expressions consacrées que la tradition nous a léguées ont encore, pour beaucoup, un sens vif. On ne voudrait pas sacrifier :

— de droit, de plein droit ;

— de rigueur (ex. : C. civ., art. 1717) ;

— réputée non écrite (application innombrable) ;

— soins d'un « bon père de famille » (73).

La seule conclusion est qu'il y faut du discernement. Discipline de langage, mais non esprit de système. Il y a place pour des variations littéraires (74) et, dans le traitement des clichés qui viennent de loin, pour le respect et le renouvellement.

β) *Les dénominations génériques*

Le procédé consiste à réunir sous un nom commun les diverses espèces d'un même genre. Les « transferts d'administration » dont il est question à l'article 2140 C. civ. regroupent la concentration de pouvoirs sur les biens communs (art. 1426), et le dessaisissement des propres (art. 1429). Les « mesures judiciaires de protection » auxquelles se réfèrent l'art. 1396 *in fine* englobent les transferts d'administration, la séparation judiciaire de biens, et toutes les autres habilitations et autorisations (art. 217, 219) ou mesures de crise du régime primaire (art. 220-1). Cette présentation résulte, bien entendu, au fond, d'une classification qui fait émerger une catégorie de regroupement. Mais l'action de lui donner un nom — et le plus souvent un nom nouveau — est, à elle seule, importante (c'est l'apport linguistique du nominalisme législatif à une élaboration fondamentale).

La dénomination générique permet de désigner en bloc les diverses espèces qui forment un ensemble, et même de les soumettre globalement à une même règle sans avoir à les spécifier (ex. : C. civ., art. 2140). Ce regroupement est commode, même lorsque les diverses espèces du genre sont rapprochées dans la loi (c'est le cas des actions possessoires, N.C.P.C., art. 1264 s., que recouvrent les termes génériques de « protection possessoire », soit dans le même code, soit par référence, dans le Code civil, art. 2282). La réunion sous un nom de genre est encore plus utile quand elle rassemble des institutions dispersées dans les textes (c'est le cas des mesures judiciaires de protection). Il s'agit vraiment d'un facteur de cohésion.

---

(73) Même s'il s'agit, point cocasse, de la conservation du cheptel (C. civ., art. 1806). Comp. art. 1880.

(74) Dix-huit ans « accomplis » (C. civ., art. 144, *adde*, art. 388), dix-huit ans « révolus » (C. civ., art. 158, *adde*, art. 477) ? La synonymie est parfaite, la confusion nulle.

SECTION II

LE STYLE LÉGISLATIF

« Tels mots, telle loi ». Bentham.

Définition.

81. — Le style législatif est la manière d'écrire du législateur. L'étude du style des lois est l'étude de l'expression législative.

Le postulat de cette affirmation est que le législateur a une manière propre d'écrire, que la loi est une façon de parler (75) ; quelles sont donc les particularités de l'expression législative ?

Leur repérage scientifique supposerait que soit au préalable déterminé par rapport à quel type d'expression, la comparaison cherche à faire ressortir les particularités supposées du style législatif. Au sein du langage du droit, celui-ci pourrait être caractérisé relativement au style administratif, au style judiciaire, au langage du palais, etc. Mais la comparaison avec le langage courant est, elle aussi, naturelle. Bien mieux, la référence pourrait être faite, en dehors du langage juridique, à tellement d'autres expressions (style littéraire, style poétique) que l'exploitation méthodique de ces comparaisons croisées bloquerait l'analyse.

Il n'est pas déraisonnable d'admettre que les écarts qui sont la marque du style législatif sont souvent reconnaissables par eux-mêmes, sans que soient nécessairement spécifiées les références qui font saillir ses singularités.

Il en est ainsi, d'abord, des effets stylistiques des *marques fonctionnelles* du discours législatif (v. ci-dessus). À propos de ces marques, il a déjà été beaucoup question de style. Dans l'expression législative, nous avons déjà envisagé celle qui est la résultante évidente de la fonction législative.

Dans le style de la loi, il reste à considérer ce qui procède d'une *intention particulière* du législateur : non plus la base fonctionnelle constante de l'expression législative, mais ses *variations stylistiques.*

Les écarts intentionnels de l'expression législative se ramènent aux partis que prend le législateur, principalement au choix d'un ton (§ 1) et aux effets de style (§ 2).

Observations préliminaires

Cette étude est entreprise dans le coup de deux ambiguïtés qu'il est impossible de lever.

(75) V. Conférence à l'Université de Neuchâtel, annales 1977-1978.

1. Un style ne s'étudie que dans un *texte*. Or, il s'agit de le saisir ici dans un *type de discours*. À la vérité, ce discours correspond au corps de l'ensemble des textes. Mais nous sommes incapables d'ouvrir une recherche dans un aussi vaste champ. Une fois encore, nous privilégions le Code civil et le Code de procédure civile. La première ambiguïté est que, si le style de ces codes, peut être considéré comme un échantillon représentatif du style législatif, en réalité, il existe autant de styles que de lois.

2. Une étude de style est principalement descriptive. Mais elle est indissociablement critique et normative. Comment écrit le législateur ? Comment devrait-il écrire ? La deuxième question accompagne toujours la première. Cette autre ambiguïté rachète en partie la précédente (car c'est au niveau du discours législatif que les leçons du bien écrire peuvent se faire entendre).

À ce point, trois choses sont évidentes :

— Que tous ceux qui, jusqu'ici, se sont préoccupés du style des lois en général, se sont principalement proposé d'énoncer les règles auxquelles le législateur doit se soumettre en écrivant. La tradition nous lègue un *art législatif*.

— Que cet art poétique de la législation se réduit à quelques règles quintessentielles que leur force évidente met au-dessus de l'érosion et de la controverse. Redisons avec Bentham : « Clarté, briéveté, voilà donc les deux qualités essentielles. (76) ».

— Que les règles d'or du style législatif soit inhérentes à la fonction législative : nous les avons exposées avec les marques fonctionnelles (V. plus haut, n° 74). Il reste tous les autres choix.

§ 1. — LE CHOIX D'UN TON

Le législateur ne parle pas toujours sur le même ton. Relativement au langage populaire ou au langage familier, il est toujours dans le ton noble, ou, au moins dans le ton soigné. Mais, dans cet ensemble, le style de la loi est plus ou moins neutre, plus ou moins technique, plus ou moins concret. Sur chacun de ces points principaux et distincts (non sans recoupement cependant), le législateur opère des choix qui portent sur les mots et sur l'ordre des mots (les tournures, les locutions, les façons de parler, et même la syntaxe au sens large du terme).

C'est un fait. Y a-t-il des règles pour dicter ces choix ? La seule règle du bon choix est sans doute qu'il n'y a pas de règle absolue, mais seulement des tendances en de variables partages d'influence.

(76) Traités de législation civile et pénale, préc., t. III, p. 391.

A. — STYLE NEUTRE ET STYLE EXPRESSIF

a) *Première proposition : le style neutre est de principe*

Telle est au moins la conception traditionnelle que suivent la plupart des lois. On l'appelle volontiers, d'un nom de référence, « style Conseil d'État ». Suffirait-il de dire que la langue du législateur est (et surtout devrait-être) sobre, dépouillée, sans emphase, enflure ni fioritures, seulement attentive à dire le nécessaire (77), simplement ordonnée à son utilité sociale ? Sans doute faut-il préciser ce que neutre veut dire (78).

— Le législateur n'a pas, en premier objectif, une intention littéraire. La loi est un acte juridique avant d'être (si elle l'est jamais) une œuvre d'art. Si elle peut avoir des qualités littéraires, le principe de sa naissance n'est pas celui d'une création littéraire et artistique. Il manque au législateur la liberté qui fait le poète ou l'écrivain. Tout pour être compris : La simplicité et la clarté sont de rigueur et de fonction. La loi est vouée, sans esthétisme, à des beautés de surcroît.

— La loi est un *langage de raison*. Si elle veut être reconnue comme acte d'équité et de raison, son style lisse et impassible ne peut être que celui de la sérénité, de la modération, de la pondération, de la sagesse.

La justesse de ce ton a de multiples conséquences. Aucune licence ne lui est donnée de jouer d'ironie ou de plaisanterie, de laisser percer la moindre pointe de polémique, de sarcasme, de satire (ou même d'humour ?). La loi est sérieuse.

Dans le genre, l'objectivité et l'impartialité sont une autre face de cette neutralité. Le style de la loi est sans passion ni préjugés, sans marques d'arbitraire.

Cependant raison n'est pas raisonnement. *Jubeat lex, non sudeat*. Le législateur ne discute ni ne justifie. Il n'argumente pas. Il ne démontre pas. Il ne raisonne pas. Son acte n'est ni un avis ni une motivation. Il dispose. Son style n'est pas spéculatif mais impérieux. L'art législatif n'est pas davantage un art oratoire. Est-ce-à dire que le législateur doive toujours s'en tenir à cette « déclaration pure et simple de volonté » sans jamais y entremêler des « affections distinctes de cette volonté ? (79) ? » Ou même les préférences ? Ce précepte trop strict serait trop réducteur.

---

(77) Car ce sont aussi des qualités littéraires.

(78) BENTHAM, oppose aux termes neutres (disposition, caractère, motif) les termes approbatifs (honneur, gratitude) ou désapprobatifs (libertinage, cupidité, prodigalité) qui, pour ces deux derniers types, recèlent, selon lui, un sophisme, « une pétition de principe cachée dans un seul mot ». V. Tactique des assemblées législative, préc., t. II, p. 163 s.

(79) Selon le vœu de BENTHAM, Tactique des assemblées législatives, préc., t. I, p. 102.

b) *Deuxième proposition : La valeur expressive à sa place*

Il arrive, et il est bon, que le législateur, sortant de sa réserve, imprime à son style une valeur particulière. Ce ne sont jamais que des appoints : des nuances ou des pointes. Mais c'est grâce à ces touches que le style législatif peut espérer échapper à l'ennui, de manière à n'être ni trop plat, ni trop terne, ni trop morne, ni trop triste, ni trop monotone. Faudrait-il toujours bailler au droit ?

Le législateur est fondé à mettre en relief *les objectifs de sa politique législative* par des mots qui traduisent le parti qu'il prend. Il est dans l'ordre que ses choix soient lisibles. Il est légitime que ses énoncés portent les marques de ses faveurs ou de ses défaveurs. Il n'y a pas que ce qui est permis et ce qui est défendu. Il y a des mots pour admettre, reconnaître, tolérer ou encourager, comme il en est pour écarter, exclure, interdire, prohiber, proscrire plus ou moins rigoureusement. Quand la loi confère au juge pouvoir d'*octroyer,* c'est du bout des doigts ; pouvoir d'*accorder,* ce peut être plus généreux. La politique est dans le mot.

Il est même naturel que, parfois, le législateur laisse paraître *ses sentiments*. La loi vibre parfois. Elle n'est pas toujours sèche.

Bentham lui-même le reconnaît quand il écrit, à propos du style des lois (80) : « Il est aussi très convenable que les lois portent le cachet de la tendresse paternelle, et qu'on y laisse des marques sensibles de la bienveillance qui les a dictées. » La bonté du législateur n'est pas ridicule (81). Elle aussi souffle des mots qui font sentir la douceur de la loi. Sans chercher à saisir si c'est encore un effet de sa bonté, sa sévérité aussi peut transparaître. La dissuasion pénale fait appel à la force comminatoire des mots. En inspirant la crainte du châtiment, un certain langage de rigueur contribue à la prévention du crime (82). On peut toujours douter que la menace intimide (et autre est la question de la brandir avec discernement). Quand la valeur en vaut la peine, reste la vertu de sa proclamation.

« Sont indignes de succéder, et comme tels, exclus de la succession... », l'exclusion aurait pu suffire, elle est nommée indignité ; sur cette insistance, et portée en tête du texte (83), la sanction est vraiment fulminée. C'est un effet de valeur.

On pourrait en échantillonner beaucoup d'autres.

---

(80) Tr. de législation préc., t. III, 397.

(81) V. La bonté du législateur, conférence donnée à Louvain, le 24 avril 1989, annales de l'Université.

(82) « Tout condamné à mort aura la tête tranchée » ; toute question de principe exclue, l'énoncé de l'ancien article du Code pénal était seulement exemplaire par l'amplification donnée à l'acte par le mot.

(83) C. civ., art. 727.

Il est des lieux où le législateur demande à des termes de prestige une certaine solennité (84), ou adopte un ton intimiste (85). On retrouvera, avec plus de détails, l'éventail des effets de style (86).

B. — LANGAGE TECHNIQUE ET LANGAGE COURANT

83. — Le législateur use t-il et doit-il user, dans ses énoncés, de moyens techniques propres au droit ou des moyens ordinaires de l'expression courante ? Sous le double rapport de ce qui est et de ce qui devrait être, la question se pose pour les termes et les tournures, le choix du vocabulaire et l'organisation de la phrase.

La question est le lieu d'un conflit de tendances. Chaque thèse à ses adeptes. Bentham s'est fait le champion du langage courant : « [Le législateur] parlera la langue familière à tout le monde (87) ». À partir des années 60, le courant en faveur de la modernisation du langage juridique (88), a repris le même thème.

Prenant, sans surprise, le langage comme un « instrument de la technique juridique », François Gény tient au contraire pour essentiel que l'on sache « dégager et isoler de la langue commune une langue technique s'adaptant spécifiquement à sa fin (89) ». Et Becquart dans sa thèse de surenchérir : « Nous combattons au contraire pour la spécialité de la langue juridique (90) ».

Chaque thèse renferme une vérité que disqualifie l'illusion commune du tout ou rien.

De toute évidence, deux exigences s'imposent au législateur avec la même force :

1. Chaque fois qu'il est possible, le législateur doit s'exprimer de manière à *être compris de tous*. Nul n'est censé ignorer la loi.

2. Chaque fois qu'il est nécessaire, le législateur doit *utiliser la précision de son langage technique*. C'est aussi une garantie de clarté, de sécurité et de liberté.

Il reste à démontrer que les deux objectifs ne sont pas incompatibles, plus précisément que leur opposition se réduit à quelques problèmes qui ne sont pas insolubles. L'essentiel est de comprendre : 1. que sur certains points, qui sont de faux problèmes, les deux objectifs ne s'opposent pas ; 2. que d'autres problèmes,

---

(84) V. ce qui a été dit de ce vocabulaire, dans l'étude des mots, n° 24.

(85) N.C.P.C., art. 1134, al. 2 : « ... Si le juge aperçoit dans ces documents... des indices qui laissent présumer la persistance d'une communauté de sentiments entre les époux, il oriente leurs réflexions en ce sens ». C'est l'entretien de confirmation des aveux, dans le divorce sur double aveu.

(86) V. plus loin, n° 85.

(87) Traités de législation civile et pénale préc., t. III, p. 399.

(88) V. F.-M. SCHROEDER, Le nouveau style judiciaire, Dalloz, 1978.

(89) Science et technique en droit privé positif, III, élaboration technique du droit positif, n° 254, p. 450.

(90) Thèse préc., n° 112, p. 156.

qui sont de vrais problèmes, sont étrangers à la controverse ; 3. que sur les points où les deux objectifs s'opposent vraiment, un arbitrage est possible.

a) *Élimination des faux problèmes*

1° *Langue et langage*

Il n'y a pas de choix à faire entre langue et langage. Le langage du droit est un langage spécialisé au sein de la langue naturelle qui le porte. Le langage juridique français ne s'oppose pas à la langue française ; il la met en œuvre ; il en est l'exercice. Seulement, il introduit dans l'usage qu'il en fait certaines particularités de terminologie et de « phraséologie ».

Pour la syntaxe, la grammaire et le vocabulaire de base, le français juridique n'est que le français. Sans doute est-il impossible de mesurer, dans l'ensemble des textes législatifs, la part du français basique (vocabulaire et constructions ordinaires). Mais, disposition par disposition, l'exercice est aussi stimulant que révélateur. Dans l'article 231 du Code civil choisi au hasard comme exemple (91), les marques du langage spécialisé se réduisent à sept mots sur soixante six (92). L'opposition prend ses véritables dimensions : la greffe de quelques particularités techniques sur le tronc de la langue.

2° *Termes techniques et sens technique*

Les adeptes de la technicité se trompent lorsqu'ils font passer la défense de la technicité par celle des termes techniques. Comme si les termes techniques, conçus comme des termes propres au langage du droit, étaient les seuls porteurs de technicité. C'est une erreur radicale. Beaucoup de termes du langage courant ont, au regard du droit, un sens technique propre. C'est le phénomène de la polysémie externe (93).

Le combat contre le vocabulaire courant est en porte-à-faux lorsqu'il vise des termes de ce vocabulaire qui se sont chargés d'un sens technique de précision au regard du droit. Quant au rêve de les éliminer pour ne plus désigner les notions

(91) C. civ., art. 231 : « Le juge examine la demande avec chacun des époux, puis les réunit. Il appelle ensuite le ou les avocats. Si les époux persistent en leur intention de divorcer, le juge leur indique que leur demande doit être renouvelée après un délai de réflexion de trois mois ».

À défaut de renouvellement dans les six mois qui suivent l'expiration de ce délai de réflexion, la demande conjointe sera caduque. »

(92) Époux, juge, avocat, divorce, demande conjointe, caduque.

(93) V. plus haut n° 18.

juridiques que par des termes d'appartenance exclusive, c'est une utopie dangereuse et une cause perdue (94).

3° *Langage courant et... langage courant*

Commode, l'expression « langage courant » est réductrice, car elle recouvre une notion hétérogène. À peine moins schématique, l'analyse classique sous-distingue le langage populaire (et sa pointe argotique), le langage familier, le langage soigné, le langage littéraire. Il devient évident que le langage juridique technique n'est ni populaire ni familier, ni littéraire (même si la recherche dont il est le fruit lui donne une valeur littéraire). C'est donc seulement au langage courant soigné qu'il peut s'opposer par quelques particularités.

Encore faut-il réserver des aires de parfaite convergence. On ne dit pas assez que, dans la langue commune, certains langages sont précisément et nécessairement communs à toutes les disciplines, à toutes les sciences, à toutes les techniques : Il s'agit du langage de l'observation, de la constatation, de la description, de la logique, de l'analyse, de l'appréciation. Tout ce qui se dit ainsi : cela est (ou n'est pas), cela est ainsi (ou autrement), cela est certain (ou douteux), cela est cohérent (ou non), cela dépend (il faut distinguer), cela vaut, *se dit ainsi partout de la même manière, y compris dans la rédaction des lois.*

b) *Renvoi de questions étrangères*

L'opposition du langage technique et du langage courant doit aussi être dégagée de questions encombrantes qui n'y sont pas liées. Là encore, l'opposition se dégonfle.

1° *La question des archaïsmes*

Elle n'entre pas dans celle de la technicité du langage du droit. Tout ce qui est technique n'est pas (nécessairement) archaïque (95). Tout ce qui est archaïque

(94) V. plus haut, n° 19. Ce phénomène de « Juridicisation » progressive des termes de la langue naturelle a été fort bien mis en lumière par Jean Ray, dans sa thèse : « Les termes qui n'étaient pas techniques lors de la rédaction d'une loi le deviennent peu à peu, une fois entrés dans la vie juridique, soumis à l'effort d'interprétation, définis, consacrés, pâtinés en quelque sorte dans les études et les prétoires » (Essai sur la structure logique du Code civil français, Paris, 1926, p. 31). C'est toute l'histoire de la garde, entre bien d'autres notions. Le contrôle de la Cour de cassation (notamment sur la qualification et la base légale) y est pour beaucoup. Cette évolution sémantique toujours à l'œuvre relativise la controverse.

(95) Certains termes techniques sont même des néologismes (ex. : prestation compensatoire). S'ils sont anciens, la plupart des termes juridiques techniques n'ont aucunement vieilli (subrogation, novation, clause compromissoire, juridiction gracieuse, etc.). Cette catégorie est innombrable.

n'est pas (nécessairement) technique (96). La distinction s'impose pour les archaïsmes de terminologie, aussi bien que pour les archaïsmes de construction.

Lutter contre l'archaïsme laisse dont entière la question de la technicité. Semblablement, la défense des archaïsmes n'apporterait rien à la cause de la technicité. L'attention à ne pas amalgamer deux questions distinctes est d'autant plus nécessaire, on le verra, que la notion même d'archaïsme et le traitement des archaïsmes sont plus difficiles à élucider qu'il n'y paraît à première vue.

2° *La question des notions-cadre*

C'est encore un autre problème. Le législateur use-t-il souvent, et à bon escient, de termes porteurs d'une charge indéterminée ? Ce débat n'est pas celui du langage technique et du langage courant (97). C'est celui des avantages respectifs de la précision rigoureuse et de la souplesse directive. Les distinctions ne coïncident pas. Le vague n'est pas le propre du langage courant, ni le précis celui du technique. La loi s'appuie banalement sur des notions ordinaires précises (jour, heure, naissance, décès et tous les verbes courants : indiquer, mentionner, écrire, faire, établir, porter, etc.). Réciproquement, de nombreux outils consacrés de la technique juridique ont beaucoup d'élasticité (bonne foi, fraude, indivisibilité, connexité, etc.). la vigilance à ne pas mélanger les discussions s'impose d'autant plus que le bon usage des notions-cadre est affaire, non de géométrie, mais de finesse. Celle-ci passe par le discernement des matières qui exige la précision et de celles qui appellent la souplesse. Qui voudra enfermer dans d'autres formules le sens de ces vocations naturelles ? Il n'y a pas de choix global à faire (si l'on ne veut pas avoir à choisir entre le rigorisme et le laxisme qui assassinent ensemble l'esprit juridique), mais une complémentarité à régler par sagesse.

c) *Arbitrage des choix véritables*

Quand elle se présente vraiment, la question d'un choix entre langage technique et langage courant trouve, semble-t-il, sa solution raisonnable dans l'application des propositions qui suivent.

1° Toutes les fois qu'un terme technique est seul capable de rendre avec précision l'idée du législateur, il doit prévaloir. *Le défaut d'équivalence se résout en sa faveur.* Ce choix s'impose au premier chef dans les matières qui exigent un haut

(96) Dame, sieur, icelui, icelle, etc.

(97) GENY, donne sans doute une part excessive à cette discussion au sein de l'autre (*loc. cit.*). Il est vrai qu'il pense surtout à des notions qui ont un contenu moral, économique ou politique, donc extrajuridique, *stricto sensu*. Même alors cependant, la technique juridique a son mot à dire : C'est elle, traditionnellement, qui mesure la dose d'exigence morale que l'on peut faire entrer dans la notion « juridiquement conquise » (et donc « techniquement construite ») de bonnes mœurs ; on retrouve la « Juridicisation » évoquée plus haut.

degré de précision : théorie des obligations, droit du crédit, droit cambiaire, procédure, etc. Il garde sa valeur en toute matière. Dans le divorce, il est ridicule d'avoir chassé les termes demandeur, défendeur, demande reconventionnelle pour de maladroites périphrases. La démagogie est mauvaise conseillère. Les définitions légales sont là, quand il le faut, pour livrer le sens du terme technique (98).

2° Chaque fois au contraire que la pensée du législateur peut être rendue de façon équivalente par une formulation technique ou par une expression courante, celle-ci doit prévaloir. *L'équivalence se résoud en sa faveur.* Elle est en général plus simple et plus claire. C'est un cas très fréquent et c'est la tradition française, au moins dans l'écriture du Code civil. Elle est, en ceci, exemplaire.

— « *Il n'y a pas* de mariage,... » (art. 146),

— « *À la suite* du divorce,... » (art. 264) ;

— « *La présomption de paternité est écartée...* » (art. 313-1),

— « *Il n'y a* de possession d'état... » (art. 321),

— La légitimation « *profite* » aux descendants... » (art. 332),

— Les époux « *n'ont pas à en faire connaître* la cause... » (art. 230),

— « Les pouvoirs de l'exécuteur testamentaire ne *passeront* point à ses héritiers (art. 1032),

— « Le créancier ne peut être contraint de recevoir *une autre chose...* (art. 1243),

— « *Comme ils le jugent à propos...* » (art. 1397),

— « Les privilèges *peuvent être* sur les meubles ou sur les immeubles » (art. 2099).

Dans tous ces cas, on peut s'amuser à remplacer l'expression donnée au texte par une formulation plus juridique (du genre « la possession d'état n'est juridiquement constituée... » ou « les descendants sont en droit de se prévaloir... ».

L'expression est plus lourde et n'ajoute rien (99).

Encore n'avons-nous pas choisi, à dessein, des énoncés où le langage de tout le monde sonne merveilleusement, mais où il s'impose sans hésitation parce qu'il s'agit de décrire un fait (100).

---

(98) Ou semblablement pour fixer le sens technique d'un terme de double appartenance.

(99) Dans l'art. 146, on pourrait, il est vrai, trancher la question de l'inexistence ou de la nullité absolue en écrivant : « Quand le consentement d'un époux fait totalement défaut, la mariage est nul de nullité absolue (ou inexistant)... ». Mais pour quel progrès ?

(100) « A cessé de paraître... » (art. 112), « ... reparaît ou donne de ses nouvelles... » (art. 118), que dire de mieux dans la présomption d'absence ?

3° Toutes les fois qu'il est possible, l'expression courante et les termes techniques peuvent être associés *dans un même énoncé.* C'est un mariage harmonieux. Dans l'article 1203 « solidairement » et « bénéfice de discussion », seules données techniques, sont enchâssées dans une phrase simple, pure et transparente. Cette issue heureuse est souvent accessible. C'est, en particulier, l'un des bonheurs du style des contrats et obligations en général, dans le Code civil. Voie à suivre.

C. — STYLE CONCRET ET STYLE ABSTRAIT

84. — Dans le choix des mots (101) mais aussi dans celui des formulations, l'énoncé législatif est-il (et doit-il être) concret ou abstrait ? Sans doute est-ce l'option la plus importante.

Au moins pour le droit français, la réponse tient en deux propositions.

a) *Première proposition : Complémentarité partielle des deux modes*

Le style concret et le style abstrait ne sont pas toujours sur pied de rivalité. Ils se complètent dans une large mesure, ce qui signifie deux choses.

1° *Répartition par matière.* Chaque style a son domaine naturel. Il serait plus exact de dire que chaque style donne le ton dominant en certaines matières. La note d'abstraction est la plus forte dans le droit des obligations en général. Au moins l'abstraction règne-t-elle sur les termes clés : subrogation, novation, délégation, paiement, solidarité, indivisibilité, rétroactivité, quasi-contrat, quasi-délit, etc. Sans surprise, le style concret prévaut au contraire dans le droit des biens, où il s'agit de décrire et de régir des choses : il y est question de fonds de terre, de bâtiments (art. 518), de coupes de bois (art. 521), de tuyaux (art. 523), d'animaux attachés à la culture (art. 524), de croît des animaux (art. 547), etc. Domination sans exclusion : Certains termes du droit des obligations ont des racines concrètes : confusion, compensation, clause pénale. La distinction des biens fait une place à des définitions abstraites (celles des meubles et des immeubles). C'est question par question, en vérité, qu'il faut chercher quel est le ton juste. Le souci d'une protection efficace passe souvent par des précisions concrètes (par ex. : sur le logement et les meubles meublants des majeurs protégés, C. civ., art. 490-2, sur les visites qu'on leur fait, art. 490-3, sur les mesures d'assistance éducative, art. 375-2, sur l'appréciation de la violence, art. 1112, al. 2).

Cette supériorité est tempérée par une certaine vulnérabilité au temps qui passe (qui n'est pas négligeable en législation). Quand la technologie change, la terminologie vieillit (V. l'article 599 du Code civil où tournent encore les moulins à vent et à eau, et l'article 524 où bruissent les fermes du XIXe siècle).

---

(101) Cette valeur a été présentée, avec l'étude des mots, dans l'ensemble du vocabulaire juridique (v. plus haut, n° 25). Il s'agit ici, plus particulièrement, de son emploi législatif.

2° *Association dans un même énoncé.* La loi rapproche parfois, dans un même énoncé, des éléments concrets et des éléments abstraits. Cette complémentarité est en général heureuse. Il en est ainsi des dispositions qui donnent des *exemples* au soutien d'une formulation générale (102). La théorie des récompenses en donne trois applications très pures (C. civ., art. 1416, 1433, 1437). L'accession en demeure le modèle d'excellence (C. civ., art. 5655). Porteurs d'applications certaines, les exemples font naître des images qui permettent de remplir le critère abstrait des autres applications qu'il contient en puissance. Dans cette précieuse alliance, chaque mode exalte l'autre (103).

b) *Deuxième proposition : Faveur, en général, au style concret*

Dans la rédaction des lois, la tradition française préfère le style concret. C'est le plus simple, le plus clair, le plus vivant, le plus évocateur, le plus léger... le plus français. Cette préférence n'est pas l'effet d'un choix dogmatique. Elle est dans le génie de la langue française. C'est le style de Montaigne, de La Fontaine, de Montesquieu. Chez les jurisconsultes, Domat et Pothier n'en sont pas loin. C'est, pour l'essentiel, le style du Code civil (104). Sans doute est-ce parce que ce qui est concret parvient à être tout à la fois précis et exemplaire, réaliste et imagé, direct et riche, ce qui convient à l'énoncé de la loi.

De quoi s'agit-il ? Le style législatif use modérément d'images-symbole (105). Le choix d'un ton concret se marque surtout de deux manières.

1° *Le choix de verbes imagés*

Les verbes qui font image (106) ont une extrême importance dans le Code civil et le nouveau Code de procédure civile. À la vérité, on ne les remarque pas toujours. Un emploi ancien en a tout à la fois consacré l'usage et atténué le pouvoir d'évocation (ce qui leur concilie les adeptes d'un style neutre). Mais l'image est prête à être rafraîchie et cette tradition d'écriture est vivante. Il y a bien une intention de les choisir, car dans tous les cas, l'action pourrait être exprimée par un verbe abstrait.

Dans la plupart des cas, le verbe exprime un *mouvement* (porter, entrer, courir, etc.), et emprunte à celui-ci l'idée de l'opération juridique ou de ses effets.

---

(102) V. sur l'exemplarité, Droit civil, t. I, introduction, n° 215 *bis*, Montchrestien, 1988.

(103) Comp. C. civ., art. 524, 528, 587, 589, 1587, 1949, etc. *Adde*, l'approche complémentaire de la possession d'état (C. civ., art. 311-1 et 311-2).

(104) Non seulement celui qui lui a donné sa teneur originaire en 1804, mais celui qui de 1964 à 1975 à présidé à sa refonte. C'est aussi le ton du nouveau Code de procédure civile.

(105) V. plus haut, n° 25.

(106) Il s'agit ici d'image-parabole. V. plus haut, n° 25.

• La demande (en justice) est *portée* devant telle ou telle juridiction (ex. : N.C.P.C., art. 45, 52, etc.).

• L'action est *ouverte* au ministère public (C. civ., art. 339).

• La tutelle aussi *s'ouvre* (C. civ., art. 390).

• L'action en désaveu est *dirigée*... (C. civ., art. 317).

• La demande est *écartée* (C. civ., art. 342-4 ; *adde*, art. 313-1).

• La demande *fait courir* les intérêts (C. civ., art. 1207).

• Le délai *court* (N.C.P.C., art. 391), la prescription court (C. civ., art. 2251).

• L'intervention est principale lorsqu'elle *élève* une prétention (N.C.P.C., art. 329, *adde*, C. civ., art. 342-8).

• Le paiement *tourne* à la décharge du débiteur principal (C. civ., art. 1288).

• Le jugement *remonte* quant à ses effets (C. civ., art. 1445, al. 2).

• L'erreur *tombe*, etc. (C. civ., art. 110. La perte aussi tombe... C. civ., art. 1624) (107).

• Le mandat conçu en termes généraux *n'embrasse* que les actes d'administration (C. civ., art. 1988).

• L'enfant adopté *reste* dans sa famille d'origine (art. 364), mais l'enfant naturel *entre* dans la famille de son auteur (art. 334).

Dans de nombreux autres cas, le même emprunt d'image est fait à des verbes qui expriment une *action matérielle* :

• La compensation *éteint* les deux dettes (C. civ., art. 1289 ; *adde*, art. 1300) : Il y a d'ailleurs beaucoup d'extinction dans la loi : C. civ., art. 617, 703, 1234, 2180, N.C.P.C., art. 389).

• Les mesures d'instruction *éclairent* le juge (N.C.P.C., art. 232, 263).

• Le juge *tranche* le litige (N.C.P.C., art. 12).

• L'intervention *se rattache* aux prétentions d'une partie (N.C.P.C., art. 325) ou les *appuie* (art. 330).

• Un époux *supporte* la dette (C. civ., art. 1485 ; V. aussi pour la charge, art. 239, 1439).

• Les nullités sont *couvertes* (C. civ., art. 416).

Que dire du verbe qui dynamise les procès et menace les institutions : *attaquer* (108). (C. civ., art. 180, 182, 184, 1115, 1167, 2052, etc.) ? Autant de verbes imagés, autant de bandes dessinées potentielles en marge de la loi.

---

(107) Et le prodigue, à son tour, tombe dans le besoin (C. civ., art. 488).
(108) Frapper et casser ont aussi, en appel et en cassation, une place d'honneur.

2° *La référence à la réalité, sur le vif*

La loi s'efforce aussi d'exciter l'imagination, mais sans recours à une image externe, en puisant, dans le vif même de la situation qu'elle régit, l'action qui accroche le regard. L'acte juridique est visualisé. On voit le locataire *garnir* la maison, (C. civ., art. 1752), le preneur *tondre* (art. 1814), ou *nourrir et loger* le bétail (art. 1851). Les branches des arbres *avancent* sur la propriété d'autrui (art. 673), les époux *vivent* séparés (art. 237). Nous y sommes. Ce réalisme est déjà un effet de style.

§ 2. — LES EFFETS DE STYLE

85. — Ce sont des effets particuliers. Sans être exceptionnels, ils n'entrent pas dans le cours ordinaire du style des lois. En ce sens, ils ne suffiraient pas à caractériser une stylistique législative.

Mais ils sont remarquables, car ils marquent des écarts relativement au style neutre.

Pourrait-on parler de figures de style ? Le terme serait ambigu, car il englobe surtout les figures classiques de la rhétorique dont le législateur est relativement avare (109). Il s'agit ici de figures innommées, plus généralement de recherches, ou parfois de simples touches, répondant à diverses intentions.

A. — L'ACCENT SUR L'ESSENTIEL

La loi utilise principalement deux moyens pour marquer, dans l'énoncé, l'essentiel de son message.

a) *Les inversions*

Ce sont des écarts syntaxiques relativement à la construction ordinaire de la phrase : sujets, verbe, complément. Le législateur porte en tête de l'énoncé l'élément qu'il veut introduire en premier dans l'esprit du destinataire.

1° *Le verbe placé en tête*. Lorsqu'il ouvre l'énoncé législatif le verbe marque la valeur primordiale de l'action :

- La protection : « Peut être placé sous la sauvegarde de justice... » (C. civ., art. 491) ; « Ne peuvent être saisis... » (art. 2092-2).

---

(109) Il ne raisonne pas, et la rhétorique est un art de la persuasion. Cependant si certaines fioritures de la rhétorique ne sont pas dans le goût de la loi (de sa sobriété), la rhétorique a aussi le génie du raccourci qui peut conduire à *l'aurea brevitas*. C'est pourquoi, la loi contient des métonymies (ainsi quand elle désigne le sujet de droit par la main, le chef, la tête ou l'âme).

• La gravité de la condition : « Sont incapables de contracter (C. civ., art. 1124 ; *adde*, art. 442).

• La sanction : « Sont annulables... » (art. 220-3) ;

« Perd l'exercice de l'autorité parentale... » (art. 373) ;

« Sont exclus... » (art. 443) ; « Peuvent être déchus... (art. 378, 378-1).

• La qualification ou la définition : « Sont immeubles (art. 526, 528, 529)... » ; « Forment des propres... » (art. 1406) « Restent propres... » (art. 2405) ; « Est réputé constructeur... » (art. 1792-1) (110).

Il est cependant honnête de reconnaître que, dans les cas cités ou dans d'autres (art. 1049, 1499, 2118, 2146, 2162, 2277, etc.), la première place donnée au verbe répond aussi plus banalement au souci de rendre la phrase plus compréhensible en énonçant d'abord l'élément simple, ce qui est le cas du verbe qui commande une énumération ou une multitude de sujets.

2° *La sanction fulminée d'emblée*. À bon entendeur... ! L'indication inaugurale de la sanction favorise l'effet du signal de menace (et là encore rend la phrase plus légère). Cette tournure comminatoire est fréquente. De nombreuses dispositions commencent par les expressions : « À peine de nullité... », « À peine d'irrecevabilité... ». Annonce intimidante et claire. « Il n'y a pas de mariage... » (C. civ., art. 146).

3° *Autres applications*. Dans la même intention, la même priorité est donnée à d'autres éléments : à la situation (« En cas d'urgence », « S'il s'élève une contestation... », art. 645) ; à la chronologie (« Avant toute décision »... C. civ., art. 287-2), à un critère (« Selon l'intérêt de l'enfant »..., art. 287, *adde* « A titre exceptionnel... », art. 287-1) (111).

b) *La voix*

86. — Le choix entre la voix active et la voix passive est souvent commandé par l'importance relative du sujet (naturel), et de l'objet.

— Veut-on mettre l'accent sur le rôle personnel du sujet, sa fonction, sa mission, son initiative, son pouvoir, sa compétence, ou sur l'affirmation qu'il est titulaire d'un droit ? La voix active prend toute sa valeur dans la collation d'un pouvoir, d'un devoir, d'un droit.

« Le juge examine »... (art. 231),... « prononce » (art. 232).

---

(110) V. aussi dans le N.C.P.C. les art. 32, 64, 65, 66, 71, 73, 117, 122, 500, 554, 583.

(111) L'avant-projet de réforme de l'autorité parentale (1970) jetait toute la force de l'union et de l'égalité parentales en proclamant : « Ensemble, les époux assurent la direction, etc. » (art. 213). « Ensemble » est rentré dans le rang d'un énoncé plat. Les principes demeurent, mais c'était un cri de la loi.

« Le tuteur prendra soin »...(art. 450), « administre »... (art. 451). « Chacun est responsable... » (art. 1383), « Le propriétaire d'un animal... » (art. 1385)... « d'un bâtiment... » (art. 1386). C'est à lui que la loi s'adresse. Dans le divorce sur double aveu, l'aveu de chaque époux est distinctement marqué : « L'un des époux... » (art. 233), « Si l'autre époux... » (art. 234) : À chacun de juger. Dans l'affirmation qu'il fait de l'égalité des époux (dans l'indépendance ou l'interdépendance) le droit matrimonial use fréquemment de la voix active : « Chaque époux... » « Chacun des époux... » « Les époux ne peuvent l'un sans l'autre... » (art. 216, 220, 221, 223, 225, 1421, 1428, etc.). Les acteurs sont primordiaux.

— Quand au contraire l'essentiel se reporte sur l'objet, la voix passive permet de recentrer sur lui, promu sujet, l'importance de l'énoncé :

« La garantie de la dot est due par toute personne », (art. 1440).

« Les gains et salaires d'un époux ne peuvent être saisis par les créanciers... », (art. 1414).

« Le divorce peut être prononcé... » (art. 229. Le tout est de savoir dans quel cas : le sujet naturel, le juge, a même disparu).

« La rupture de la vie commune ne peut être invoquée... », (art. 241). C'est toujours le même processus. L'accent est placé sur les faits (art. 529), sur les preuves (art. 236, 259-1), sur les conventions (art. 1395), sur l'institution (art. 313-1, 353). Les opérateurs importent moins que l'opération.

B. — L'INSISTANCE

87. — Elle aussi marque une importance. Mais elle veut surtout « faire comprendre », en soulignant une similitude, une opposition, un caractère (112) ou en explicitant une donnée. L'énoncé législatif prend un tour didactique ou au moins explicatif. Législateur pédagogue (thème discrètement cher au doyen CARBONNIER).

a) *Les répétitions*

Elles marquent des parallèles, mais c'est toujours pour ouvrir ou fermer toutes les issues, toutes les voies, toutes les branches d'une alternative, de telle sorte qu'il soit très clair que la règle est générale et absolue.

- *Tout* altération, *tout* faux..., *toute* inscription... » (C. civ., art. 52).
- « *Ni* l'acte de notoriété *ni* le refus de le délivrer ne sont sujets à recours » (art. 72).
- « *Ni* le propriétaire, *ni* l'usufruitier... » (art. 607).

---

(112) V. également dans le N.C.P.C., l'art. 502 : « Nul jugement, nul acte... ».

• « *Aucune* renonciation, aucune cession... » (art. 376).

• « *Toute* reconnaissance est nulle, *toute* demande en recherche est irrecevable... » (art. 334-9). L'énoncé bloque la règle. C'est une affirmation performante de généralité (113).

b) *Les termes absolus*

Comme les répétitions, ils renforcent la généralité de la loi. La loi dit rarement jamais (114). Mais elle affirme souvent « toujours » (C. civ., art. 302 ; N.C.P.C., art. 20, 41, 129, 163, 188, 809, 826, 849).

c) *Les formules explicites*

Ce sont parfois de simples redites : « Le dépositaire doit rendre *identiquement* la *chose même...* » (art. 1932). D'autre fois, l'énoncé positif est renforcé par ce qu'il exclut : « la prescription se compte par jours, *et non par heures* » (art. 2260). Le plus souvent, la règle est éclairée par ce qu'elle entraîne. Le développement consiste à accompagner un principe de la conséquence principale qui en fait saisir le sens : « Par la nature du contrat, et sans qu'il soit besoin d'aucune stipulation particulière » (115) ; « La compensation s'opère de plein droit par la seule force de la loi, même à l'insu des débiteurs... » (art. 1290) ; « Le terme fixé est de rigueur, et ne peut être prolongé par le juge. » (art. 1661) ; « [Le dol] ne se présume pas, et doit être prouvé. » (art. 1116, V. aussi, art. 2268).

Certaines formules explicitent la sanction de la règle (art. 943 : « La donation... ne pourra comprendre... ; si elle comprend..., elle sera nulle... ») ; d'autres le mécanisme d'une opération (116), d'autres, tout simplement, le sens d'un énoncé (117), ou la question à résoudre (118). Un seul mot suffit parfois à donner la précision nécessaire. Ainsi de l'hypothèque : « Elle est, *de sa nature*, indivisible... » (art. 2114).

---

(113) Un adverbe y suffit parfois : « Ce prêt est *essentiellement* gratuit » (C. civ., art. 1876, le prêt à usage). V. aussi les art. 1911 et 1917. D'autres fois un adjectif : « *entier* paiement... » (art. 1948) ; « *pleine* foi » (art. 1319, 1356, comp., art. 1320).

(114) Mais elle précise parfois : « En aucun cas ».

(115) C. civ., art. 1719. c'est la définition même de ce qui est naturel (par opposition à essentiel et accidentel). V. Vocabulaire juridique, *hoc. verbo.*

(116) C. civ., art. 308 : « *Du fait* de la conversion, la cause de la séparation *devient* la cause du divorce... ».

(117) V. le remarquable parallèle des dispositions explicatives des art. 2240 et 2241. « *On ne peut pas* prescrire contre titre, *en ce sens* que... » ; « *on peut* prescrire contre son titre, *en ce sens que...* ».

(118) V. la formulation originale des art. 1624 et 1639. « La question de savoir sur lequel... » on dirait un fragment du Digeste, *Responsa prudentium.*

d) *Les balancements*

Ce sont des énoncés binaires qui couplent deux propositions du rapprochement desquelles le législateur escompte plus de lumière. Les propositions sont distinctes, mais elles forment une *suite.* Elles sont séparées en général par un « ; » (ou un signe proche de ponctuation , ou :) qui marque une pause (on attend la suite).

La plupart du temps le balancement marque une opposition. La première proposition est négative, la seconde positive, ou inversement.

Exemples : « La solidarité ne se présume point ; il faut qu'elle soit expressément stipulée » (art. 1202).

« Tout paiement suppose une dette ; ce qui a été payé sans être du est sujet à répétition. » (art. 1235).

C'est du contraste que la loi attend la lumière (119).

De tels balancements ne sont parfois pas autre chose que des formules explicites (certains ont été cités à ce propos. C. civ., art. 1116, 1661, 2268). Il en est ainsi de tous les balancements qui font suivre un principe de son corollaire (V. encore C. civ., art. 1273) ou de sa sanction (C. civ., art. 943 ; art. 1339). « Il faut qu'elle soit refaite... » (insiste ce dernier texte). C'est une façon de mettre les points sur les i. Le développement n'apporte qu'un éclaircissement ou une précision.

En revanche, le balancement marque parfois, de façon plus typique encore, ce qui est permis, et ce qui ne l'est pas, ce qui se produit, et ce qui ne se produit pas, ce qui est vrai, et ce qui ne l'est pas. Les deux propositions sont complémentaires (120).

- « *On ne peut* d'avance renoncer à la prescription ; *on peut* renoncer à la prescription acquise » (C. civ., art. 2220, énoncé de l'*a contrario*).
- « La séparation de corps ne dissout pas le mariage *mais* elle met fin au devoir de cohabitation » (art. 299).
- « Le préciput n'est point regardé comme une donation... *mais* comme une convention... » (art. 1516).

Ces balancements sont amis de la mémoire et de l'esprit qu'ils séduisent. Certains sont cependant hasardeux. On peut se demander si les deux énoncés sont deux façons (positive et négative) de dire la même chose, ou deux propositions distinctes chargées, chacune, d'un sens autonome. Telle est on le sait, la fortune de deux des plus célèbres balancements : « La loi ne dispose que pour l'avenir ; elle n'a point d'effet rétroactif. » (C. civ., art. 2).

---

(119) Il arrive cependant que les deux propositions soient de même signe. Ex. : C. civ., art. 2268.

(120) V. aussi typiquement les deux propositions distinctes complémentaires (et toutes deux nécessaires) de l'art. 488, N.C.P.C.

« Les conventions n'ont d'effet qu'entre les parties contractantes ; etc. » (C. civ., art. 1165).

e) *Les redondances*

Dans la loi, elles sont exceptionnelles. Au moins y sont-elles plus rares que dans les conclusions, les actes de procédures ou les actes notariés. La concision législative les chasse. Si ce sont des exagérations démonstratives, la loi ne persuade pas. Si ce sont des précautions, des cautèles, c'est le souci des praticiens (et le risque est toujours de rendre le style cauteleux).

La loi pourtant s'y abandonne parfois : « Un seul et même jugement... » (C. civ., art. 318-2) ; « Les part et portion de chacun... » (art. 1214) ; « ... ont voulu et entendu... » (art. 1175) ; « en la puissance et possession de l'acheteur... » (art. 1604). Traditionnelles, pour les trois dernières, ces manières de parler apportent un superflu qui n'est pas gênant et qui a même son intérêt. La formule n'ajoute rien au droit, mais elle ajoute quelque chose à l'intelligence du droit. Elle infuse une force au discours.

C. — L'ÉCONOMIE

88. — À l'inverse, le législateur épure parfois ses énoncés par un redoublement d'effort. Il est économe de ses mots par soustraction ou par réduction. Il est alors dans le fil de la vocation naturelle du style législatif. Mais il y tend par des moyens particuliers qui sont de véritables effets de style (121).

a) *Élision de l'article*

C'est un petit profit, mais le tour est plus nerveux. Il en existe quelques exemples :

- « La possession vaut titre » (art. 2279, la loi aurait pu faire un doublé) ;
- « Récompense est due... » (art. 1412) ;
- « Expédition de l'acte... » (art. 101) ;
- « Droit et devoir de garde... » (art. 371-1) V. aussi, art. 302, 311-16, etc.

b) *Raccourci du sujet*

Le procédé consiste à donner à la désignation du sujet une forme abrégée. La loi y tend le plus souvent en lui donnant une expression synthétique. Au lieu de

---

(121) On pourrait y ajouter l'emploi de l'ablatif absolu, élégant et souverain : « La communauté dissoute » (C. civ., art. 1467 ; « Le mariage célébré... » (art. 139) ; « Balance faite... » (art. 1470) ; *adde*, art. 2249 et dans le N.C.P.C., art. 12, 41, 1444 (Le litige né...).

suivre précisément la décomposition analytique des effets d'un acte juridique, l'énoncé rapporte globalement ses effets à l'institution promue sujet : « Le mariage emporte légitimation » (art. 311-16) ; « Le divorce laisse subsister… » (art. 286) ; « L'adoption confère à l'enfant… » (art. 356, 357, V. aussi, art. 332-1) ; « La séparation de corps entraîne toujours séparation de liens » (art. 302). Le procédé de l'institution-sujet est très fréquent (C. civ., art. 201, 202, 355, etc.) ; *adde*, dans le N.C.P.C., art. 1150, 1177, « L'instance obéit… »). D'autres fois, le même gain résulte d'une ellipse. Il y a de l'audace, mais du bonheur dans la formule « Le propriétaire joignant un mur… » (C. civ., art. 661. comp., art. 668) ou « La chose jugée n'élève aucune fin de non recevoir… » (art. 342-8).

c) *Verbes-force*

Il n'y en a que deux, mais ce sont de merveilleux instruments. Ils ont la vertu d'exprimer la force juridique : La force d'une équivalence, ou la force d'une conséquence. Ces deux verbes sont chevillés dans de nombreux énoncés. Si on les remarque peu, on peut ici les saluer. Ce sont les verbes *valoir* et *emporter*.

- L'acte de naissance… *vaut* reconnaissance (C. civ., art. 337).
- La promesse de vente *vaut* vente (C. civ., art. 1589) V. encore, notamment, C. civ., art. 416, 1318, 2279, etc. Ce gain vaut son or.
- « L'interruption de l'instance *emporte* celle du délai de préemption » (N.C.P.C., art. 392).
- Le mandat de représentation *emporte* mission d'assistance » (N.C.P.C., art. 413). V. aussi, entre beaucoup d'autres, N.C.P.C., art. 389, 403, 404, 411, 412, 681, 751, 899, 973 ; C. civ., art. 311-16 ; 552).

D. — LES TROUVAILLES

89. — Elles sont hors-série : sur la pointe.

a) *Formules frappées*

Ensemble ou associées à d'autres moyens, ces mesures d'économie produisent parfois un résultat radical. Éprouvé à toute rigueur, l'énoncé devient maxime. L'idée dépouille de style. Elle est comme nue sous quelques mots. Seul l'essentiel est dit. Toute règle ne se prête pas à telle frappe. Discernement. Il en existe un florilège.

À tout seigneur… :

« En fait, de meubles, la possession vaut titre » (art. 2279).

« Toute séparation volontaire est nulle » (art. 1443, al. 2).

« Tout paiement suppose une dette » (art. 1235).

« L'adoption est irrevocable. » (art. 359).

« La vente de la chose d'autrui est nulle » (art. 1599).

« Pour faire un acte valable, il faut être sain d'esprit » (art. 489).

- « La tutelle, protection due à l'enfant, est une charge publique » (art. 427).
- « Il n'y a pas de mariage, etc.

Et bien sur :

« Les conventions légalement formées... (art. 1134).

Il en est beaucoup d'autres (C. civ., art. 2, 9, 102, al. 1, 212, 516, 544, 545, 552, 815, al. 1, 896, al. 1, 901 et 1138 : quelle merveille).

Amis du droit et de la langue, nous devrions ensemble les réciter par cœur. Ah ! Si le droit européen nous confisquait ces trésors (énorme aveu), je serais contre l'Europe !

b) *Mots justes*

Ce sont des joyaux, ça ou là, des pertes agrafées au texte qui font scintiller la loi. Art législatif. Sans commentaire.

Le chose *confiée* (C. civ., art. 1932), le dépositaire *infidèle* (art. 1945), « toute chose cachée ou *enfouie* » (art. 716, al. 2). « Il reste *sous* leur autorité... » (art. 371-1). « L'autorité *appartient* aux père et mère... » (art. 371-2). « Les servitudes *revivent* (!) C. civ., art. 704. « Les présomptions sont *abandonnées aux lumières* des magistrats » (art. 1353). « Se *soumet* » « *satisfaire* », peut-on lire jusqu'au bout l'article 2011 du Code civil sans un ondoiement de délices ?

Et qui a distribué les trois verbes de l'article 1109 du Code civil : « *donné* par erreur, *extorqué* par violence, *surpris* par dol ?

À ceux qui ont écrit ces mots, grâce et salut ! Ils sauvent la loi. J'aime le droit pour lui-même, et aussi pour la justice et l'équité. Je l'aime encore pour sa langue.

CHAPITRE II

LE DISCOURS JURIDICTIONNEL (La décision de justice)

Première approche (1)

90. — Tel qu'il s'exprime dans une décision de justice (2), le discours juridictionnel tire son nom et ses caractères de celui qui l'émet. De même que la loi est marquée par la fonction législative dont elle est le produit, de même le jugement par la fonction juridictionnelle. D'où une première mise en place.

Comme la loi, le jugement est un *acte d'autorité.* Il émane d'un organe étatique (3) investi du pouvoir (et du devoir) de juger : Acte officiel par lequel l'État rend justice aux justiciables. La marque d'autorité est d'autant plus profonde :

---

(1) V. *supra,* n° 13,I,C, la bibliographie générale relative au discours juridictionnel.

(2) Il s'agit seulement ici de l'archétype du discours du juge dans la réalisation du droit : celui qui prend la forme d'un jugement. La décision de justice constitue un type spécifique de discours (un discours catalogué, homologué, normalisé). Mais le juge parle en dehors du jugement (pendant l'instruction préparatoire et définitive, notamment à l'audience : interrogatoire, audition des parties, demande d'éclaircissements, N.C.P.C. a. 8, 13, 20, etc.). Avant, pendant ou après l'audience, beaucoup d'autres protagonistes interviennent dans la réalisation du droit : les avocats échangent leurs conclusions et se communiquent leurs pièces, les témoins déposent, les experts et autres techniciens du droit font connaître leurs constatations et leur avis, le représentant du ministère public requiert ou expose ses observations, les avocats plaident, etc.). Et il faudrait y ajouter les pourparlers en vue d'une éventuelle transaction, les échanges de la parlotte, les prestations de serment, les séances d'installation, les discours d'usage, les audiences solennelles de rentrée, etc.) : ce sont les mille discours du monde judiciaire. Une étude exhaustive du langage judiciaire devrait en faire l'analyse, en détaillant les particularités de chacun (il en est d'informel, mais d'autres sont normalisés, comme le jugement). Ce vaste programme est au futur. Il s'agit ici seulement de la pièce maîtresse (de l'acte final). Mais, si elle a pour unique émetteur officiel et formel le juge, on verra que la décision du juge, discours composite de synthèse et de rattachement, incorpore de nombreux autres discours dont elle fait le récit, le résumé et le traitement, avant de conclure.

(3) Tous les juges ne sont pas, il est vrai, des magistrats du corps judiciaire (certaines juridictions spécialisées sont, en tout ou partie, composées de juges qui exercent à titre principal une activité professionnelle — commerçant, employeur, salarié — et qui sont choisis en raison de leur compétence professionnelle pour juger les litiges qui entrent dans la compétence spéciale de la juridiction : tribunaux de commerce, conseil de prud'hommes ;

— que le juge, homme de savoir, connaît le droit par profession, en technicien qui fait œuvre juridique ;

— que le jugement est l'expression écrite de la pensée du juge, unique auteur de ce monologue élaboré (4).

A la différence de la loi, le jugement est un acte de *réalisation du droit.* Il n'est ni général, ni souverain. Individuelle, la décision de justice concerne d'abord les plaideurs en cause. Juridictionnelle, elle applique, à leur cas, les règles du droit. Un jugement est une application particulière du droit.

Ces traits jettent plusieurs défis au discours juridictionnel.

En lui, le *professionnel vient au profane ;* le technique vient au contact du populaire. Et il faut bien que les deux parts se concilient dans le même acte, si l'on veut que celui-ci ait la valeur d'une œuvre de droit, et que la justice soit comprise de ceux auxquels elle est rendue. Cette conciliation est la grande affaire de tous ceux qui ont étudié en profondeur le style des jugements (5). Dans ce débat, on peut réserver deux questions particulières, celle des archaïsmes et celle du latin (6), ainsi que la question plus générale du choix entre le langage courant et le « jargon » professionnel, lorsqu'un tel choix se présente (elle sera examinée avec la modernisation du langage judiciaire). Ici, il nous arrivera seulement de nous demander, pour chacune des parties du discours juridictionnel, si elle appelle, dans son expression naturelle, des termes ordinaires ou des termes techniques.

Dans le discours du juge, viennent aussi nécessairement au contact l'un de l'autre, *le fait et le droit,* le particulier et le général, le concret et l'abstrait. Le jugement est le lieu de leur rencontre : c'est un passage, et même un va et vient, de l'un à l'autre. Son caractère composite ne met pas seulement à rude épreuve la concision de l'énoncé. La nécessité de se justifier en fait et en droit y introduit *plusieurs langages,* celui du fait, celui du droit et celui de la logique.

---

les arbitres sont même des personnes privées nommées par les parties en litige, N.C.P.C. a. 1447, 1448). Mais tous, y compris les arbitres, sont des juges ; tous sont investis de la fonction juridictionnelle (N.C.P.C. a. 1474 à 1476).

(4) Dans le schéma de la communication linguistique du discours juridictionnel, on admettra, une fois pour toutes, que le seul émetteur de l'énoncé est le juge (qui est d'ailleurs formellement désigné, dans l'acte écrit, comme sujet parlant et auteur de la décision). Mais son discours en englobe d'autres, selon des modalités très diverses. Formellement, le jugement procède soit par voie de références à d'autres discours spécifiés (soit par citation : «   », soit selon un autre mode : « attendu, *selon* le pourvoi, *que* »), soit par voie d'emprunt non identifié (à un motif de droit ou à un argument proposé de l'avocat). Fondamentalement, le juge approuve ou désapprouve le discours incorporé. Mais c'est une autre considération, extralinguistique, qui met en cause la psychologie du juge (le processus intellectuel de la décision), sa conviction.

(5) Spécialement Pierre MIMIN, M. F.-M. SCHOEDER, MM. L. M. RAYMONDIS et M. LE GUERN. v. bibliographie générale, *supra,* n° 13, I, C.

(6) Elles seront l'objet d'une étude ultérieure.

Éléments d'approfondissement

91. — D'autres facteurs accentuent encore la *complexité du discours juridictionnel.*

Sous le terme générique de jugement ou de décision de justice coexistent plusieurs espèces : décisions des juridictions administratives, décisions des juridictions judiciaires, et, dans chaque ordre, des sous-distinctions. Ainsi, dans l'ordre judiciaire, les types s'opposent selon la nature, le degré et la compétence de la juridiction : les décisions de la Cour de cassation à toutes autres, les jugements civils aux jugements pénaux, etc. Il n'y a pas un style juridictionnel, ni même un style judiciaire, mais *plusieurs types de discours juridictionnels.* Chacun appellerait une monographie : style du Conseil d'État, style de la Cour de cassation, arrêt d'appel, décisions commerciales, sentences prud'homales, etc.). Mais ce devrait toujours être par comparaison. L'ébauche de ces rapprochements nous conduit ici (7) à retenir les marques qui paraissent communes à toutes les juridictions, sous une réserve cependant. Un tel modèle gagne à être élaboré sur la supposition qu'il s'agit d'une décision contentieuse contradictoire et définitive d'une juridiction du fond. Ce parti n'exclut pas que soient, à l'occasion, signalées les particularités de telle autre décision (notamment celles des arrêts de la Cour de cassation). Mais le discours juridictionnel ne se déploie dans tous ses registres que si le juge tranche en fait en en droit le litige de deux adversaires présents.

Enfin, autant que la pluralité des styles, l'ambiguïté du discours juridictionnel complique l'analyse. Le juge y parle seul, a-t-on dit. Mais quel juge ? C'est toujours la juridiction, le tribunal qui rend la justice, même si le juge est unique (8). Si le juge est unique, l'organe fait entendre la voix de la personne qui le compose (9). Mais si le jugement émane d'un collège, le secret du délibéré (10) empêche de savoir si la voix unanime de ses membres est dans le jugement ou si, en cas de partage, les voix dissidentes minoritaires y ont malgré tout quelque écho (11).

Le juge est-il d'ailleurs le seul auteur du jugement ? Signé par le président de la juridiction (N.C.P.C. a. 456), le jugement est prononcé par l'un des juges qui

(7) Faute de pouvoir embrasser toutes ces études particulières.

(8) Et même s'il s'agit d'un arbitre. On parle alors de tribunal arbitral (v. N.C.P.C. a. 1444).

(9) Celui qui, dans la communication, apparaît formellement comme l'émetteur officiel du message est présumé être, par coïncidence, le rédacteur effectif de la décision et, au fond, son auteur littéraire (comme œuvre de l'esprit).

(10) N.C.P.C. a. 448, et, dans l'arbitrage, a. 1469.

(11) Il faut donc ici distinguer trois niveaux : 1) L'émetteur officiel, ostensible et formel du message est la juridiction (l'institution) ; 2) L'émetteur réel, et connu des seuls membres du collège et du greffier, est celui des juges qui a été chargé de préparer le projet de décision, et en fait, de le rédiger ; 3) L'auteur littéraire du jugement (de la motivation et de la décision) est, principalement, en général, le rédacteur unique ci-avant désigné. Mais, puisqu'il y a collège et délibéré, il est difficile d'imaginer que le rédacteur n'exprime pas la pensée des autres ou ne leur emprunte pas des éléments de son discours.

l'ont rendu (a. 452). Cependant le greffier le signe aussi (a. 456). Quelle est, dans la rédaction, la part du secrétariat, des formules stéréotypées, voire de l'ordinateur ?

La même question peut être posée dans une autre perspective : si le juge est, pour finir, l'auteur officiel unique du jugement, le tribunal est un théâtre sur la scène duquel d'autres personnages font, devant lui, entendre leur voix : les plaideurs en personne parfois, leurs conseils, leurs avocats surtout, le ministère public, et le tribunal, jour après jour, baigne dans la langue du palais. La bouche du juge restitue quelque chose de ce qui a résonné à l'oreille du tribunal. *Le discours juridictionnel est plein de discours incorporés.*

Avant de retrouver son unité (II), l'étude du discours juridictionnel passe par l'analyse de ses parties, au moins de celles qui en forment le corps principal (I).

SECTION 1

LES PARTIES PRINCIPALES DU DISCOURS

92. — La justice est rendue à qui la demande. Un jugement est la réponse du juge à la demande des parties (12).

Dans la structure du discours juridictionnel, on retrouve la question et la réponse. La réponse est, de toute évidence, l'œuvre du juge (13). Mais, sans grand paradoxe, la question l'est aussi, littéralement et linguistement au moins. Le juge incorpore à sa réponse la question qui lui est posée. La question est l'une des deux parties principales du discours. A la différence de la loi, le jugement est un *discours composite.*

Formellement, cette dualité ne se présente pas toujours de la même manière. Dans la présentation nouvelle des décisions de justice, elle est très apparente. Elle correspond, dans le corps du jugement, à des divisions signalées par des titres (chiffres et intitulés) (14). Dans la présentation traditionnelle, elle est moins évidente, mais l'unique phrase qui constitue l'énoncé juridictionnel regroupe les

---

(12) Il s'agit non seulement de la demande initiale du demandeur, mais des moyens de défense ou de la demande reconventionnelle du défendeur et des demandes additionnelles des uns et des autres. (v. N.C.P.C. a. 53, 63 s.).

(13) Si l'on réserve le cas très particulier où le juge entérine (en le prenant à son compte) un projet de jugement que lui « passent » d'un commun accord, les adversaires. Modalité marginale à ne pas confondre avec le jugement dans lequel le juge se borne à donner acte aux plaideurs de leurs déclarations (autre variante de discours incorporé).

(14) I. — Faits de la cause ; II. — État de la procédure ; III. — Prétentions et moyens des parties ; suivent ensuite le raisonnement de la juridiction (« Sur quoi », « le tribunal ou la Cour ») et le dispositif (« par ces motifs »).

mêmes éléments et l'on peut toujours les faire apparaître par des césures dans le bloc monophasique.

En général, la question vient avant la réponse. Mais cet ordre n'est pas absolu, car il peut, par exception, n'être pas le plus naturel. En tête de ses énonciations, un arrêt de cassation révèle le fondement juridique de sa réponse. Il vise le texte de la loi sur lequel il se fonde et fait directement suivre ce visa de l'énoncé de la règle de droit dont la violation justifie la cassation. Ensuite seulement, il se réfère à l'arrêt attaqué pour y faire apparaître la violation, et censure en terminant la cour d'appel « pour avoir violé le texte susvisé ».

§ 1. — LA QUESTION

Elle s'exprime principalement dans la demande des parties, mais elle prend naissance dans les circonstances de la cause.

La distinction de ces deux éléments est importante du point de vue linguistique. *Elle commande, au sein même de la question, deux types d'énoncés.* A la vérité, la loi civile n'exige du juge qu'un *exposé* succinct *des prétentions respectives des parties* et de leurs moyens (N.C.P. a. 455). Le récit des circonstances de la cause n'entre donc pas nécessairement en droit (depuis la suppression des qualités) dans la composition du jugement et, en fait, il est souvent englobé, dans l'exposé des prétentions et moyens. Cependant l'usage le fait parfois distinctement apparaître, au moins en résumé.

A. — LE RÉSUMÉ DES CIRCONSTANCES DE LA CAUSE

93. — « Il était une fois... », presque toujours (15), un jugement expose les faits de la cause et l'état de la procédure. Ces indications ne sont pas nécessairement à la même place et sont en général réduits au strict nécessaire. Il arrive qu'en une seule phrase, le juge rappelle, avant de statuer en droit, les faits qui ne sont pas contestés par les parties. Dans un jugement en premier ressort, l'état de la procédure se réduit au développement de la première instance, tandis que l'arrêt d'appel (au moins dans la présentation nouvelle) porte en tête : 1. Les faits de la cause ; 2. La procédure de première instance.

Dans cette partie de la décision, le jugement est une *narration brève.* Le discours juridictionnel y porte les marques d'un *récit en forme de résumé.*

— *Perspective historique.* C'est l'histoire abrégée de la contestation et du procès (16), c'est-à-dire de l'origine du litige et de la saisine du juge. L'affaire est

---

(15) Un jugement qui déclare une demande irrecevable comme tardive (sans examen au fond) n'a pas à s'enliser dans l'exposé des circonstances de la cause quand il suffit de rapprocher des dates. V. Pierre Minin, n° 150.

(16) Le litige est le fait même de la mésentente, le différend, la contestation (dont on dit qu'elle est née, puisqu'elle existe dès avant d'être portée devant un juge). Porté devant un juge, le litige devient procès.

prise à son début. Ce rappel chronologique relate les événements avec leur date (notamment celle de la demande initiale). Les verbes sont à l'indicatif et au passé (passé simple, imparfait).

— *Ton descriptif.* Il s'agit de faits bruts et non contestés, et des premiers développements judiciaires : l'accident qui a causé le dommage, la convention litigieuse, les actes de procédure. Le style est neutre, objectif, dépouillé de toute valeur expressive et toute appréciation (morale ou autre) de la part du juge.

— *Langage courant.* Si l'on excepte les termes techniques liés à l'origine du litige (référence à un acte litigieux, à une procédure), le récit des circonstances de la cause est, dans le jugement, comme dans n'importe quel texte, littéraire ou autre, un morceau de composition française.

— *Ton direct et impersonnel.* C'est le juge qui expose. Il ne fait parler personne. S'il a puisé les indications dans le dossier, il ne les présente pas comme des éléments d'un autre énoncé, en quoi il les fait siennes. Mais il ne parle pas à la première personne. L'auteur du récit s'efface devant l'événement. Son rôle n'en est pas moins important. L'historique du procès n'est utile que s'il fait ressortir l'essentiel. C'est le juge qui résume. Il s'agit d'une vue synthétique. Il faut de l'art pour dépouiller le récit.

Particularité de la Cour de cassation

Juge du droit, et non du fait, la Cour de cassation n'énonce pas le fait dans ses arrêts (17). Elle ne le connaît pas. Entendons : elle ne pourrait en prendre directement et personnellement une connaissance nouvelle (par exemple en ordonnant une mesure d'instruction) ; elle ne contrôle pas les constatations et appréciations qu'en font, souverainement, les juges du fond. Mais elle a besoin de savoir, pour exercer son contrôle (violation de la loi, manque de base légale ou autre insuffisance de motifs), sur quels faits à statué l'arrêt attaqué. Lorsque cela est, la Cour de cassation se réfère, sous des formules consacrées, aux faits tels qu'ils ont été constatés et appréciés par les juges du fond : « attendu qu'il résulte des énonciations de l'arrêt attaqué... », « attendu, *selon* les énonciations des juges du fond... ».

Ces chevilles doivent aussitôt être repérées. La référence ne prend pas la forme plus visible d'une citation qui s'annoncerait par un signe de ponctuation (: « ... »). Mais il s'agit de la même combinaison : Un discours emboité dans un autre. Il devient essentiel de décomposer l'énoncé complexe, car si, linguistiquement, les énoncés incorporés font partie du texte englobant, la paternité intellectuelle du texte englobé appartient par hypothèse à un autre auteur que l'émetteur du

---

(17) Il lui arrive cependant de se référer directement soit aux demandes des parties (ex. C. 1re, 12 janv. 1988, D. 89. 1) soit à l'acte juridique litigieux (Civ. 1re, 4 oct. 1988, J.C.P. 1989.II.21.266) sur lesquels la décision attaquée a statué. Il s'agit alors de données incontestables.

message porteur. La position intellectuelle de ce dernier à l'égard de l'énoncé de référence est d'ailleurs réservée : suivant les cas, il s'abrite derrière ces énonciations qu'il reconnaît souveraines, ou censure la décision attaquée pour s'en être tenue à des énonciations qu'il juge insuffisantes.

On retrouve une complexité comparable — mais sur un autre objet — dans les autres jugements.

B. — LA RÉFÉRENCE À LA DEMANDE DES PARTIES

94. — Tout jugement *expose* (18) les prétentions et les moyens des parties (N.C.P.C. a. 455) : ce que les parties demandent et sur quel fondement. La présentation nouvelle des décisions de justice met en valeur ces éléments (19). Mais des indications correspondantes figurent dans les « attendu » ou les « considérant » de la présentation monophrasique.

Cet exposé n'est pas un récit, mais une *traduction*. Il exprime la volonté des parties en puisant sa substance dans leurs écritures ou leurs déclarations : c'est la *traduction, par le juge, de la demande des parties*. Il reste à comprendre sa nécessité et la différence entre la « matière » et la « façon ».

a) En elle-même, la présence de cet exposé dans le jugement répond à une finalité évidente. C'est l'énoncé du problème à résoudre, l'exposé de l'objet du litige.

Les prétentions des parties correspondent en effet à ce que chacun demande (annulation d'un contrat, résolution d'un bail, allocation de dommages-intérêts, divorce, etc.), et pas seulement à ce que réclame, dans sa demande initiale, l'auteur de celle-ci, mais à ce que le défendeur veut obtenir (par demande reconventionnelle) et à ce que chacun ajoute, par demande additionnelle, à ses prétentions originaires. L'objet du litige est ainsi déterminé par les prétentions respectives des parties (N.C.P.C. a. 4, al. 1), plus exactement par ce que chacun conteste dans ce à quoi prétend l'autre : somme des choses demandées par l'un et contestées par l'autre.

Cependant, la *« res contestata »* n'est pleinement constituée que si l'auteur de la prétention indique les moyens qu'il invoque au soutien de celle-ci, c'est-à-dire tous les éléments de fait et de droit de nature à la fonder, surtout les moyens de droit qui, selon lui, justifient sa demande.

Exigence logique : la question que doit résoudre le juge est ainsi posée dans le jugement même. Dans le jugement, l'exposé de l'objet du litige est souvent suivi, dans un alinéa, d'une formule consacrée qui marque bien, avant la motivation, la fonction de ce qui vient d'être posé : « *Sur quoi,* la Cour », « *sur quoi,* le tribunal ». L'objet du litige est très précisément *ce sur quoi* le juge va entrer en considération

(18) Il s'agit bien de l'énoncé du juge.
(19) En en faisant, après les faits de la cause et l'état de la procédure, une troisième partie distincte (III. — Prétentions et moyens des parties).

dans ses motifs et ce sur quoi il va statuer dans son dispositif. L'objet du litige est le « sur quoi » du jugement, avant le « pourquoi ».

b) L'évidence fait aussi comprendre que la *substance* de l'exposé soit tiré des conclusions écrites ou orales des parties.

Le juge doit se prononcer sur tout ce qui est demandé et seulement sur ce qui est demandé (20). La question posée au juge c'est la demande des parties. C'est pourquoi, *dans l'énoncé du jugement, les prétentions sont présentées comme émanant des parties.* Le demandeur réclame, le défendeur conteste, l'un ou l'autre conclut, fait valoir, invoque, etc. Les verbes de demande ont, pour sujet, les parties. Ils sont à l'indicatif présent. Le juge est saisi par les plaideurs.

c) Il reste à expliquer pourquoi les prétentions des parties sont reformulées par le juge. La matière est fournie, la façon judiciaire. *L'expression est du juge (21). Il incorpore à son discours le discours des parties.* Trois raisons font comprendre l'utilité de la transposition. Pour bien juger (et faire voir qu'il a compris) celui qui va donner la solution a tout avantage à formuler le problème (22). Il a d'autant plus intérêt à traduire fidèlement les prétentions des parties que, sur recours, la vérification qu'il a rempli sa mission ne se fait pas par référence à l'expression qu'il en donne, mais par comparaison avec les écritures des parties (23). La main du juge est, enfin, nécessaire pour que l'exposé soit succinct, comme il doit l'être. L'objet du litige se ramène aux chefs de demande ; les moyens sont suffisamment indiqués par référence à la disposition légale invoquée (Ex. moyen pris de l'article 1134 du Code civil). Ils doivent être dégagés des arguments qui les développent (24).

En dépit de leurs différences, les divers éléments de la question ont pour trait commun de n'être que des *données de base.* Ils sont posés avant d'être mis en œuvre. C'est pourquoi, dans la présentation nouvelle, ils ne sont pas énoncés dans les « attendu », avec lesquels commence le *traitement juridictionnel* de ces données.

§ 2. — LA RÉPONSE

95. — C'est la partie essentielle du jugement. C'est même, en un sens, tout le jugement, le résultat de l'action de juger, la justice rendue. Dans l'énoncé du jugement, elle est d'une autre veine. Plus naturellement que la question, la réponse vient du juge ; elle est de son cru (25). Non pas seulement lorsqu'il relève d'office

---

(20) N.C.P.C. art. 5.
(21) C'est toujours la même idée : le juge est le seul émetteur du message englobant.
(22) C'est une façon de le faire sien.
(23) C'est le cas du défaut de réponse à conclusions.
(24) Cette capacité analytique et synthétique requiert expérience et savoir.
(25) Si l'on excepte les jugements de « donner acte » et les décisions d'expédient. Même alors cependant, s'opère l'incorporation linguistique.

des moyens de pur droit ou forge sa propre argumentation. Quand il adopte les moyens et arguments des plaideurs, il les fait siens. A sa réponse, il imprime la valeur et la force inhérente à sa fonction. La réponse du juge porte les marques de son autorité.

Cependant le juge, à la différence du législateur, n'est pas souverain. Son jugement n'est justice que s'il est justifié. Sa réponse est dépendante des faits qui lui sont soumis, et du droit qu'il applique. Il est dans le cas d'avoir à la justifier sous ce double rapport. Il rend des décisions motivées.

Autant dire qu'il y a deux parties dans la réponse, la *justification* et la *solution,* deux parties dans le jugement, les *motifs* et le *dispositif.* Ces deux parties sont liées : la solution est présentée comme la résultante de la justification, la décision comme la conclusion du raisonnement. Dans toutes les présentations, les motifs précèdent le dispositif. La même formule consacrée préside à l'articulation des deux parties : « *Par ces motifs...* » Elle vient après l'ensemble des motifs, et aussitôt avant les verbes de décision.

Autre lien, les deux parties sont données comme émanant du juge. Dans l'énoncé du jugement, la juridiction est l'émetteur de la réponse : « Sur quoi, la Cour, considérant... par ces motifs... déclare, condamne... » Mis à la troisième personne du singulier, le verbe de décision a pour sujet la juridiction. C'est le juge qui raisonne et qui décide.

De profondes différences séparent cependant les deux parties de la réponse.

A. — LA JUSTIFICATION

96. — Elle est dans les motifs du jugement. Tout jugement doit être motivé (26) en fait et en droit. En elle-même, la *motivation correspond à un type de discours :* elle donne corps à un développement qui tend à une démonstration. Mais ce n'est qu'un canevas. Dans ses composantes, les motifs de fait et de droit, elle s'appuie sur un riche éventail de références. L'intégration de ces données multiples à une démarche logique fait de la motivation, au cœur du jugement, un discours très diversifié. Il convient, dans la justification, de suivre la demande (qui court) et de repérer les références (qui fondent).

a) *Le canevas du discours : un développement démonstratif*

Cette partie du discours juridictionnel prend tout son caractère quand on la compare au discours législatif, ou encore, dans le jugement même, au dispositif qui la suit. Elle se développe en forme de démonstration. Cette démarche engendre *un type d'énoncé explicatif et persuasif.*

(26) V. en matière civile, N.C.P.C. a. 455 et (pour la sentence arbitrale) a. 1471.

1° *Le mode explicatif*

A la différence de la loi et du dispositif, la motivation explique, elle développe. Elle doit même être suffisamment explicite.

Le développement est, en général, lié à la pluralité des explications nécessaires, à la multiplicité des points à élucider (il est rare qu'il n'y ait à examiner qu'un point de fait et une question de droit). Est-ce à dire que l'explication soit vouée à la confusion ? Le désordre a sa poésie. Dans la manière anglo-saxonne, certains juges la cultivent comme une valeur littéraire (27). La conception régnante en France est plus austère. Une bonne motivation est appréciée à sa rigueur et à sa clarté.

A cette fin, le style français enchâsse, dans la motivation, des *marques de non confusion.* Elles sont communes à toutes les présentations. On les retrouve même dans la présentation nouvelle. Cette convergence dit l'importance de ces signes.

— *« Attendu... », « Considérant... »*

Chaque motif est introduit, par l'une de ces formules adverbiales consacrées (28). La seconde indique la prise en considération autant que le résultat de celle-ci. Prenant appui sur l'acquis de l'attendu, la première va droit au résultat de l'examen qu'elle implique. A quelques nuances près, les deux formules sont équivalentes.

Quand, dans un même énoncé, l'une ou l'autre formule revient à plusieurs reprises, en série, en cascade, la répétition risque d'engendrer lourdeur, monotonie, lassitude. Dans l'usage mécanique qui peut en être fait, ces invocations paraissent tirer leur force artificielle d'un moulin à prétextes. Un meilleur usage montre quelles fonctions elles remplissent.

• Elles *divisent le discours. Elles le structurent.* Chaque en-tête introduit une unité de pensée. Le *motif est l'unité logique du raisonnement.*

• Elles ordonnent le discours et le font progresser. Les « attendu » sont articulés. Le plus souvent ils forment des *suites déductives* (parfois marquées par les termes : ainsi, donc, en conséquence, etc.), plus rarement des avancées complémentaires (attendu par ailleurs).

• Elles contribuent à la concision du discours. Chaque formule apéritrice a vocation à commander une phrase courte.

— *« Sur » et autres chevilles* (« en », « au », etc.). Ces outils grammaticaux sont d'autres signaux codifiés. Ils indiquent, en tête d'un développement, le moyen ou

---

(27) V. les déclarations de Lord WILBERFORCE *in* La sentenza in Europa, Metodo tecnica et stile, Attidel convegno internationale Ferrare, 1985, Padova, 1988, p. 360.

(28) « Considérant » dans les arrêts du Tribunal des Conflits, du Conseil d'État et des Cours d'appel ; « attendu », dans les autres décisions, y compris celle de la Cour de cassation.

le point dont la juridiction aborde l'examen : « *sur* le premier moyen », « *sur* le deuxième moyen », « *sur* la recevabilité », « *sur* la compétence », « *sur* le fond », « *en* fait » « *en* droit », etc. Comme les précédents, ces signes jalonnent le discours, mais ils marquent de plus amples divisions, puisqu'ils annoncent des développements qui regroupent en général plusieurs motifs. Ils servent de repères aux questions qui divisent l'objet du litige.

Il est essentiel de comprendre que c'est par des *facteurs d'ordre* de cette nature que cette partie du discours juridictionnel se caractérise, *dans la structure même de son énoncé,* beaucoup plus que par des traits de style ou de vocabulaire. Car dans tous ces rapports, *la motivation n'a que le langage de la logique,* sans autre particularité juridique que celle d'être mis en œuvre (avec habileté ou maladresse, c'est un autre problème) par des juristes.

Dans la motivation, le jugement est donc un *discours expliqué,* c'est-à-dire déplié (expliquer, du latin *ex* et *plicare*, plier), déployé, mis à plat. Il explique pour convaincre.

2° *Le mode persuasif*

La persuation est la fin évidente de l'explication, et elle est dans la façon même d'expliquer.

Qui s'agit-il de convaincre ? Dans le jugement, la réponse est trop générale pour induire un type de persuasion de préférence à un autre. Le juge ne s'adresse pas aux parties, ni seulement (même s'il y songe) au juge qui, sur recours, exercera un contrôle. La motivation s'adresse à tous et, au-delà de l'instance, à tout interprète (29). La motivation n'est pas établie *ad personam.* Elle est censée avoir une valeur universelle.

L'essentiel est dans le comment persuader. Or, bien entendu, la conviction naît de la valeur logique (30) des développements. Mais ce critère intellectuel nous échappe (on n'en peut juger que décision par décision).

La persuasion suppose une démarche qu'il est important de reconnaître dans la motivation. Elle ne prend guère de relief lorsque le juge se borne à approuver (mais il est rare que, pour accueillir une prétention, le juge n'ait pas à réfuter l'objection d'un adversaire). Le mouvement de la motivation apparaît nettement lorsque le juge détruit une argumentation. Il passe de la réfutation à l'affirmation. Il dénonce une erreur pour affirmer « la » vérité (sa vérité, la vérité judiciaire).

---

(29) La conviction que l'avocat cherche à inspirer au juge devant lequel il parle peut être attendue de moyens plus personnels. Il s'agit d'un *« acte d'audience »* (v. plus haut, n° 52). L'auditeur induit le discours de l'émetteur. Il faudrait comparer une plaidoirie d'assises et les observations présentées devant la Cour de cassation.

(30) Il ne s'agit évidemment pas de la seule logique formelle. V. plus loin, n° 97.

Il est capital de repérer, ici encore dans la structure de l'énoncé, ce mouvement de la pensée. C'est la définition même de la discussion. Le juge saisit l'argument qu'il va secouer (31) : « attendu, sur le premier moyen... que X soutient ou fait valoir que... ». Puis il intervient, il assène le coup : « *Mais* attendu que... », « attendu *cependant...* ». Voilà le *signal de sa réplique. En tout jugement il faut rechercher le « mais »*. Il introduit la doctrine du juge. Le développement qui suit contient la pensée du juge. Tout ce qui précède n'est écrit que pour le dévoilement qu'annonce cette marque.

Dans les arrêts de la Cour de cassation une locution consacrée remplit cette fonction, au moins lorsqu'elle est mise au compte de la Cour (32). C'est le ALORS QUE. La doctrine de la Cour est là. Elle suit aussitôt. Elle est signalée par cette locution qui la commande. Il importe de l'isoler d'emblée. Ce signe permet de distinguer les trois discours que réunit, en général, l'énoncé de l'arrêt, c'est-à-dire de séparer la doctrine de la Cour de cassation de celle de la décision attaquée et (ou) de celle du pourvoi. Césure primordiale.

Ce canevas est abstrait. La justification vient du fond.

b) *Les références du discours : un jugement en fait et en droit*

La justification tourne à vide tant qu'on ne la rapporte pas à ses fondements. Un jugement n'est justifié que s'il est bien fondé *en fait et en droit*. La véracité du fait sur lequel s'appuie le juge et la conformité au droit de la solution qu'il donne sont les deux fondements de la justification du jugement.

La référence au fait et au droit ne sont ici examinées que dans leur conséquence linguistique : *chaque référence engendre un type de discours* (1°).

Si l'on entre dans cette idée, il devient nécessaire de raffiner les références. On voit alors jaillir, dans leur projection linguistique, toutes les opérations intellectuelles qui sont attendues du juge, dans le processus de sa démonstration et qui font, de la *partie démonstrative du jugement un discours extraordinairement diversifié* (2°).

1° *La connaissance élémentaire du fait et du droit*

Si l'on raisonne sur le jugement au fond d'un juge du fond, en tout jugement de cette nature, le juge affirme sa connaissance du fait et du droit. Cette double référence nécessaire suffit à imprimer une dualité élémentaire à la motivation. La

(31) *Discutere* est un composé du verbe latin *quatere (quassum)* qui signifie secouer. Discuter est, au sens propre, secouer en séparant.

(32) La même formule peut annoncer l'argumentation du pourvoi. Mais l'arrêt précise alors : « alors que, *selon le pourvoi,...*). Dans un discours englobant, comme le sont les discours juridictionnels complexes, il est essentiel de repérer les marques qui annoncent les discours incorporés (*selon, suivant, d'après,* etc.).

justification du jugement associe nécessairement *deux énoncés de teneur radicalement différente.*

α) *La démonstration en fait*

Si les parties ont la charge d'alléguer et de prouver les faits nécessaires au succès de leurs prétentions (N.C.P.C. a. 6 et 9), si le juge doit statuer *secundum allegata et probata partium,* il entre dans son office d'apprécier l'admissibilité, la pertinence et la force probante des preuves offertes. Cette vérification introduit dans la motivation tout le vocabulaire technique de la preuve juridique : pièces, documents, actes, titres, modes de preuve, mesures d'instruction, constat, rapport, avis, déclarations, attestations, témoin, enquête, expertise, aveu, etc. Mais cet outillage technique apparaît banalement, dans la démonstration, comme le moyen de découvrir la vérité. Il débouche sur le langage ordinaire de la preuve. Le juge est un observateur. Il examine le fait. Il le regarde, le considère, le scrute, avec, dans l'esprit et dans l'œil, les mêmes exigences que n'importe quel chercheur, en n'importe quelle autre science de l'homme ou de la nature. La dent est-elle d'or ? Toutes les opérations du juge, dans l'examen du fait, se nomment communément : constatations, vérifications, présomptions, pesée des indices, etc. Et pour quel résultat ? Affirmer, selon les cas, qu'il est avéré (33), certain, établi, vraisemblable, douteux, etc.

Le langage probatoire est un mariage naturel du vocabulaire technique et du vocabulaire courant. Dans les verbes qui désignent ces opérations, les verbes sont au présent de l'indicatif : le juge se fonde sur l'état du fait au moment où il statue.

Ce compartiment de la motivation est pur.

β) *La démonstration en droit*

C'est un autre compartiment de la motivation. Un autre langage. Il se rapproche du discours législatif dans la mesure où il se réfère à la règle de droit (34). Quand il la cite, le juge introduit dans son discours celui de la loi. Il dit, il redit le droit : « Attendu qu'*il résulte* des dispositions de l'article 1135 du Code civil... », « attendu que, *selon* les articles... », « attendu que l'*article... dispose :* », « attendu qu'*aux termes* de l'article... ». Référence fondatrice qui est aussi acte de respect, de révérence.

Cependant, il arrive aussi que le juge affirme directement la règle de droit. Mais il est également fréquent que le juge ait à interpréter la loi. C'est alors toute la science de l'interprétation qui descend dans la motivation avec son langage : sens des mots, clarté, équivoque, ambiguïté, intention du législateur, *ratio legis,* travaux préparatoires, données comparatives, conséquences des règles, données sociales,

(33) « Constant » est plus spécifiquement juridique.
(34) N.C.P.C. a. 12. Le juge tranche le litige conformément aux règles de droit qui lui sont applicables. Comp. a. 1474 N.C.P.C.

économiques, humanitaires, considération d'opportunité, texte, bon sens, sens littéral. Toutes les opérations intellectuelles que le juge accomplit dans cette voie s'inscrivent dans l'énoncé : interprétation stricte ou large, analogie, extension, restriction, comblement des lacunes, etc. L'interprétation du droit introduit dans la motivation une *partie doctrinale* qui fait pendant à la fraction factuelle (mais qui met en œuvre, elle-même, les ressources ordinaires de toute exégèse). Comme la recherche de la vérité du fait, la recherche de la vérité du droit marie la technique juridique et le sens commun. Elle doit beaucoup à la recherche du sens.

Encore ne s'agit-il que d'une première étape.

2° *La mise en œuvre complexe de l'ensemble des données de justice*

Pour parvenir à la solution, il ne suffit pas d'établir séparément le fait (dans sa singularité) et le droit (dans sa généralité). Il faut encore les articuler dans l'application de la règle, et y ajouter d'autres données.

α) *La qualification*

C'est l'opération qui fait entrer le fait qualifié dans la catégorie juridique, en reconnaissant dans le fait brut les éléments caractéristiques de la notion de droit. Établi le fait, connu le droit, il s'agit d'aller de l'un à l'autre, du concret à l'abstrait, pour l'application du général en particulier. Cette opération de reconnaissance est la plus savante. A son tour, elle introduit dans l'énoncé tout son appareil de pensée : l'analyse qui décompose la notion juridique en ses éléments constitutifs, et la synthèse qui, par abstraction, relève dans le chaos du fait les éléments qui le rattachent à la notion. Le vocabulaire suit : définition, concept, notion, catégorie juridique, réunion des caractères, constitution des éléments, etc. Ce sommet de la motivation ne fait cependant que rapprocher le droit et le fait (mais la réussite de ce rapprochement fait de la motivation la rencontre génératrice de la solution).

β) *Les appréciations*

Prise dans son acception la plus large, l'appréciation désigne ici toute opération de l'esprit par laquelle le juge introduit dans les motifs de son jugement des données autre que la simple constatation du fait, ou la qualification de celui-ci, ou l'affirmation de la règle de droit :

— appréciation du fait (gravité du dommage) ;

— appréciation d'ordre moral (gravité d'une faute) ;

— appréciation d'opportunité (poids des circonstances sociales, économiques ou autres) ;

— appréciation de la valeur d'un bien.

Dans ce genre d'appréciation, on peut ici englober le pouvoir modérateur que la loi confère parfois au juge (de déroger à la loi pour des raisons d'équité ou d'humanité) et, plus généralement, la marge de réflexion que la loi attend du juge pour l'application des notions-cadre (bonne foi, bonnes mœurs, ordre public, intérêt de la famille, etc.). Le jugement est souvent le produit de telles appréciations. Au moins entrent-elles dans le choix de la solution. Cette observation est de la plus haute importance pour l'intelligence du syllogisme judiciaire. Elle atteste (s'il en était encore besoin) *que ce syllogisme ne se réduit pas à un exercice de logique formelle, puisqu'en vertu même du droit, renforcé de ses flexibilités, il intègre toutes ces données de justice* (35).

Il importe seulement ici d'en relever la trace linguistique. Les appréciations relèvent non de l'esprit de géométrie, mais de l'esprit de finesse. C'est la finesse de l'esprit qui pénètre dans la motivation avec tous ses appareils de mesure, les mots qui servent à peser : assez, trop, suffisant, négligeable, léger, grave, inexcusable, raisonnable, normal, excessif, anormal, abusif, exorbitant, naturel, ordinaire, légitime, etc. C'est encore un autre compartiment de la motivation.

Aussi apparaît-il que la partie du jugement consacrée à la justification est le contraire d'un énoncé monolithique. *La motivation marie plusieurs sciences dans l'art de juger : la logique, l'observation du fait, la connaissance du droit, la qualification, l'appréciation de toutes choses.* Il en naît un *énoncé composite.* On pourrait nommer *marques de dépendance* tous les signes qui permettent de repérer dans le texte ce dont dépend la justification de la solution. La motivation dépend de nombreux facteurs, mais elle engendre la solution : *Par* ces motifs...

B. — LA SOLUTION (EN FORME DE DISPOSITIF)

98. — Présentée comme résultant de la motivation, elle constitue la partie finale du jugement. C'est le verdict que les parties attendent (36). Ce n'est plus ni le « sur quoi » ni le pourquoi de la réponse, mais la réponse même à leurs prétentions ; celle qui accueille ou rejette ; celle qui dit ce que chacun gagne ou perd, obtient ou doit.

---

(35) L'erreur commune des partisans et des adversaires de la logique formelle est de croire qu'elle est le ressort du discours juridictionnel (en fait et en droit), et, selon les opinions, le modèle à suivre ou à écarter. Cette analyse est fausse. C'est en vertu du droit (flexible droit) que la logique juridictionnelle est une logique souple. Que toute confusion soit dissipée : il ne s'agit pas ici de réintroduire la souplesse qui peut venir (et qui vient sans doute souvent dans le processus décisionnel du juge) de la démarche consistant de sa part à poser d'abord intuitivement la solution qu'il estime bonne (équitable) et de la justifier *a posteriori* par une motivation de façade (et parfois au prix d'une qualification de complaisance). Cette analyse psychologique n'est pas ici en cause. C'est grâce à des ressorts ostensiblement offerts à l'interprète par le droit qu'il applique, c'est par des pièces du droit positif objectif (facultés d'appréciation laissées au juge par la loi, lacunes intentionnelles *intra legem,* pouvoir modérateur) que la logique juridictionnelle dispose de ressources de souplesse. La controverse sur la rigidité du syllogisme judiciaire est un faux problème.

(36) De même que la *réponse* est la partie essentielle du jugement, la *solution* est la partie essentielle de la réponse : le cœur du cœur, le fin du fin du jugement.

L'énoncé de la solution fait voir celle-ci sous un double jour. La solution est imposée par le juge, mais en vertu du droit. On y retrouve les marques de la décision du juge, et celles de la réalisation du droit.

a) *Les marques de la décision du juge*

Vu du côté de son auteur, l'énoncé de la solution fait surtout voir les pouvoirs du juge. C'est la décision du juge. Il est symbolique que cette partie finale du jugement serve à le désigner en entier (décision de justice). Elle porte le sceau de l'autorité de son auteur.

1° *L'énoncé marque que le juge dispose*

La décision est énonée sous forme de dispositif (N.C.P.C. a. 455). Le dispositif est le corps principal de la phrase finale du jugement qui contient tous les verbes exprimant une décision : « Sur quoi, la cour... par ces motifs », « dit... », « déclare... », « condamne... ».

Tous les verbes sont à l'indicatif présent et à la troisième personne du singulier, dans la voix active. Le nom de la juridiction est le sujet commun de toutes les propositions de la phrase dispositive. Ainsi l'action est-elle formellement rapportée à son sujet naturel, le juge.

A cette différence près, les décisions juridictionnelles sont, comme les règles légales, des dispositions. Comme le législateur, le juge dispose (tandis que la convention stipule). La rencontre n'est pas fortuite. Dans le jugement, comme dans la loi, la disposition se fait reconnaître comme un même type d'exposé. On y retrouve :

— *Le côté lapidaire.* Le dispositif est la partie du jugement où la concision juridictionnelle rejoint la concision législative.

— *Le recours à l'articulation.* Le dispositif se réduit parfois à une seule proposition : ainsi dans les arrêts de rejet de la Cour de cassation (« Par ces motifs, rejette... »). Mais l'arrêt de cassation en contient deux (casse et annule... ; renvoie devant... ou dit n'y avoir lieu à renvoi). Le plus souvent, les décisions des juges du fond regroupent une pluralité de propositions : « constate... », « prononce... » « ordonne... » « réserve... », « condamne ». Chaque verbe commande une proposition distincte qui devient comme un article de la décision (37). Le dispositif est un faisceau de dispositions.

— *Le langage de l'obligation.* Il est dans les verbes du dispositif. Faudrait-il séparer ce qui se rattacherait plutôt à la *jurisdictio* (« dit », « déclare ») et ce qui se rapporterait davantage à l'*imperium* (« désigne », « commet ») ? L'essentiel est

---

(37) Dans les arrêts du Conseil d'État et du Tribunal des conflits, notamment, les éléments de la décision sont formellement présentés sous forme d'article : « art. 1er, art. 2 ».

que le dispositif énonce ce qui est obligatoire, au moins pour les parties, ce que le juge leur impose. Le dispositif porte des marques d'autorité comparables aux marques normatives de la règle de droit (v. plus haut), mais dans une décision individuelle.

2° *L'énoncé marque que le juge tranche*

Le juge décide. Décider c'est trancher (le verbe latin *decidere* est un composé de *caedere,* couper). L'énoncé de la décision marque, là encore par les verbes, que le juge tranche le litige (N.C.P.C. a. 12) : « déclare bien au mal-fondé... » « nul ou valable », « prononce la résolution... », « condamne à des dommages-intérêts... ». Tous ces verbes expriment la manière dont le juge met fin à la contestation. Bonne ou mauvaise, c'est la solution.

À strictement parler, cette observation ne convient qu'aux décisions contentieuses définitives (celles qui tranchent la contestation principale et ont, au principal, l'autorité de la chose jugée). Le caractère définitif y apparaît en plénitude (sous réserve d'ailleurs de leur remise en cause par les voies de recours). Mais, pour peu qu'elle tranche une contestation incidente, une décision est également dotée, relativement à celle-ci, de l'autorité de la chose jugée (N.C.P.C. a. 480). Elle a, dans son ordre, un caractère définitif (« déclare irrecevable... »). Dans les décisions même qui se bornent à faire avancer l'instruction *(ordinatoria litis),* on retrouve une émanation du pouvoir de trancher appliqué aux étapes du procès (« ordonne une expertise... », « désigne un sequestre... »).

b) *Les marques de la réalisation du droit*

Vu sous ses aspects complémentaires, l'énoncé de la solution donne à voir l'opération de la décision : ce en quoi le jugement met en œuvre le droit.

1° *Marques de l'application du droit à l'espèce*

Conclusion du syllogisme judiciaire (38), le dispositif applique la règle générale au cas particulier soumis au juge. Il est remarquable que, dans son énoncé, chacun des chefs du dispositif associe ces deux éléments. Chaque disposition emprunte à la règle légale qu'elle applique l'énoncé de la conséquence juridique que celle-ci prévoit. Applique-t-elle une disposition légale qui prévoit la nullité d'un acte ? La disposition juridictionnelle énonce : « déclare nul... ». S'agit-il d'un texte qui ouvre droit à réparation ? La décision énonce : « Condamne... à ...F. de dommages-intérêts ». Cependant, chaque disposition désigne concrètement l'acte annulé (déclare nulle la convention passée le...) et nomme personnellement la partie condamnée (« Condamne la société X... »). Chaque chef de disposition contient une double référence (au général et au particulier) qui marque sur le vif, dans la décision individuelle, l'application du droit à l'espèce.

---

(38) Enrichi et assoupli comme il a été dit plus haut, n° 97.

2° *Valeur performative du dispositif*

Les verbes du dispositif (« dit », « déclare », « prononce... », « condamne... ») sont des prototypes de performatif. Ces mots sont des actes. Cette vertu ne coïncide pas avec les règles complexes qui déterminent la date à laquelle le jugement produit ses effets (39). Elle signifie que l'énoncé des verbes du dispositif suffit à réaliser la modification de l'ordonnancement juridique qui est attachée à la décision. Elle correspond aussi à la règle suivant laquelle le jugement (au fond), dès son prononcé, dessaisit le juge de la contestation qu'il tranche (N.C.P.C. a. 481. *lata sententia, desinit judex esse judex*).

On aurait ainsi des raisons d'attribuer cette valeur aux paroles qui tombent de la bouche du juge, lors du prononcé du jugement, c'est-à-dire au prononcé même de la sentence (dont on sait qu'elle peut se limiter au dispositif). Cependant, les raisons de privilégier ainsi l'expression orale ne sont pas incontestables, surtout quand on revient à l'acte instrumentaire qu'est le jugement.

SECTION 2

L'UNITÉ DU DISCOURS

100. — L'étude analytique de chacune des parties du jugement démontre que la décision de justice n'est pas un énoncé simple, mais un *discours complexe,* un discours à tranches. La motivation qui, à elle seule, suffirait à y introduire la diversité par la variété de ses références, vient après le récit des circonstances de la cause et la référence aux prétentions des parties, et avant la décision qui combine à son tour le général et le particulier. Le jugement est un *discours à composantes multiples* dont la succession produit plusieurs changements de style au long du même énoncé.

Le caractère composite du discours juridictionnel est en partie compensé par des facteurs unitaires. Le jugement se rapporte à un cas. Le jugement est un acte.

§ 1. — UN CAS

Ce qui contribue à unifier le jugement, c'est d'abord ce qui le relativise. La cause est un tout parce qu'elle oppose des parties sur un objet. La double relativité de l'espèce introduit dans l'énoncé du jugement des éléments d'unité.

---

(39) Car si la date d'un jugement est la date à laquelle il est prononcé, le jugement ne produit pas toujours ses effets à cette date. Il arrive qu'il remonte dans ses effets à une date antérieure (par exemple celle de la demande en justice) ou au contraire que ses effets soient différés jusqu'à l'accomplissement de formalités légales de publicité.

A. — LA RÉFÉRENCE AUX PARTIES EN CAUSE

Si, comme il est banal de l'observer, le procès est un combat, au moins en matière contentieuse et quand il y a contradiction, la traduction linguistique du duel judiciaire en est un bon témoignage. La référence aux parties en cause est omniprésente dans la décision de justice. Les parties sont désignées par leur nom et prénoms (ou par leur dénomination) et par leur domicile (ou leur siège social) dans l'intitulé du jugement (V. not. N.C.P.C. a. 454). Elles sont nommément mises en cause dans l'exposé des faits et l'état de la procédure. C'est encore aux adversaires (en nom ou « es qualité » de demandeur ou de défendeur) que sont attribués leurs prétentions et moyens respectifs. Pour une part impersonnelle, la motivation les implique souvent en personne dans les motifs de fait, la qualification ou les appréciations. Le dispositif enfin nomme le plaideur qu'il condamne ou auquel il accorde gain de cause. De bout en bout, l'énoncé suit l'affaire X contre Y. Telle est d'ailleurs, en abrégé la mention de l'en-tête de la décision (affaire X. c. Y.). Les parties communiquent leur nom à l'espèce. Les causes sont nommées (40). Cette marque personnelle singularise le discours juridictionnel relativement au discours législatif qui est toujours impersonnel. Il en fait, pour partie, un discours *inter partes* (quand le jugement, reprenant leurs prétentions et moyens, les fait parler l'une contre l'autre), pour partie, un discours *ad personam* (l'énoncé du dispositif fait bien voir ce qui les concerne).

B. — LA RÉFÉRENCE À L'OBJET DU LITIGE

A une nuance près, elle est, elle aussi, continue. A l'exception de l'intitulé de la décision, toutes les parties du jugement s'y réfèrent, chacune à sa manière : les parties descriptives l'expriment, la discussion le développe, le dispositif le tranche. A elle seule, cette référence a la *« res »*, fait *l'unité objective* de la décision. De la chose demandée et contestée *(res litigiosa, res contestata),* on passe à la chose jugée *(res judicata),* et, justement, l'identité d'objet constitue l'une des données de la chose jugée (C. civ. a. 1351).

Cependant, l'unité d'objet en emporte une autre. Sa détermination, c'est-à-dire la délimitation des points de fait et des questions de droit sur lequel il porte, conduit à situer le litige dans un ordre de matière : responsabilité, divorce, succession. L'objet du litige donne au jugement une *unité thématique* qui introduit dans son énoncé toute la terminologie de la matière.

---

(40) Les arrêts sont d'ailleurs souvent cités par la doctrine sous le nom des parties (Arrêt Blanco, Arrêt Franck). Cet usage est général pour le Tribunal des Conflits et le Conseil d'État. Il est assez généralement observé pour les grands arrêts de la Cour de cassation.

§ 2. — UN ACTE

101. — Si le jugement, pris comme action de juger, est un ensemble d'opérations intellectuelles, l'accomplissement de ces opérations donne corps à un énoncé linguistique qui est nécessairement exprimé par *écrit*. Le jugement est rédigé. Il en reste un écrit, dressé en bonne et due forme par le greffier (le secrétaire) de la juridiction. L'original de cet écrit, nommé « minute », est conservé au greffe (secrétariat) de la juridiction qui a rendu le jugement (et chaque plaideur peut s'en faire délivrer une copie, nommée expédition, revêtue de la formule exécutoire, N.C.P. a. 465). Or, bien entendu, le jugement emprunte aussi le canal de l'expression orale. Un jugement n'existe que s'il est *prononcé* (et il prend date à ce jour).

Cependant, c'est dans l'acte instrumentaire qui contient le jugement que celui-ci apparaît dans sa totalité. Pris comme énoncé linguistique, le discours juridictionnel n'est au complet que dans l'instrumentum (41).

Considéré dans sa teneur intégrale, *le discours juridictionnel forme un tout.* L'acte qui le porte est le support qui lie le discours. Il contient tous les éléments qui, sous tous les rapports, nouent les parties du discours et réunit toutes les marques qui font voir le jugement sous toutes ses facettes : comme démarche logique, comme acte authentique, comme procédure régulière.

A. — LES MARQUES LOGIQUES

L'énoncé de la décision manifeste que tout jugement se développe en forme de syllogisme. Les prémisses de celui-ci correspondent à l'établissement des faits de la cause et à l'affirmation de la règle de droit qui leur sont applicables. La conclusion est donnée dans le dispositif.

Cette construction apparaît dans la présentation monophrasique traditionnelle. Mais la présentation nouvelle permet de la retrouver dans l'ensemble que forment la motivation et le dispositif.

L'énoncé fait toujours apparaître le jugement comme un raisonnement (42). Il désigne celui qui raisonne (le tribunal, la cour). Il détaille les maillons du raisonnement (attendu, considérant). De ces motifs (« par ces motifs »), il fait découler la conclusion.

Ce schéma n'atteste évidemment pas que le juge a bien raisonné (ni d'ailleurs qu'il a bien jugé en fait et en droit). Il a pu se tromper en fait et (ou) en droit,

---

(41) Celui-ci s'enrichit encore lorsqu'y est apposée la formule exécutoire.

(42) Ce qui, répétons-le, ne le réduit pas à un exercice de logique formelle, même dans les marques ostensibles de la démarche du raisonnement du juge (dans l'énoncé même du jugement) et sans s'aventurer dans la recherche de la démarche psychologique du juge (qui ouvre un autre champ extralinguistique, celui du processus décisionnel réel du juge). V. plus haut n° 97, n. 35.

et (ou) mal raisonner. L'énoncé présente seulement l'opération de juger en forme de démarche logique. L'énoncé suit le tracé de l'esprit. A tout lecteur, à tout interprète, et peut-être d'abord à un autre juge, sur recours, le texte permet donc de refaire le chemin et de critiquer ou d'approuver le déroulement des opérations intellectuelles du juge. Le canevas d'un cheminement logique est d'ailleurs, en amont, une invitation, pour celui qui juge, à bien penser (raisonnez et vous trouverez ?).

B. — LES MARQUES D'AUTHENTICITÉ

L'énoncé du jugement porte les marques qui permettent de reconnaître en lui la force probante que le juge lui communique : celle d'un acte authentique (v. not. N.C.P.C. a. 457). Le jugement est assorti dans son texte des éléments qui l'authentifient : indication de date et d'origine avec un luxe de précisions qui en font un document historique. Le jugement indique en effet la date à laquelle il est prononcé, mais aussi (si l'affaire avait été mise en délibéré) celle à laquelle l'affaire avait été plaidée, jour des débats. L'auteur du jugement y est cumulativement désigné sous un tour institutionnel et personnel. Le jugement indique la juridiction dont il émane avec toutes les références nécessaires (Tribunal de Lyon, première chambre ; Cour d'appel de Paris, première chambre, Section A). Mais il précise aussi le nom des juges qui en ont délibéré (Mme X, M. Y, etc.). Le jugement est encore signé par le président et le greffier (v. not. N.C.P.C. a. 454, 456).

Ainsi le discours juridictionnel, comme le discours législatif (v. plus haut) comprend-il, autour de ses parties principales, des éléments qui présentent le jugement comme tel : une sorte *d'enveloppe d'accompagnement* qui correspond à l' « emballage législatif ».

Il ne suffirait pas de dire que ces indications complémentaires sont extérieures au corps du discours. Elles sont un discours dans le discours, et même un *discours sur le discours*. L'œuvre achevée, juge et greffier se retournent vers elle, pour la présenter. Cette démarche en retour apparaît clairement dans la formule qui précède directement les signatures finales (au bas de l'acte) : « *Fait et Jugé,* le 8 juillet 1989 » (43). En droit, il faut bien comprendre que, dans toutes les finitions, cette mise en forme de l'acte, (en bonne et due forme) est, très précisément, ce qui le dresse (relevons la juste évocation de cette image), ce qui le fait tenir debout tout seul, autonome, opératoire. Du point du vue linguistique, ces marques d'authenticité constitue un *discours d'attestation* greffé sur le discours principal.

C. — LES MARQUES DE RÉGULARITÉ

Voisines des précédentes, elles assument une fonction complémentaire. Elles permettent d'apprécier (et, pour la juridiction de contrôle, de vérifier) la régularité

(43) Les deux verbes sont au passé.

formelle du jugement. L'énoncé du jugement contient l'indication du nom du représentant du ministère public (s'il a assisté aux débats), des noms et prénoms ou de la dénomination des parties en cause, du nom des avocats ou des personnes qui ont représenté ou assité les parties, du nom du greffier). Le jugement indique aussi sous quelle forme a eu lieu l'audience (en audience publique ou en chambre du conseil), et si la décision a eu lieu contradictoirement ou par défaut.

Dans la présentation nouvelle toutes ces indications sont regroupées, avec celle de la juridiction et de ses membres, dans l'intitulé de la décision. Mais, on les retrouve, autrement distribuées, dans la présentation monophrasique.

Comme les marques d'authenticité, ces indications appartiennent à l'appareillage du discours juridictionnel. Elles l'accompagnent et l'enveloppent, pour le présenter dans les circonstances qui ont entouré son déroulement. Ce discours broché sur le discours principal est, en quelque sorte un *commentaire* de celui-ci, surtout en ce que le juge précise qu'il a statué, après avoir entendu le ministère public, contradictoirement ou non, en dernier ressort ou à charge d'appel, etc. L'énoncé du jugement marque un *dédoublement typique du discours juridictionnel.* Pour l'essentiel (et au premier degré), le juge statue (c'est lui qui parle). De surcroît (au second degré), *il indique lui-même comment il statue* (en audience publique, par défaut, etc.) *Il se décrit jugeant.*

Comme les marques d'authenticité, les marques de régularité concourent à forger *l'autonomie du discours juridictionnel* (à dresser l'acte). Le discours juridictionnel porte en lui les moyens de vérifier sa régularité. L'énoncé intègre la justification formelle de l'acte. C'est le principe de la preuve intrinsèque.

Comme les marques d'authenticité, mais de façon plus ample, les marques de régularité permettent enfin de reconstituer la *pièce* (drame ou comédie humaine ?) dont le jugement est *l'acte final.* Cette évocation donne au jugement une autre dimension. Jusqu'ici le jugement était considéré comme l'œuvre du juge. Et il le demeure. Mais voici que, dans le texte même du jugement, sont rendues présentes toutes les actions des autres protagonistes du procès, les plaidoiries des avocats, les interventions du ministère public, etc.

Sous cette lumière, le *tribunal redevient un théâtre et le procès la pièce qui y a été donnée.* Dans son énoncé même, le jugement publie le nom des acteurs dans la distribution des rôles. Tout jugement contient l'équivalent d'un programme de théâtre ou d'un générique de film. Il contient, en cette partie double si familière, la double indication des personnages et des interprètes.

La pièce judiciaire fait toujours intervenir les mêmes personnages, le juge, le ministère public, le greffier, les avocats, les parties elles-mêmes à l'occasion. Mais ce jour-là (au jour indiqué par le jugement), le rôle du juge était tenu par (la juridiction était composé de...), celui du ministère public par (le ministère public était représenté par...), les parties (X et Y) étaient représentées et assistées par... L'indication des rôles et des acteurs unit l'aspect institutionnel et l'aspect personnel du discours juridictionnel.

CHAPITRE III

LE DISCOURS COUTUMIER
(Les maximes et adages du droit)

102. — Comme la médecine, la morale ou la philosophie (1), le droit à ses maximes. Il les nomme volontiers adages (2). En français ou en latin, beaucoup sont justement célèbres : Donner et retenir ne vaut, *Non bis in idem.*

Il est cependant typique qu'en choisissant de parler plutôt d'adages, d'axiomes ou d'aphorismes, les amateurs de ce genre littéraire (3) en fassent miroiter les facettes : précepte, sentence, brocard (4), parfois règles de droit *(De regulis juris),* apophtegmes, dicton, proverbe, par où l'on pourrait aller jusqu'à devise, refrain, épigramme ou vaudeville.

Toutes les saillies de cet esprit sont loin d'être équivalentes. Elles sont très diverses d'origine, de teneur et de ton. On pourrait admettre que *dictons* et

---

(1) Célèbres entre tous sont les « Adages » d'Erasme dont l'édition augmentée, de 1508, regroupe 4 200 sentences rehaussées de gloses.

(2) Où classer les « Proverbes » de Salomon que contient la Bible ? Livre de sagesse (Celui qui retient ses paroles connaît la science, 17, 27), livre de prière (Recommande à l'Éternel tes œuvres, 16, 3), livre de justice et de charité (Opprimer le pauvre c'est outrager celui qui l'a fait, 14, 31. N'abandonne pas ton ami, 27, 10), livre de morale et de modération (La grâce vaut mieux que l'or, 22, 1, Le vin est moqueur, 20, 1), livre de vie (Une femme intelligente est un don de l'Éternel, 19, 14), les proverbes sont aussi un livre de droit (Ne déplace pas la borne ancienne, 22, 28, 23, 10), jusque dans les conseils pratiques (Commencer une querelle, c'est ouvrir une digue, 17, 14, *adde* 25, 8) et tout ce qui est dit de l'emprunt (22, 7), de l'usure (28, 8), du cautionnement (11, 15 ; 22, 26 ; 27, 13) de l'égalité (28, 21) du témoignage (21, 28) et du principe même de la contradiction (18, 17).

(3) V. tout spécialement A. DAGUIN, 1926, Axiomes, Aphorismes et brocards français de Droit, Paris, Introduction, p. 7 s.

(4) Le terme vient du nom d'un évêque de WORMS (Burchard, en latin *Brocardus*) qui composa au XIe s. sous le titre de *Brocardia,* une collection canonique de sentences qui devinrent célèbres. On peut admettre avec DAGUIN (op. cit., p. 8) que les brocards du droit ne sont pas, à la différence de ceux de la polémique, des railleries mordantes, mais des sentences comparables aux adages.

proverbes sont des enseignements de la sagesse populaire (pour en être venus ou pour y être entrés), tandis que, non sans nuances, *sentences* (5), *aphorismes* (6) et *apophtegmes* (7) sont des « vérités » tombées de la bouche de sages. Mais comme, de son côté, la *maxime* est une grande sentence, porteuse d'une vérité supérieure ou d'un précepte moral, et *l'axiome* une vérité première que son évidence impose sans qu'il soit besoin de la démontrer, il devient clair que toutes ces variantes, qui sont toutes des « vérités » en raccourci, ont en commun trop de traits essentiels par leur forme et leur fin, pour qu'il soit raisonnable d'en exclure *a priori* telle espèce.

Toute la question est, au départ, d'appréhender les *adages (8) du droit* dans l'immense carrière de la sagesse de l'humanité où voisinent toutes les sentences de la religion, des sciences, de la philosophie et de l'expérience des peuples.

Pour l'essentiel, les adages du droit forment un ensemble déjà constitué qui est devant nous comme une donnée de la tradition. Avant tout, il importe de présenter sommairement, dans son ensemble, ce trésor amassé.

Mais il est tout à fait nécessaire d'expliquer ce par quoi un adage se rattache au droit, ce qui mérite à un adage d'être retenu comme adage de droit, c'est-à-dire ce en quoi un adage constitue un discours juridique, recherche qui consiste à éprouver non seulement la valeur juridique de l'adage, mais, à la racine, sa juridicité. Cette qualification juridique ouvre la voie à l'étude linguistique qui a pour objet l'énoncé même de l'adage.

La présentation liminaire du trésor des adages conduira à examiner tour à tour l'adage comme discours juridique (section I) et comme énoncé linguistique (section II).

---

(5) *La sentence* (lat : *sententia,* de *sentio, sentire*, sentir, percevoir) se définit, sous le rapport de son origine, comme une opinion savante qui fait autorité, sentiment profond que livre un jurisconsulte et que sa valeur doctrinale a consacré. Exemple illustre : les sentences de Paul.

(6) *L'aphorisme,* cultivé avec dilection par les médecins et les philosophes de l'Antiquité, est une proposition brève qui résume l'essentiel des connaissances (et de l'expérience) sur un point de science, de doctrine ou de pratique. Ex. : Les Aphorismes d'Hippocrate (Ve s. avant J.-C.), traité de médecine dont chaque ligne résume, en forme de précepte, la médecine de l'École de Cos.

(7) *L'apophtegme* est la parole mémorable d'un ancien, un bon mot (grave ou plaisant) attribué à un personnage célèbre, un trait d'esprit qui met du sel sur un enseignement (Ex. qui sait parler, sait se taire). Ex. Les apophtegmes des Anciens, tirés de Plutarque, de Diogène, Laerce, d'Elien, d'Athenée, de Stobée, de Macrobe et de quelques autres, traduction de Nicolas PERROT, sieur d'ABLANCOURT, Paris, chez Thomas-Jolly, 1664.

(8) Adage peut prendre alors un sens générique qui englobe toutes les espèces, sauf à reconnaître qu'en un sens strict, plus spécifique, le véritable adage du droit est celui qui énonce une règle de droit. V. plus loin. Section I).

SECTION PRÉLIMINAIRE

LE TRÉSOR DES ADAGES DU DROIT

103. — D'où nous vient-il ? Aujourd'hui, qu'est-il devenu ? Nous le tenons des Anciens, de nos aïeux, de nos pères. Le fonds des adages vient du fond des âges. L'ancienneté est une marque essentielle de ce trésor. C'est un « dépôt de maximes » (Portalis), un héritage, un legs de la tradition.

Faudrait-il dire que cette chose précieuse est aussi une chose cachée ? Enfouie dans la mémoire collective, elle se laisse volontiers redécouvrir. Aujourd'hui, elle vit encore parmi nous, discrètement, mais allègrement.

§ 1. — LE LEGS DE LA TRADITION (9)

Dans leur immense majorité, les adages ont une origine reculée, et il en existe dans toutes les langues. Dans leur langue d'origine on traduits, les adages latins ont cependant connu, par leur rayonnement quasi universel (10), un destin hors-série. Ils ont tout naturellement pénétré dans les contrées, comme les pays germaniques, où le droit romain a été reçu, comme loi du pays. En Angleterre même, où la réception du droit romain n'a pas eu lieu de cette manière, l'usage des maximes de droit en latin est cependant favori aujourd'hui encore, la formation coutumière et jurisprudentielle du droit permettant de plain-pied, en pays de *common law,* l'emprunt de règles d'équité à la *ratio scripta* que constitue le droit romain. L'adoption du fonds romain paraît d'ailleurs avoir stimulé plutôt que stérilisé la créativité coutumière dans les pays d'accueil.

---

(9) Sur la littérature des adages, v. André LAINGUI, « Les adages du droit pénal », Revue de science criminelle et de droit pénal comparé, 1986, p. 25 s., et « L'adage, vestige de la poésie du droit », contribution aux mélanges en hommage à Jean IMBERT, Histoire du droit social, P.U.F., 1989, p. 345 s.

(10) Il faudrait pouvoir élucider par quel cheminement de nombreuses maximes se retrouvent dans le Code tunisien des obligations et des contrats : « A égalité de droits celui qui s'oppose à toute innovation doit être préféré » (a. 546. *Quiéta non novere ?*) ; « Nul ne peut venir contre son fait si la loi ne le permet expressément » (a. 547) ; « Nul ne peut se constituer un titre à soi-même » (a. 548) ; « Celui qui peut le plus, peut le moins » (a. 550) ; « Nul ne peut donner gratuitement s'il est insolvable (a. 552, *nemo liberalis nisi liberatus*) ; « Celui qui a les avantages a les charges et les risques » (a. 554, *Ubi emolumentum, ibi onus*), etc. L'essentiel est de relever : 1. Qu'en méthode législative, des maximes ont été jugées dignes d'être regroupées dans un Code moderne ; 2. Qu'elles l'ont été sous un titre qui évoque celui du Digeste (de quelques règles générales de droit, Code tunisien des obligations et des contrats, art. 532 à 563) ; 3. Que nombre de ces maximes correspondent à des adages latins.

Le droit anglo-saxon connaît beaucoup d'adages en normand ou en anglais (11). L'âme germanique s'exhale dans d'innombrables adages en langue allemande (12), où il faut reconnaître un mode romantique de l'expression juridique.

C'est aussi ce qui s'est produit en France. Considéré seulement ici dans la perspective de l'enrichissement et de l'évolution du droit français, l'ensemble des adages découle de deux sources principales : l'une romaine, l'autre française.

Citation de Laboulaye : « Les Allemands, grands compilateurs, sont entrés longtemps après nous dans cette voie. Si l'on met de côté les *Parœmiæ juris Belgarum* d'Antonius Matheus, qui n'est pas allemand et qui a publié son livre à Utrecht en 1667, le premier auteur allemand qui ait écrit sur les proverbes de droit germanique est Hertius, professeur à Giessen. Ses *Parœmiæ juris germanicæ* (il y en a une centaine) ont paru à Giessen en 1693 et ont été imprimées dans ses *Commentationes et opuscula* à Francfort en 1737, in-4°. Ses recherches ont été suivies par un travail plus considérable, le *Thesaurus Parœmiarum germanico-juridicarum, Teutsch-juristicher Sprichwoerter Schatz, in quo mille et quod excurrit Germanorum dicteria,* cum primis juris, *recensentur,* de Georges Pistorius. La première édition des trois premières centuries est de 1715. Dans ses préfaces, l'auteur nous apprend qu'il a ramassé ses proverbes dans toute l'Allemagne, et il est aisé de voir qu'il a pris de toutes mains, et sans choix. Son recueil n'en est pas moins fort curieux, mais il s'en faut que toutes les maximes qu'il renferme soient des règles de droit...

Pistorius, comme ses devanciers, a donné en latin farci d'allemand son Commentaire sur les proverbes. A la fin du dernier siècle, Eisenhard a publié en Allemand ses *Principes de droit privé allemand en proverbes* (13). C'est l'ouvrage resté classique, Loisel et Laurière réunis.

Dans ces derniers temps, l'attention a été éveillée sur l'importance des proverbes et formules juridiques par les *Deutsche Rechtsalterthuemer,* de Jacob Grimm ; aussi deux ouvrages considérables ont-il été publiés sur ce sujet. Le premier par Hillebrand contient 373 maximes expliquées avec soin (14), le second publié par MM. Graf et Dietherr sous la direction des savants professeurs Bluntschli et Maurer ne renferme pas moins de 3 698 numéros pris à la source et soigneusement vérifiés (15). Il y a une grande érudition dans cet ouvrage, les auteurs ont eu constamment Loisel sous les yeux, mais ils ont laissé à un autre le soin de tirer une conclusion de la ressemblance frappante qui existe entre le

---

(11) *Law maxim.* On en trouve une multitude dans les *Institutes of the law of England,* de Sir Edouard Coke (qui paraît être aujourd'hui encore une source principale) et le *Dictionary of latin Quotations* de Riley (Londres 1856) déjà cités par Éd. Laboulaye, notice sur la vie de Catherinot (1883).

(12) On peut en prendre une vue d'ensemble dans l'ouvrage de A. Chaisemartin, Proverbes et maximes du droit germanique, Paris 1891, composé d'après les compilations allemandes des XVIIIe (Hertius, Pistorius, Eisenhard) et XIX siècles (Hillebrand, Graf, Dietherr). Sur ces compilations, nous citerons ce qu'en disait déjà Laboulaye (notice préc. p. 14 s.). V. ci-dessus.

(13) Grundsaetze des deutschen Privatrechts in Sprichwœrtern. Souvent réimprimé.

(14) Deutsche Rechts Sprichwoerter. Zurich, 1858.

(15) L'ouvrage est également intitulé *Deutsche Rechtssprichwoerter.* Nordlingen, 1864, grand in-8°. C'est une des publications patronnées par le roi de Bavière, Maximilien II, et encouragées par l'Académie des Sciences de Munich.

droit français coutumier et l'ancien droit germanique. Il y a vingt-cinq ans que l'ingénieux professeur Zoepfl, dans son *Histoire du droit allemand* (16), avait remarqué que le droit français, y compris le Code civil, était plus imprégné d'idées germaniques que le droit allemand transformé par l'influence du droit Romain ; il était réservé à M. Rudolph Sohm de mettre en pleine lumière un fait qui domine toute l'histoire de la civilisation moderne. Ce sont les Francs-Saliens qui, en se mêlant aux Gallo-Romains, ont produit ce peuple mixte qui a donné son nom à la France. Et, à son tour, c'est l'empire franc qui a introduit une espèce d'unité parmi les tribus germaniques et qui a marqué leurs coutumes d'une même empreinte. C'est de l'Ouest, c'est de la France que l'Allemagne a reçu son droit, comme elle en a reçu plus tard sa poésie chevaleresque, ses fabliaux et son architecture. Pour me servir des expressions de M. Sohm, qui paraîtraient un paradoxe dans la bouche d'un Français : « L'histoire du Moyen Age c'est l'histoire de la saturation de l'esprit allemand par l'esprit français (17). »

A. — LE FONDS LATIN

104. — C'est le plus riche, et le plus ancien (18). A la vérité, les adages énoncés en latin ne proviennent pas tous du droit romain. La création des adages en langue latine a fleuri dans toute l'Europe bien après la chute de l'Empire romain d'occident. Le Moyen Age et la Renaissance ont cultivé ce mode d'expression. Beaucoup sont l'œuvre des canonistes ou des glossateurs. Cependant, le lot le plus substantiel vient du droit romain.

La compilation justinienne constitue le noyau — et le joyau — de cet ensemble. Le Digeste s'achève sur un titre XVII *« De diversis regulis juris antiqui »* qui regroupe 211 maximes puisées dans les écrits des anciens jurisconsultes (19). Dans ce florilège officiel, la palme revient à Paul avec 67 citations et à Ulpien pour 61. Divers fragments sont tirés de Pomponius (15), Gaius (15), Papinien (10), Celse (9), Julien (6), Modestin (4) jusqu'à Maecianus (1). Les maximes les plus

---

(16) *Deutsche Rechtsgeschichte,* § 59. Stuttart, 1858, in-8°.

(17) A. Sohm. *Fränkisches Recht und Roemisches Recht,* Weimar, 1880, p. 68.

(18) Le fonds grec nous est beaucoup moins familier. Voici l'explication (offerte à la critique historique) qu'en donne DAGUIN, Axiomes, Aphorismes et Brocards français du Droit, 1926, Introduction, p. 10, n. 1 : « On peut se demander pourquoi l'on n'invoque jamais le droit grec. Le principal motif vient de ce que ce droit n'a pas laissé des monuments comme le Digeste et les Institutes et de ce que jusqu'au XVIe siècle le grec fut tout à fait délaissé — ignoré même, pourrait-on dire. Lorsque les professeurs de droit, en lisant le Digeste et le Code, rencontraient une citation en cette langue, Voici du grec, on ne le lit pas, disaient-ils : *graecum est, non legitur.* » Il reste donc à extraire du *Corpus juris civilis,* toutes les citations de maximes grecques. V. par ex. la référence que fait ULPIEN à la citation d'un vieux proverbe grec par l'empereur ANTONIN (D.I., 16, *De officio proconsulis et legati,* 6. Ulpien).

(19) Cependant de nombreuses maximes figurent aussi dans d'autres parties du Digeste ou dans les Institutes. On en trouve notamment une série remarquable dans le titre III du livre premier du Digeste, De legibus, senatusque consultis, de longa consuetudine.

célèbres sont là : « *Nemo plus juris ad alium transferre potest, quam ipse haberet* » (54, Ulpien) ; « *Nullus videtur dolo facere, qui suo jure utitur* » (55, Gaius) ; « *Jure naturae aequum est, neminem cum alterius detrimento et injuria fieri locupletiorem* » (206, Pomponius) ; « *Res judicata pro veritate accipitur* » (207, Ulpien).

La frappe de l'adage y trouve ses modèles : la concision (« *Impossibilium, nulla obligatio est* », 185, Celse) ; les balancements (« *Expressa nocent, non expressa non nocent* », 195, Modestin) ; la généralité (en tête d'adage, *nemo* revient 14 fois, *omnis, omnes, omnia* 8 fois, *semper, quotiens, nullus, nulla, nullum, nihil* se succèdent).

Dans le droit, les règles abordent tous les domaines, en particulier l'action en justice et la procédure, le testament et la succession, l'interprétation des lois ou des volontés particulières (20), les obligations, les fautes (21), les dommages, la fraude, le vol, la violence, la vente, la possession, la prescription, le *status libertatis* ou la condition servile (22), etc. Autour du droit, beaucoup d'adages relèvent de la logique, de l'évidence, du bon sens (*In toto et pars continetur,* 113 Gaius ; *Semper specialia generalibus insunt,* 147, Gaius).

Cependant, leur trait commun le plus profond est d'être d'origine savante (23). Ces sentences livrent ce que la science du droit (ici *jurisprudentia*) paraît avoir distillé de plus pur. Les adages latins sont de fortes pensées, fruits d'une réflexion très élaborée.

B. — LE FONDS FRANÇAIS

105. — Il est constitué de l'ensemble des adages énoncés en français. Mais, ici encore, langue et origine ne sont pas toujours liées. Beaucoup d'adages français ont une origine latine. Au Moyen Age, la plupart des adages latins acquièrent ainsi des équivalents français qui en sont la traduction ou la transposition (24). Cependant la création des adages de souche française est aussi à l'œuvre, et c'est cette formation autochtone qui enrichit le fonds d'une veine originale. Beaucoup d'adages proviennent ainsi du droit coutumier. Ils naissent de et dans la langue des praticiens du droit, et pénètrent, par tradition orale, dans les coutumes, pour

(20) Certaines demeurent justement fameuses : « *Semper in obscuris, quod minimum est, sequimur* » (9, Ulpien) ; « *Semper in dubiis benigniora praeferenda sunt* » (56, Gaius).

(21) *Imperitia culpae adnumeratur* (132, Gaius).

(22) *Libertas inaestimabilis res est* (106, Paul).

(23) Carbonnier, Droit civil, Introduction, n° 139.

(24) *Vox unius, vox nullius (testis unus, testis nullus)* devient « Voix d'un, voix de nun » (Loisel, n° 779) ; *Pluris est oculatus testis quam auriti decem* devient « Un seul œil a plus de crédit que deux oreilles n'ont d'audivi » (Loisel, n° 772). *Plus est cautionis in re quam in persona* devient « Mieux vault gaige en arche que pleige en place » (Daguin, n° 968).

y être consignés, quand celles-ci sont rédigées. Certains ouvrages comme le « Livre de justice et de plet » en sont « farcis » (selon le mot de Laboulaye, préface aux axiomes de Catherinot, p. 12). Faute de compilation officielle comparable au Digeste, ils y restent longtemps disseminés.

A partir du XVIe siècle, les adages français ont été regroupés par des jurisconsultes qui les ont publiés dans des recueils spéciaux. Il en existe trois principaux (25), deux pour les maximes de droit civil, le troisième pour le droit criminel.

La plus célèbre demeure l'ouvrage de base. C'est le recueil qu'Antoine Loisel, élève de Cujas, publie en 1608 sous le titre « Institutes coutumières, ou Manuel de plusieurs et diverses règles, sentences et proverbes tant anciens que modernes de droit coutumier et plus ordinaire de la France » (26). Il regroupe de très nombreux adages qui sont tous énoncés en français, mais dont l'origine est diverse. Beaucoup sont tirés d'un adage latin (« Voix du peuple, voix de Dieu, Loisel, n° 773, *Vox pupuli, vox Dei* » ; « Qui fait la faute la boyt, n° 825, *Noxa caput sequitur* »). La plupart sont coutumiers de naissance (« Vente de fruits rompt le cens », n° 473 ; « Vaines pâtures ont lieu de clocher à clocher », n° 247 ; « Une fois n'est pas coutume », n° 24 ; « Tous les biens sont meubles ou immeubles », n° 209 : c'est l'article 88 de la coutume de Paris).

Loisel a inspiré Catherinot (27) qui cependant « ne le reproduit pas servilement » (Laboulaye). « Les Axiomes du Droit français, par le sieur Catherinot » sont publiés en 1683 (28). L'auteur a regroupé les axiomes par thèmes (Avocats, Adultère, Aliments, Bénéfice, Biens, Compte) et classé ceux-ci par ordre (à peu près) alphabétique, mais le recueil ne couvre que les trois premières lettres de l'alphabet (d'Absence à Consultation).

---

(25) Ont aussi leur place les « Maximes générales du droit français » de Pierre de L'HOMMEAU, conseiller du Roi en la sénéchaussée de Saumur, publiées à Rouen en 1614.

(26) L'ouvrage de LOISEL a été plusieurs fois réédité aux XVIIe et XVIIIe s. La référence essentielle demeure l'édition commentée donnée par Eusèbe de Laurière (Paris, 1710, 2 vol.), revue et augmentée, après la mort de l'auteur, par son gendre Jean-Baptiste BONHOMME en 1783.

(27) Jurisconsulte et « antiquaire » du XVIIe s., avocat du roi, écrivain curieux fertile en écrits divers, Nicolas CATHERINOT, vécut à Bourges (1628-1688). V. la notice que lui a consacré LABOULAYE.

(28) Ils ont été publiés en 1883, à Paris avec une notice sur la vie et les écrits de l'auteur par Édouard LABOULAYE et une bibliographie raisonnée des écrits de CATHERINOT, par Jacques FLACH. Au XVIIIe s., les « Règles du droit français », de Claude POCQUET de LIVONNIÈRE, conseiller au présidial d'Angers, ancien professeur de droit français en la même université, contiennent également de nombreuses maximes dont beaucoup sont tirées de LOISEL, de Pierre de LHOMMEAU et des Arrêtés du Premier Président de LAMOIGNON. La sixième édition de ces règles, en 1768, contient *in fine* les « Règles du Droit français tirées de CARONDAS », à la fin de ses Pandectes (traduction de 88 règles du Digeste considérées comme reçues en Droit français).

Les adages de droit criminel ont été colligés dans un ouvrage qu'un jurisconsulte du XVIe siècle, Josse de Damhoudère, a publié en 1555 à Louvain sous le titre « La practique et Enchiridion des causes criminelles ».

Le caractère populaire est un trait marquant de cet ensemble. Les adages français sont souvent des proverbes et, surtout dans Catherinot, ce ne sont pas toujours des proverbes de droit (« Dis moi qui tu hantes, je te dirai qui tu es », déjà chez Loisel, n° 826) ; « La femme fait ou défait la maison », Catherinot, V° Conquêts). D'où le dénigrement dont ils furent parfois l'objet pour avoir été « ramassés dans le ruisseau » (29), ou par manque de précision scientifique. Cependant ce mépris affiché ou supposé pourrait avoir été surtout le fait de beaux esprits auxquels le grand siècle même n'a pas épargné ses railleries, et La Fontaine réconcilie tous les goûts lorsqu'il met des dictons — même de droit — dans ses Fables (30). La pensée la plus forte est que les « adages nationaux » sont, avec bonheur, une expression du génie français, au fond, comme la quintessence du droit coutumier (31), pour la langue, comme un pur fruit du terroir.

Au demeurant, et surtout en la forme, les adages français sont loin de s'écarter de leurs modèles latins. Ils sont plus riants, moins austères, plus verts et parfois crus. Mais, entre autres marques linguistiques communes, ils ont la concision pour loi (« Appel passe opposition », Catherinot, V° Appellations ; « Qui bâtit borne », Bouthors, cité par Daguin, n° 1242), et, pour vœu, la poésie, par balancement, rime ou autre veine : « Bâtard barre ses armes », Catherinot, V° Armes ou Armoiries ; « Ou la bataille, ou la taille », Catherinot, V° Arrière-ban ; « Mal à qui a, pis à qui n'a », Catherinot, V° Biens » ; Vendage passe louage, Loisel, n° 472 ; « Ne dote qui ne veut », Daguin, n° 983 ; « Le mort saisit le vif » Loisel, n° 317.

§ 2. — LES ADAGES, AUJOURD'HUI

Est-il sûr que les adages soient passés de mode (32) ? L'intérêt renouvelé qu'ils suscitent dans la communauté des juristes et les auditoires d'étudiants laisse espérer que le goût n'en est pas perdu. Cet attrait se manifeste principalement par les études qui sont consacrées aux adages et par l'emploi qui en est encore fait. Il se

---

(29) S'élevant contre ce reproche, DAGUIN juge abusif de le placer sous l'autorité de CUJAS, lequel en qualifiant la maxime « le mort saisit le vif » de *vox de via collecta,* aurait seulement entendu signifier que ce dicton, courant les rues, était d'usage général (Axiomes, etc. Introduction p. 8).

(30) A l'œuvre on connaît l'artisan, L. I., f. 21, Un tiens vaut, dit-on, mieux que deux tu l'auras ; Deux sûretés valent mieux qu'une, L. IV, f. 15, etc.

(31) Avec LABOULAYE, *op. cit.,* notice, p. 12 on peut encore dire : « Loisel nous a conservé le suc et la moelle de notre ancienne jurisprudence. »

(32) V. cette pensée trop morose dans la riche contribution d'André LAINGUI aux mélanges en hommage à Jean IMBERT, (Histoire du droit social, P.U.F. 1989), l'adage, vestige de la poésie du droit, p. 345.

marque même, mais beaucoup plus marginalement, par la création qui, à l'occasion, en fait naître.

A. — L'ÉTUDE DES ADAGES

La tradition des recueils continue (33). Les nouveaux recensements puisent dans les collections anciennes. Cependant les mines sont exploitées plus méthodiquement. Les préfaces donnent une vue d'ensemble des adages. L'idée s'est imposée, depuis que les grandes codifications napoléoniennes ont remodelé, en France, le paysage des sources du droit, que l'étude des adages présente une double face, l'une historique, l'autre positive. Discerner l'origine et l'évolution des adages, peser leur valeur juridique : cette double préoccupation est plus ou moins approfondie.

a) Axiomes, Aphorismes et Brocards français de Droit, par A. Daguin (1926).

Œuvre fervente d'un praticien éclairé (34), ce recueil est, dans sa partie principale, un répertoire alphabétique de 1559 adages. Le sous-titre annonce avec probité (35) à quoi se borne ici le souci de l'histoire et du droit. Chaque adage et accompagné : 1) de l'indication de l'ouvrage dont il a été tiré (Loisel, pour 281, Catherinot, de Damhoudère, de L'Hommeau, Bouteiller, Bouthors, etc.) ; 2) De la référence à l'article du Code (civil, pénal, etc.) qui traite de la question. L'indication de la source est souvent vague (« vieil adage », « ancienne maxime », « jurisprudence ») et, si l'amour des adages qui anime évidemment l'auteur ne suffit pas à le faire soupçonner d'être allé jusqu'à en créer de toutes pièces, ce goût lui a inspiré d'en puiser à des sources extrajuridiques et d'en retenir de nombreux exemples qui, sans lien direct avec le droit, donnent dans le conseil d'usage (« Accord vaut mieux que plaid », n° 16) ou le trait d'observation (« S'il ne tient qu'à jurer, la vache est à nous », n° 1388, Oudin, XVIIe s.).

Cependant l'adage est souvent suivi d'une note succincte qui en précise le sens et la valeur juridique, et qui, parfois, indique l'adage latin (ou germanique) correspondant. L'un des intérêts de l'ouvrage est, d'ailleurs, d'avoir puisé, en dehors des fonds consacrés, à des sources variées, mots d'hommes d'État ou d'écrivain (36), pensées de jurisconsultes,

(33) Le Vocabulaire juridique Henri CAPITANT (1936) réunit 215 adages. Le nouveau Vocabulaire juridique (1987, 2e éd. 1990) en rassemble 240, mais ce ne sont pas exactement les mêmes (27 en moins, 52 en plus).

(34) A. DAGUIN était juge de paix. Il indique avoir relevé, depuis le XVIe siècle, plus de vingt auteurs de volumes consacrés aux *Regulae et brocardia juris* (Introduction, p. 10, n. 3).

(35) « Axiomes... avec indication de la source originelle, conférence aux articles des Codes français et notes », Administration et librairie des Annales des justices de paix.

(36) Napoléon 1er en a trois fois les honneurs : « Il est plus facile de faire les lois que de les exécuter », n° 444 ; « Interpréter la loi, c'est souvent la corrompre », n° 489 ; « La loi doit être claire, précise, uniforme », n° 558. Et de Voltaire : « Les lois sont faites pour secourir les citoyens autant que pour les contraindre », n° 831. Plutôt que les aphorismes annoncés par le titre de l'ouvrage ce sont des apophtegmes, qu'importe.

dispositions du Code civil (37), ou même notes et commentaires (38). La sélection est souvent discutable, mais la recherche accrédite l'idée que la source des adages n'est pas tarie (39).

b) Locutions latines et adages du droit français contemporains, par Henri Roland et Laurent Boyer, (2 vol, T. I, A à L, 1978 ; T. II, M à Z, 1979).

Ouvrage d'érudition et de base, ce recueil n'est pas une simple somme, mais une étude scientifique approfondie. Chacun des 307 adages (en français ou en latin) qu'il rassemble est l'objet d'un commentaire substantiel qui, après l'indication des sources et références, retrace l'histoire de l'adage et le devenir de la règle dans le droit français contemporain. Au-delà du sens et de la portée de l'adage, la question à laquelle il se rapporte est souvent l'objet d'un ample développement (ex. : la théorie de l'intérêt sous l'adage, « Pas d'intérêt pas d'action » ; la théorie de la subrogation sous *« Res succedit pretio et pretio rei »* ; la théorie de l'abus du droit sous la maxime : *« Summun jus, summa injuria »*).

Si le nombre des adages étudiés est plus limité, c'est que les auteurs n'ont voulu retenir, en principe, que ceux qui conservent une valeur positive dans le droit français contemporain, à l'exclusion des vérités d'évidence ou d'expérience et des préceptes supérieurs (préf., p. 6). Mais les auteurs se sont sentis libres d'être parfois infidèles à leur principe : ils ont défini « *Summun jus...* » et *« Jure naturae... »*. Ils ont fait survivre des vestiges de droit féodal ou monarchique (« Chaque baron est souverain en sa baronnie », « Car tel est notre plaisir ») ou des règles abandonnées (« Batards ne succèdent point », *« Creditur virgini... »*), mais utiles à connaître par opposition.

B. — L'EMPLOI DES ADAGES

Il est rare, au moins en France, que le juge se réfère, dans sa décision à un adage de droit (40). La conception légaliste du visa des arrêts de la Cour de cassation et, plus généralement, de la motivation juridique dans les décisions de justice explique cette réserve. Cependant, la pratique du Palais ne boude pas ce

(37) Il ne s'agit pas ici des références aux articles du Code, mais d'adages dont l'énoncé correspond à celui des dispositions du Code. La correspondance est parfois rigoureuse et le choix heureux (ex. : les énoncés tirés des articles 371 ou 1235 du C. civ.). Il arrive que l'adage ne corresponde qu'à un fragment de l'article. Mais il n'en est souvent, sans grand bonheur, que le résumé. Même fidèles, les trop nombreuses citations d'articles ne sont pas convaincantes car, elles sont loin d'avoir toutes l'étoffe d'un adage.

(38) La référence à l'ancien répertoire DALLOZ, C.P.C. annoté est fréquente. Ex. n°s 518, 526, 528, 533, 546, 572, 591 s., etc. L'auteur en a extrait quelques bonnes formules. Ex. n° 733 : L'enquête n'est pas de droit ; n° 1042 : « On est toujours garant de son propre fait. » Mais la plupart des citations n'ont ni le suc ni la frappe d'un adage.

(39) V. plus bas, n° 107.

(40) Ce paraît être le privilège d'adages très connus : *Non bis in idem, Volenti non fit injuria, Locus regit actum.* V. la référence à la propriété qu'emporte celle du sol *« usque ad coelum et usque ad inferas »,* T.G.I. Rouen, 13 mai 1982, Gaz. Pal 1983, II, som., p. 426.

langage et les adages fleurissent encore dans les plaidoiries ou les écritures des conseils.

Pour l'essentiel, l'emploi des adages est aujourd'hui *doctrinal*. Au moins est-ce une tendance encore vivace chez les civilistes et les pénalistes. Les ouvrages de droit privé et de procédure en sont émaillés. L'enseignement oral s'y adonne volontiers, car la valeur didactique de l'adage se vérifie toujours, et le mot procure toujours le même plaisir à celui qui le dit, parfois même à celui qui l'écoute.

Cet emploi fait voir quelle est aujourd'hui la fonction principale de l'adage. Celui-ci peut être encore l'objet d'une glose ou la base d'une thèse (41). Le plus souvent, il est là pour embellir le discours, comme citation d'agrément. Ce qui induit la tentation d'en inventer (42).

C. — LA CRÉATION DES ADAGES

Si la source des adages paraît aujourd'hui à sec, c'est d'abord, à première vue, parce que, dans un système légaliste, la loi a refoulé la coutume, et que, du foisonnement d'un droit réglementaire, aucun adage ne peut germer (Droit de foin, Droit de rien). La question est cependant plus ardue. Le droit moderne a incorporé tant de règles, coutumières ou non, comme le droit positif l'a fait pour le droit naturel (Carbonnier), qu'il est comme plein. Y-a-t-il encore place pour de nouveaux grands principes en forme d'adage ? Le cénacle des maximes est un cercle fermé. Même au creuset d'un droit qui, sous nos pas, se transforme, ce n'est pas chose aisée, pour une règle, de s'élever au rang qui la rend digne d'y être admise. La naissance d'un adage est une prouesse intellectuelle et littéraire (43).

Pourtant, la veine n'est pas morte. Elle est marginale.

La formation de nouveaux adages, dans ce siècle ou celui qui l'a précédé, recouvre des phénomènes assez divers.

La formulation de l'adage correspond parfois à l'apparition d'une règle nouvelle, ou à la meilleure compréhension, en doctrine et en jurisprudence, d'une règle qui s'affirme. C'est le cas, au XIXe siécle du couple : « Pas de nullité sans texte », « Pas de nullité sans grief ». Il n'importe (les interprètes le savent bien) que ces règles n'aient pas de valeur absolue (44). La chose est fréquente en matière d'adage, et c'est aussi le cas de la directive : « Le fond emporte la forme ». Plus

---

(41) V. Ph. Le TOURNEAU, La règle *« nemo auditur »* Th. Paris, 1969, L.G.D.J. 1970, préf. RAYNAUD.

(42) Et celle d'en abuser. L'emphase et la cuistrerie nous guettent à chaque tour de phrase. Faisons nôtre la conclusion que DAGUIN emprunte à PASQUIER. Il faudrait savoir en user « sans montre ni parade ».

(43) « L'invention des proverbes est un travail pénible », l'Ecclésiastique, 13, 26.

(44) V. les articles 114 et 119 du N.C.P.C.

récente, et plus ferme, une proposition conquiert sa place au rang des maximes : « Tout juge est juge de sa compétence » (45).

Cependant l'élaboration de lois nouvelles est aussi pour le législateur occasion de forger des adages ou de s'y essayer, sans le proclamer, par un trait d'écriture. « La tutelle, protection due à l'enfant, est une charge publique » : la définition lapidaire de l'article 427 du Code civil est scellée dans la langue. Dans l'article 14 du nouveau Code de procédure civile on entend un peu le modèle romain : « Nulle partie ne peut être jugée sans avoir été entendue ou appelée. » (On est loin cependant de *« Audiatur et altera pars »*) (46).

A l'invention doctrinale, enfin, la voie est ouverte. Mais il s'agit alors de prendre le ton axiomatique pour expliquer ce qui est, pour tout dire, en un mot, d'une règle ou d'une institution. « Chacun pour deux » est, dans la communauté, la devise de la collaboration (47). On se souvient aussi du *« Reus auditur turpitudinem suam allegans »* de René Savatier, retournement d'interprétation (48). *« Novissima restringenda »*, c'est une formule forgée par imitation, et par antiphrase, non pour inviter l'interprète à restreindre l'innovation, mais pour lui donner conscience que, sur cette pente qui lui est naturelle, ce n'est pas la seule prudence qui l'attire, mais parfois la routine et la méconnaissance de la loi (49). La carrière des formules explicatives est devant nous. « Mes lèvres s'ouvrent pour proclamer le droit » (Prov. 8,6). Bouche d'or, il s'entend.

SECTION I

L'ADAGE COMME DISCOURS JURIDIQUE

108. — C'est par des liens divers qu'un adage se rattache au droit, mais le message que contient un adage de droit semble toujours présenter, fondamentalement, les mêmes caractères essentiels.

---

(45) L'application que l'article 1466 N.C.P.C. fait de ce principe à l'arbitre, par là collation de l'autovérification du principe et de l'étendue de son pouvoir juridictionnel, est, entre beaucoup d'autres, la marque irrécusable du caractère juridictionnel de l'arbitrage.

(46) Les articles 20 et 21 N.C.P.C. se rapprochent aussi de l'adage, au moins par leur concision. Fallait-il aller plus loin ? « Aux parties-mêmes, l'oreille du juge est toujours ouverte ». « En juge, conciliateur », ou « Chercher conciliation est dans rendre justice ».

(47) Régimes matrimoniaux, Thémis, 5e éd., p. 416 ; *adde ibid.*, p. 405 : « Propres en mains propres ».

(48) Cité par Philippe le TOURNEAU, répertoire notarial, Droit français, Contrats et obligations, Fasc. 10-1, art. 1131 à 1133 C. civ., Règle *« Nemo auditur... »*, no 122.

(49) Droit civil, I, Montchrestien, 4e éd., no 388, note 38. Dans la proposition doctrinale de nouveaux adages, le renversement de la formule a sa place, soit pour montrer la réciprocité (Ex. *Ubi emolumentum, ibi onus* induit *« ubi onus, ibi emolumentum »*), soit pour marquer la relativité (« Le fond emporte la forme » le cède parfois à la proposition contraire : « La forme emporte le fond »).

§ 1. — PLACE VARIABLE DE L'ADAGE DANS L'ENSEMBLE DU DROIT

En quoi un adage appartient-il au droit ? C'est la question première de sa juridicité. S'il est juridique, de quelle valeur est-il doté en droit positif (français) ? Plus spécialement encore, quel rapport entretient-il, dans ce droit, avec la loi écrite qui en est la source formelle principale ? Ce sont trois références à éclairer (50).

A. — L'ADAGE ET LE DROIT

A l'évidence, tous les adages ne présentent pas le même degré de *juridicité.* Certains constituent des adages de droit, au sens strict, en ce qu'ils énoncent des règles de droit au sens ordinaire de ces termes : ils ordonnent, interdisent ou permettent. La maxime romaine y ajoutait la punition : *Legis virtus haec est : imperare, vetare, permittere, punire* (51). La logique moderne y joint l'ouverture d'une faculté (52). A côté ou au-dessus de ces adages spécifiquement juridiques dont l'objet est d'ailleurs très divers, d'autres adages para, méta ou supra-juridiques soutiennent le droit plutôt qu'ils ne l'énoncent.

a) *Des adages qui énoncent le droit*

Ces véritables adages juridiques sont porteurs d'une norme de droit (au sens courant du terme aujourd'hui). Sans surprise, l'éventail de ces normes est très ouvert. On pourrait les regrouper par matière et, pourquoi pas, selon la triologie de Gaius, *persona, res, actio* (53). En tout domaine, la classification la plus pertinente tient à la finalité des adages dans le système juridique : les adages de droit sont principalement porteurs de *règles techniques,* de *principes généraux,* de *directives d'interprétation* ou *d'explications fondamentales.* La diversité de ces fonctions n'est pas sans lien avec celle des appellations.

1° *Règles techniques (De diversis regulis...)*

Par la précision de leur objet, les adages énonçant de telles règles ressemblent à des dispositions de la loi (dont ils ne se distinguent souvent que par la forme). De nombreux se rapportent à l'action, à la prescription, à la procédure en général.

---

(50) Comp. la classification intéressante que donnent MM. ROLAND et BOYER, dans la préface de leur ouvrage (Locutions latines et adages du droit français contemporain) : *Adages intra legem (in scriptura, in extensione,* ou *in intellectu) ; Adages supra leges (ad minuendum, ad minuendum* ou *ad augendum).*

(51) Digeste, I, 3. *De legibus...*, 7, Modestin.

(52) V. Jean RAY, Essai sur la structure logique du Code civil français, Paris, Alcan 1926, p. 50 s.

(53) Digeste, I, 5, *De statu hominum,* 1, GAIUS : *« Omne jus quod utimur, vel ad personas pertinet, vel ad res, vel ad actiones ».*

— Pas d'intérêt, pas d'action.

— *Nemo judex sine actu.*

— *Ne procedat judex ex officio.*

— *Contra non valentem agere non currit praescriptio.*

— *Actioni non natae non praescribitur.*

— *Actiones quae morte vel tempore pereunt semel inclusae judicio salvae permanent.*

— *Actor sequitur forum rei.*

— Le juge de l'action est le juge de l'exception.

— *Actori incumbit probatio.*

— *Reus in excipiendo fit actor.*

— *Secundum allegata et probata partium judex judicare debet.*

— Pas de nullité sans texte.

— Pas de nullité sans grief.

— *Lata sententia judex desinit esse judex.*

— *Res judicata pro veritate accipitur.*

— *Tautum devolutum quantum appellatum.*

— *Dies non interpellat pro homine.*

— *Dies a quo non computatur in termino.*

Les adages de précision sont également nombreux dans le droit des successions :

— N'est héritier qui ne veut.

— *Semel heres, semper heres.*

— Le mort saisit le vif.

— *Fructus augent hereditatem.*

— Nul n'est tenu de rester dans l'indivision.

— *Infans conceptus pro nato habetur quoties de commodo ejus agitur.*

On en retrouve de comparables dans les domaines les plus variés :

— Aliments n'arréragent pas.

— *Locus regit actum.*

— L'aléa chasse la lésion.

— *Confessio dividi non debet.*

— *Mobilia non habent sequelam.*

— *Minor restituitur non tanquam minor sed tanquam laesus.*

2° *Principes généraux (maximes)*

Par leur généralité et la hauteur de leur vue ce sont des préceptes supérieurs. Ces adages méritent le nom de maximes. Mais ils sont d'ordre juridique (et même, on le verra, de droit positif). Leur valeur éminente n'en fait pas seulement des règles de morale ou d'équité. Ce sont des maximes de droit. Le droit des obligations vient en tête, avec un splendide regroupement :

— *Pacta sunt servanda.*

— *Fraus omnia corrumpit.*

— *Frangenti fidem, non est fides servanda.*

— *Nemo auditur propriam turpitudinem allegans.*

— *Nemo plus juris ad alium transferre potest quam ipse habet.*

— *Nemo dat quod non habet.*

— *Resoluto jure dantis, resolvitur jus accipientis.*

— *Solus consensus obligat.*

— *Res inter alios acta aliis neque nocere neque prodesse potest.*

— *Nemo praecise cogi ad factum.*

— *Error communis facit jus.*

— *Res perit domino.*

— *Qui auctor est se non obligat.*

— *Volenti non fit injuria.*

La procédure et le droit pénal sont forts de semblables maximes, fondements de l'état de droit, garants de justice et de liberté :

— *Audiatur et altera pars.*

— *Spoliatus ante omnia restituatur.*

— *Jura novit curia.*

— *Da mihi factum, dalo tibi jus.*

— *Nullum crimen sine lege.*

— *Nulla poena sine lege.*

— Tout prévenu est présumé innocent.

— *Non bis in idem.*

— *Cogitationis poenam nemo patitur.*

Il en existe dans tous les domaines :

— Nul n'est censé ignorer la loi.

— Qui fait l'enfant doit le nourrir.

— *Noli me tangere.*

3° *Directives d'interprétation (autres maximes ou sentences)*

A ce titre, elles sont aussi dans le droit. Elles guident l'esprit dans l'interprétation des lois, des actes ou même des faits. Il s'agit bien de principes juridiques d'interprétation.

— *Ubi eadem ratio, idem jus.*

— *Cessante ratione legis, cessat lex.*

— *Ubi lex non distinguit, nec nos distinguere debemus.*

— *Specialia généralibus derogant.*

— *Generalia specialibus non derogant.*

— *Qui dicit de uno de altero negat.*

— *Actus interpretandus est potius ut valeat quam ut pereat.*

— *Malitiis non est indulgendum.*

— *In dubio pro reo.*

— *Actore non probante, reus absolvitur.*

— *Poenalia sunt restringenda.*

— *Odiosa restringenda.*

— *Exceptio est strictissimae interpretationis.*

— *Dubia in meliorem partem interpretari debent.*

— *Intelligitur confiteri crimen qui pasciscitur.*

— Provision est due au titre, etc.

4° *Propositions explicatives (sentences)*

Il s'agit ici d'explications du droit, mais non de simples spéculations. Les adages qui les énoncent sont d'origine doctrinale, mais ce sont des opinions consacrées. Elles font partie intégrante du droit. Elles sont une partie importante de la science du droit. Leur caractère savant et leur autorité leur méritent le nom de sentences.

Fruits d'une élaboration intellectuelle très puissante, pièces de droit fondamental, ces sentences éclairent les institutions, souvent dans leur nature, et donnent comme cours légal à ces analyses dans le raisonnement juridique :

— *Bona non sunt nisi deducto aere alieno* (notion de patrimoine).

— *Nemo liberalis nisi liberatus.*

— *In judiciis universalibus pretium succedit loco rei et loco pretii* (théorie de la subrogation).

— *Subrogatum capit naturam subrogati* (Bartole).

— *Fraus significat eventum et consilium* (Cujas, notion de fraude).

— *Portio acrescit portioni* (Bartole).

— *Qui mandat dicatur ipse vere facere* (Bartole, théorie de la représentation).

— *Forma dat esse rei (in solemnibus,* notion d'acte solennel).

— *Confirmatio nil dat novi.*

— *Frustra probatur quod probatum non relevat* (notion de pertinence).

— *Genera non pereunt.*

— *Hereditas personam defuncti sustinet.*

— *Privilegia non ex tempore aestimantur sed ex causa.*

Ils sont la monnaie inaltérable de nos raisonnements juridiques. Mais ce noyau n'est que le cœur d'une cohorte d'adages qui sont autour du droit, à l'assister, à le stimuler, à l'encourager.

b) *Des adages qui soutiennent le droit*

109. — A la vérité, ils sont encore dans le droit, si l'on conçoit le droit, suivant une autre configuration des disciplines de l'esprit, comme un ensemble moins différencié qui incorpore tout ce qui lui faut de morale et de philosophie, de logique et de rhétorique, de sagesse, d'expérience, de savoir-faire, de pratique, etc. Qu'importe ? Ce qui est alors en question c'est la définition du droit, dans l'instance toujours ouverte de division et de redivision des sciences et des arts.

L'essentiel est de comprendre que toute sorte d'adages qui n'énoncent pas de règle de droit *stricto sensu,* sont cependant *utiles au droit.* Même si on les situe, relativement au droit plus compartimenté que l'on conçoit couramment, comme des éléments extérieurs, ils contribuent à la marche du droit, à son progrès et à sa réalisation, par les idées et les valeurs qu'ils expriment. Dans l'assortiment un peu hétéroclyte de ces *adages de renfort,* le sublime cotoie le quotidien. Mais entre les préceptes supérieurs et les conseils pratiques, la sagesse fait miroiter toutes ses facettes : traits de bon sens ou d'évidence, jugements de valeur. Ici reviennent des formes plus spécifiques d'adages (aphorisme, apophtegme, axiome, etc.).

1° *Les préceptes supérieurs (maximes)*

Certains adages expriment des idéaux qui tirent le droit vers le haut (qu'on les rattache à la morale, au droit naturel ou à d'autres sources de valeur). Leur caractère général et éminent en fait des maximes. On peut en retenir deux séries d'exemples.

α) *Les maximes d'équité*

Elles tendent à faire régner, dans le droit, la justice et l'équilibre.

Suumquique tribuere.

Ubi emolumentum, ibi onus.

A toute peine salaire est dû.

June naturae, aequm est neminem cum alterius detrimento et injuria fieri locupletorem.

β) *Les maximes porteuses d'une conception du droit*

On y trouve à la fois celles qui président à l'état de droit et celles, plus sceptiques, qui font voir les limites du droit (strict).

— *Ubi societas, ibi jus.*

— Force n'est pas droit.

— *Summun jus, summa injuria.*

— *Plurimae leges, pessima respublica.*

— *Non omne quod licet honestum est.*

— *Dura lex sed lex.*

— *Quieta non movere.*

— *Jus est ars boni et aequi.*

On passera des plus grands aux plus humbles.

2° *Les conseils pratiques (dictons et apophtegmes)*

Certains adages expriment, sur un ton lucide parfois désabusé, des vérités d'expérience. Ils valent un avis, même s'ils sont en forme de constatation. Ce sont des observations de la sagesse populaire. Ils sont souvent terre à terre (54).

— Mauvais arrangement vaut mieux que bon procès (Daguin).

— Accord vaut mieux que plaid (Daguin).

— De foi, fi ; de plege (caution), plaid ; de gage, réconfort (Catherinot).

— Qui répond, se repent (Catherinot).

— Ane du commun, mal bâté (Catherinot).

— Qui a compagnon a maître (Catherinot).

— *Verba volant, scripta manent.*

— *Jura vigilantibus, non dormientibus prosunt.*

— Qui le sien donne avant mourir bientôt s'apprête à moult souffrir (Loisel).

— Borne a la tête en vue et le pied en cache (Catherinot).

— En lettre et requête on ne doit point tourner le feuillet (Daguin, 338).

---

(54) L'observation ne va pas toujours, on le devine, jusqu'au conseil. « Qui mieux abreuve, mieux preuve ». Le brocard retrouve ici un ton caustique.

3° *Les maximes de sagacité (aphorismes)*

Proches des précédents, ces adages sont marqués par autant de réalisme et de pragmatisme. Ils se donnent aussi pour des vérités d'expérience. Ils ont seulement un tour plus savant. Ils développent souvent une sagesse probatoire.

— *Is fecit cui prodest.*

— *Praesumptio sumitur de eo quod plerumque fit.*

— *Non jus deficit sed probatio.*

— *Idem est non esse et non probari.*

— *Idem est non esse et non significari.*

— *Plus cautionis in re quam in persona.*

— Nécessité fait loi.

— *Quod abundat non vitiat.*

— *Factum negantis probatio nulla est.*

4° *Les évidences logiques (axiomes)*

Le droit fait usage d'axiomes dont la force relève de l'évidence, dans le sens commun, mais qui ont, en droit, de notables applications. Ce sont des chevilles familières du raisonnement juridique : non spécifiques, mais, à l'occasion, utiles.

— *Cessante causa, cessat effectus.*

— *Ex nihilo, nihil.*

— De contrat nul, nul effet.

— Qui peut le plus peut le moins.

— *In toto et pars continetur.*

— *Specialia generalibus insunt.*

— *Quod nullum est nullum producit effectum.*

5° *Les notes de valeur*

Hors-série, certains adages mériteraient d'être regroupés à part (55). Ce sont ceux qui donnent des *valeurs* à des actes ou à des faits. Ces adages sont comme des cotations à la bourse du droit. Il advient que le jugement de valeur porte sur un élément considéré en lui-même, isolément :

— *Res mobilis, res vilis.*

— *Testis unus, testis nullus.*

---

(55) Car certains énoncent de véritables règles de droit. En quoi leur classement ici est arbitraire.

Mais le plus souvent, la notation est relative. L'adage énonce *une comparaison.* Il fixe une valeur par rapport à une référence. Parfois l'adage établit une *équivalence.* Il affirme une égalité :

— *Culpa lata dolo aequiparatur.*

— *Imperitia culpae adnumeratur (56).*

— Estimation vaut vente.

— Autant vaut simple promesse ou convenance que les stipulations du droit romain (Loisel).

— En fait de meubles, possession vaut titre.

— Confession vaut conviction (Catherinot).

D'autres fois, l'adage marque une *prédominance.* Il affirme la supériorité d'une valeur sur une autre :

— Le fond l'emporte sur la forme.

— *Prior tempore, potior jure.*

— *In pari causa, melior est causa possidentis...*

— *Melior est causa possidentis quam petentis.*

— *Qui certat de damno vitando anteponendus est ei qui certat de lucro captando.*

— *Plus valet quod agitur quam quod simulatur.*

— *Protestatio non valet contra actum.*

— Mieux vaut absoudre le coupable que condamner l'innocent (L'hommeau).

— Lettres passent témoins.

— Coutume passe droit (Daguin, 233).

— Convenances vainquent loi (Loisel, 356).

— Vendage ou achat passe louage (Loisel).

— Transaction passe compromis (Catherinot).

Ces adages, à la différence des précédents, sont spécifiquement juridiques. Ils énoncent des jugements de valeur sur des faits et actes, plus généralement, sur des situations, des comportements des considérations diverses. C'est en quoi — et de la façon la plus profonde — de tels adages sont les révélateurs d'une fonction essentielle du droit régulateur de la vie sociale (57). Cette régulation est fondée sur des échelles de valeur. La composition des intérêts vers laquelle tend le droit correspond à une hiérarchie de valeurs qu'établit le droit, qu'il préétablit.

---

(56) Digeste, 50, 17, *De diversis regulis juris antiqui,* 132, GAIUS.
(57) Ici, plus que jamais, le droit est une mesure.

Par là, ces adages se rapprochent des chevilles logiques évoquées plus haut, en ce qu'ils sont devenus, comme elles, monnaie courante dans les échanges intellectuels. Émises à tout entendeur, ces unités de mesure ont cours naturel dans les raisonnements juridiques. Or, cela surtout est remarquable. Car ces estimations intemporelles qui sont ainsi figées dans des formules invariables ont été, un jour, déterminées. Elles ont pu procéder d'un jugement arbitraire ou perdre leur fondement. On touche là le caractère réducteur du droit, qui est comme une concession à la commodité et à la pérennité d'une unité de mesure. C'est d'ailleurs pourquoi ces cotations fixes ne correspondent parfois plus au droit positif.

B. — LES ADAGES ET LE DROIT POSITIF

110. — C'est une autre question de savoir si les adages, lorsqu'ils sont reconnus juridiques, ont positivement valeur de règle de droit, dans un système juridique donné, plus précisément encore s'ils ont *hic et nunc* une valeur juridique en droit positif français.

Tous les adages de droit ne sont pas des adages de droit positif, et ceux qui ont une valeur positive ne l'ont pas toujours avec la même rigueur.

L'épreuve de la valeur positive actuelle des adages au regard du droit français conduit à distinguer trois catégories.

a) *Adages correspondant à un état ancien du droit*

Certains adages de droit ont perdu la valeur qu'ils avaient en droit romain, dans l'Ancien droit ou dans un autre système juridique. Ils appartiennent à l'histoire du droit. Ils ont un intérêt historique. Ils méritent d'être cités dans l'exposé du droit positif non seulement parce qu'ils marquent, par contraste, l'évolution du droit, mais parce que, sous le changement, ils ont fréquemment laissé des vestiges.

— Bâtards ne succèdent (58).

— A bâtard, ou aliments ou métier.

— *Qui non habet in aere luat in corpore* (abolition de la contrainte par corps en matière civile).

— *Testis unus, testis nullus.*

— Le mari au-dehors, et la femme au-dedans.

— Tout fut au mari, et tout y sera.

---

(58) Le principe est renversé. L'égalité est de règle (C. civ. a. 334, mais elle n'est pas absolue. V. a. 334, al. 3). L'adage existe aussi au singulier.

— Le mari peut, vivant, disposer des conquêts ; bien entendu sans fraude (Catherinot).

— *Paterna paternis, materna maternis* (on voit bien ici la filière et le changement : la fente prévue par l'article 746 C. civ. est encore une division entre la ligne paternelle et la ligne maternelle ; mais elle n'est plus fondée sur l'origine des biens ; elle est forfaitaire. *Adde*. C. civ. a. 732).

— *Cujus est condere legem ejus est interpretari* (s'il existe des lois interprétatives, l'interprétation des lois n'est pas le monopole du législateur. Elle entre dans l'office du juge).

b) *Adages reflétant exactement le droit positif*

A la vérité, il ne s'agira pas ici des adages qui sont conformes à la loi. Pourtant, ce sont les plus nombreux et, s'ils sont conformes à la loi, ils sont, par là, de toute évidence, conformes au droit positif (leur étude viendra, plus spécifiquement, avec celle des rapports de l'adage et de la loi écrite). Il s'agit seulement ici des adages qui, en l'absence de loi, expriment le droit positif. Dans un système légaliste, ils sont rares. Ils n'en ont que plus de relief. *Ce sont des adages porteurs du droit positif*. L'adage y devient le seul fondement de la règle de droit. L'adage est source de droit. Plus exactement, il exprime la source de droit qu'est alors la coutume. On a reconnu la *coutume praeter legem*. (Il n'importe, on le sait, que la jurisprudence ait pris le relais et confirmé la coutume : la source est bien coutumière).

— Fille fiancée n'est prise ni laissée (Loisel).

— Tel fiance qui n'épouse point (Loisel).

Les deux adages expriment le caractère civilement non obligatoire des fiançailles.

— *Specialia generalibus derogant.*

— *Generalia specialibus non derogant.*

— *Fraus omnia corrumpit.*

— *Poenalia restringenda.*

— *Nemo auditur propriam turpitudinem allegans.*

— *In dubio pro reo.*

— *Nemo plus juris ad alium transferre potest quam ipse habet.*

— *Genera non pereunt.*

— *Error communis facit jus.*

— *Quod abundat non vitiat.*

Le propre de ces adages est leur généralité. C'est pourquoi ce sont bien ces maximes qui sont sources de droit, même lorsqu'il en existe, par ailleurs, dans le droit positif, des applications particulières.

c) *Adages donnant une vue approximative du droit positif*

111. — C'est par leur généralité même que certains adages créent un risque de fausse interprétation. La règle qu'ils énoncent est exacte, mais sous certaines conditions, et parfois sauf exception. L'erreur consiste à prendre l'adage à la lettre, et à lui prêter la valeur absolue qu'il n'a pas. *« Nul ne doit s'enrichir injustement au détriment d'autrui »* est une directive qui marque le fondement de la théorie de l'enrichissement sans cause. Mais le succès de l'action *de in rem verso,* qui met en œuvre techniquement cette théorie, est subordonné à de nombreuses et plus précises conditions dans la jurisprudence.

« Nul n'est censé ignorer la loi » a valeur de principe. Mais l'exception d'ignorance a sa place. La distance qui sépare l'adage du droit positif n'est cependant pas très grave en ces cas. Car l'adage est bien porteur, d'un raccourci de la règle, et il entre dans la fonction de l'adage d'opérer, par de tels raccourcis, une première mise en place.

Le décalage est plus gênant — c'est une question de degré — lorsque l'adage énonce une semi-vérité qui, en dehors du domaine où elle règne, laisse la place à la vérité contraire. *« Volenti non fit injuria »,* ne vaut que pour certains dommages. La règle contraire prévaut en matière de mutilation volontaire et d'euthanasie ; elle exclut la renonciation anticipée à l'action en réparation (au moins pour les fautes lourdes ou dolosives). *« Qui ne dit mot consent »,* ne se vérifie que dans certaines situations. L'équivoque du silence — qui est le vrai principe — fait place, en d'autres situations, à la maxime contraire (qui se tait ne s'oblige).

« Nihil confirmare nequit », l'exclusion de la confirmation est vraie pour les nullités absolues, faux pour les nullités relatives.

Le fossé se creuse encore — c'est un renversement des proportions — lorsque l'adage n'exprime ni la majeure part, ni même la bonne moitié de la règle, mais conserve seulement, tout compte fait, une valeur secondaire.

« Coacta voluntas, tamen voluntas », devant l'effet attaché à la violence, vice de consentement, cause de nullité de l'acte contracté sous l'empire de la contrainte, signifie seulement (59) que l'expression de la volonté doit être prise en considération jusqu'au moment où le vice du consentement est judiciairement reconnu. Mais c'est un poste d'attente. La règle de fond est qu'une volonté contrainte est une volonté viciée.

« En mariage, il trompe qui peut » (Loisel) a toujours (et devra toujours conserver) son succès de galerie. Mais c'est une facétie juridique. La règle étant que toute erreur sur une qualité essentielle de la personne justifie l'annulation du mariage, le contentieux des nullités de mariage fait reconnaître que dans la quasi-totalité des cas, l'erreur retenue chez un époux a sa source dans une dissimulation

(59) Comp. ROLAND et BOYER, *op. cit.*, n° 37.

de la part de l'autre, de telle sorte que le seul effet résiduel de l'adage est d'exclure la prise en considération d'erreurs portant sur des qualités non essentielles (60).

Note : opérée à un moment donné dans un pays donné (pour nous, en France à la fin du XXe siècle), l'épreuve de la conformité des adages au droit positif met en lumière l'une de leurs vertus essentielles : ceux qui sont toujours reçus sont, parmi nous, les témoins et les garants de la pérennité du droit dans certaines de ses profondeurs. Les adages en vigueur sont les signes d'une tradition vivante.

Cependant cette épreuve fait également voir les limites de cette vertu : les adages aussi sont mortels. Frappés par le temps, certains correspondent à un état de droit révolu. D'un autre côté, leur correspondance au droit n'est souvent qu'une approximation. Mais il n'est pas exclu que ce décalage même contribue à leur pérennité.

Le moment vient de resserer encore les rapports des adages et du droit positif, en les comparant à la loi.

C. — LES ADAGES ET LA LOI

112. — La loi étant la source écrite du droit, la conférence des adages à la loi n'est que la poursuite de l'examen de leur caractère positif. Mais la référence au droit écrit permet d'entreprendre une comparaison plus précise entre le *texte* d'une disposition légale et *l'énoncé* de l'adage correspondant.

Cette comparaison conduit à deux observations.

a) *Coexistence de l'adage et de la loi*

S'il existe, on l'a vu plus haut (n° 110) des adages *praeter legem,* il est beaucoup plus fréquent qu'un adage ait, dans la loi, un *correspondant.* Ce fait d'observation, ce phénomène du droit, est important. D'innombrables adages peuvent être mis en contemplation des articles de loi qui, dans les codes surtout, leur correspondent.

On pourrait dresser systématiquement le tableau de ces correspondances. Il suffit ici d'en échantillonner des exemples.

— Qui fait l'enfant doit le nourrir (C. civ. a. 203, 334).

— Ne dote qui ne veut (C. civ. a. 204).

— Morte ma fille, mort mon gendre (C. civ. 206).

— Aliéné n'aliène. *Furiosi nulla est voluntas* (C. civ. a. 489).

— *Nemini res sua servit* (C. civ. a. 637, 705).

— Le mort saisit le vif (C. civ. a. 724).

---

(60) V. C. civ. a. 180 ; Centenaire, D. 1959, chron., p. 215.

— *Infans conceptus pro nato habetur quoties de commodo ejus agitur* (C. civ. a. 725).

— Nul n'est héritier qui ne veut (C. civ. a. 775).

— *Semel heres, semper heres* (C. civ. a. 783).

— *Res perit domino* (C. civ. a. 1138).

— *Nemo praecise cogi ad factum* (C. civ. a. 1142).

— A l'impossible nul n'est tenu (C. civ. a. 1172, 900).

— Qui a terme ne doit rien (C. civ. a. 1186).

— *Minor restituitur non tanquam minor sed tanquam laesus* (C. civ. a. 1306).

— *Malitia supplet aetatem* (C. civ. a. 1310).

— Affirmer n'est pas prouver (C. civ. 1315).

— Lettres passent témoins (C. civ. a. 1341).

— *Res judicata pro veritate accipitur* (C. civ. a. 1350).

— *Bis de eadem re ne sit actio* (C. civ. a. 1351).

— *Non fatetur qui errat* (C. civ. a. 1356).

— *Sine pretio nulla est venditio* (C. civ. a. 1582, 1591).

— *Ratihabitio mandato aequiparatur* (C. civ. a. 1998).

— Qui s'oblige, oblige le sien (C. civ. a. 2092).

— *Nemo causam possessionis sibi mutare potest* (C. civ. a. 2240).

— *Mala fides superveniens non impedit usucapionem* (C. civ. a. 2269).

— *Nemo judex sine actu* (N.C.P.C. a. 1).

— *Tot capita, tot sententiae* (N.C.P.C. a. 5).

— *Actori incumbit probatio. Reus in excipiendo fit actor* (N.C.P.C. a. 9).

— *Audiatur et altera pars* (N.C.P.C. a. 14).

— *Actor sequitur forum rei* (N.C.P.C. a. 42).

— *Lata sententia judex desinit esse judex* (N.C.P.C. a. 481).

b) *Non concordance de l'adage et de la loi*

Ce titre appelle une précision et une réserve. Non concordance ne signifie pas contrariété. Sans doute arrive-t-il qu'un adage énonce une règle contraire à la loi (61). La non-concordance désigne seulement toutes les différences qui séparent un adage de la disposition légale à laquelle il correspond. Encore faut-il réserver

(61) Bâtard ne succède (Comp. C. civ. a. 334, al. 1). « Arrêt vaut loi quand il est général » (Catherinot, Comp. C. civ. a. 5).

les cas exceptionnels de concordance. Il arrive que la loi reproduise presque littéralement l'adage dont elle provient. A la maxime « En fait de meubles possession vaut titre », la disposition de l'article 2279, alinéa 1 du Code civil n'ajoute qu'un article : « En fait de meubles, *la* possession vaut titre. » Mais ces cas sont isolés (62).

Ces nuances marquées, l'observation générale est que *l'énoncé de l'adage et la disposition légale ne concordent pas.* Il existe deux degrés de non-concordance.

1. La non-concordance peut être toute *formelle.* L'adage et la loi portent au fond la même règle, mais énoncent celle-ci sous une forme différente. Il n'est pas négligeable que la loi dispose : « L'enfant n'a pas d'action contre ses père et mère pour un établissement par mariage ou autrement » (C. civ. a. 204), quand l'adage énonce : « Ne dote qui ne veut ». Mais, à une nuance près (63), la règle est la même. On peut en dire autant (64), de l'adage « Qui fait l'enfant doit le nourrir » et de la combinaison des articles 203 et 334, al. 1 du Code civil d'où il résulte que l'obligation parentale d'entretien pèse sur les parents légitimes ou naturels. Même purement formelles, ces discordances ont l'intérêt de mettre en lumière l'originalité de l'adage comme énoncé linguistique (on y reviendra bientôt).

2. Le plus souvent, la non-concordance de forme s'accompagne d'un *écart de fond.*

Dans la plupart des cas, l'adage est plus général que la loi, mais selon des figures variables (65). L'adage énonce un principe dans l'absolu (*Infans conceptus,* etc., « Bonne foi est toujours présumée »), là où la loi en donne, dans une matière, une application particulièrement importante (l'article 725 affirme la vocation successorale de l'enfant conçu, l'art. 2268 énonce la présomption de bonne foi à propos de la prescription). Il arrive aussi que l'adage édicte une règle sans en marquer ni les conditions ni les modalités d'application, en quoi l'adage est moins précis. L'adage *« Lata sententia judex desinit esse judex »,* ne précise pas, comme le fait, l'article 481, al. 1 N.C.P.C., que le dessaisissement est le propre des décisions sur le fond. La maxime *« Res judicata pro veritate habetur »,* ne détaille pas les critères de l'identité de chose jugée (Comp. C. civ. a. 1351). La maxime *« Audiatur et altera pars »,* ne marque pas que le principe de la contradiction est

---

(62) C'est aussi le cas de l'adage « Meubles n'ont pas de suite par hypothèque » (LOISEL). L'article 2119 du Code civil n'y ajoute que l'article de tête : « *Les* meubles, etc. ». La disposition de l'article 2268 fait un ajout semblable à la maxime : « Bonne foi est toujours présumée. » Ces coïncidences presque parfaites sont rarissimes.

(63) La loi saisit même un établissement autrement que par mariage.

(64) Sous une réserve comparable : L'article 203 précise : « nourrir, entretenir et élever ».

(65) Il est plus exceptionnel que la loi soit plus générale que l'adage. Cela advient notamment lorsque l'adage monte en épingle un exemple « Morte ma fille, mort mon gendre » (Comp., plus méticuleux et plus complet, l'article 206 C. civ.).

respecté, même si la partie adverse n'est pas effectivement entendue, dès lors qu'elle a été régulièrement appelée (N.C.P.C. a. 14). L'adage « *Ratihabitio mandato aequiparatur* » n'indique pas que la ratification peut être expresse ou tacite (C. civ. a. 1998). On pourrait multiplier les exemples (66). Il est également fréquent que l'adage proclame un principe que la loi reprend en l'accompagnant d'exceptions. « *Actor sequitur forum rei* » est encore de règle (N.C.P.C. a. 42, al. 1), mais la règle est assortie de dispositions contraires (N.C.P.C. a. 44 et s.).

Le dessaisissement du juge laisse ouvertes les voies de rétractation (tierce opposition, révision) et les recours en interprétation ou en rectification (N.C.P.C. a. 481, al. 2), ce que n'annonce pas l'adage « *Lato sententia,* etc.).

Ce décalage est-il gênant ? La vérité est qu'assez souvent, il n'est pas irréductible, dans un sens ou dans l'autre. Parfois, l'adage prévaut sur la loi. Il l'attire à lui, dans sa généralité, en faisant reconnaître que la disposition légale n'est que l'application d'un principe plus général (ainsi pour la présomption de bonne foi, ou la personnalité de l'enfant conçu). D'autres fois, au contraire, la loi prévaut sur l'adage, en précisant sa véritable portée (67). Dans ces deux séries de cas, il devient évident que les deux énoncés sont utiles. La loi et l'adage se prêtent mutuellement assistance. Leur complémentarité aide à dégager l'état réel du droit.

Cependant, même lorsque l'écart initial ne peut être réduit, il est fécond, car il est provocateur. En marquant une différence, il invite à l'éprouver et à en chercher la raison, plus généralement à s'interroger sur la fonction de l'adage. C'est vers cette question finale que convergent toutes les observations qui précèdent.

§ 2. — CARACTÈRES ESSENTIELS DE L'ADAGE COMME DISCOURS

113. — Qu'il soit dans le droit ou autour du droit, conforme ou non au droit positif d'un pays donné, qu'il soit en concordance plus ou moins lâche avec les dispositions légales auxquelles il correspond, l'adage semble toujours présenter quelques traits essentiels qui le caractérisent comme type de discours. L'adage n'a pas toujours la même place dans l'ensemble du droit, mais il y fait toujours entendre un même discours. L'adage est *oral* de nature ; sa fonction primordiale est d'*enseigner :* en somme, tout adage est une *leçon orale.* Il n'est pas indiffférent que ces caractères constants ne soient dépendants ni de la plus ou moins grande juridicité de l'adage, ni de sa conformité plus ou moins rigoureuse au droit positif,

---

(66) L'article 2092 C. civ. précise la maxime « Qui s'oblige oblige le sien », l'article 1321 C. civ. l'adage « *Plus valet quod agitur quam quod simulatur* ». L'exigence du prix dans la vente est utilement déterminé dans la vente par les articles 1582, 1591, 1593 *(sine pretio nulla est venditio).*

(67) Ainsi pour les adages « *Audiatur et altera pars,* » « *Lata sententia, judex desinit esse judex* », etc.

ni de sa concordance avec la loi. Ils définissent sa manière d'être. L'adage est présent dans le droit comme une *parole de sagesse.*

A. — L'ORALITÉ DE L'ADAGE

L'adage est, par nature, non écrit. Il a été dit, puis répété. *Les adages sont des paroles :* d'abord prononcées, puis transmises oralement. Les adages appartiennent à l'expression orale et à la tradition orale. Cette proposition convient particulièrement aux adages qui énoncent des règles de droit, mais elle a une portée plus générale.

a) *Pour les adages de droit,* proprement dits, l'observation qui précède conduit à reconnaître leur appartenance à *la coutume* (68). Les adages juridiques expriment des règles coutumières. Les règles qu'ils énoncent ont pour source la coutume. Cela est vrai non seulement des adages de droit savant qui sont souvent des sentences, d'origine latine en majorité (le *De regulis juris antiqui* en est composé), mais aussi, et peut-être surtout, des adages de teneur plus populaire qui viennent de la pratique (les adages du fonds français ont cette origine). L'adage juridique est un *discours coutumier.*

Par origine et par nature, l'adage de droit s'oppose ainsi au droit écrit. L'énoncé de l'adage n'est pas celui d'une disposition légale. Il n'est pas un tissu législatif. Les apparences contraires se dissipent d'elles-mêmes. Quand la loi emprunte à la coutume l'énoncé d'un adage, la règle prend vigueur légale, mais le fragment cousu au texte conserve sa facture originale. D'un autre côté, ce n'est pas, on le sait, la rédaction d'une coutume qui en change la nature (69).

A fortiori, la simple compilation des adages respecte leur caractère. Postérieure à leur création la publication de coutumes rédigées ou de recueils d'adages double ou prend le relais de la tradition orale. Mais l'écrit auxiliaire, qui aide à la communication, laisse intact le sceau original de l'expression orale.

b) L'oralité est, plus généralement, la *marque commune de tous les adages.* Tout adage est, à son origine, un produit de la parole, et la parole a été le véhicule de sa transmission. (70). Cela est vrai non seulement des adages anonymes qui sont à la connaissance du droit ce qu'est la *fama* à la connaissance du fait, une chaîne de « on dit », que des opinions de jurisconsultes qui ont fait autorité. Les adages vont de bouche à oreille. L'oralité qui, au moins à l'origine, a présidé tant à la naissance qu'à la tradition des adages, est bien de leur essence.

---

(68) V. CARBONNIER, I, 139.

(69) Droit civil, T. 1, Introduction, Les Personnes, Les Biens, Montchrestien, 4e éd., n° 81.

(70) C'est pourquoi l'on peut dire avec GREIMAS, que le locuteur (de l'adage) « abandonne volontairement sa voix et en emprunte une autre pour proférer un segment de la parole qui ne lui appartient pas en propre, qu'il ne fait que citer ». Du sens, p. 309.

L'ancienneté même des adages fait voir que la définition de ceux-ci, la recherche de leurs caractères essentiels doit se référer au sens originel des termes qui les désignent. Le sens étymologique prend ici toute sa valeur. Or, il est remarquable que la référence à la parole soit incorporée à la plupart des noms qui désignent les adages.

Dicton vient, à peine déformé, du latin *dictum,* participe passé neutre du verbe *dicere* (dire) : un dicton est « ce qu'on dit ». Le *proverbe,* du latin *proverbium,* formé de *pro* et *verbum* (parole, comp. l'all. *wort* et l'angl. *word*) est proprement une parole mise en avant, et même lancée (en reconnaissant au verbe la force que le mot a conservée dans certaines expressions : « avoir le verbe haut », « avoir du verbe ». *Apophtegme,* vient du grec απόφθεγμα, (dit notable, trait sentencieux) dérivé du verbe αποφθεγγομαι (qui signifie proférer, dire à haute voix). *Adage,* du latin *adagio, — onis,* ou *adagium, — i* (comp. de *ad* et *agium*) est bien synonyme de proverbe : *ad* est l'équivalent de *pro* et *agium* dérive de *ag-yo* forme archaïque de *aio*, verbe défectif qui signifie « dire oui », puis affirmer, puis dire. *Sentence* est le latin *sententia* du verbe *sentio, sentire* qui, dans la langue juridique, signifiait exprimer un sentiment, un avis, un vote, une décision. Comme adage, la sentence paraît même avoir perpétué un sens plus spécifique encore de *sententia* qui désignait, tout particulièrement, dans la phrase de l'orateur, le trait final dont il fait la pointe de son discours, la *cauda*, et donc la quintessence de sa pensée (en grec *δόξα)*. Quant à la maxime, elle est, par abréviation, une grande sentence *(maxima sententia)*. Ce n'est pas un hasard si toutes les étymologies convergent. L'adage naît de la parole, comme les nuées de la mer. Mais l'adage naît aussi de la sagesse.

B. — LA LEÇON DE L'ADAGE

114. — L'adage est *une leçon.* La vocation de tout adage est d'instruire. Cette fonction native détermine le contenu du discours, le type de message que délivre l'adage : un *enseignement.* C'est en quoi l'adage constitue un genre littéraire. L'adage est énoncé *docendi causa,* et il est capital de comprendre que cette fin n'est pas seulement celle de l'auteur de l'adage, mais aussi celle du *locuteur actuel* de l'adage, qui cite l'adage, et s'y réfère comme à une leçon qu'il fait revivre. Et l'on comprend aussitôt pourquoi cette finalité spécifique est une autre marque commune à tous les adages. Elle convient aux adages de droit proprement dits qui sont alors des *leçons de droit.* Mais elle vaut également pour tous les adages environnants qui sont des *leçons pour le droit,* où l'on retrouve sans surprise, tout ce qu'il peut être utile d'enseigner aux juristes, pour leur gouverne et leur esprit, leçons de logique, de bon sens, de morale, de justice, d'équité, de prudence, de sagacité. La leçon vaut bien un adage. Compte tenu de la diversité de ses sources et de ses destinations, on ne dirait pas que l'adage est doctrinal, pédagogique, didactique ou dogmatique, ce qui resserrerait son origine ou ses intentions. Si le terme n'avait pris un tour péjoratif, on dirait plutôt que l'adage est docte (par référence au *docere* latin). Sa fin est d'enseigner.

Cependant, cette finalité générale ne prend toute sa force que si l'on replace le message dans le plan où il a l'ambition d'agir. L'adage n'est pas une leçon quelconque. Il a l'ambition d'être, il se donne comme un fruit de la *sagesse.* L'adage appartient à la *littérature sapientielle* (71). Ce raccordement radical tient à trois raisons qui font éprouver la hauteur, la profondeur et la largeur de son message.

a) *L'adage, leçon intemporelle*

L'adage s'adresse à tous, présents et à venir. La durée, indéfinie entre dans sa vocation naturelle. La loi aussi est un message à tout entendeur (72). Elle aussi a vocation à durer indéfiniment, s'il ne s'agit d'une loi temporaire ou pour une circonstance déterminée (73).

Mais c'est plus radicalement que le temps entre dans la composition de l'adage. N'étant pas établi un jour, comme un acte étatique, l'adage n'est pas, comme la loi, un message du présent à l'avenir. Ancien, l'adage est un *message du passé au présent.* L'adage est invoqué comme une tradition. Au moment où on l'invoque, la référence à l'adage — la revérence — est un retour aux sources, une leçon demandée au passé (comme il arrive aussi pour d'anciennes lois révérées). Si bien que le règne intemporel de l'adage est moins une ambition, comme il a été dit, qu'un acte de reconnaissance. Aujourd'hui, l'adage vient dans le discours comme une *citation.* C'est un discours dans un discours. Un discours d'autrui dont le locuteur enrichit le sien propre. La force de l'adage lui vient et lui revient du respect renouvelé de la tradition. L'adage tire sa valeur de celui qui l'invoque, après l'avoir tenu de celui qui l'avait dit.

b) *L'adage, leçon essentielle*

L'adage ne dit que l'essentiel. Il sacrifie le détail, l'accessoire, le contingent. La loi de son discours est d'aller droit à l'essentiel. On retrouvera bientôt, dans les marques de l'énoncé linguistique, la conséquence de ce parti (74). Mais il importe d'en poser le fondement.

Le contenu du discours est un produit de décantation, un effet de concentration. La charge intellectuelle de l'adage est une quintessence. C'est surtout en quoi, l'adage est un acte de sagesse. Il ne livre, pour finir, tout compte fait, tout bien pesé, que le produit épuré, plusieurs fois éprouvé, de la réflexion (75).

(71) Dans la Bible, les proverbes sont au nombre des livres dits sapientiaux.

(72) V. *supra,* n° 53.

(73) V. Droit civil, T. I, préc., n° 16.

(74) V. *infra,* n° 115.

(75) A ce principe de création se rattache une autre marque de l'adage. L'adage va souvent droit à la raison d'être de la règle qui tient toute seule, comme un principe, sans l'énoncé des conséquences. *Res judicata pro veritate habetur.* L'article 1351 C. civ. met en œuvre l'autorité qui en découle. De cette démarche, les adages porteurs d'équivalence

c) *L'adage, leçon directive*

Ce troisième caractère est étroitement associé aux deux précédents. Si l'adage se perpétue c'est, entre autres raisons, parce qu'il n'est que directif. S'il n'est que directif, c'est parce qu'il s'en tient à l'essentiel. Porteuse de ses intentions primordiales, sa souplesse est gage de pérennité.

En quoi consiste-t-elle ? D'un mot, à lancer l'esprit de celui qui l'écoute dans une direction. La vertu propre de l'adage est dans cette impulsion intellectuelle. Elle ressemble, en cela, à la force des notions-cadre qui d'un mot (équité, dureté), font naître de riches représentations. L'adage parle à l'imagination. Il la meut, il l'émeut, il la remue, l'oriente, la dynamise, l'inspire, l'anime, la remplit de son esprit. C'est son secret, c'est son ressort, c'est au moins son pari : retentir à la conscience ; faire vibrer ; susciter la réflexion qui le prolonge. *Accessorium sequitur principale, prior tempore potior jure, major pars ad se minorem, ubi emolumentum, ibi onus, Actor sequitur forum rei,* Donner et retenir ne vaut, A l'impossible nul n'est tenu. L'observation ne vaut pas seulement pour ces évidentes directives contumières. Elle se vérifie pour la plupart des adages.

C'est d'ailleurs cette fonction imaginative qui fait comprendre le *caractère approximatif* si souvent observé dans les adages (76). Lorsque l'adage ne reflète qu'imparfaitement la règle de droit, c'est qu'il cherche à ouvrir la réflexion plutôt qu'à la clore. Dans ce rôle apériteur, il incite, il invite, il fraye la voie, il montre le chemin. Il ne dit pas tout. Le silence réducteur de l'adage fait voir en lui une lacune *intra consuetudinem,* pourrait-on dire.

La même raison fait encore que l'adage n'assume souvent dans la discussion qu'une *fonction auxiliaire.* Dans un débat, on l'invoquera plutôt comme argument d'appoint, comme si, à lui seul, il ne pouvait tout emporter. L'adage corrobore. Il stimule plus qu'il ne démontre.

La manifestation dernière de ces particularités est loin d'être générale, mais elle est révélatrice, lorsqu'elle apparaît. Il arrive qu'entre eux les adages ne concordent pas. Sur certains points il existe des adages dans divers sens, et même de *sens opposé.*

Voici quelques unes de ces *oppositions :*

— *Summum jus, summa injuria ; dura lex, sed lex.*

— Ancienneté a autorité (Loisel, n° 711) ; les plus vieux titres ne sont pas les meilleurs (Loisel, n° 776).

— Force n'est pas droit (Loisel n° 710) ; force passe droit (Le Bon).

---

donnent de nombreux exemples. *Ratihabitio mandato aequiparatur* (Comp. C. civ. a. 1998, al. 2).

(76) V. plus haut, n° 111.

— *Ubi lex non distinguit, nec nos distinguere debemus ; cessante ratione legis, cessat lex.*

— Qui ne dit mot consent ; En close bouche n'entre mouche (Catherinot).

— *Vitiantur et vitiant ; Vitiantur nec vitiant* (77).

— *Jus est ars boni et aequi ;* Loi passe équité (Daguin, 924).

Faudrait-il dire que le droit des adages est encombré de contradictions ? On préférerait dire qu'il est assez riche pour alimenter la contradiction (78). Dans un débat contradictoire, il est parfois capable de fournir une aide au pour et au contre. L'idée principale est que l'adage exprime une vérité partielle plutôt qu'une vérité absolue. Il est bon que le fonds des adages fournisse ainsi au raisonnement une réserve d'arguments où puiser avec discernement, comme en un grand sac de vérités relatives.

SECTION II

L'ADAGE COMME ÉNONCÉ LINGUISTIQUE

115. — Présentée en premier, l'étude de l'adage comme discours juridique paraît principale. Elle l'est, en effet, si l'on reconnaît que l'esprit juridique demande d'abord, comme épreuve préliminaire, à s'assurer que l'adage se rattache au droit par quelque lien (en cherchant notamment si l'adage possède une valeur juridique).

Mais l'idée vient que l'essentiel est de caractériser l'adage comme énoncé. Les analyses qui précèdent ont déjà introduit l'aspect linguistique. Le caractère approximatif de l'adage comme expression du droit est lié à sa forme (79). Il est révélateur que les caractères reconnus comme fondamentaux dans le discours juridique (80), correspondent à des traits qui relèvent aussi de l'analyse linguistique. L'oralité de l'adage permet de caractériser celui-ci, dans le schéma de la communication linguistique (81), quant au canal qu'il emprunte : l'expression orale en est le mode natif et naturel. La leçon intemporelle, essentielle et directive que cherche à donner l'adage n'obtient son succès que de sa mise en forme.

Dans l'interaction qui les unit, il est difficile d'ériger en explication que le fond emporte la forme, ou la forme le fond. A considérer le résultat, la conscience à prendre est que l'adage *se définit essentiellement comme un type d'énoncé.* L'adage

(77) V. Roland et Boyer, *op. cit., his verbis.*
(78) Le trésor des adages élève et cultive en lui la contradiction.
(79) V. *supra,* n° 114.
(80) V. *supra,* n°s 113 et s.
(81) V. *supra,* n° 46.

est une façon de parler. L'adage est une forme. *L'adage est un style,* un certain style (82).

Ce style tient son originalité de quelques marques constantes. D'autres touches variables lui donnent une couleur complémentaire.

§ 1. — MARQUES STYLISTIQUES ESSENTIELLES

(Les règles d'or)

Si tout l'adage, pourrait-on dire, est dans le style, c'est que le style des adages présente des caractères très forts. Tout adage est le produit d'un effort de concision, et cet effort de concision est lui-même un effet de l'art. Dans l'adage, il y a toujours de la concision et de l'art, de l'économie et du génie de langage. L'adage est un parler bref, et un parler d'or.

A. — LA CONCISION

116. — L'adage est un énoncé concis. La concision est le critère même de l'adage. En tête du titre *« De diversis regulis juris antiqui »*, une sentence de Paul l'affirme (c'est une définition de l'adage en forme d'adage) : *« Regula est, quae rem, qua est breviter enarrat,* » et plus loin « *Per regulam igitur brevis rerum narratio* » (). Mais qu'est-ce que la concision, et comment l'adage l'obtient-il ?

a) *Définition*

On entre dans la concision par la *brièveté.* L'adage tient le plus souvent en peu de mots. D'innombrables exemples en apportent la démonstration facile, et l'on va, d'intuition, aux plus belles prouesses. La structure trinaire est une facture fréquente. Les adages en *trois mots* forment une série rutilante et sonnante :

— En latin :

Locus regit actum
Audi alteram partem
Actori incumbit probatio
Fraus omnia corrumpit
Fructus augent hereditatem
Jura novit curia
Necessitas cogit legem
Malitia supplet aetatem

---

(82) V. L'étude brève mais suggestive que GREIMAS a consacrée aux caractères formels des proverbes et dictons dans son ouvrage « Du sens, Essais sémiotiques », Seuil, 1970, p. 309 à 314.

Quieta non movere.
Res perit domino.
Res perit debitori.
Genera non pereunt.
Superficies solo cedit.
Specialia generalibus derogant.
Ratihabitio mandato aequiparatur.
Noli me tangere.
Qui mavult vult.
Ex nihilo, nihil.
Accessorium sequitur principale.
Rebus sic stantibus.
Poenalia sunt restringenda.
Portio acrescit portioni.
Noxa caput sequitur.
Pacta sunt servanda.
Mobilia sequuntur personam, etc.

— ou en français :

Aliéné n'aliène.
Estimation vaut vente.
Coutume passe droit.
Nécessité fait loi.
Vendage passe louage.
Convenances vainquent loi.
Lettres passent témoins.
Ancienneté a autorité.
Dissentiment vaut consentement.
Qui bâtit borne (Daguin, 1242).
Qui répond paie (Loisel, 669).
Usage rend maître (Daguin, 1536).

Mais les adages en 4, 5 ou 6 mots sont souvent aussi de belle venue :

— (4) *Forma dat esse rei*
In dubio pro reo
Error communis facit jus.
Non bis in idem.
Confirmatio nil dat novi.
Culpa lata dolo aequiparatur.
Nemini res sua servit.
Nemo alteri stipulari potest.
Is fecit cui prodest.
Malitiis non est indulgendum.

Nemo liberatis nisi liberatus.
Juge unique, juge inique.
Instituer c'est exhéréder.
Exhéreder c'est instituer.3
Aliments n'arréragent pas, etc.

De minimis non curat praetor.

— (5) *Dies non interpellat pro homine.*
Factum negantis probatio nulla est.
Actioni non natae non praescribitur.
Actore non probante reus absolvitur.
Ne dote qui ne veut.
Saisie sur saisie ne vaut.
Qui ne dit mot consent.
Pas de nullité sans grief.
Donner et retenir ne vaut, etc.

— (6) *Da mihi factum, dabo tibi jus.*
Ex nudo pacto, non nascitur actio.
Cessante ratione legis, cessat ipsa dispositio.
Neminem loedit qui suo jure utitur.
Jus est ars aequi et boni.
Major pars trahit ad se minorem.
En mariage, il trompe qui peut.
Nécessité n'a point de loi.
Qui s'oblige oblige le sien.
Qui doit garantir ne peut évincer.
Nul ne se forclôt lui-même, etc.

Cependant, l'important n'est pas de chercher la performance et, par exemple, de repérer l'adage, peut-être unique, l'adage-devise qui se dit en deux mots : *Mare liberum* (83). Car il serait facile de montrer que la brièveté appartient encore aux nombreux adages qui comptent dix ou douze mots, et même aux adages les plus longs (84) : Même ces adages ne disent rien de trop. Eux-aussi ne disent que l'essentiel.

La vérité est que la *concision ne se réduit pas à la brièveté.* Elle ne se compte pas. Elle ne se mesure pas au nombre de mots. La concision se reconnaît, comme la densité, à la combinaison qui enferme une riche substance sous un petit volume. L'énoncé concis est celui qui *dit beaucoup de choses en peu de mots : Multa*

(83) Ou *probatio diabolica.*
(84) Il est rare qu'un adage ait plus de quinze mots.

paucis (85). On retrouve le rapport de la forme et du fond. Il y a concision, lorsque la réduction formelle, par réussite, recèle la quintessence de l'idée.

Pour vérifier que les adages sont concis, en ce sens, il faudrait donc démontrer qu'ils présentent ce rapport favorable entre le fond et la forme. On ne peut l'entreprendre pour tous et c'est souvent évident. On l'éprouvera sur un exemple : *Jura novit curia,* littéralement, le juge connaît le droit.

Curia : Ce n'est ici ni la curie (romaine), ni le Sénat (romain), ni même la cour (organe collégial de juges supérieurs), mais tout juge pris dans l'exercice de la fonction juridictionnelle. Le terme prestigieux a cependant sa valeur : il fait imaginer la haute mission que la loi attend du juge (noblesse oblige).

Jura : Le terme englobe tout le droit. Ce n'est pas seulement la loi, mais l'ensemble des règles de droit, quelle qu'en soit la source, que le juge a pour mission de dire et d'appliquer au cas particulier qui lui est soumis, afin de trancher le litige. C'est tout ce droit que le juge doit connaître.

Novit : Le juge connaît le droit ; il ne l'ignore pas. Ici, ce n'est pas une constatation (bien que l'on soit dans l'espérance respectueuse que ce soit une vérité d'expérience). L'affirmation a une valeur impérative. C'est précisement à ce point que le verbe montre toute sa richesse, et fait miroiter toutes les facettes de son sens.

« Connaître » signifie d'abord *« doit connaître »*. C'est un devoir, pour le juge, de connaître la règle par application de laquelle le litige doit être tranché. Mais ce ne serait pas suffisant (et ce n'est pas spécifique). La connaissance du fait est aussi nécessaire que la connaissance du droit dans l'exercice de la fonction juridictionnelle. Le juge dit le droit sur un fait dont la preuve doit avoir été légalement rapportée. Il doit aussi connaître le fait.

« Connaître » signifie encore, et plus spécifiquement, « *est censé connaître* ». La loi présume — et présume irréfragablement — que le juge connaît le droit. Il est censé ne pas l'ignorer : Supposition que l'on ne pourrait aucunement faire pour le fait. C'est en ce sens que l'on ne pourrait écrire *« facta novit curia »*. Il en résulte une différence spécifique. C'est aux parties qu'il incombe d'alléguer les faits propres à fonder leurs prétentions (N.C.P.C. a. 6) et elles ont la charge de les prouver (a.9). Il entre, au contraire, dans l'office du juge, de trancher le litige conformément aux règles de droit qui leur sont applicables (N.C.P.C. a. 12, al. 1). Il n'a pas à attendre des parties qu'elles lui indiquent le droit, comme elles doivent lui donner le fait *(da mihi factum)*. C'est lui qui rend justice, qui dit et donne le droit *(dabo tibi jus)*. Or, bien entendu, il est de l'intérêt d'une bonne justice (c'est une vertu de la contradiction) et il est de l'intérêt même des parties que celles-ci proposent au juge, pour justifier leurs prétentions, non seulement des moyens

(85) *Paucis* ne suffirait pas. Tout est dans le rapport de *multa* (beaucoup de sens) et de *paucis* (peu de signes).

de fait et de preuve, mais aussi des moyens de droit. L'office du juge n'interdit pas, de toute évidence, et recommande même que les plaideurs invoquent le droit. Mais la connaissance personnelle et directe que le juge est censé avoir du droit, *ex officio,* de droit, *motu proprio,* ne le rend pas dépendant de la détermination juridique qu'en font les parties (86), comme il l'est de l'apport du fait, de leur part (principe dispositif). Cette connaissance de fonction explique la mission corrective ou complémentaire que l'article 12 du N.C.P.C. assigne au juge dans l'établissement du fondement juridique (87), le triple contrôle de la régularité, de la recevabilité et du bien fondé de la demande que la loi attend du juge, en cas de défaut (N.C.P.C. a. 472, al. 2), et à la limite, la mission marginale de dire le droit à l'*indefensus* qui ne l'invoque que pour réclamer justice, sans autre précision (cas très rare, mais dans lequel l'abstention du juge serait un déni de justice). Tout cela se dit « *novit* ». L'adage recèle en un seul mot les principes de la fonction juridictionnelle, plus précisément, la place de la connaissance du droit dans l'office du juge.

Il est clair que l'adage cultive le comble de la concision. Mais comment ?

b) *Les moyens*

1° *Moyens syntaxiques.* Les moyens stylistiques de la concision sont souvent d'ordre syntaxique. Ce sont les plus visibles, car les écarts qui font le style de l'adage, relativement à un énoncé ordinaire (neutre et correct), sont ici marqués par l'omission volontaire d'un composant syntaxique normal.

α) *Ellipse de l'article*

Elle n'est remarquable, comme écart, que dans les adages français, puisque la langue latine ne comporte pas d'article. Mais elle y est fréquente, sous l'influence du latin ou d'autres causes :

Estimation vaut vente.
Nécessité fait loi.
Saisie sur saisie ne vaut.

Quand elle a lieu, l'élimination de l'article est générale. Elle atteint le sujet et le complément, au moins en général (88).

---

(86) Hors le cas où, par accord exprès et pour les droits dont elles ont la libre disposition, elles ont lié le juge par les qualifications et points de droit auxquels elles entendent limiter le débat, le juge perdant alors exceptionnellement, dans une matière où la liberté des conventions règne, le pouvoir de changer la dénomination ou le fondement juridique convenus (N.C.P.C. a. 12, al. 4).

(87) N.C.P.C. a. 12, al. 2, pour la mission corrective ; al. 3 pour la faculté de relever d'office les moyens de pur droit (sauf à respecter en ces cas le principe de la contradiction, N.C.P.C. a. 16, *in fine).*

(88) Comp. Nécessité n'a point *de* loi.

β) *Ellipse du verbe (89)*

Elle est commune, comme écart, aux adages latins et aux adages français. Elle n'est évidemment pas propre aux adages (c'est une tournure assez familière en français) et n'est pas, dans les adages, une formule très répandue, mais elle leur communique une force expressive remarquable.

Ubi emolumentum, ibi onus
Ex nihilo, nihil
In dubio, pro reo
Nulla poena sine lege
Non bis in idem,
Pas de nullité, sans texte
Pas d'intérêt, pas d'action.

L'opération est gagnante à plusieurs titres : 1° L'économie de mots est considérable. Reconstituées, les phrases complètes seraient lourdes (Ex. : Dans le doute, il convient de se prononcer en faveur de l'accusé). 2° L'omission n'enlève rien à l'intelligibilité de la proposition qui demeure évidente. L'esprit supplée sans peine le verbe (90). 3° L'effet du raccourci est percutant. Sur les ailes de l'évidence, l'ellipse imprime à l'idée une vitesse record.

2° *Moyens littéraires (91)*

Ce sont ceux qui agissent sur des énoncés syntaxiquement complets. Ils sont moins visibles, puisque la phrase contient sujet, verbe, complément. Or ces hypothèses qui sont fréquentes demeurent exemplaires de concision : « Le mort saisit le vif » (il y a même les articles) ; « Qui doit garantie ne peut évincer » ; « Nul n'est censé ignorer la loi ».

Le secret de la concision tient ici à l'économie extrême de la phrase. Celle-ci se réduit à une seule proposition, et cette unique proposition n'a en général qu'un seul complément. Les conditions et les exceptions qui fourniraient des propositions relatives (si, lorsque, à moins que), sont sacrifiées. Le sont aussi les précisions et les détails, notamment les circonstances qui donneraient des compléments. La loi

---

(89) Le travail sur le verbe fournit à la concision beaucoup d'autres moyens. Le verbe est érigé en sujet (Donner et retenir ne vaut, Exhéréder c'est instituer) ou en complément (Forma dat *esse* rei). Le verbe est amputé de son auxiliaire *(Tantum devolutum, quantum appellatum)*. A la limite, le verbe employé seul, dans l'absolu, emporte l'ellipse du sujet et du complément : *Vitiantur et vitiant.* L'énoncé se réduit à un verbe.

(90) Le sens du verbe est en général très clairement assumé par l'affirmation *(pro)* ou par la négation (*nihil,* pas, *non*).

(91) On ne peut ici qu'évoquer les tournures et les figures diverses qui concourent à la concision des adages. Par exemple, la substantivation des adjectifs (« A l'impossible nul n'est tenu », Le criminel tient le civil en l'état »), ou l'élimination du sujet par l'impératif *(Audi et altera pars, Noli me tangere)*.

de l'énoncé est celle du dépouillement maximal. N'énoncer que le strict nécessaire. L'adage est sous le style lapidaire. Mais comme il ne s'agit pas ici, comme dans le travail pénible du tailleur de pierre, de suivre la loi du moindre effort, il faudra chercher la raison de cette discipline littéraire qui, paradoxalement, est plus malaisée que l'abondance, en cultivant la sobriété (V. *infra,* n° 118).

3° *Choix de vocabulaire*

La concision de l'adage tient aussi au choix des mots qui le composent. Certains mots ont en eux-mêmes une telle charge que l'adage dit beaucoup dans ce seul mot. Le tout est de trouver ces mots qui sont, dans les phrases, comme des nefs. L'adage excelle à les retenir : *poena* (92), *lex*, texte (93), *genera* (94), *bona* (95), *regere* (96), *incumbere* (97), valoir (98), consentir (99), obliger (100), *vitiare* (101), *noscere* (102), *vis* (103), *vigor* (104), forme, fond (105), titre, nécessité (106), etc. Tous ces termes ont un sens générique substantiel. Ils communiquent leur profondeur à tout l'adage. Le choix de tels mots est déjà un art. La concision en est le produit, justement nommée *aurea brevitas.*

B. — L'ART

117. — L'adage est un art, et un effet de l'art : un art pour qui l'énonce, un objet d'art en soi, et pour qui le prononce ou l'entend.

Cette impression est une intuition première à creuser. Car elle fait d'abord naître des métaphores. On a envie de dire que l'adage est frappé comme une médaille, ou ciselé comme un joyau, sans doute à l'idée que la numismatique et l'orfèvrerie exaltent en les mariant, la matière précieuse, et la façon raffinée.

Mais, en réalité, l'adage est un *acte littéraire,* une œuvre littéraire. Cette référence au concept d'œuvre de l'esprit, fait très exactement reconnaître que, comme

---

(92) Nulla *poena* sine *lege.*
(93) Pas de nullité sans *texte.*
(94) *Genera* non pereunt.
(95) *Bona* non sunt nisi deducto aere alieno.
(96) Locus *regit* actum.
(97) Actori *incumbit* probatio.
(98) ... possession *vaut* titre.
(99) Qui ne dit mot *consent.*
(100) Qui *s'oblige, oblige* le sien (*bona*...).
(101) Quod abundat non *vitiat.*
(102) ... Jura *novit* curia.
(103) Legis *vim* habet (force de loi), sous-entendu, la coutume.
(104) Consuetudo legis habet *vigorem.*
(105) Le *fond* emporte la *forme.*
(106) *Nécessité* fait loi.

toute œuvre, l'adage naît de l'expression. L'adage existe par sa forme (107). Dans l'ensemble de la création littéraire, l'adage appartient plus spécifiquement à l'expression poétique. Mais d'autres recherches, qui sont aussi des marques de l'art, vont dans le même sens.

a) *La poésie*

Le droit et la poésie entretiennent de puissants rapports (108). Le point culminant de leur rencontre est sans doute dans l'adage (109). L'adage n'est pas, à lui seul, un poème, mais c'est un acte poétique, un fragment de poésie.

On ne définira pas ici la poésie, mais on prêtera à cette référence supposée présente ou perçue en chacun, sa plus large ouverture. On tiendra pour poétique toute recherche qui agit sur les sons et les rythmes de la phrase, par le choix et l'ordre des éléments qui la composent, afin d'obtenir un certain effet de ravissement.

1° *Rimes*

Il est évident que la poésie n'est pas dans la versification, mais la mise en vers, ou plus généralement, en rimes, répond à une intention poétique. De nombreux adages contiennent ainsi des formules rythmées et rimées. Ce sont des constructions binaires, dont les deux morceaux, séparés par une pause (une virgule), se suivent et se terminent par des finales identiques :

Autant de gens (110), autant de sens.
Prior tempore potior jure.
Quantum possessum, tantum praesciptum.
Tantum devolutum, quantum appellatum.
Juge unique, juge inique.
Où manque la police, abonde la malice.
En close bouche, n'entre mouche.
Qui vend le pôt, dit le mot (111).
In dubio, pro reo.

Toutes les rimes ne sont pas riches et les deux composantes de l'énoncé ne sont pas toujours parasyllabiques. Il arrive que la régularité soit parfaite et que la symétrie comporte même des rimes intérieures (à l'hémistiche) :

---

(107) V. Droit civil, Introduction, n° 1688, Montchrestien, 4e éd. 1990.
(108) Ce thème plus général sera plus tard approfondi.
(109) V. André LAINGUI, L'adage, vestige de la poésie du droit, Mélanges Imbert, p. 345 s.
(110) A condition de faire sonner le s à l'ancienne (dans la manière baroque).
(111) LOISEL, 402. Comp. C. civ. a. 1602 et 1162.

Paterna paternis,
Materna maternis (112).

2° *Allitérations*

Certains adages demandent leur effet à une suite rapide de sons répétitifs, plus spécialement et plus nerveusement, à une répétition saccadée de consonnes :

Superficies solo cedit
De foi fi, de playe plaid
Aliéné n'aliène
Assez fait qui fait faire
Ubi honor, ibi onus
Qui mavult, vult
Ex nihilo, nihil.

Comme la rime, l'allitération est fondée sur la répétition des sons. Et c'est de cette répétition, diversement organisée au sein de l'énoncé, que la rime et l'allitération font naître la musique de l'adage.

Cependant ces deux procédés particuliers ne sont eux-mêmes que les applications d'un parti plus radical qui est peut-être le secret de la facture de l'adage.

3° *Balancements*

Tout adage est rythmé. Tout adage a son rythme. Le rythme est sans doute le ressort essentiel de son énoncé, en tout cas, le facteur principal, le moteur de sa poésie. Or, bien entendu, ce rythme est variable selon le nombre, la qualité et les rapports d'assonance ou de consonance des syllabes de la chaîne de sons qu'il ordonne. Mais, très souvent, ce rythme est binaire.

Lorsque cela est, l'adage est un balancement (113). Il est composé de deux éléments dont une césure médiane forme l'articulation. Il arrive que ces éléments s'ornent de rimes et d'allitérations. Mais ces ornements ne sont jamais que les touches d'agrément du rythme fondamental, et, dans les autres adages, le rythme se fait entendre sans rime ni allitération.

Fréquemment, le balancement s'appuie sur la répétition d'un mot qui revient dans chacune des deux parties de l'énoncé, ou sur la distribution de chacune des coordonnées d'une cheville (*quantum, tantum ; ubi, ibi ;* autant, autant, etc.). L'essentiel est de comprendre que, par ces moyens et d'autres fort divers, le balancement produit des effets très variés.

---

(112) C'est aussi le cas de plusieurs des maximes ci-dessus indiquées.
(113) GREIMAS, op. cit., p. 312 relève la « structure rythmique binaire des proverbes et dictons » comme « un trait formel distinctif très général ».

Parfois, le balancement établit un *simple parallèle* entre des propositions comparables et complémentaires :

Pas de nullité sans texte.
Pas de nullité sans grief.

Nullum crimen sine lege.
Nulla poena sine lege.

C'est le rapprochement de ces deux constructions similaires qui fait surtout leur intérêt (encore que chaque proposition ait son rythme).

D'autres fois, le balancement établit une *assimilation* ou une *équivalence :*

Testis unus, testis nullus,
Res moblis, res vilis,
Juge unique, juge inique,
Dura lex, sed lex,
Coacta voluntas, tamen voluntas,
Le juge de l'action est le juge de l'exception
Qui mavult, vult.
Factum tutoris, factum pupilli.

Il arrive aussi que le balancement marque *un lien de cause à effet :*

No cure, No paye,
Pas d'intérêt, pas d'action,
Ubi eadem ratio, ibi idem jus,
Cessante ratione legis, cessat lex,
Ubi emolumentum, ibi onus,
Resoluto jure dantis, resolvitur jus accipientis,
Qui s'oblige, oblige le sien,
Qui tardius solvit, minus solvit.
Quod nullum est, nullum producit effectum.
Semel heres, semper heres.

Il est enfin fréquent que le balancement marque une antithèse :

La parole est *libre,* la plume est *serve,*
Comparaison n'est pas *raison.*

Hors-série, une fois encore, l'adage *paterna paternis materna maternis,* marque l'opposition entre les biens de provenance paternelle *(paterna)* et les biens de provenance maternelle *(materna)*, mais pour leur appliquer, en parallèle, une règle identique (chaque masse est dévolue à la ligne dont il est en provenance).

A la vérité, l'antithèse est, un autre sens, l'une des figures les plus familières de l'adage. Car elle existe non seulement entre les règles (exemples précédents), mais, quel que soit le sens de la règle, entre des mots et des concepts. La force du balancement est souvent dans des oppositions de ce genre. Dans les exemples qui précèdent, nombre d'adages doivent leur relief à de telles antithèses expressives (114) :

Jus ⟷ *injuria,*
ratio ⟷ *jus,*
action ⟷ exception,
emolumentun ⟷ *onus,*
dantis ⟷ *accipientis,*
mavult ⟷ *vult,*
unus ⟷ *nullus,* etc.
semel ⟷ *semper,*

Dans certaines constructions, le jeu des oppositions est très élaboré. Dans l'adage *prior tempore, potior jure,* une double antithèse s'accompagne d'une double correspondance et aboutit à une double rime. A l'ablatif, les deux substantifs constituent les deux références *(tempus, jus)* et les deux adjectifs qui marquent l'action sont tous deux des comparatifs.

Le procédé n'est pas monotone. L'invention rythmique est ouverte. Certains adages doivent leur cadence à une rupture de rythme. Leur construction est marquée par une inversion du type XY → YX. Exemples : A contrat *nul, nul* effet.

Jura vigilantibus, tarde *venientibus ossa.*

La trouvaille est ici de séparer *Jura* et *ossa* comme la tête et la queue du corps de l'énoncé, afin de saisir d'emblée ceux qui veillent des droits qu'ils ont mérités, et de n'en pas finir de dévoiler à ceux qui viennent trop tard l'amère surprise de ce qui leur reste : les os.

b) *Autres recherches*

La littérature des adages est pleine d'invention. Il n'est pas exclu que certains de ses tours aient une valeur poétique. Mais ils répondent principalement à un autre souci qui est aussi un effet de l'art. D'un mot — et sauf à y revenir — ils cherchent à capter l'esprit par une singularité. De cette veine, on retiendra, entre beaucoup d'autres, sans doute, deux traits.

1° *L'accent*

C'est le nom que l'on peut donner à la construction qui, moyennant en général une inversion (115), place au début de la phrase le terme qu'elle entend mettre

(114) Que GREIMAS nomme « Couples oppositionnels de mots », *op. cit.*, p. 313. C'est une figure de rhétorique.

(115) GREIMAS, parle, dans le même sens, de « la non-observation de l'ordre conventionnel des mots », *op. cit.*, p. 311.

en plein relief. Le choix du mot de tête est, dans les adages, un moyen remarquable de mettre l'accent sur un point essentiel du message. On vient de le voir pour l'attribution immédiate des droits qui comblent les vigilants *(Jura vigilantibus).* D'autres fois, le terme apériteur est accusateur :

Is fecit cui prodest
Tu patere legem quam fecesti
Il l'a fait, celui qui en profite.
A toi de souffrir la loi que tu as faite.

Le premier mot est comme un index pointé sur le suspect ou le responsable, celui précisément que cherche le droit. Le voilà.

Audiatur et altera pars. Le verbe porté en tête fait comprendre que l'essentiel est d'entendre la partie adverse (116), pour qu'il y ait contradiction.

« Il est à moi, mon chien l'a pris » (Catherinot), l'idée de l'appropriation par occupation saute à l'esprit comme le chien sur sa proie. La même intention de marquer l'essentiel explique que soient d'abord énoncés (proclamés) dans les adages que l'on connaît :

Prior tempore..., Nullum crimen..., Nulla poena..., Non bis..., Ubi eadem ratio... Prior, les interdits, la raison viennent d'abord. On dirait volontiers que ces choix sont rhétoriques. Ils appartiennent à l'art oratoire.

2° *Jeux de mots*

Les adages ne boudent pas ce moyen d'aguicher l'esprit :

— Aliéné n'aliène

— *Quis, quid, ubi, quibus auxiliis, cur, quomodo, quando* (117) ?

— Aux arrêts point d'arrêt (Catherinot) (118). Ce ne sont pas seulement des allitérations (combinaison formelle) mais des jeux pour l'esprit que frappera l'emploi dans la même phrase d'un même mot, mais chaque fois dans un sens différent (aliéné, arrêt), ou la gerbe des questions que doit se poser tout bon juge d'instruction (c'est aussi un jeu de prononciation).

Le piège des formules presque semblables vient saisir l'esprit de leurs différences :

— Juge unique, juge inique (1 seule voyelle).

— *Nemo liberalis, nisi liberatus,*

---

(116) Le *Et* latin a ici la valeur célèbre du « même et surtout » du pressentiment des Troyens « *Timeo Danaos et dona ferentes* ».
(117) Qui ? quoi ? où ? par quels moyens ? pourquoi ? comment ? quand ?
(118) Aux arrêts (décisions de la Cour), point d'arrêt (dans l'exécution : précision de Catherinot).

jusqu'au calembour assez ordinaire :

— Commun n'est pas comme un (119). — Ce qui nuit à l'un, duit à l'autre (120).

Proposition
Sur la fin et la valeur essentielle
de l'adage

118. — On ne nierait pas que la poésie, quête de la beauté, soit une fin en soi. Dans l'adage, la poésie est au service de quelque chose. Tel est le fait commun des deux marques stylistiques qui caractérisent l'adage, des deux règles d'or qui gardent le secret de sa frappe : La concision et l'art.

Quelle est cette fin ?

Tous les moyens poétiques, rhétoriques ou autres que l'énoncé de l'adage met en œuvre ont pour fin commune de capter et de retenir l'esprit, de le captiver et de le marquer, de le ravir en tous les sens.

L'adage parle à l'esprit.

Cela veut dire deux choses :

1. *L'adage parle à l'attention :* il cherche à l'attirer, à la saisir, à l'éveiller, à l'exciter, à l'attiser. L'adage a en cela une *fonction provocatrice.*

2. *L'adage parle à la mémoire* (on l'a souvent observé) : il cherche à la retenir, à la fixer, à graver en elle son message. En quoi l'adage a une éminente *valeur mnémotechnique.* Tout y concourt : la concision et la poésie, surtout ensemble, sont amies de la mémoire.

Ainsi se découvre tout à fait le *caractère primordial de l'adage comme énoncé linguistique.* Ce caractère résume et assume tout ce qui a été dit : L'adage est une *inscription mentale.* Le support destiné à recevoir et à conserver l'adage, c'est l'esprit. Sa vocation est d'être gravé dans la mémoire, comme une pensée sur la pierre. Et l'on comprend que pour une raison d'économie parallèle — ici le moindre effort de mémoire — le style lapidaire soit leur commune exigence. L'adage est par essence un *droit mental.* Le secret de sa tradition orale est que l'adage est, par vocation, une gravure cérébrale. Le lieu de l'adage, c'est le cœur.

Ainsi l'avait sans doute pressenti Guy Coquille, dans ses Institutions au droit français, lorsqu'il disait des « règles brocardiques » qu'elles sont « communément des cerveaux des praticiens » (121).

---

(119) Proverbe du XIIIe s., Daguin, 198.

(120) DAGUIN, 170 (*duit* signifie *profite*).

(121) On dirait volontiers que l'adage est acroamatique (ce qu'on écoute), si, dans son sens philosophique ordinaire (aristotelicien), ce terme n'était pas aussi proche d'ésotérique (s'agissant d'initiations si fines et si profondes qu'elles ne peuvent se transmettre qu'orale-

Mais pourquoi ? La pointe de l'adage est sans doute d'insorire laisser en nous sa leçon de sagesse. Tout concorde : Les caractères essentiels de l'adage comme discours juridique (122) et comme énoncé linguistique se rejoignent ici. L'adage est une parole de sagesse pour notre esprit, un bref de vérité en viatique. Cela nous avait été dit des préceptes essentiels : « Écris-les sur la table de ton coeur » (Prov. 7, 3).

§ 2. — PRINCIPALES MARQUES COMPLÉMENTAIRES

119. — Comme énoncé linguistique, l'adage se caractérise également par certains traits variables. Ces traits complémentaires n'appartiennent pas à tous les adages, mais ils marquent typiquement ceux qui les présentent.

A. — MARQUES DE NORMATIVITÉ

Elles n'existent, au moins toutes deux associées (123), que dans les adages *stricto sensu.* Les adages qui énoncent une règle de droit portent en eux les signes de la règle, généralité, impérativité. Rien n'est plus logique. L'adage exprime la coutume, et la coutume, comme la loi, est source de droit.

a) *Marques de généralité*

Elles sont très diverses.

1° *Marques explicites*

La généralité ressort souvent du terme qui a pour seule fonction de l'annoncer : nul, tout, toujours, jamais, etc.

Très nombreux sont les adages qui commencent par :

Nul (Nul n'est tenu de rester dans l'indivision, nul ne se forclôt soi-même),

Nulle (Nulle servitude sans titre).

Nulla (Nulla poena sine lege)

Nemo (Nemo causa possessionis sibi mutare potest ; nemo contra se edere tenetur, etc. la liste en est longue),

Neminem (Neminem laedit qui suo jure utitur),

---

ment), alors que l'adage vulgarise. Le point commun est l'importance capitale de la tradition orale.

(122) V. plus haut, n° 113.

(123) Les adages non normatifs sont souvent eux aussi très généraux dans les conseils de prudence et de sagacité qu'ils donnent ou dans leur appel à l'équité, à la logique, au bon sens, etc.

Nemini (Nemini res sua servit),

Tout (Tout possesseur fait les fruits siens)

Qui (équivalent de quiconque, existe en kyrielle : qui fait l'enfant doit le nourrir, *qui dicit de uno de altero negat,* qui *auctor est se non obligat,* qui peut le plus peut le moins, etc.).

2° *Marques implicites*

Elles sont encore plus nombreuses et tout aussi évidentes.

Très souvent la généralité résulte de la présence d'un terme générique, qui, employé seul, communique sa portée à tout l'énoncé. Ainsi la théorie générale de la loi et de l'office du juge sont-elles assises sur maintes maximes qui contiennent les termes loi, *lex,* juge, *judex,* droit, *jus,* coutume, *consuetudo,* et même sur celles qui font parler le juge sans qu'il se nomme *(Dabo tibi jus).* Les exemples sont trop connus pour être cités. La théorie de l'action trouve aussi dans les adages d'innombrables appuis par le seul effet du terme unique que les commande : *actio, actor, reus,* et l'on pourrait en dire autant, de la fraude, des servitudes, de la possession, des risques, des nullités, de la bonne foi, liste indicative très incomplète.

Grâce aux ellipses, l'adage posède un moyen remarquable entre d'autres d'exprimer la généralité, ainsi par l'emploi de tournures absolues : « Donner et retenir ne vaut », « Instituer c'est exhéréder, etc.

b) *Marques d'impérativité*

Ce sont elles, à la vérité, qui singularisent les véritables adages de droit, relativement aux autres. Ce qui est remarquable c'est que l'adage dispose, pour marquer le caractère impératif ou obligatoire, de moyens qui lui sont propres et que le législateur ne pourrait aucunement mettre en œuvre.

L'adage emploie ainsi le mode impératif :
— *Audi alteram partem,*
— *Noli me tangere,*
— *Da mihi factum.*

Même sans verbe, l'adage fait sortir l'interdit d'une négation :
— *Non bis in idem*
— Pas de nullité sans grief
— *Nemo judex in re sua*

Une proposition positive peut semblablement résulter de la valeur affirmative d'un adverbe ou d'un adjectif :
— *Semel heres, semper heres,*
— *Prior tempore, potior jure.*

Dans cette liberté qui n'appartient qu'à lui, l'adage puise de remarquables ressources d'expression, et le latin possède, avec la forme gérondive, une manière ramassée d'exprimer l'obligation :

— *Pacta sunt servanda*

— *Odiosa restringinda.*

Cependant, l'adage utilise plus banalement, les mêmes moyens que la loi pour exprimer la règle de droit en tous ses objets (interdiction, permission, faculté). On trouve dans les adages en français ou dans leur équivalent latin les verbes pouvoir, devoir, régir, être tenu, obliger, être censé, incomber, valoir, etc. Il arrive aussi, tout simplement, que l'expression de la règle résulte, comme dans la loi, du seul emploi de l'indicatif présent (« Tout juge est juge de sa compétence ». Les exemples sont nombreux). L'adage ne présente en cela aucune particularité (124).

B. — MARQUES DE VALEUR

120. — Les adages recèlent des effets. Connus ou inconnus, les façonneurs d'adages ont, de jaillissement ou de réflexion, fait des choix de style. Ces effets de valeur (125) font miroiter la diversité des genres. Le ton des adages est divers, leurs tours variés, au point que l'on peut échantillonner des exemples d'un style et du style opposé.

a) *Le choc de l'image*

Certains adages tirent leur force d'une image. De là leur vient aussi parfois une valeur poétique. Mais, avec ou sans cette valeur, la marque essentielle de l'adage est la puissance d'expression (et d'impression) que lui communique l'évocation de l'image. Car dans l'adage, l'image en général, n'est pas faible. Elle est saisissante.

Le choc est dans la brualité de la mort, crûment dénudée :

— « Le mort saisit le vif » (comp. C. civ. a. 724).

— « Morte ma fille, mort mon gendre » (comp. C. civ. a. 206).

L'animal, comme dans la fable, donne la surprise et la vivacité :

— « L'anguille de Melun crie avant l'écorchis » (Catherinot ; c'est un encouragement à l'action préventive ; comp. C. civ. a. 2282, al. 1 « ... contre le trouble qui l'affecte ou la *menace*. »).

— « En close bouche, n'entre mouche » (Catherinot ; c'est le contrepoids de « Qui ne dit mot consent »).

---

(124) Mais, comme le note justement GREIMAS, « le présent employé ici devient le temps anhistorique par excellence qui aide à énoncer, sous formes de simples constatations, des vérités éternelles », *op. cit.*, p. 313.

(125) V. *supra*, n° 24.

— « Le loup mange l'âne du commun » (Catherinot ; mais, heureusement, l'indivision est aujourd'hui bien gardée, et présent l'intérêt commun, C. civ. a-815-2 s.).

— « On lie les boeufs par les cornes et les hommes par les paroles » (Loisel, 357. comp. C. civ. a. 1134. Mais c'est aussi le consensualisme et la bonne foi qui sont en cause).

Il arrive d'ailleurs que la référence à l'animal n'ait pas une valeur métaphorique, mais seulement exemplaire :

« Il est à moi, mon chien l'a pris » (Catherinot ; la chasse est une application concrète de l'occupation, mode originaire d'appropriation).

D'autres images fortes produisent un effet comparable :

Tarde venientibus ossa (les os, relief piteux du banquet des vigilants : *Jura vigilantibus).*

— *Entre voisins, pour la truelle, on s'accorde le tour d'échelle (Adage des Flandres et de Picardie, Daguin, 359).*

— *En lettre et requête on ne doit point tourner le feuillet (tout au recto, pour être lu et entendu. Sois bref pour ton juge et ton profit).*

— *Fille fiancée est suffisamment dotée d'un chapel de roses et d'un bouquet de fleurs (adage normand..., comp ; C. civ. a. 204).*

Comme mode d'expression normative (et donc, en transposant, législative), l'image est notable parcequ'elle constitue un exemple, lequel est, en lui-même, une règle concrète et limitée dont la fonction (et la vertu s'il réussit) est d'amorcer le développement de l'exemplarité (application de la même règle à d'autres cas non énoncés) (126).

b) *Tour savant ou ton populaire, abstrait ou concret*

La plupart des adages se répartissent en ces deux catégories.

Beaucoup ont une facture savante et un énoncé abstrait. C'est le plus souvent le cas des adages latins :

In judiciis universalibus pretium succedit loco rei, et rei loco pretii.

— *Et incumbit probatio qui dicit non qui negat.*

— *Hypotheca est tota in toto et tota in qualibet parte.*

— *Nemo causam possessionis sibi mutare potest* (comp. C. civ. a. 2240).

— *Actus interpretandus est potius ut valeat quam ut pereat* (Comp. C. civ. a. 1157).

---

(126) V. Droit civil, T. 1, Introduction, 4e éd. 1990, n° 215 *bis*.

Leur dépouillement même est un effet de la science et de l'abstraction :

— *Solus consensus obligat.*

— *Res perit domino.*

— *Genera non pereunt.*

— *Actori incumbit probatio.*

— *Locus regit actum.*

C'est plus rarement le cas des adages en français :

— Estimation vaut vente.

— Nul ne peut stipuler pour autrui.

— L'exception confirme la règle. Encore s'agit-il souvent de doublets d'adages latins *(Aestimatio venditio est ; Alteri stipulari nemo potest).*

Pour la plupart, les adages français ont un tour populaire et concret (sans note péjorative), un petit air bon enfant.

— Fille fiancée n'ait prise ni laissée, car tel fiance qui n'épouse point (Loisel, 103).

— Est bien père qui ne nourrit (Catherinot).

— Qui fait l'enfant doit le nourrir (Loisel, 59).

— Le paiement est le prix de la course.

— L'aléa chasse la lésion.

Un clin d'œil : « En mariage, il trompe qui peut » (Loisel 105) ; « qui mieux abreuve, mieux preuve (Catherinot).

Une pointe familière : Qui vend le pot, dit le mot (Loisel, 402). Et la verdeur qui convient : « Boire, manger, coucher ensemble, c'est mariage ce me semble, etc. » (Loisel, 108), pour contrebalancer, dans la définition du mariage, le sublime *« Consensus, non concubitus, facit nuptias ».*

c) Relief ou transparence

Accroche-cœur ou espace vide, c'est un autre choix de style.

Parfois tout l'éclat de l'adage est dans un mot piquant (127).

— Qui paie *mal,* paie deux fois (Loisel, 675 ; tout est dans ce mal).

— Pas de nullité sans *grief* (la fin sonne bien).

---

(127) Le piquant vient parfois du coté archaïsant du mot. Si le mot nous paraît tel, aujourd'hui, c'est évidemment parce qu'il est ancien. Faut-il exclure que ce mot ait été dès l'origine et pour son temps une trouvaille ? Ce qui est sûr c'est que l'adage a conservé, pour nous, son attrait par son ton archaïque.

Convenances *vainquent* loi (Loisel, 356 ; encore un emprunt vigoureux du langage du droit à celui du combat). Trouvailles de mot.

D'autres fois au contraire — autre veine littéraire de haute tradition — la simplicité fait tout. L'élégance de l'adage vient de mots invisibles. Elle est surtout dans ces verbes ordinaires transparents qui font de la sobriété une beauté : valoir, emporter, passer, être, faire :

— Donner et retenir vaut.

— Le fond emporte la forme.

— Faire passe promettre (Daguin, 385).

— Fait passe parole (Daguin, 387).

— Force n'est pas droit.

— Une fois n'est pas coutume.

— Nécessité fait loi.

Tout est lisse. Cette forme polie, pure, finie, galbée n'est pas complaisante envers elle-même. Elle laisse passer la pensée. Nous aimons sa pâtine, mais dans la clarté de l'idée. La maxime galvanise le droit, elle le perennise en le proverbialisant. La forme aide le fond, mais le fond est maître. La beauté de l'adage fait aimer le droit, parceque la sagesse y habite.

TABLE DES MATIÈRES

LA COMPOSITION, L'IMPRESSION
ET LE BROCHAGE DE CET OUVRAGE
ONT ÉTÉ RÉALISÉS PAR L'IMPRIMERIE
TARDY QUERCY (S.A.)
46001 CAHORS

N° d'impression : 90757A
Dépôt légal : septembre 1990
Imprimé en France